江平访谈录

江平 ◎ 著

陈波 谢玖玲 夏明忠 等编

法律出版社 LAW PRESS·CHINA

江 平

中国著名法学家,1930年12月出生,浙江宁波人,中国政法大学终身教授、民商法学博士生导师。

1948年至1949年就读于燕京大学新闻系。1951年入莫斯科大学法律系,1956年毕业回国进入北京政法学院(中国政法大学前身)任教。1983年至1990年历任中国政法大学副校长、校长。是七届全国人大常委、全国人大法律委员会副主任。1988年至1992年任中国法学会副会长。2001年10月12日,被授予中国政法大学"终身教授"称号。享受国务院特殊津贴待遇。

江平教授被收入英国剑桥世界名人录并被收入中国多种版本的著名学者、著名法学家名录。

目录

第一编　我的法治理想

只向真理低头 / 3

法治天下 / 14

我只坐在法律一边 / 23

为理想的法治而呐喊 / 26

我们这代人的贡献与遗憾 / 30

我的中国梦 / 36

我所能做的是呐喊 / 45

我更适合做呐喊者 / 53

永远的江校长 / 56

第二编　法治中国建设

现代法治的精神 / 83

宪法与民主政治 / 99

最大的问题是缺乏法治理念 / 104

依法治国事关民族兴衰 / 109

中国法治 30 年 / 115

2014,依然"谨慎的乐观" / 124

纵论法治中国建设 / 132

怎样才能依法治国 / 140

解码四中全会法治路线图 / 147

从四中全会看依法治国 / 152

第三编　法律的运行与法律人的社会责任

八十年风雨人生与中国大立法时代 / 165

解密中国立法内幕 / 178

立法与执法的脱节 / 190

法律的本意是公平正义 / 200

民法典——国家公权下筑起私权保护墙 / 209

江平眼中的物权法 / 214

物权法不能解决所有问题 / 218

网络力量可推动法治完善 / 223

"拆迁条例"实现废旧立新 / 230

加强司法权威,保障司法公正 / 238

司法要公正 / 247

枉法裁判不可原谅 / 253

律师兴则法治兴 / 260

法律人参政并非"天然"法治 / 273

依法治国离不开律师的监督 / 278

第四编　市场经济的法治理念

现代市场经济要以法治为基础 / 285

大国崛起靠经济,但长久维持靠法律 / 291

中国改革开放的成功经验是"市场+法治" / 298

追求善法,避免权贵市场经济 / 305

用法律手段调控经济 / 316

政府与市场的关系应由法律来规定 / 321

经济体制改革不能孤军前行 / 326

救市迫需彰显法治精神 / 333

小平最终将中国引向市场经济和依法治国 / 345

证券民事赔偿案应尽快受理 / 355

插播广告·高管高薪·食品安全 / 359

小河有水大河满——谈"民富" / 362

制定动物保护法是人类文明的表现 / 373

第五编　公权的限制与私权的保护

百年来中国私权意识在觉醒 / 377

为私权呐喊 / 388

自由高于一切 / 394

不要剥夺人权的现代化 / 399

私有财产应受到宪法的基本保障 / 407

滥用私权与滥用公权都应受到制止 / 410

必须把征税权收回全国人大 / 418

四中全会为什么会偏重公权力改革 / 434

社会组织被官方垄断存在弊端 / 442

撤诉李庄,谁的胜利 / 447

王岐山"打虎"敢动高层权势人物 / 454

周永康的问题肯定涉及违法 / 461

人大代表的监督作用 / 466

第六编　共话改革

30年,国企改革最终找到了正确方向 / 475

法治与透明是政改突破口 / 480

改革不求快,但必须改 / 485

选好改革既得利益的突破口 / 489

政府职能转变的法治化 / 495

依法治国:反思与改革 / 506

附　　录

法治中国 / 523

再谈法治中国 / 538

共话改革共识 / 548

依宪治国:责无旁贷,乐见其成 / 553

第一编　我的法治理想

只向真理低头[*][**]

当"中国法学的精神引路人""中国法学的精神脊梁"等一顶顶桂冠朝他盖来的时候,他却是十足的清醒,坦诚地说:我不是一个真正意义上的法学家,因为我没有认真读过几本法学名著,也没有写出过什么像样的法学专著……

一、坎坷人生

刘仁文(以下简称刘):江老师,在我的印象中,您不仅是法学界的名人,还是一个富有传奇色彩的人。也许您有所耳闻,外界有很多关于您坎坷经历和杰出才华的传说,您介不介意向读者简单地介绍一下您的生活经历和学术经历?

江平(以下简称江):没什么介意的。关于我的生活经历和学术经历,前年民商法学界在我70岁生日时出过一本论文集①,前面的绪论部分有所介绍。今年第2期的《比较法研究》上发表了龙卫球的一篇文章②,其中也作了些介绍。这里再简单地讲一下:我祖籍浙江宁波,1930年生于大连。

---

[*] 本文系《环球法律评论》在"世纪回眸"专栏中,对国内外德高望重的法学家所作的系列访谈之一。该刊已经编辑发表的有对谢怀栻、潘汉典、王名扬、韩德培、杰柯恩、星野英一等法学前辈的访谈。江平教授的这篇访谈原载于《环球法律评论》2002年秋季号。

[**] 刘仁文采访、执笔。刘仁文,中国社会科学院法学研究所研究员。

① 《民商法纵论——江平教授70华诞祝贺文集》一书。——作者注
② 《江平先生的法学教育之路》一文。——作者注

1948年,我考入燕京大学新闻系,1949年因加入反抗当时政权的民主青年同盟而辍学,同年北平解放,参加北平市团委筹委会的工作。1951年被选入新中国首批留苏学生,前往苏联留学,1956年回国,1957年被打为"右派",此后历经种种变故,直到1978年平反恢复教职。从1957年到1978年,这期间我该失去的失去了,不该失去的也失去了,最低谷时除了这条命还活着,其他所有的都失去了。从1978年至今,这期间我该得到的得到了,不该得到的也得到了,做梦也没有想到自己会有今天。所以我在自己70岁生日的酒会上,曾说过这样的话:"上苍总算是'公平'的。1957年以后,给了我整整22年的逆境,又给了我整整22年的顺境。逆境给了我磨难和考验,使我更能以平常心看待一切,我喜爱的一句格言就是:'生于忧患,死于安乐',国家民族如此,个人也如此。逆境也给了我沉思与回顾,使我更能以平常心看待一切,已经没有什么可迷信的了,我喜爱的另一句格言就是:'只向真理低头'。"①

刘:可否谈谈您留学苏联的情况?

江:1951年,国家选送第一批留苏学生,其中法学有十一二人,我能被选上自然是件十分高兴的事。(插话:当时留苏是不是就像今日留美?)是啊,当时苏联是老大哥,而且去的又是喀山大学,列宁的母校,当时喀山大学法律系还保留有列宁的座位呢。1953年,我们又集体转往莫斯科大学法律系。在苏联的几年里,我应当说是度过了几年紧张而愉快的日子。其间有几件事还是值得回忆的:一是我在大学各门功课都是全优,而且提前一年毕业。在1956年的毕业典礼上,我作为莫大②留学生代表发了言。二是我曾于1955年与宋健③等人被选为留苏学生代表前往波兰华沙参加世界青年联欢节,并在这一年与陈汉章④一起担任过司法部长史良率中国司法

---

① 参见《江平文集》,中国法制出版社2000年版,自序。——作者注
② 莫斯科大学。——作者注
③ 后任国务委员、国家科委主任和全国政协副主席。——作者注
④ 后任社科院法学所研究员。——作者注

代表团访问苏联的俄文翻译。此外,我还参加了当时的中国学生会的工作。(插话:我看到有的文章说您与当时担任学生团委工作的戈尔巴乔夫以及时任留苏中国学生总会主席的李鹏同志共过事,可有此事?)这话怎么讲呢?学生会工作在团委领导之下,与戈尔巴乔夫打过交道是有的,但当时并不熟悉,也不知道他后来会当总书记,因此并没有留下什么印象。至于李鹏同志,他是解放前去的,而且担任的是全苏中国学生总会的主席,因此我们并不认识。

刘:您是1956年回国的?

江:是啊。1956年,我比别的中国同学提前一年毕业回国,到北京政法学院民法教研室任教。这本来是好事,可是人生难测,第二年即被打成"右派",如果我不提前毕业回来,等到1957年再回来,那时国内反"右"斗争已经开始了,自己说话也就会收敛些,那样命运也许就是另一番景致了。

刘:我曾听说您一回国就翻译了《苏维埃民法学》一书,并担任苏联专家的专业翻译,而且您的讲课效果也特别好,被当时的钱端升院长视为政法学院的两大才子之一①,太可惜了,国家厄运降临,您自己也未及施展才华,便身陷其中。

江:在当年"引蛇出洞"的政治计划下,我因向学校组织坦陈看法,一夜之间被打成"右派",从"人民的阵营"划入"敌人的阵营",这在当时来说,无异于被打入政治地狱。人生总有刻骨铭心的时刻,我这70多年里,最刻骨铭心的时刻就是被划为"右派"的那一刻,至今有时还在梦中杂乱地回放着那惊心动魄的情景,醒来仍心有余悸。

刘:然而这还没完。据龙卫球博士在他的文章中披露,您在1957年可谓陷落到命运的最低谷:在被打成"右派"之后,"组织"又逼迫您的前妻②与您划清界限,致使家庭离散。这还没完,心伤之际,又遭身伤:在西山改

---

① 另一位是刑法教研室的余叔通。——作者注
② 江先生的留苏同学。——作者注

造的一次劳动事故中,您被飞驰的火车碾碎了一条腿,从死神手中捡回了一条命。① 人们常为小说中的悲剧嗟叹,却不曾想到这现实中真有小说的原形。回忆这些是痛苦的,不过我想您今天能对人生的领悟达到如此境界,不能说与这些灾难无关吧。

江:是的。我可以说是从火车轮子底下捡回了一条命,这让我觉得对人生应该有一个乐观的态度,多活一天都是多么美好的事情!有了这样一个乐观的态度,我们就不会再去为某些东西的得失而烦恼,也就有精力去多做一些有意义的工作。

刘:以后的日子呢?

江:先是劳动改造,1961年后有了点学习,后来调到外语教研室,教俄语。1972年北京政法学院解散后,随部分教职员工去了安徽,在那里劳动。再后来,几经周折,调到延庆中学教书,担任英语和政治教师。这期间我重组了家庭,有了小孩,虽然由于政治和生活条件的原因,爱人不能在一起生活,自己既当爹又当妈,很是辛苦,但毕竟有了些天伦之乐。

1978年,北京政法学院复办,我恢复教职,"右派"问题也得到了平反。整整22年,人生中最美好的时光,就这样白白流失掉了。

二、欣逢盛世

刘:重返教职,对于您来说,肯定是如鸟出笼,有施展才华的机会了。

江:可以这样说。北京政法学院复办后,由于我讲课效果好,加上有留苏的背景,很快就从普通教员升任民法教研室主任。这期间我做的一件比较有意义的事情是推动学校在全国率先开设了罗马法、西方民商法这两门课,使私法透过这两个窗户进入学生的心灵。我负责撰写讲义并担任这两门课的主讲教师,应当说,在当时还有些谈"西"色变的环境里,开设这两门课是很不容易的。我那时参考的资料主要是一本俄文版的《资产阶级国家

---

① 参见龙卫球:《江平先生的法学教育之路》,载《比较法研究》2002年第2期。

民商法》,别的书都卖掉了,但这本书我却保存了下来,没想到还真派上了用场。

刘:形势的发展比人强。随着您的才华的显露,1983年您升任北京政法学院副院长,1984年北京政法学院改名为中国政法大学,您又改任副校长,主管教学工作。1988年,您实至名归,正式升任校长。能谈谈您的治校理念吗?

江:我的治校理念有三:一是在学校的各项工作中,任何情况下都以教学为优先,为此要想方设法建设一支优秀的教师队伍,发现人才、尊重人才、吸引人才和留住人才。二是在处理学校与学生的关系中,始终以学生为学校的主人。为此,我经常深入到学生中去,了解他们的生活、学习需要,尊重学生的合理意愿,如允许学生自由选择老师听课。三是在教育方针上,确立人文精神与专业教育并进的原则。

刘:就在这一时期,国家法制建设也走上了快车道。1986年《民法通则》的出台应当算是一个重要事件,当时有人曾将《民法通则》比作个人权利宣言书。听说您是当时四人专家小组的成员之一,曾与人大的佟柔先生、我们法学所的王家福先生以及北大的魏振瀛先生一起被民法学界尊称为四大"民法先生"?

江:是有这么回事。什么四大"民法先生",还有什么四大"民法名旦",都听说过。

刘:1988年您又当选七届全国人大代表,并担任了全国人大常委、法律委员会副主任。这与您担任政法大学的校长也有关吗?

江:外界都是这样传的。事实上,我是1988年下半年才当校长,而人大是三月召开的。我当选人大常委的直接原因可能是在一次给法工委的讲课中,记录稿被送呈王汉斌同志①,王汉斌同志看后有过好评。加上我此前

---

① 曾任全国人大常委会副委员长,长期负责领导法工委的工作。——作者注

在参加《民法通则》等法律的起草过程中可能给法工委他们也留下过较好印象。

刘：这件事倒使我又想起了另外一件事情：您曾经作为"行政立法研究小组"的组长，为我国《行政诉讼法》这部"民告官"法律的出台立下了汗马功劳，过去我一直以为这是因为您担任了全国人大法工委的副主任才兼这个组长的，可是最近我才得知不是这么回事。

江：是啊。事实真相是，在1987年《民法通则》实施一周年之际，法工委组织召开了一个座谈会，在这个座谈会上，陶老①提到，现在我们刑法、民法、刑诉、民诉都有了，就差行政法和行政诉讼法了，今后应加强这方面的工作（按照陶老当时的思路，他把刑法、民法、刑诉、民诉、行政法和行政诉讼法称为"新六法"）。王汉斌同志听后即说，这事就交给陶老啦。会后陶老又建议由我来牵头组织"行政立法研究组"，我任组长，北大的罗豪才和法大的应松年两位教授任副组长，组员有法工委的肖峋等同志。小组成立后，我们最初的想法是想搞出一部类似《民法通则》一样的《行政法大纲》，但后来发现这很难，于是提出可否借鉴民事立法经验（先有民诉，后有《民法通则》），先搞出一个行政诉讼法来，以此来促进行政实体法如计划生育法等的出台。经过几年的工作，终于促成了1989年《行政诉讼法》的出台。

刘：随着您的事业的发展，您的职务和头衔也越来越多，如您曾兼任过中国法学会副会长、中国经济法学会副会长、北京市律师协会副会长等一系列社会职务，现在还兼任着中国法学会比较法学研究会会长，中国消费者协会副会长，最高人民法院特邀咨询员，中国国际仲裁委员会仲裁员，北京仲裁委员会主任等职。可是，一次偶然的机会，我发现您的名片上却只印着"中国政法大学教授"这几个字，这是否可以理解为，在众多的职务和头衔中，您最喜欢"教授"这个头衔？

江：是的。1996年我曾在一篇《四十年执教有感》的文章中说过这样的

---

① 陶希晋。——作者注

话:"如果让我来世重新选择职业的话,我仍将以作大学教授为第一目标。"在这篇文章中,我还表达过如下观点:执教有如人生,总离不开真、善、美。真,就是真情,不加虚伪,不加矫揉造作,在比较、分析、思考、鉴别中接近真理;善,就是完善,教师犹如艺术家,每堂课、每件艺术品都维系着听(观)众对他的评价,艺术品需要精雕细刻,力求无一败笔、无一赘笔,讲课也要力求不讲套话、废话,不要嚼别人嚼过的馍,要形成自己的风格;美,就是美德,大学教授应当有美的师德,有教授的气质,作文明的表率和知识的化身。①

三、法治理想

刘:2000年12月,在您70华诞来临的时候,您出版了《江平文集》,在"自序"中您对自己作了如下评价:"我不是一个真正意义上的法学家,因为我没有认真读过几本法学名著,也没有写出过什么像样的法学专著。我是一个法学教育家,我以学校为舞台,努力培育一代具有现代法治观念的,具有民主、自由开放思想的法律工作者、法律家、法学家。我是一个法律活动家,我以社会为舞台,在立法、司法、政府部门、企业等诸多领域为建立现代法治国家助推了一把力。"现在我想围绕这三方面请您展开谈一谈,先谈第一方面,您为什么说自己不是一个真正意义上的法学家?

江:在我看来,一个真正意义上的法学家至少应当具备以下两个条件:一是有扎实雄厚的学术功底,认认真真地读过一批书,对本学科有代表性的名著了然于胸;二是著作等身,自己的学术观点形成体系,有传世之作。近年常与国外学者接触,40多岁的教授,已是著作满案,而我,无端的政治运动误我黄金学术年华,自己看的书还不如学生多,真是惭愧。人贵有自知之明,法学家的标准不能随便降低,充数也许可以,但真正意义上的法学家我是不够格的。

---

① 江先生的这篇文章原发表于《中国政法大学校报》,后被选入中国政法大学出版社2002年5月出版的校庆系列出版物《守望法大》一书。——作者注

刘：不过，在《民商法纵论》一书的绪论中，我注意到作者对您的学术贡献还是评价很高的。专著方面，作者认为，您 80 年代初撰写的《罗马法讲义》和《西方国家民商法概要》，对引进和传播私法观念曾起过十分积极的作用；您 1987 年主编的《公司法教程》一书，对传播公司理念和西方国家制度经验也起到了重要的作用；您 1994 年主编的《法人制度论》，被认为是建构科学的法人理论的一部力作。论文方面，作者认为，您 1980 年与您的同事在《法学研究》上发表的《国家与国营企业之间的财产关系应是所有者和占有者的关系》，1993 年您在《中国法学》上发表的《完善市场经济法律制度思考》，1994 年您与您的一位博士生在《中国法学》上发表的《论股权》，1995 年您在《中国法学》上发表的《罗马法精神在中国的复兴》，以及 1996 年您在《南京大学法律评论》上发表的《国家与社会关系的转变——论中国现今法律观念之变化》等文都是具有重要思想性和理论价值的文章。

江：这些东西在今天看来也是很不系统、很不深刻的，更何况有些还是合著或合写的。

刘：再来谈谈您作为一名法学教育家的情况。

江：这方面倒是可以举出一些例子：第一，我一生都在教育战线工作，视教育为天职，把教育作为一门学问来对待。20 世纪 80 年代初，我开始培养民商法硕士研究生，90 年代开始培养民商法博士研究生，至今仍然作为中国政法大学的终身教授，招收博士生。迄今我已培养了博士生三四十名，不仅有国内的，也有海外的，最近几年每年都有我国台湾地区的。过去，我还特别热情给本科生授课，现在虽然年纪大了，不再担任本科生的授课任务，但每学期我都应邀去昌平给本科生开一至两次讲座。第二，我担任了 8 年的主管教学的副校长和校长职务，对转轨时期的法学教育模式进行了必要的探索和改革。第三，我不仅在自己学校执教，还长期在北大光华管理学院、中欧国际工商管理学院开课，并曾任中央党校等校兼职教授，现在还担任国家行政学院等校的兼职教授。相比起写文章来，我更喜欢在讲台上发挥我的思想。

刘：我听说您在自己 70 岁生日时还曾捐资 50 万元在中国政法大学发起成立了一个助学基金？

江：是有这么回事。原本想面向社会，但后来发现报批登记的手续很麻烦，于是就放在了学校。我本人出 50 万元，台湾的王泽鉴教授等人又赞助了些，我的一些学生也出了些。

刘：作为一名著名的社会活动家，您的影响遍及立法、司法、政府部门和企业等诸多领域，从学术界到实务界，从国内到国外，从法学界到其他学界，许多地方都留下了您的身影。这里，我只想请您重点介绍一下两方面的情况：一是您主持或参与的立法活动；二是您对西方法学著作的翻译组织工作。

江：我参与的立法活动除了前面提到的《民法通则》和《行政诉讼法》外，主要还有：担任过《信托法》《合同法》的专家起草小组组长，参与过《国家赔偿法》《残疾人保障法》《公司法》《证券法》《票据法》《合伙企业法》《独资企业法》等法律的制定，目前正与王家福研究员一起，共同担任《物权法》和《民法典》的专家小组负责人，组织民法学界的同仁起草这两部法律。

在翻译组织方面，我主要做了以下几件事情：一是罗马法原始文献的翻译。1988 年我在访问意大利时与意大利国家科研委员会罗马法研究传播组达成合作协议，确定了一个 20 年的翻译合作计划，目前这个项目已出版翻译著作十余卷数百万字。这个项目为我国研究罗马法提供了第一手的文献资料，也架起了我国民法和欧陆民法之间的桥梁。二是"外国法律文库"。1991 年我在美国福特基金会的资助下，组织了十几位国内的知名教授和中青年学者，又聘请了几位外国的著名法学家，组成"外国法律文库"编委会，开始从事一项大型的外国法律名著翻译工作。目前翻译工程已接近尾声，总计出版了 28 本译著，达 1000 多万字。三是"美国法律文库"。这是为落实 1997 年中美两国元首达成的"中美元首法治计划"（Presidential Rule of Law Initiative），由美国新闻总署资助、中国政法大学出版社编辑出版的另一大型法律图书翻译项目。此外，我还应邀担任了"世界著名法典汉译丛书"的编委会主任。

刘：在您的"自序"中，我还特别注意到您提到：苏联的垮台，对于一个曾在那里学习了5年的人来说，总有些问题需要去思考。记得在另一次我们的交谈中，您曾提到，苏联并不缺少法，给人的印象是法还很健全。因此，我们可不可以这样说：第一，有法并不等于说就有了法治；第二，法治只有在良好的政治体制下运行才能确保国家的长治久安。

江：是这样的。

四、寄语学界

刘：江泽民同志在去年的北戴河会议上，再次强调了人文社会科学的重要性。我注意到您作为法学界的专家代表参加了这次会见。能否结合这次会见，谈谈您的感受。

江：在这次会见中，江泽民同志就人文社会科学在建设有中国特色社会主义事业中的重要作用作了重要讲话。具体到我们法学，他曾先后两次提到国外领导人大多学法出身，而我们现在领导班子中没有学法的。我感觉中央现在对人文社会科学的重要作用是有清醒认识的，这从另一方面也给我们从事人文社会科学研究的同志增加了压力，有为才能有位。所以我在前不久中国政法大学校庆50周年的庆祝大会上作为教师代表发言时，我就提出我们的法学教育不仅应培养公检法的人才和企业管理的人才，还应培养治理国家的人才。

刘：据说您在这次校庆大会的发言中，还提到法学教育要反对虚假浮夸和近亲繁殖，法学研究要反对沽名钓誉和拉帮结派？

江：是的，我讲这话是针对整个法学界的。现在法学界存在一些很不健康、很值得担忧的现象，如自立山头、嫉妒、打压异己等。

刘：所以，在我看来，中国现在一方面没有形成真正的学派之争，另一方面却又动辄把学术观点的不同上升到伤害个人感情上来。

江：在这方面，你们所说的谢老，谢怀栻老先生是我所敬佩的一个人。他一方面知识渊博，对任何问题都有自己的观点，且从不隐瞒，另一方面又极具宽容心,鼓励、尊重不同观点。恐怕没有人会说谢老拉帮结派吧。

刘:我们的《环球法律评论》去年曾派人对谢老作过访谈。最后,我想请您对年轻一代说几句话。

江:现在,社会上都在讨论一个问题:中国离现代化有多远?我们法学工作者也可以讨论一个问题:中国离法治化有多远?我想中国要真正建成一个法治国家,至少还需要几代人的努力。一代人有一代人的历史使命,我们这一代人在中国的法制建设中起到了铺石筑路的作用,现在我们已接近完成我们的使命,行将退出历史舞台,希望青年人接过接力棒,承担起历史的重任。中国法学要走向世界,中国法学要出传世之作,希望寄托在年轻一代。现在,在我们的社会里,一个钱,一个官,可能是最迷人的,但我们不应以官高论英雄,不应以钱多论英雄,能不能对得起历史赋予我们的使命和责任,我们看到了什么样的使命和责任,应该以这个来论我们的英雄。

法治天下*

依法治国的关键在于宪法的民主和自由。民主是制度的制衡，自由是人民的权利，这两个是最根本的。公权力要有制衡，私权要得到保障，这才是宪法的最根本要义。

著名学者江平（《时代周报》郭延冰 摄）

2010年，江平先生八十岁。同年9月，法律出版社出版了江平八十自述《沉浮与枯荣》。事缘江平的弟子们总劝他写一本回忆录，江平犹豫再三

---

* 本文由《时代周报》发表于2010年12月2日，采编记者：李怀宇。感谢陈夏红先生的帮助，实习生罗晶对本文亦有贡献。

后自己动笔写了近十万字便停笔了。后以口述历史的形式,由江平口述,陈夏红整理,成为这本40多万字的自传。

江平历尽世间的变幻起伏,在最失意之际,寄情于诗词,抒发胸中块垒,曾集成诗词选《信是明年春自来》。《沉浮与枯荣》的书名,便取自江平自己诗词中最喜爱的一首:"千言万语满胸臆,欲诉欲泣无从。长吁三声问天公,为何射日手,不许弯大弓。翻云覆雨人间事,过耳过目无穷。谁主沉浮与枯荣?欲平心中愤,唯唱大江东。"

江平从小在富有书香气的家庭中成长,受过良好的教育。1948年,江平考入燕京大学新闻系,既沐浴了燕京独特的学风,又亲历了中国天翻地覆的巨变。1951年,江平由组织选派到苏联学习法律,此时他对法律一窍不通,而且没有兴趣,但服从安排。江平赴苏后,先被分配到喀山大学法律系,后于1953年进入莫斯科大学法律系,接受了正规的法律教育。

1956年年底,江平学成回国,被分配到中国政法大学的前身——北京政法学院。他自以为步入了"天堂之门",没想到1957年给他开启的是"地狱之门"。在"反右"运动中,江平成了"右派",结婚不满一个月的妻子立即提出离婚,家庭破裂。不久,江平在西山劳动时被火车轧断了一条腿,他给自己写的座右铭是:"困难只对怯懦者存在。"

在"文革"期间,江平有一段时间几乎一天到晚都得写大字报,而且还得写工整,因而练就了一手风格独特的书法。后来他常常开玩笑说:"我这个毛笔字,就是'文革'期间天天写大字报练出来的。"

1978年,北京政法学院复办,江平回到学校教书,1983年1月担任北京政法学院副院长。中国政法大学成立后不久,江平担任副校长。1984年起,江平主要分管中国政法大学的教学和图书馆。1988—1990年,江平担任中国政法大学校长。卸任时,他正好六十岁,曾有七律抒怀:"残肢逆遇未曾摧,乌纱抛却田园归。宠辱应似花开落,忧国何分位尊卑。世事沧桑心事定,胸中峰壑梦中飞。长夜寒冬无声处,信有大地响惊雷。"

此后,江平成为中国政法大学的普通教授。"我开始从学者的角度出发思考问题,慢慢地变成了一个公众知识分子。"

江平参与和见证了中国改革开放之后立法的历程,这在《沉浮与枯荣》中有相当详尽的回顾。在七届全国人大(1988—1993年)法律委员会期间,江平是法律委员会副主任,李慎之是法律委员会委员,两人言语投机。有一次,李慎之对江平说:"你们搞法治的,最终会发现法治的困惑在于政治,法治离不开政治,中国现有的政治制度,你们是绕不开的"。此话让江平至今记忆犹新,也促使他更关心法治,关心国家的政治制度的改革。江平说:"我的中国梦,就是法治天下。"

中国法律受苏联影响很小

《时代周报》:你在燕京大学读的是新闻专业,那时候根本没有想过后来去读法律吧?

江平:那时候对法律一点兴趣都没有,因为新闻是很热情奔放的,更自由一些,法律有点按法律条文来办事,比较保守一些,所以这两个职业是不太一样的。总的来说,法律比较保守,新闻更开放一些。所以我自己的第一志向就是学新闻。

《时代周报》:在民国时期,你对法治有没有概念?

江平:没有,因为学法律已经是在新中国之后,那时候《六法全书》已经全部被废除了。包括我到苏联学习的时候,是不允许带任何旧法的东西,所以新中国的法律跟旧法是一刀两断了,不承认有任何继承的关系,这个现在看起来是很"左"的表现。法律在相当程度上是有继受性的,除了有一些法律,比如说国民党时期的戡乱、镇压共产党的法律,那些当然必须要废除。但是社会规则方面,应该有继受性。如果没有继受性的话,那民国时期的婚姻到底承不承认啊?如果废除了民国时期的法律,连带婚姻的法律都废除了,那很不现实。所以现在回想起来,当年提出废除国民党的《六法全书》,这个举动有点太仓促,缺乏慎重的考虑。

《时代周报》:在苏联留学对你后来从事法律有非常重要的影响?

江平：应该说，在苏联学法律的这五年，打下了我的法律的基本功底，或者说对法律的基本认识，在我一生当中当然起了很重要的作用。可是回过头来看，我回国以后就被划为"右派"，所学的苏联的法律知识基本没有派上用场。等到派上用场的时候，苏联法律的这些理念和体系，已经在中国不起什么作用了。所以，这是一个时代的变迁：我学习的时候正好是中苏的"蜜月期"。但是等我用上这一段的时候，中苏的关系发生变化，后来变成俄罗斯，而俄罗斯在中国的地位也已经不是原来的老大哥的地位了。

《时代周报》：新中国的立法是否受到苏联的影响？

江平：我觉得中国的法律受苏联的影响很小。新中国成立初期，中国有一段在外交方面上是有些一边倒，跟苏联同属于社会主义阵营，但是了解中国共产党历史背景的情况后可以看出来，新中国成立初期中国的经济发展是离不开苏联的帮助，但是中国的政治法律制度并不是这样。中国在政治上从来没有受到苏联的牵制，也就是说第三国际的时候对中国的影响就没有多大，毛泽东也是抵制着第三国际的做法。新中国成立初期的立法也不多，除了《宪法》《婚姻法》外，其他也没有多少法律。因为《宪法》是根据中国的实际情况来制定的，婚姻制度更是很难学习外国的，那是完全根据中国社会的情况。中国和苏联虽然都是社会主义国家，都是以公有制为基础，但是土地的问题就不太一样，苏联的土地全部是国有的，中国的土地还分成国家所有和集体所有。应该说，在立法方面的影响也是很小的。

《时代周报》：你亲历了"反右"和"文革"，这两次运动对你后来大声呼吁中国健全法治有很大的触动？

江平："反右"的背景很复杂。我看，一个主要的背景是国际上波匈事件后，为了防止波匈事件的重演，把中国社会中知识分子的作用限制到了最小程度，能够确定共产党的主导思想在社会中不发生任何动摇和变动。"反右"运动时中苏关系还不错，但是实际上，"反右"运动里有些东西批判的不仅是西方国家的，而且包括当时的苏联。比如说，法院提出司法独立，在苏联也是提出司法独立，但是我们在"反右"运动中把提出司法独立的人也打成"右派"。再比如说,学校提出来的是无罪推定的原理,我们学校讲刑法的老师有人就讲无罪推定,这是苏联的一套,但是当时也被批判为"右派"言论。所以,在这个意义上,"反右"的背景很复杂,包括西方的乃至于苏联的某些法制观点,同样受到批判。

至于"文革"就是一个很独特的时期,"文革"总的来说是无法无天,不需要法律,公检法都被砸烂了。应该说,这两个时期对中国社会的破坏性质还是有所不同,因为"反右"还是在整个保留中国的政治传统、法律传统下来搞的,而十年的"文革"是在不要法律、破坏法律的情况下进行的。我在"文革"时代是认识到了"文革"的破坏性,但是对它的走向,最后走到了改革开放的时期,这个自己心中是没有把握的。所以"文革"最后是以这种断然的措施、激进的办法把"四人帮"抓起来审判,然后中国走向了一个改革开放的新时期,这点实在出乎我的意料。当然,我对后来中国的法律建设走过来的路程,三十年有很大的不同。开始我是一心一意的,平反了以后再为中国的立法和司法来奋斗、服务。后来我自己的政治态度又发生了变化。在此以前,我全心全意为中国的法律在努力;在此以后,我的政治观点有所保留了、有所批判了,在这一点上有所不同。但总的来说,我的法律观念还是跟原来一样的,没有太大变化。

《时代周报》:你在中国政法大学可谓是门生遍天下,像贺卫方先生就讲过在学校里你对学生和老师都是宽容和爱护的。

江平:我特别欢迎年轻的人才,贺卫方是很有才能的。当时,学校又缺乏老师,这些老师来了之后,我们当然是要千方百计地让他们留下发挥才能。另外,我是特别欣赏那些思想解放的教师,能够有不同的看法,不是人云亦云、唯唯诺诺的人。教师队伍中应该有不同思想、不同理念、不同学派的人,这一点是我的主张。

制定《新闻法》完全有必要

《时代周报》:你参与了很多法律的立法,当中你的意见有什么影响?

江平：参与了，也不见得在里面起到多大的作用，立法都是集体的，尤其是立法决策的领导人更重要。我们只不过是起参谋的作用吧，出出主意。

《时代周报》：你在八十自述中说《新闻法》还是不通过为好，现在你对《新闻法》的看法还是这样吗？

江平：最近我们一些老同志呼吁开放新闻自由，这是我们的态度，中国必须有言论自由、新闻自由、出版自由、结社自由这样一些法律。但是，怎么来制定这部法律，问题是很大的。如果我们制定的是一部新闻管制法，那还不如不制定，我是持这个看法的。但是最近情况也有所变化，国家的《宪法》规定了言论、新闻、出版、结社自由，结果我们相应的单行法就没有，这也不合适。因为法院判决是不能够依据《宪法》来判定的，这是我们明确有规定的，单行法又没有，而侵犯新闻自由、言论自由、出版自由的行为又非常多，所以看起来还是要制定真正的、至少是相对自由一点的新闻自由的法律。所以制定一部《新闻法》是完全有必要的。

解决高房价需要综合治理

《时代周报》：最近几年，每次出台一部法律都会引起很大争议，包括《物权法》，为什么会出现这样的现象？

江平：最近这些年，法律的通过比过去难度加大了，就是社会的不同声音突出了，而社会的不同意见表达又跟透明度有密切关系，现在网络的信息很畅通。而《物权法》又是涉及土地、房屋这些不动产的方方面面的利益，所以《物权法》通过的时候争议很大。应该说，《物权法》最后有些条文是在笼统原则的指导下来把它规定的，所以《物权法》通过后并不见得所有问题都解决了，特别是涉及和群众利益密切相关的拆迁和补偿的问题，所以到现在相应的土地管理和征收补偿这样一些法律出台不了。最近学者也呼吁要加快这两个法的制定的步伐，而且呼吁能够加强透明度。

《时代周报》：新颁布的《劳动合同法》也有很多的争议？

江平：对，《劳动合同法》的争议比《物权法》的争议还大，网上的各种意见有几十万条。企业家和劳动者的看法截然不同,企业家认为这部法是倒退的法,但是劳动者则认为这部法还是进一步保护劳动者利益,看法分歧这么大,这也表明现在立法的难度的增加。

《时代周报》:《劳动合同法》里关于劳动者权益的保障,你持什么态度?

江平:我觉得劳动者权益的保障是必须要加大加快步伐的,过去像深圳的发展,很多都是外地来的劳动者牺牲了自己的利益,在那铺就了深圳的繁荣。在改革开放的一定时期里,这种情况是不可避免的,但是长期下去不好。我们不能够只靠赚取廉价的劳动力来发展,这是一定要改变的,但是这个改变的速度应该把握好,不能太快,如果过分地强调劳动者的利益的话,相反地也会造成经济发展的阻碍。如何把握这个尺度,随着我们国家改革开放发展了,劳动者的利益必然要提高,但是怎么来提高,时间怎么掌握好,这还需要很好地思考。

《时代周报》:现在中国的经济高速发展,特别像房地产,大家非常关注,因为房价涨得非常快。前一阵子珠海一个律师还写信给温总理谈到限购令的问题。中央、地方出台很多新办法来限制高房价,这些措施跟中国法律有没有冲突?

江平:解决我们当前房价的居高不下的问题,最主要的应该是治本。当然很大的一个问题就是土地的价格。土地的价格有两个因素:一个是国家供地的数量,另一个是供地的价格。现在来看,北京房地产里,房屋的价格中土地价格占了很重要的因素。那么,现在政府提出土地的数量应当适量增加,这个是对的。如果我们土地供应的数量不掌握好,物以稀为贵,就这么一点地,大家抢着买,那当然是不行的。土地价格确定的方式需要很好地考虑,现在这种拍卖的方法说起来有好处也有坏处,好处就是大家都是公开的,谁价格出得高谁就能得到这块土地。但这种方式也有缺点,就是必然导致土地价格快涨,因为大家都想得到这块土地,那么在竞价过程中,谁出的价格高谁就能得到,大家就会竞相来抬。现在,各地政府财政预算里面相当部分是土地收入,这就是很大的问题。北京市现在的市政建设,挖地铁、公交等需要很多财政上的收入来支持,而这种财政收入又是靠土地来取得,所以怎样才能够从法律上规定限制政府从土地差价中得到财政预算的收入,这是我们要思考的问题。因为现在我们从农民手中拿到土地的钱,跟卖给开发商的土地差价是很大的,不解决这个差价的问题,不能解决好房屋价格的关键问题,就是土地价格不能再上涨,土地价格应该下退。我们注意到这个问题还不够,只是在银行贷款限购两套房、三套房等方面做文章,其实更应该从土地价格这个源头问题来解决。

《时代周报》:这个问题跟地方的财政又有很大的关系,如何解决当中的矛盾?

江平:这就是政府建设的利益冲动,现在一个县城也是到处盖房子,到处改变市容,但钱从哪来啊？主要是从土地的差价中获取。这就是利益的冲动,因为为官一方,总是希望有政绩,总希望在城市建设方面表现出政绩,这是一个很不好的趋势。有的人说现在城市的现代化就是靠拆迁,拆迁了就能表现城市化,要不然都是破破烂烂的房子怎么能体现城市建设的成绩呢？

《时代周报》:你认为在法律建设方面对房价高涨问题有没有什么办法？

江平:还要配套地来变革,现在是想不出更有效的办法。我觉得现在能够抑制房价不能上涨过快了,这有可能做到;但要让房价能够长期停留在现在这个水平,办不到。因为这是一个复杂的综合的治理过程,要解决好现在土地的原始价格上涨过快的问题。北京现在开发后一块地卖多少钱啊？是比起十年以前涨出很多倍来的,这些不解决的话怎么办呢？

民主是制度的制衡

《时代周报》:你在八十自述中指出宪法的核心是民主和自由,现在如何朝着这个方向努力？

江平:首先把《宪法》规定的权利都落实吧,这是最起码的一步。言论、新闻、出版、结社这些自由,它们的法律应该规定,这是第一步,很重要的一步。老百姓的知情权、参政权都是法律应该把它具体来落实的吧。比如说选举权,我有选举权,但是选举结果我知道不知道啊?这也是应该保障我享有的权利。人大选举的结果我起码要知道。很多东西老百姓都没有知道的权利,这些应该是逐渐解决的问题。

《时代周报》:你认为依法治国的关键是什么?

江平:关键还是在于宪法的民主和自由,民主是制度的制衡,自由是人民的权利,这两个是最根本的。公权力要有制衡,没有制衡就要产生腐败;私权要得到保障,规定的人们的权利自由应该充分得到体现,这才是宪法的最根本要义。

《时代周报》:经历了八十岁的人生,你认为中国的法制建设发展到现在有没有大的进步?

江平:看怎么说吧,如果纵向比较来说应该是进步很大了,这三十年发展很快,比起20世纪70年代是天壤之别。但是,如果横向比较起来,还感觉很有欠缺。

我只坐在法律一边*

> 私人财产保护也不是民粹主义啊,中国现在不能搞民粹主义。我们是保护私人财产,不是保护民粹主义。

一个国家既要有自由,又要有秩序

《经济观察报》:关于重庆"钉子户"问题,您接受《东方早报》采访后,社会上意见不一,尤其是网上炒得一塌糊涂。坦白地说,不同意,甚至骂您的声音特别多。一位以反对物权法草案著称的人士还对我们说:"江平的狐狸尾巴露出来了吧!"

江平:(笑)怎么说露出尾巴来了呢?是不是他认为我是在为政府说话呢?

《经济观察报》:对,他的意思就是说:"你江平不是说要保护私人利益吗,不是说要保护私人产权吗?怎么现在不保护了呢?"

江平:这话就是胡说,私人产权就是这么保护的吗?私人财产保护也不是民粹主义啊,中国现在不能搞民粹主义。我们是保护私人财产,不是保护民粹主义。这种说法跟我们的观点根本不一样。

今天我全面谈谈所谓"重庆钉子户"的问题。我认为它涉及四个方面的问题。

---

* 本文由《经济观察报》发表于 2011 年 4 月 16 日,采编记者:马国川。

第一个问题：他的产权是不是属于社会公共利益需要？依照他本人的说法，现在盖的是商业中心，是出于商业利益的需要，没有社会公共利益需要，因此不能征收我的财产、不能拆我的房子。这里恐怕首先要弄清，到底什么叫社会公共利益？

第二个问题：搬迁怎么给予补偿。

第三个问题：如何救济。

第四个问题：如果救济手段已经穷尽了，该保护的也保护了，该申诉也申诉了，最后终究还要有一个公权力的行使。如果现在法院已经做了裁决，法院要来执行，还是要尊重法院的，除非法院撤销裁决。任何一个国家，法院的最后判决和裁决都是不可动摇的，这是最高权威，任何事情到了最后只有靠法院，如果说连法院也不理睬，法院裁决了我也不动，这是民粹主义，而不是以民为本。我们所讲的保护个人利益，也不是说任何人认为我要怎么办就怎么办。

这也是我在接受《东方早报》采访时说的意思。

如果政府确实侵犯了公民权利，该怎么保护就怎么保护。如果政府决定拆迁，公民无理地拒绝拆迁，一旦法院做了决定，该怎么执行就怎么执行。不然的话，中国叫什么法治国家？侵犯老百姓利益是不对的，无政府主义也不对，民粹主义也不行。一个国家既要有自由，又要有秩序。给你的自由如果保障了，那你要尊重秩序；给你的自由没有保障，你也要依照法律的程序来要求保护。只能这样。从这个意义上来说，一个法治国家要完善，应该体现出这个精神。

我们究竟要民本主义，还是要民粹主义

《经济观察报》：现在这么多人群起攻击您，而支持您的很少——有网站调查，支持您的只有6.8%，您对此作何感想？

江平：（笑）我很喜欢龚自珍的诗句："世事沧桑心事定，胸中海岳梦中飞。"

我想提醒人们，民本主义并不等于民粹主义。民本主义是考虑人民最大的利益，民粹主义就是只要老百姓提的意见你就要考虑，人民的意见最纯粹，民意是至高无上的。不能这样。我们作为学者，还是要从社会的角度出发，发表自己深思熟虑的意见。如果补偿合理，应该搬迁；你仍然拒绝，那这个社会会成什么样子呢？

　　市场经济既要有自由，又要有秩序。我过去一直呼吁的都是自由，但是总有个限度吧。《东方早报》电话采访就问一个问题，他说法院已经判决了，您觉得怎么样？我说法院判决了，该执行还是要遵照法律，要执行。这个问题我应该怎么回答？我说法院你也得抗拒，我要是这么说吧？我不能说法院判决咱们也抵抗，法院判决也坚决不执行，我还搞什么法律？！

为理想的法治而呐喊*

> 只有法律规定,官员财产没有保密性,必须向社会公开,官员才有义务公开自己的财产。

由著名法学家江平口述,陈夏红整理的江平口述自传《沉浮与枯荣:八十自述》曾获得本报 2010 年年度致敬图书。近日,该书姊妹篇,陈夏红著《出没风波里:江平和他的时代》由法律出版社出版并举办了首发式。陈夏红称,本书可能更全面,与前作差异非常大。在首发式上,江平接受了多位记者的采访。

立法工作有成绩,也有遗憾

记者:改革开放三十多年来,在法治化进程中,您有哪些经验、教训和遗憾?

江平:都很多。比如,我们立法的成就很可观。改革开放以前,我们没有几部法律。改革开放以后,我们制定了一系列的法律,涵盖了当今社会生活的各个方面。如果同过去相比,我们在这些方面有了长足的进步。

但是回过头来看,法治方面有许多问题还没有解决。比如,一些萌芽,政府管制过多,我们的市场经济还是在国家管制的情况下来实施的。像吴敬琏教授所说,我们的市场还是一半市场,一半管制。再比如说,《宪法》第

---

* 本文由《新京报》发表于 2013 年 2 月 25 日。

三十五条规定,"中华人民共和国公民有言论、出版、集会、结社、游行、示威的自由"。但是,在新闻、出版等方面没有具体的法律,这也是很大的缺陷。30年进步不小,但是离应该取得的成就还相差比较多。这个遗憾,也就是我现在为之呐喊的部分——没有实现,就靠自己的呐喊努力实现。

记者:那么,对您自己而言,有哪些方面让你感到比较满意?

江平:改革开放以来,我差不多有二十多年参与了立法的工作。总的说来,我国的立法工作,总的路子还是对的,有的法律我打的分数高一点,有的低一点。总的说来,都是及格的。对于这些立法的工作,我还是很欣喜的。不管怎么说,它在推动中国法治方面起到了奠基的作用。你要强调法治,首先得有法律。这是基础性的工作。这些年来,世界各国也承认,中国的立法工作发展相当迅速。

官员财产公开要有法律

记者:我国是少数官员财产没有公开的国家之一,您刚才也说到,现在,呼吁官员财产公开的呼声很高。如果要做到官员财产公开,在现实中应该怎样操作?

江平:首先要制定法律,没有法律不能要求人家必须要公开自己的财产——因为财权私有是神圣的,我的财产,我有保密的权利。只有法律规定,官员财产没有保密性,必须向社会公开,官员才有义务公开自己的财产。当然,法律还要规定,官员配偶的财产应该怎样定性。有人说,现在仅仅只公布官员自己个人的财产没有多大意义,因为有些官员的财产可能早就分散出去了,变成自己儿子的财产,孙子的财产。所以,在这种情况下,怎么防止官员的财产转移到配偶、子女甚至亲友手中很重要,仅仅让官员公布财产可能起不到应有的作用。

记者:像劳教制度等有利于公权力行使,但是在现实中弊大于利的法律条文,制定的时候很容易通过,但是想废止它却非常艰难。产生这一现象的症结在哪里?

江平：一个行之多年的制度，过去都是按这种制度做的，你要把它废除，必须有一种代替的办法。你要把它废除，当然有困难。比如，劳教制度是完全取消，还是变成对一些对社会有危险、有恶迹的一些人的另外一种办法？有的人建议叫保安处分，有人建议叫社会危害行为处置办法，总之得有一个解决的办法。

如果这个制度有了，你把它废除了，而没有一个取代的好的或者更宽容一点的办法，那还是很危险的。实际上，现在存在比较多对社会有危害的人。如果完全让他在社会中自生自灭，谁都不管，这个危害也比较大。

记者：您对中国未来法治的走向怎么看？

江平：应该说，从十八大所选出来的常委组成人员来看，我的态度是谨慎的乐观。所谓谨慎的乐观，第一是比较乐观，因为无论从习近平同志还是李克强同志，他们所表现的新的风貌，尤其在作风和反腐问题上都有了很多表态。我也觉得最近政法委提出的四项改革是积极的，第一是劳教制度改革；第二是信访制度改革；第三是司法制度改革；第四是户籍制度的改革。我觉得这四个改革体现出来的大方向是很正确的，是老百姓最关心的问题。

对现在的一些动态，我总的来说是谨慎的乐观，所谓乐观，譬如以前有一些人因为在网络上传播某些信息而被劳教，现在逐渐改了过来。所谓谨慎，就是说只有改革的方向完全表现为行动的时候，我才能够对它有更多的信赖。

链接

《出没风波里》与《沉浮与枯荣》特约策划人中国政法大学教授赵旭东谈两版江平传记：

第一个是事实问题，江平老师的自传，他自己口述，记忆的历史是一个梗概，也是很简要的。但是，评传作品进行挖掘和写作的时候，可以进行大量的收集资料，特别是一些历史事实。江老师有些人生故事，是他自己不愿意说的。我想特别说的,也是很多人经常议论,关心江老师情感方面的故事。

第二个就是评价。江老师这个人不善于评价自己的,他更不会过高地评价自己,而我们经常谈论江老师的时候都在评论他。评传最大的优势就在江老师之外,作者作为第三者来交流对江老师的各种认识、体会和评价,而这样的内容跟他的自传又是完全不同的另外一种内容和风格,这是陈夏红进行创作的时候非常重要的目标,也是本书独到的价值。

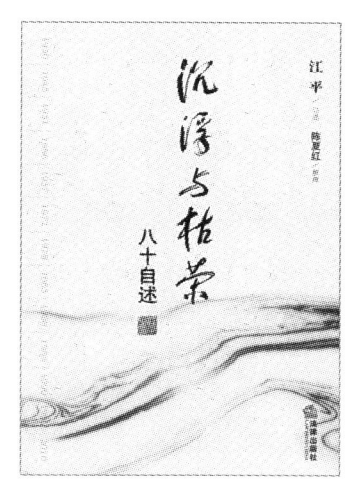

《沉浮与枯荣:八十自述》一书出版后获诸多奖项:
- 深圳读书月 2010 年度十大好书第 1 名、唯一年度推荐
- 获《新京报》2010 年度好书第 1 名,唯一"年度致敬图书"
- 新浪中国好书榜 2010 年度十大好书
- 《光明日报》2010 年度光明书榜十大好书
- 2010 年《中华读书报》年度十佳图书
- 《新消息报》2010 年度十大好书
- 《艺文志》2010 年度十大好书
- 凤凰网 2010 年度十大好书
- 《都市快报》"独立书评" 2010 年度好书
- 入选《新世纪周刊》2010 年度书单

我们这代人的贡献与遗憾*

江平的人生有一些幸运,也有几件不幸。他所经历的阶级斗争中种种风波与磨难让他沉沉浮浮几十载,这或许为不幸。但由于这些特殊的历史事件发生在无可复制的年代,也因此成就了江平。

陈夏红:江老师,您的口述自传《沉浮与枯荣:八十自述》刚刚出版。作为这本书的口述人,您现在到底是怎样一种心情?您怎么看待这本回忆录的出版?

江平:我觉得从我自身的角度来说,还不是特别习惯于"回忆录"这种形式。

为什么不是特别习惯呢?一个原因是中国的知识分子更多表现得很收敛,而我这个口述自传的出版,好像带有宣扬自己的性质,所以,出版这本口述自传,我自己多少带有一种于心不安的感受。另有一个原因就是,像我在自序里所说的,开始的时候我自己也曾经想独立写作回忆录,可是写了几章之后,有一段时间就搁笔了。我常常扪心自问:我自己这八十年,究竟有什么特别值得回忆的呢?我总觉得一辈子都在学校,参加一些活动,更多的是讲讲课,好像没有什么特别值得回忆的地方。这两个原因,应该说在我的思想里,始终占有很重要的地位。

后来,在我的学生们的鼓励下,我自己也渐渐认为,我相比于其他人,

---

* 本文原载于《凤凰周刊》2010 年第 30 期,执笔:陈夏红。

至少从法学界来说,我的经历还有点故事性,还有点坎坷。所以从这点来说,也就写了这本《沉浮与枯荣:八十自述》。

但是写完之后,我自己也担心:这样一本书,这么一些内容,是不是读者都会感兴趣啊?我的看法是,可能学法律的人会多少有一点兴趣,那么其他人究竟会如何,这是很难说的。

所以归根结底,我是抱着十分忐忑不安的心情,来对待《沉浮与枯荣:八十自述》的出版。再看看社会效果怎么样,看看和我预期的相符不相符吧。

陈夏红:许多朋友知道要出版这本书后,都表示十分期待。我的另一个问题是,您回顾八十年人生,自己比较满意的经历是哪一部分?

江平:从我自己的人生经历来看,我觉得我自己比较满意的地方,或者说,比较能够得到学生和青年知识分子赞同的地方,我看就是一个,即我经历的反"右"运动后的坎坷。

我觉得,反"右"斗争对我来说,不应该从消极面来看,而应从积极面来看。反"右"对我最大的积极面,就是要我深思一下,这个人生的道路应该怎么来走?二十二年的逆境,给了我一个很大的人生教训,就是不能够顺着潮流去走,不能随大溜。也就是说,政治这个东西,在中国是变幻莫测的,那么,你如果什么时候都顺着潮流在波动,没有自己的主心骨,没有自己的立脚点,你就会顺势而走。或者难听点说,你就是一个政治上的投机分子,总是想博得领导上的同意与欢心。这是一个很大的问题。

所以我觉得,自己一生中比较可喜的事情,就是我的一生,终究没有说太多违心话,没有做太多违心事。这里面很重要的一点,就是得益于自己失意的这一段时间。失意的时间里,你不可能在那个时候再来说些违心话,做些违心的事。或者说,你不可能在那个时候,还想为了求得政治上的飞黄腾达,去做一些趋炎附势的事情。

在这一点上,我应该说是很幸运的。我也曾经讲过,如果我没有"右派分子"的这一段经历,那么在顺势的情况下,我有没有可能也成为"文化大革命"中的造反派呢?或者也跟着"四人帮"做一些事情呢?我觉得完全有可能。因为那个时候,形势已经不是自己所能控制的了,你只能顺着政治的潮流来发展。由于有了这个挫折,所以我也不可能跟着潮流走。

那么,从改革开放三十年来看,我觉得也有这个问题。改革开放三十年来,我也经历了一个顺境,也有一个逆境。

我所坚持的,实际上是中国应该走政治文明。所以,也可以说,正是在这种情况下,我坚持了自己的政治立场。我看青年学生也好,老师也好,社会也好,称赞我的,主要也就是这个脊梁和骨气。如果当时我也说了一些完全不同于当时主流观点的一些东西,去说些迎合官方的话,做些迎合官方的事情,我就没有自己真正的骨气和脊梁。所以我想,骨气也好,脊梁也好,恰巧是在这样的时刻体现出来的。

所以回顾我的人生,实际上是两大挫折:第一个挫折是大的挫折,反"右"之后的二十二年逆境;第二个挫折是小的挫折,是改革开放三十年中经历的小的挫折,这个挫折持续了约二十年。坦率地说,现在实际上我也很难说是官方所认可的那样的知识分子。

陈夏红:的确如此,大家最敬重您的一点,就是您"只向真理低头"的精神。我想知道,您怎么看像您这样的一代知识分子对中国法治的贡献?你们这一代人对中国法治的贡献到底在哪儿?

江平:我们这一代知识分子的贡献应该从历史上来看。如果从历史上来看的话,我可以说我们这一代的知识分子,正处在一个社会变革大动荡中的时期。

为什么说我们处在社会大变革、大动荡时期呢?因为在我们之前大学毕业的,无论法学家也好,其他知识分子也好,特别是研究社会科学、人文科学的知识分子,很大程度上被认为是受了旧时代的影响,还是属于旧的知识分子。特别是法学家,被认为是"旧法人员"。而我们国家对于旧法人员,和其他人文社科知识分子相比,敌意更严重一点。

我们可以看出来,在新中国成立的时候,这些知识分子大部分被打倒了,或者说被淘汰了。就法学界来说,能够留下来的,也只是国际法方面的一些专家,像王铁崖、梅汝璈等。他们之所以还能得到一些使用,是因为我们的外交部门还需要这样一些专家。那么,刑法方面受的冲击是最严重的,很大一部分,都被淘汰了。民法方面应该说基本上也是属于被利用的,"旧法人员"中残存的民法知识还可以被利用的,整体上都是这样的一些状态,像那时候我们学校民法方面,还有一些专家,他们在民国时期还是很有名的,而他们实际上在北京政法学院讲的内容,也都是旧的一些知识,仅供我们参考的一些知识。甚至还有,像谢怀栻教授这样的一些"旧法人员",应该说在私法方面还是很权威的,但实际上也是很不受信任的。你看法学所,这几年谢怀栻基本没有出国的任务,什么也没有。这也表明划"右派"之后乃至"右派"平反之后,实际上还是被利用的状态。

这是个中国特有的情况。我们这一代知识分子,最大的特点就是:虽然我们当时被划了"右派",但是从我们的帽子里面,或者说从我们的经历来看,我们还可以被叫做"革命的一代"。也就是说,我们当初参加革命是自愿的,是真诚的。我们大都是新中国成立以后才来上大学的,虽然我读燕京大学是在1948年。这样的话,我们就是带着一种红色的色彩。这是个最大的不同。

我常说,这是我们的优点,也是我们的劣势。在新中国成立的初期,我们终究还有一些老知识分子,可供使用。但是到改革开放时期,情况就大大不同了。从年龄上来说,一些老的知识分子已经退出舞台,有的由于健康方面的原因,已经不能够再从事工作。我们这一代人正好五十岁左右,所以主要就靠我们这一代人,来作为八九十年代法学界的支柱。

对我个人来说,我还有个俄语的外语基础,我的英语在燕京大学也还有基础,所以我还有两门外语的基础。而很多解放后在国内上大学的法学家,基本上都不具备这么一个条件。我是在这么一种情况下出来的。

所以，我们这一代人的优势，就是前面整整缺了一代人甚至两代人，后面新起来的一些又没有外语的优势，也没有在国外被培养的优势。我们这一代人是在这种情况下登上历史舞台的。

那么我们的劣势在哪里呢？就是当我们能够发挥自己的作用的时候，我们已经是五十岁了。而五十岁的时候，很快又担任学校的领导，所以我们专业是很不扎实的。我常常说，我没有认真看几本书，没有像研究生那样，去翻阅一些名著或者国外的著名的法学著作。在这种情况下，就显得自己真正的学术功底，比起现在的研究生们，差了很多，这是我最深切的感受。

所以我也常常说，我们这一代人在法学界的作用，就是一个"梯子"的作用。我们就像一个"梯子"，我们为我们的正规的硕士生、博士生的七年甚至十年，做一个"梯子"。现在来看，我们起到了这个"梯子"的作用。

陈夏红：一定程度上，你们也是承前启后的。那么江老师您回顾您这八十年，有没有什么事情特别想做，但却没做到的？

江平：特别想做而没做到的？我觉得实际上就是从学校工作来说的话，可能存在这方面的遗憾。

我觉得这是一个普遍的问题，就是中国现在的大学校长，实际上不可能做到像我们老一辈的校长那样，培养出一些很有能力、很有作为的人才。他们从自然科学来说，可以获得诺贝尔奖金；从人文社科类说，也是特别出类拔萃。我们不可能做到这样，我们不可能培养出来整整一代具有独立、自由人格的人。我想真正很遗憾的，就是中国的教育体制，实在不可能让你一个大学校长，发挥出你应该发挥的作用。课程的安排都是由官方来决定的，现在甚至连教学的内容都是由官方来决定，哪些课的比重是多少、哪些课程该设置，大学没有任何自主的权力。

这一点来说，我觉得中国最可欣慰的，就是改革开放后，我们摒弃了阶级斗争作为法律的主导思想，我们真正跟国际上一样，以公平正义作为法学的指导思想，这点是变化很大的。我们培养出来的学生，从这一点上来说,体现了跟国际上的接轨。但是我们真正的独立自由的思想,还差了很多。我们培养的学生,在学校的时候很有理想和激情,可是一旦进入社会,他们就完全融入社会里头。社会环境对他们的熏陶作用,远远大于学校对他们教育的作用。

我的中国梦*

他被尊称为法学界的泰斗,他被学生称为永远的校长,只向真理低头是他的人生格言,不为权力所压制,不为舆论而左右,只坐在法律的一边,是他的法学精神,八十年沉浮与枯荣,书写他法治天下的中国梦。

杨澜与江平教授合影

著名法学家和法学教育家江平先生已经八十多岁了,几十年来他见证并且参与了中国法治不断完善和发展的过程,被称为是法学界的泰斗和良

---

* 本文为2011年10月22日《杨澜访谈录》节目对话实录。

心,他说过两句非常有名的话,第一句是我只向真理低头;第二句是我只坐在法律的一边。这两句话说起来容易,实践起来就没有那么简单了,一方面要防止权力对于司法的过度干涉;另一方面在网络舆论蓬勃发展的今天如何保证司法的公正,也成为社会普遍关注的话题。就此,主持人杨澜采访了江平教授。

> 翻云覆雨人间事,
> 过耳过目无穷,
> 谁主沉浮与枯荣,
> 欲平心中愤,
> 唯唱大江东
>
> 这是一位老人在自己八十岁的回忆录序言中选用的诗句,而诗中沉浮与枯荣,也成为他自己归纳一生的标题。他就是江平教授。这位年轻时受过中西多元化教育,中年时大胆突破传统法学教育方式,一生都在为法治而呐喊,只像真理低头的学者,亲历并见证了中国近几十年的法治建设和改革,被人们尊称为法学界的泰斗和法学界的良心。

杨澜:虽然我对法学所知甚少,但是跟您在一起会有一种亲近感,因为在您的学生时代,您本来是想学新闻的,是想进入我现在在做的这个行当的,后来阴差阳错学了法律,但是对新闻还是会非常地关注,是吧?您怎么样看待这两种职业上的差别?

江平:我第一志愿是学新闻,这完全是我自己选择的,燕京大学的新闻系是很有名的,而在当时的那个年代,应该说新闻是起了非常重要的作用,通过新闻媒体能够获得一些真实的东西,所以我为什么选择(学习)新闻呢?就认为新闻是一个最自由的职业,当时号称是什么呀?——"无冕之王"!

杨澜："无冕之王。"

江平：1951年，上面要选派一些到苏联去留学的人才，没想到选上我了，那么应该说（学习法律）完全不是我自己的志愿。国家让你去做的话，那你是一定要去做，而且要把它做好。

杨澜：有使命感。

江平：是啊，所以在这个情况下，法律是我的第二个选择。

杨澜：但是在这之后也会非常关心新闻和媒体的发展吧？

江平：对，那当然。

杨澜：那比如说呢，近些年啊，媒体的新闻报道，特别是随着网络的出现，博客，后来是微博，人们参与公共的政策的这种决策，人们对知情权的要求，包括对政府（部门）行为的一种监督，包括一些法规的修改，新的法规的出台，也和一次又一次的公共事件，或者说新闻媒体的事件是相关联的。那么最近好像随着微博的出现，这样事件发生的频率就越来越高了，您怎么看待新闻和法规、法律之间的互动？

江平：现在新闻是越来越和高科技结合了，越来越和网络联系起来了，网络可以说是一个革命，虽然我自己是网络盲。一方面你获取信息太快了，但是更重要的是这个网络让每一个人都可以来参与政治，每一个人都可以自由地发表意见，这点可厉害啊，新闻媒体通过网络进入了一个崭新的时代。但是网络也会出现另外一个次要的问题，就很容易走向一种民粹主义了，完全是看老百姓是怎么说的吧。我觉得民粹主义也是一个不应该取的方向，比如说我们的司法，司法过去有受舆论的影响，但是自从有了网络以后呢，出现了另外一种倾向，就是网络可以来左右判决，这是很可怕的。

杨澜：比如说有哪些事例？

江平：我们现在有两种东西，一个是权力来左右判决，另一个就是舆论来左右判决，这两个我觉得都不可取。因为权力如果来左右司法的话，这个权力就干预了司法,权力是有专制主义的倾向,那就会用专制的思想来左右法院,这是错误的。

杨澜:司法公正。

江平:同样,舆论也是这样。舆论可以代表民意,这是好的,但是如果舆论太注重民意了,就又走向了民粹主义,而民粹主义我是向来不太赞成的。

> 江平教授有一句名言,我只坐在法律一边,在他看来,不仅是每一个法律人,而是每一个社会中的个体应该公正地坐在法律一边,小到每一件具体法律案件,大到整个法治改革的进程,都应该以一种不偏不倚的态度来面对,既不能被权力所压制,也不能被舆论所左右,这样一种法学精神即便是在江平年轻被打成"右派"的那段艰难岁月中,他也在一直坚持。近些年,因房屋拆迁引发的问题引起了很多人的关注,作为《特权法》起草人和推动者之一的江平教授更是针对这类问题,在很多演讲和访问中陈述了自己作为一个学者的法学观点。

杨澜:像您自己过去也受到过舆论的一些冲击吧?比如说重庆的那个"钉子户",该不该拆迁,该不该因为公共利益而要执行拆迁的时候,您发表的意见是受到了一些网民的攻击的,他们认为江教授您的屁股坐的这个方位不准。那个时候作为一个法学家,有没有一种尴尬或者不自在?

江平:首先说明呢,这个事情里面是有某些的误会,因为当时是电话来采访我,就问我一个问题:"你认为这个法院的判决要不要执行?"那我当然说法院(的判决)是应该执行啊,你再大你也不能够超出于法院的判决之上啊!

杨澜:您可以对法院的判决不服,去上诉,对吧?

江平:对,你认为法院(判决)不服,你可以按照正常的渠道,但是你不能够对抗,我当时主要是从这个角度来讲。记得后来我在重庆给一个学校上课的时候,讲到这个问题的时候,我说法院如果错了怎么办?有的人说,

"法院错了我们就要造法院的反"。那我说这就不对了,法院错了还是要按照正当的程序来要求撤销法院的这个判决。

杨澜: 其实我们看到一些社会矛盾,会逐渐形成一种舆论和法律的尴尬情况,比如说一个城管没收了一个小摊小贩的秤,或者是要把他的三轮车推走的时候,人们的情绪实际上从心理上是向着这个弱者的。

江平: 对。

杨澜: 那么在法律上来讲呢,不能够因为是弱者,就说他一定是站在这个法律的这一方,所以在这个时候,你要想按照法律来作出一个客观的一个判决的话,往往这个法官和相应的人员也有很大的压力。

江平: 对,这就涉及一个很重要的问题,就是法官到底是依据什么来判案的?他是依据民意来判案呢?还是要依据法律来判案?我觉得还是要依据法律来判案,因为只有法律能够代表哪个是对的,哪个是错的,如果我们按照民意来说,民意可能就是倾向于弱者、倾向于弱势群体,而倾向于弱势群体,是不准确的概念,仅仅考虑弱势群体利益是很片面的。

杨澜: 可能是因为不同的人在不同的时间是有不同的利益。

江平: 应该说法官只有一个准则,就是考虑法律和宪法的尊严,这个是他最高的准则。

曾经的苦难岁月,他用什么激励自己冲破逆境?开辟民法教育的先河,他作出何种大胆尝试?一部《物权法》的出台,经历多少困难和艰辛,他又要怎样为法律而呐喊?稍后请继续收看杨澜访谈录——"专访江平教授,我的中国梦,法治天下"。

如同江平为自己八十自传一书所定的书名《沉浮与枯荣:八十自述》一样,这两个词也是他一生起起落落的写照。曾经的青年才俊却也经历了被打成"右派",被新婚妻子离弃,劳动时被轧断一条腿的苦难岁月,他给自己写下了这样几句座右铭:困难只对怯懦者存在,真正的强者不是没有眼泪的人,而是含着眼泪奔跑的人。

> 冲破逆境的他,随后来到中国政法大学任教,一上任他就大胆地提出开设"罗马法"和"西方国家民商法"两门课程,开辟了民法教育的先河,更被人称为"中国民法三杰"。随后的几十年他参与和负责了很多的立法工作,《民法通则》《行政诉讼法》,还有近些年最受人们关注的《物权法》等。

杨澜:在您参与的这些立法工作当中,《物权法》也是被您非常看重的一部法律,这个当时经历了十三年,经过了八次人大审议,关于这部法律的制定的过程,有一些什么样的心得和感受呢?

江平:《物权法》应该说也是争议最多的一部法律。

杨澜:您当时参加了制定的过程,当时大家有没有拍桌子吵架的时候?

江平:没有,没有。

杨澜:那大家争议的焦点在哪里?

江平:应该说最大的争议当然是说《物权法》违宪了,因为这一问题我们是很生气的,从来中国立一个法没有人说它违宪啊,违宪还立它干什么呀,这个问题是争论很大的。

杨澜:那它体现的是什么?它反映了一种什么样的社会现实?

江平:它反映的实际问题就是国家财产要不要优先保护?因为我们《宪法》里面讲的呢,我们国家是以国有经济为基础,而我们的《物权法》里面没有提这个问题,我们《物权法》体现的是不管财产是谁的,都是平等的,国家财产也好、集体财产也好、私人财产也好,在法律面前是平等的,这是基本的争论,因为《民法通则》一开始就讲了,它是平等主体之间的关系,你要进入到市场里面,那么国家财产、私人财产、集体财产都是平等的。

> 2007年出台的《物权法》，代表了我国在法治改革，尤其是民法改革过程中的巨大进步，因为它首次将私权的根基——财产权纳入保护。所谓私权，从狭义上来讲就是指民事权利，从广义上来说是指法律赋予每个人的权力，其实一部法律的出台并非易事，从起草、制定到颁布，这其中所要克服的困难、所要考量的问题都耗费了参与者的极大心血，江平教授曾说："我的近三十年就是为私权而呐喊的三十年。"

杨澜：从三十年前只有七部法律治天下，到现在宣布说是法律架构基本上形成，特别是这当中您亲自参与了若干部重要的法律的出台，您怎么样来回顾这三十年来中国的大立法时代所走过的进程？如果我们站在未来的角度怎么样来评判。

江平：如果我们单从立法角度来看，我觉得这三十年是奇迹，因为在许多国家要建立一个法治比较完整的体系，有的需要一二百年，而我们仅仅用三十年就完成了。我讲的这是仅仅从立法角度来看，如果我们从整个法治的角度来看，法治就包括多了，不仅有立法，还有执法；不仅有制度，还有理念。网上我看到有人有这么一个笑话，说我们中国的立法是严格立法，执法是选择执法，因为普遍违法了，他只能选择地来执法，抓到谁就是谁；贪污的人太多了，抓着一个就是一个。这种情况应该说基本上反映了中国当下的法治状况，这是某种程度上的悲哀，也就是中国立法与执法之间的鸿沟越来越大了。

杨澜：在过去的三十年当中，您会是否经常有一种力不从心和无奈的感觉？

江平：有这样的感觉，我在前一段的时候，参加立法多一点，有许多部民商的法律我直接参与了。后来岁数大了，也逐渐离开了立法的领域，只能够呼吁，我想我在两本书上都要提出"呐喊"这个概念，"呐喊"我想第一个就是有点力不从心的感觉才会呐喊,或者说对于上层决策来说,已经没有多大的作用了,但是唯有唤起民众,才能够促进真正的法治的实现,在这种情况下,呐喊更多的是向人民群众来呐喊。

> 一位是法学大家,一位是著名经济学家,他为何把自己与吴敬琏的君子之交称为"法学和经济学的联姻",稍后请继续收看杨澜访谈录——"专访江平教授,我的中国梦,法治天下"。
>
> 江平教授曾说,自己一生中能称得上是故友知交的人不多,因为他的人生信条便是"君子之交淡如水"。而著名经济学家吴敬琏先生不仅是江平的君子之交,更是对他在学术领域有所成就给予启迪的人,不过他与吴敬琏的这份友情却是在自己年过七十的时候才开始的。江平把他们在2000年的偶然相识幽默地比喻成为"法学和经济学的联姻"。

江平: 我们确实在不同路上做不同的事,但目标是一个方向。吴敬琏教授在研究经济学方面,他研究到最后,他说了一句话,市场经济要没有法治的话,那不可想象。他说:"搞经济的人像我一样,原来有一个很天真的幻想,认为只要有了市场经济国家就可以发展了,但是经过二十多年,我们失望了,市场也有好也有坏,只有法治的市场才是好的,这个就是他的结论。"当时我们搞法律的人也有一个天真的幻想,我们认为只要有法律,就万事大吉,但是到了今天我们感觉到法律也有好也有坏,法律也有使市场经济倒退的,光有法律不行,还必须有法治,这是我们的共同点。

杨澜: 不管是呼喊还是呐喊,我觉得您和许多的学者吧,还是希望能够通过一种理性的方法,通过一种制度的建设和一种社会的治理,能够把中国推向前进。

江平: 是。

杨澜：也许有的时候大家不理解，比如说吴敬琏先生也曾经被有的人批评为是代表了富人阶层或者是房地产商，也有人问过您说："江教授，您的屁股到底坐在哪一边？"会不会觉得有点两面不讨好？在这两面不讨好当中，一个学者到底如何自处呢？

江平：我想就是凭着一个学术良心吧！因为这个良心就是真理、真话，你应该说出真实的情况，这个良心也就是说一个学者在时代的面前，它要对得起时代，它要对得起人民。我在校长辞职的时候，我最后说了两句话："我要无愧于时代、无愧于人民。"这是自己的良心所在。

杨澜：江平教授把他一生的追求化作四个字，题在中国政法大学校门口的一块石碑上，那就是"法治天下"。作为法学教育家，他的思想影响了几代的学生，如今他回到校园，虽然已经离开校长的位置多年，仍然能够得到学生发自内心的真诚的掌声，对他而言这就是最高的肯定与褒奖，正像他在自己的诗中所写的那样：人生未必尽华盖，坦途仍须多豪迈。他有一颗年轻人的心，而在追求"法治天下"的道路上，他也需要更多的人来一起推动、参与和呐喊。

我所能做的是呐喊*

> 我们呐喊也好,呼吁也好,启蒙也好,无非是希望大家多朝目标努力。企业家在中国的政治体制改革中,是能够发挥些作用的。但是,他必须自身坚强。

江平好诗词,1990年,不做中国政法大学校长后,他写了一首《七律·六十抒怀》:

残肢逆遇未曾摧,乌纱抛却田园归。
宠辱应似花开落,忧国何分位尊卑。
世事沧桑心事定,胸中峰壑梦中飞。
长夜寒冬无声处,信有大地响惊雷。

没有"位"的羁绊,二十多年来,他把自己定位为呐喊者。为什么呐喊?因为"形势越来越严迫"。他呐喊的主题从来没变,那就是"法治天下"。改革开放三十多年,无非就是两个主轴:一个是市场,另一个是法治。如果说吴敬琏是呼吁市场经济的代表,江平无疑是呼吁法治社会的代表。

记者:在已经通过的法律里,有几部法律的争议是很大的,如《物权法》

---

* 本文由《中国企业家》发表于2013年3月6日,采编记者:萧三匝。

按说应该是保护公民的私有财产的,但它也谈到保护国家财产;《反垄断法》实际上就只是一个原则,而且存在对国有企业的一些保护条款;《劳动合同法》,很多人反映这部法在制定过程当中没有全面听取各方面的意见,特别是没有听取企业家的意见,而且有些条款不太符合中国经济发展阶段。你对这些质疑怎么看? 短期内能否对这三部法律进行修订?

江平:这三个法属于三个不同领域:《物权法》属于民法范畴,讲究的是平等的保护;《反垄断法》是经济法的范畴,就是国家用行政干预的手段,来禁止企业的垄断行为,这是保护市场秩序很重要的一个法律;《劳动合同法》属于社会法的范畴。社会法是保护弱势群体的利益的,我们现在拖欠职工工资的事情还经常发生,所以没有这么一部社会法,很难保障社会上弱势群体的利益。

已经通过的法律,在短期内要修订不现实,我们一般都得过十年或者再多一些时间,或者问题积累得更明显一些才会修改。《物权法》要修改是根本性的修改,以国家财产、私人财产、集体财产来划分保护对象是没道理的,会在搞《民法典》的时候统一考虑。如果把《物权法》写进《民法典》了,这时候就要考虑它跟民法的主体是不是一致的问题。《民法通则》规定的主体,没有国家,没有集体,只有公民和法人。《反垄断法》确实存在对国有企业进行特殊保护的问题,但因为刚刚通过没多久,现在就修改也困难。《劳动合同法》总的精神我还是赞成的,虽然企业家嚷嚷,说这么一规定了以后,企业的利润少了,雇工方面受到很大的限制,但这个问题不是我们一个国家的问题,我们现在劳动力的工资在世界上是很低的呀,那怎么来提高呢? 显然得有一个法律作为后盾。

记者:您曾高度评价《行政诉讼法》的意义,《行政诉讼法》1990年就开始实行了,此后还出台了《国家赔偿法》,但为何在中国的司法实践中,民告官胜诉的案例微乎其微?

江平:民告官胜诉案例也不是微乎其微。这里有两种情况:一是民告官胜诉了的;二是民告官以后,官一看他的决定确实是没有多少法律依据,他就主动撤销决定，民也就撤诉了，这部分还有一定比例。据我了解，现在这两种加在一起也接近30%了。

记者：您说过，无论是在过去还是现在，领导人的言论、观点和态度，对于一部法律的生死成败，都有着极为重要的影响。您曾参与多部法律的制定，这大概是有感而发吧？

江平：我们的立法一直都提倡"三结合"，就是立法者、执法者和专家三结合。专家主要是提供一个理想的模式。理想模式就是借鉴了世界各国的立法经验，专家认为是最适合的模式。但是，专家这个模式最后还要提交人大啊，人大法工委首先要交国务院，听取各个部门的意见，这之后，观点就改变了。这一改变，等于是从理想主义的模式变成了现实主义的模式。现实主义的模式包含了现实部门和法院的意见。人大通过法律都要经过法律委员会讨论，而法律委员会讨论最后就是由领导来决定了。任何一部法律通过，当然首先是委员长会议研究，一般的法律当然委员长就能定了，涉及宪法一些根本的问题，可能还要经过政治局常委会来讨论。

记者：您认为审判独立在现实环境下是否可能？

江平：宪法明确规定司法独立，法院判决只依据法律，不受其他部门的干涉。我们现在提出来，党在审判工作中也要绝对领导，这到底是什么意思呢？那是不是说党的各级政法委员会可以干预法院的判决，可以给法院下命令呢？我觉得当然不应当是这个观点。我听说，新的政法委员会成立了以后，在这个问题上的态度也已经弱化了很多，不像以前特别强调各级政法委员会绝对领导这个概念。

现在有很多观点认为，党在审判领域里面的绝对领导，只应当理解为法院严格按照法律来判案，因为法律制定都是党领导的。《宪法》规定审判权只能够由法院来行使，如果由政法委员会来决定怎么判，说法院判错了，党政干预判案，就会形成法院审判权的旁落。

另外，如果现在说法院不受政府机关的干预，但是党的指示你要贯彻，那就有问题了。省长如果同时又是省委书记，你说他的指示到底是党的指示还是政府的指示？我们国家的任何行政机构都是党和政连在一起的，一个财政局有局长又有党组书记，他一人兼任两个职务，那你说他到底体现了谁的利益？

而且这样做，必然就会形成党的政法委员会权力太大。本来我们国家的公检法设计，就是公安管侦查，检察院管起诉，法院管判决，相互监督，你现在统一都由政法委员会协调，把它管起来，甚至在案子没有判之前，就召开了三长会议，来确定该怎么判，这都是不符合法治原则的。

记者：现在很多人都主张坐实人大权力。你担任过人大法律委员会副主任，就你的亲身经历来讲，人大制度应该在哪几个方面进行改革？

江平：照我的想法，第一个应该改革的地方，就是要精简。现在人大代表2800多人，加上政协委员，一共5000多人，这个数字太庞大。有人建议应该逐渐缩小会议规模。如果真正是代议制，议会应该是很精简、精干的机构，不能说农民就非有个农民代表，渔民就有个渔民的代表，代表参政议政能力太差也会出现问题。拿我原来在的浙江团来说，当时是七届人大，五年期间有一个种笋户的代表一句话都没说过，他也不敢发言，没起到代表的作用。现在据说还有一个"千年代表"，从第一届到现在她都是人大代表。如果我们代表砍掉一半，1400人在全世界也是最大的议会了。

开会的方式也有问题，人民代表的发言根本不见报，只能选择个别人的意见见报。而且人大里面，官员组成的成分太大，各地方的领导都来了。所以，在全国人大代表团的会议上，实际上就变成了一个地方的代表团会议了。我当初是在浙江团，开会的时候，省长、书记都坐前排，他们先发言，普通的老百姓代表都靠后，这个模式是很官僚化的。

第二个应该改的当然是选举制度了。全国人大代表应该是全国人民选出来的，或者全国人民分地区来选的。但是拿我来说，我作为浙江省的代表，不知道是谁选的，也不知道向谁报到，突然有人说我当选了，最后果然当选了。每一届的代表到底是谁，党员就由组织部来安排，非党员就由统战部来安排。我们应该逐渐转向直接选举，先从县级直接选举，可以过渡到市级直接选举,等到市级直接选举成熟了,我们还可以上升到省一级,然后到全国。

但这两个问题都是很难改的,因为要通过一届人大来改,一届就五年啊,一届也不能改动太大。所以,要完成全国人大的改造就很困难,没有20年很难完成这一改革。

记者:您曾经是立法者之一,现在是社会活动家,您感觉前后两种身份哪种对推动中国的法治建设影响更大?

江平:我担任全国人大常委会的委员,或者是全国人大法律委员会副主任的时候,我也没有把自己看成是在立法方面能够起决策作用的人,我也知道这是希望我发挥专家的某种作用,这至少说明人大的专门委员会里不完全都是官员,还有些学者吧。所以,我并没有感觉到那时自己有多少的荣耀。

1993年,我在人大的工作到了任期,此后我就更多地从事带有呐喊性质的工作。因为政治体制改革的滞后,我现在更多地是从政治体制改革、法治建设的角度进行某种呼吁,说呐喊太高了一点,无非是呼吁呼吁。现在社会上有一些知识分子,包括吴敬琏教授,他们实际上提出了一些对现在来说超前的观念。这个超前观念可能今天实行不了,可是将来一定会实现的。而这个超前的设想需要舆论的支持。我们呐喊也好,呼吁也好,启蒙也好,无非是希望大家多朝目标努力。

记者:如今很多公共事件呈现出一些与以前不一样的特点,以前很多都是从个人利益出发的诉求,比如说农地拆迁问题,国企转制过程中工人利益受损问题,现在好像越来越呈现出一种追求理念的趋势,您如何看待这种变迁?

江平:你指出了一个重要的趋势,这是很好的现象,我觉得这就是一个从感性到理性的过程。如果一个人仅仅因为自己的权利受到侵害,就起来抗争,那他的动力不会太持久。男女平等是宪法规定的原则,你现在招生也好,招工也好,采取了男女不平等的做法,那不就是侵犯我的人权了?从这个概念上来说,以争取男女平等为目标而进行的维权活动就很重要了。女权问题,乙肝、艾滋病患者歧视问题,早已超出个人利益范畴,而是一个群体的问题了。公共事件的诉求目标必然从为了一个人的利益转向为一个群体的利益,最后是为了全体国民的利益。

记者: 你更倾向于通过自上而下的方式还是自下而上的方式推动改革?

江平: 中国的改革有自上而下的,也有自下而上的。在经济体制改革的领域里面,自下而上的推动可以是主要的,但是政治体制改革如果自下而上搞,能不能起到主要作用呢? 我觉得比较困难。因为,政治体制改革首先是涉及权力的变更,你想改变党的领导制,那党委的作用就要变了,那么多的机构人员怎么办呢? 既得利益的人不会同意的。所以,我认为政治体制改革主要还是要高层来推动。我觉得"十八大"这个领导班子,开了一个很好的头,这一百天的表现,应该说让老百姓寄予了很大的希望,班子全部交接过来后,我希望改革的步伐能够更快一点。

记者: 上层要改革,需要有动力,动力来自于压力,那压力何在呢?

江平: 这个现在非常难预测。农民我觉得不太可能,我们现在连农民协会这种统一的农民组织都没有。城市的工人现在也比较困难了。我觉得,恐怕在中国当下,还有待于这些能够起到一些推动作用的知识分子的呼吁,这可能会起到很大的作用。

记者: 最近几天的亚布力论坛上有个很有意思的对话。万通董事长冯仑说,民营企业家阶层应该守妇道、有期待。他打了个比方:陕西一个农妇,丈夫出门了,你就应该守妇道,盼望丈夫回来。张维迎教授反问了一句:如果这个丈夫不回来怎么办? 您对企业家阶层推动制度建设过程中的作用怎么看?

江平: 企业家在中国的政治体制改革中,是能够发挥些作用的。但是,他必须自身坚强。现在有些企业家,完全靠领导的赏识、赐予发展自己的企业,那他没有什么反抗精神。中国的企业家中现在有一些人大代表、政协委员,如果他们能够不断提出一些政治理念,成为具有政治眼光的企业家,他们完全能够推动现代的政治民主和法治健康地发展。

记者:西方很多政治人物都是学法律出身的。在近年的公共事件中,我们经常能看到律师和法学家的参与,能不能说中国的法学家时代已经到来了?

江平:现在律师参加公共事件的越来越多了,在这方面,律师可以发挥三个方面作用:

一是律师不仅仅是为自己的钱而奋斗,他还能为自己的政治理念进行活动。当然也不能要求所有的律师都那样做,那样做的律师也急需有人来援助。

二是律师应该为律师的地位奋斗。律师的地位这五年来有些下降,特别是表现在李庄事件上。因为李庄事件,律师界普遍感觉到了危机,律师太没有人身安全感了。在声援李庄这一点上,表现出了律师界的团结。我常说,这不是在为一个人争安全,这是争取律师这个行业的安全,而律师是一个国家民主、法治的标志。

三是律师作为人大代表、政协委员(现在也越来越多了),可以发挥一些政治参与的作用。现在律师在人大和政协提的议案和提案有一些是很不错的。比如重庆的一个律师,每次老提官员的财产申报制,这就慢慢会促进政治改革。

至于你说法学家时代是不是到来了,我觉得现在远远没有到来。法学家的时代到来,得要有法学家培养出来的人在最高领导层里面占据相当的地位。

记者:您和吴敬琏教授都认为,建设法治的市场经济需要经济学家和法学家的联盟,你们还成立了一个北京洪范法律与经济研究所,这种联盟是不是应该进一步扩大,比如说把研究社会学的、政治学的学者都包括进来?

江平:与治理国家、社会密切相关的主要是四门科学:政治学、法律学、经济学、社会学。这四门也可以说是治理国家的显学。在西方国家，政治学和社会学都非常发达，但是在我们国家政治学老早就被湮没了。你讲社会主义政治还是资本主义政治？我们学校当初编政治学的书就出现了这个问题，有人完全按西方的政治学经典编了一本政治学，有些同志就说，这不是中国的政治学。社会学也有这个问题，社会学涉及社会调查，社会调查如果要是揭露了一个社会的民情，社会民意调查的结果公布，恐怕很多人就不好接受了，所以这个问题很麻烦。

我们国家的实际情况是，政治学淹没在法学里面，而社会学被经济学取代了。现在我们的社会学也没有完全叫社会学，有的叫社会心理学、社会民主学、社会人类学，反正有各种不同的叫法，政治学也是这样，一般都讲国际政治什么的。

我跟吴敬琏教授结盟搞的洪范研究所是2002年成立的，遭遇了很多困难，各有各的难言之隐。如果要能发展起来，我觉得应该把政治学、法学、社会学、经济学结合起来，至于其他学科，好像跟治理国家、治理社会比较远一点，历史学、语言学、图书馆学、考古学，当然就远一些了。我觉得，把这四门跟治理国家有密切关系的学科结合起来很有必要。

我更适合做呐喊者*

> 我的使命就是唤醒社会公众在法治上的觉悟的提高,为把法治纳入中国的社会做点呐喊,做点贡献,我可能更适合于我扮演的角色。

真话和假话

《新京报》:《沉浮与枯荣》首先是您的自传。我们从书里面读到,历次运动给您的人生造成了很多灾难,这些运动本身对您"只向真理低头"的理念是否产生过影响?

江平:应该说,我是有幸遇到了一个能够尽量不说假话的机遇。因为被划为"右派"以后,虽然检讨可能是有些虚假的,但是我对于中国历史发生的事情,也有我自己的看法。一个人在这种情况下,他可以不参与决策,不参与国家一些重大的事情,但是我可以避免说一些违心的话,避免说一些不符合实际的话,这个是能够做到的。

《新京报》:说到真话假话,您之前因为说真话遭遇了很多挫折。现在如果让您做一个选择,您认为您的坚持是不是值得?

江平:无所谓值得不值得,因为我的性格是容不得说几句假话,所以在这种情况下,有人说您现在怎么说话还是这么直言不讳的,我想这可能是跟自己的人生经历的一些东西有关系。

---

* 本文由《新京报》发表于 2011 年 1 月 8 日。

法治和道德

《新京报》：您在民商法方面的专业造诣是学界公认的，很多后辈学者对您的道德人品也是非常敬佩。在当下的社会现实当中，法治社会的建设首先是法律层面的问题，而另外一方面，社会道德崩坏的可能也值得警惕。您怎么看法治和道德之间的关系？

江平：法治和道德有非常密切的关系，或者说法治是以道德为基础的，如果一个国家没有道德作为基础，那法律都是强制的，如果要做到人们能够自觉去遵守，只有道德这个基础打得稳固才行。我常常说到这个问题，我们也时常把一些道德观念纳入法律概念中，譬如说在我们民法里面的诚信原则，诚实信用，这就完全是道德的概念，一个国家社会里面的市场经济如果没有道德作为基础，什么都是虚假的、诈骗的，就靠一些刑法的手段来维持一个市场经济，那是维持不了的。所以，法治归根结底应该以道德为基础。

《新京报》：就是说法律和道德同样重要？

江平：道德和法律终究是两个不同的概念，这两个还不能够完全等同起来，因为我们常常说不同阶级可能有不同的道德，当然过去说得也过分了一些，但是确实有这个问题，所以您如果仅仅以道德来作为区别的标准，这就没有统一的标准可言了。

私权和公权

《新京报》：您经常说到私权和公权的问题。我们知道近代西方形成了"风能进，雨能进，国王不能进"的法治传统，而在中国历史上，公权经常凌驾在私权之上。您觉得，私权被公权所压制，它的根源在哪里？

江平：这根源就在于中国历史上长期的专制社会。中国的专制社会长达两三千年，古代社会是这样，民国建立了以后，实际上也是军阀混战。所以在历史上，中国实际上始终是以公权作为依靠的，取得政权也好，统治这个国家也好,完全靠公权力,或者说靠武装力量。过去的历史上,中国就是靠武装力量来打天下坐天下的,在民国时期,蒋介石还在叫嚣"一个党,一个主义,一个领袖",所以,我解放前就选择了共产党。

《新京报》:您在这本书里面第134页讲到了法学家的忏悔问题,特意引用了刘仁文教授的一段话,提到了知识分子自己有一种内在的软弱性、动摇性。能不能具体解读一下。

江平:这个问题当然复杂多了,知识分子的软弱性应该说它和外面承受的压力有密切的关系。当初听毛泽东说了一句话,中国人民从此站起来了,多少人流泪啊。以前我们都是仰仗着外国人的鼻息,没有中国自己人的声音,说中国人民从此站起来了,这话是打动了许多人心的,所以这条不能够很简单地下结论。

《新京报》:在上一本书里面,您提到了一直为这个社会和国家在呐喊,另外我想您作为一个法律人,也期待专业成就更高一点,在专业知识分子和面向大众的知识分子这两者之间做选择的时候,您内心是否也有过矛盾或者挣扎?

江平:我本人严格说来够不上专业知识分子的称号,原因就在于我并没有真正读多少书,包括世界各国的法学名著和我们国家的一些法学名著等。我自己也没有认真写过几篇有分量的法学论述,所以作为一个专业知识分子应该说是有欠缺的。我还是比较倾向于面向大众,我的使命就是唤醒社会公众在法治上的觉悟的提高,为把法治纳入中国的社会做点呐喊,做点贡献,我可能更适合于我扮演的角色。

永远的江校长*

中国历次的政治运动最大的问题我觉得就是培养了一种不敢说真话的思想。中国真正敢说真话的知识分子是比较少的。

是谁在改变我们的世界——告诉你那些不为人知的大师

已经79岁高龄的江平教授,仍然精神矍铄,语言风趣幽默。他以其学术贡献和不懈努力参与宪法的修订,参与民法、行政法的起草,成为法治中国的重要建设者。

记者:请您先介绍一下您现在的生活状态,您现在每天的生活、时间是怎么样安排的?

江平:我今年79岁了,但是工作还没有离开。学校给了我一个终身教授的职务,但是工作现在来说不是非常繁忙,更多的是带研究生,特别是博士生。

我最近得了一场病,这场病是中风后遗症。中风后遗症出现了以后,一开始是说话有障碍,语言有障碍,行动有障碍,经过301医院的治疗应该说基本上恢复了,可以说恢复到原来的95%吧,还没有完全恢复到原来的应该有的样子。所以大夫建议我更多地注意恢复身体,他说这个中风后遗症如果再要发作的话,问题就比较大。我现在的生活可以说是处于一种安

---

* 本文由《腾讯嘉宾访谈》发表于2009年8月10日。

心休养为主的这种状态,所以工作并不特别繁忙。

记者:我记得去年给您打电话的时候,那个时候您就在生病,病中在医院待了多长时间?

江平:近两个月吧,差不多快两个月出来的。

记者:好像人在病中的时候往往会有很多的感悟,您当时在医院是怎么想的?

江平:应该说是最主要的感觉就是大彻大悟了吧。什么意思呢?因为原来我还始终认为自己像一个完全健康的人一样的努力工作,而且我是希望能够工作到80岁甚至再多长一点,现在看起来不现实了。因为如果你要想工作长一点,那么你就必须把健康放在第一位。这样的话,就形成了一个工作和身体之间的最大的矛盾,也就是说,不能够像过去那样的以工作作为目标去进行了。现在要把这个目标放在现实一点吧。

青年时代:反对腐败,追求自由民主

记者:我们先从您的高中时代开始说起,您的高中是在北京的31中学上的。那是一个什么样的学校呢?

江平:北京31中学那时候叫崇德中学。崇德中学是一个教会学校,是一个中华圣公会办的学校,里面还有外籍教师。当初在北京号称有"八大兄妹"学校,这就叫基督教办的学校,算比较开明的。"八大兄妹"学校,像育英和贝满大家都很熟悉,汇文和慕贞这也是很有名的,当然崇德和笃志稍微不像前两个这么知名,都是属于这种基督教办的这种学校。应该说在当时基督教办的学校有一个好处就是比较自由,不像市政府办的,像二中、三中、四中虽然也很有名,但是它在管理方面过分严格。这就便于我们在高中的时候能够更多参加一些学生运动。

记者:所以当时您就参加了"民主青年同盟"。"民主青年同盟"我们现在可能只能从它的字面上来进行理解,它主要是一个起到什么样作用的组织呢?

江平：当时共产党在地下还有两个外围组织，或者说叫地下的青年团性质的组织，一个叫"民主青年同盟"，另一个叫"民主青年联盟"，一个简称"民青"，另一个简称"民联"。这两个（组织）是属于分别的两个系统来领导的，在解放以后等于自然而然都变成团员了，所以这等于是地下党的外围组织。

记者：那个时候实际上整个社会正在一种所谓的变革期，新旧交替的变革期，您那个时候的思想都受到哪些影响呢？

江平：1945年到1948年，这三年期间，是中国社会剧烈变动的时期，1945年日本投降，或者说那个时候刚投降，在日本人的统治下当时国民党和蒋介石还是威望很高的。我记得蒋介石那时候到了北京来，那一次在太和殿的时候，很多人都慕名而去。中国是（联合国）常任理事国，当时的社会地位在国际的地位是很高的，但是这三年（1945～1948年）期间，我们对国民党失望了。

所以我想这三年的变化就是我们从原来对共产党的不了解，现在逐渐变成了倾向共产党了。我们这三年的时间就是在党的地下领导人的带动、帮助之下逐渐走向了一个新的道路。

记者：那当时对参加青年民主同盟的人有什么样的要求吗？

江平：当时没有什么特别的要求，你只要愿意自愿写申请就算加入了。我是在1948年六七月份的时候参加的。

记者：那个时候您18岁。

江平：18岁。

记者：还是很年轻的。那个时候您对未来是一个什么样的想法呢？经过了1945年这些变革，时代的变迁后，对整个人生的感觉，梦想可能也都不一样了。

江平：从我们年轻时代作为一个知识分子来说，我想第一个就是反对腐败，对于这些腐败的现象是很看不惯的。国民党之所以最后民心全失散了，很大的问题是腐败的问题，当时看到解放区、共产党，看到的都是一个清廉的生活。

作为我们这一代的青年知识分子参加（革命）或者所抱的理想，那还是人权、民主、自由的思想。因为当时国民党最大的问题是专制、不自由，老百姓的权利没有。所以当初愿意参加革命就是希望中国一个是（实现）物质上的富强，一个就是政治上的民主自由，这是我们的追求的目标——一个富强的中国，一个民主自由的中国。

记者：这个想法在当时来看是不是比较理想化，因为你们不知道为了这个后来要走很长很长的路。

江平：是，所以后来出现的中国的政治生活就出现了很大的变化，也出现了很多的磨难，这是我们最初所没有想到的。

记者镜头里的法学家江平

新中国成立：没有中间的道路可走

记者：新中国1949年10月1日宣布成立，那个时候您也是在北京的吗？

江平：我在北京，我们在燕京大学。我是1948年入学的，新闻系。1948年入学的时候没多久燕京就解放了，我们是比北京城解放早两个月。我们

10月底就解放了,北京是1月31日(1949)解放的,所以提前解放了两个多月。我们等于课也上不下去了,在准备解放北京的工作。那个时候北京叫北平,我们跟解放军一起进的北京做宣传工作,所以(1949年)1月底我们是在北京参加的入城仪式。

记者:都宣传什么呢?

江平:没什么宣传的,主要就是唱歌、跳舞。

记者:但是都是很积极的心态。

江平:对,等于说是一个很热烈地迎接解放军入城这样一个工作。

记者:我看过一些对那些场景的介绍,比如说在做相关宣传的时候,有相当多的人是怀着戒心的,因为之前一直接受的是国民党的统治,后来接受共产党的领导。这两个党派之间,这两个党派之间有什么样的不同,很多人当时是抱着疑问的。那个时候您的工作可能也相对来说难做一些?

江平:中国那个时候的政治形势已经到了两个极端的地步了,要么你是走共产党,要么你走国民党,没有一个中间的道路,也就是说,走中间道路的这种思想已经破灭了。其实那时候更多的知识分子是想走中间的道路,希望能够抗日战争胜利以后,我们能够建立联合政府,我们能够走了一条和平的路线。但是当时的政治形势已经到了非你就是我,只有我把对方打倒了,我才能够建立一个新中国。

如果真的在当时情况下建立一个联合政府,也是长不了的。因为这个政治斗争,这个形势是很独特的,中国所独有的,中国所有的这种形势,和英国和欧洲有些国家是不同的。

记者:您在大学的时候,您觉得过得充实吗?

江平:我的大学生活应该说是时间很短,加起来也不到两个月的时间,因为你想,按正常来说,9月份开学,我10月底就解放了,我就上了两个月的课。而且当时上课的心情也已经都不一样了,或者说有点像"一二·九"

运动的那句话"在华北这么大的地方连一张平静的课桌都放不下了",那个时候我们已经没有心思来上这些课了。

因为北京解放了之后,(我们)回到学校以后,就要考虑下一步怎么办了,到底是在学校学习还是出去参加工作?因为当时北京是四野(第四野战军)了,四野当时跟所有其他野战军一样,在向南方进军的时候必须要有更多的干部,所以当时就提出来号召青年学生来参加南下工作团。

这个南下工作团需要大量的干部,我们当时高中的学生也好,大学的学生也好,参加了之后,很多都在湖北留下来工作了。我当初也是积极参加了报名了南下工作团,而且南下工作团报名之后,第一个是改名字,特别是当时父母亲还在南方的地方,更应该改名字,以便不要暴露身份或者是什么的。

然后就是打背包、行装。我在留下来决定要出发的头一天晚上,上级一个命令就是凡是参加过进城文工团宣传的人都不走了,有新的任务,有新的组织安排,这个新的组织安排就是建团的工作。

当初我们参加了新民主主义青年团北平市筹备委员会,当初建立了建团的工作,而建团工作我留在团市委,结果搞了一个青年文工团。我们从4月开始到10月底,在北京有一个北平青年文工团。这个青年文工团在团市委领导下,我搞了半年,这个半年可以说是我们第一次参加工作的一种体验。青年知识分子都集中在一个大院子搞一些宣传工作,这个应该说对我们人生的经历是一大考验。

记者:为什么呢?

江平:因为60年以后我们又聚会了,这些青年文工团的人都已经是七八十岁的人了,大家在回忆起当时这种参加革命时候的热情,还是很有感触的。青年文工团半年之后我就到团市委的军体部工作了,那个时候政府没有体育工作,所以体育工作是由团市委来领导的,应该说我是经历了文艺工作跟体育工作的熏陶的。

在团市委的体育分会工作了一年多,突然间有一天他通知我被选派到苏联去学习。这个对我们来说是很突然的,我从燕京大学一年级出来参加工作没有想到又被派出国,又去学习。

当初团市委的人还提出来,你既然已经搞了体育工作,你去学体育吧,但是没有。因为当时所有的学习的内容都是按照组织分配的原则,都是派你去学什么就学什么,所以应该说当初对于法律还是有选择的。我们第一批派的是12个人,当初总共才400多个人,应该说按它在一整个的自然科学和社会科学里面,它(法律)都占有相当的地位。应该说,国家还是重视这个法律的,但是我本人对法律没有兴趣。可是既然派你了,这就是第一任务了,所以我在留苏的这五年期间里面对法律也就产生了兴趣。

记者:当时如果让您选择的话,您会选择哪个科目呢?

江平:应该说新闻还是很好的,因为当时我们有一些人是去学新闻的,莫斯科大学新闻系,我觉得这些人学了都很好的,也有他自己的理想、志愿。

留学苏联:六年课程五年学完

记者:那您后来选择了法律,服从了组织安排,然后现在包括您的整个的人生都是法律人生。您现在是一位法学家。从1951年到莫斯科大学学习法律,那五年期间,您是怎么度过的呢?

江平:在苏联是两个阶段,第一个阶段我们在喀山(大学)。喀山(大学)是列宁开始学习,从事革命的地方,所以喀山大学法律系有专门列宁的座位,上面写的"列宁曾经在这里学习过",当时能跟列宁作为前后同学应该说是很光荣的。

但是到了喀山之后,又发现不满足,为什么不满足呢?中国人到苏联来学习你总要挑最好的学校吧,(当时)最好的学校就是莫斯科大学和列宁格勒大学,而这两个大学不去(还是很遗憾的),所以我们去了喀山不久之后,就向我们的大使馆提出来要求转学。

另外也有一个理由就是，苏联在斯大林逝世之后搞了一个全国大赦，全国大赦放出来很多人，而当时的喀山社会秩序也不算太好，经过了大赦之后，应该说秩序又差了一些。所以中国学生有人人自危之感，觉得应该到比较安全的地方，中国学生比较集中的地方。当时在喀山有中国学生学习的共有三所学校，学法律的、学航空的和学化工的，最后这三所学校都到了莫斯科，这是我们第一个阶段。

第二个阶段就是剩下来三年是在莫斯科大学，我们知道苏联高等学校分学院和大学，学院是四年，大学是五年。所以我们一转到了大学之后，如果加上头一年我们专门学俄语，那我们就要变成六年了，六年这个时间消耗太厉害了。因为我们当时所有的留学生去了五年也好，六年也好，都不能回国，因为回来一次花费太大。所以从这个角度来看，我们是极力希望尽量能够早学完回国来参加工作，来报效祖国。

我们去的这一批12个人，除了一个(学过)俄语，原来就是做过翻译的之外，他直接上了一年级，其他都有头一年作为预备班专学俄语。后来的学生就不一样了，都头一年在国内先学俄语。就是我们这一年，第一年是在国外学外语，这个花费是很大的。我这个人因为原来在国内俄语没有很扎实的基础，但是自学了一点，语法、单词也稍微了解一点，所以我在第一年里面，我头半年我专门学了俄语，到了下半年我就插班进入了第二年的课程的学习了。

这样的话，我把第一学期差的那四门还是五门课我通过后来的两年把它补考完毕，所以我等于提前一年回国了，也就在1956年我又回国了。就变成一个很有意思的现象，最后我就抢了一顶"右派"的帽子，因为你到1957年的7月回国的话，完全"反右"的形势已经都展开了，那就没有这个可怕的政治运动了。所以有人给我开玩笑说"你努力学习的结果是抢到了一顶'右派'的帽子"。

中苏关系的三个阶段：斯大林的问题是制度造成的

记者：有些时候一些事情确实是特别巧，再回过头来看，当时苏联算是

江老的卧室一角,满满的全是书

中国的"老大哥",您作为中国留学生过去苏联,苏联人对您友善吗?当时的苏中关系是怎么样的?

江平:中苏关系就我的回忆来理解是分为三个阶段。斯大林在的时候,对中国是持怀疑的态度,所谓怀疑的态度他始终认为中国是农民运动,这个农民不是真正的工人阶级的政党,所以他怕中国人走的道路是另外的一条道路,能不能跟苏联真正的和它的想法一样。从过去毛泽东和斯大林之间的不断的纠纷明显出来这个问题,斯大林并不特别信任中国,虽然后来对中国革命也给予了比较好的评价,但是在心中并不是这样。

我们去苏联那时候感觉特别明显。比如说我们1951年去的时候,当时有一条,中国学生不能够在苏联搞任何的党的活动,也就是说中国共产党的地位在苏联的政治生活中是非法的,你用别的名义可以,但不能用中国共产党的名义来进行。

记者:为什么呢?我们现在来看,我们真的是无法理解。

江平:它就认为你一个国家,你外国党在这儿活动怎么行呢?所以,真正的中国跟苏联的关系更加密切了,是斯大林死后,1953年以后,或者从

1954年到1957年。1958年这一段应该说是中苏关系最密切的时候,这样的话,中国共产党活动也公开了,我们也可以以中国共产党的名义跟苏联的党来进行交涉,搞一些活动。这一段时间关系真正不错,赫鲁晓夫执政的时候是中苏关系最好的时候。

第三个阶段开始出现摩擦和纠纷,从1957年,1958年以后开始出现了,最厉害的到了60年代了,一直到珍宝岛武装冲突。这是中苏关系的三个阶段。

从我们在苏联接触来看,对我影响最大的是赫鲁晓夫在二十大所做的报告,就是关于斯大林的个人迷信的报告。这个报告开始时叫"秘密报告",后来公开传达,外国学生也可以随便听了,而且还不断地来报告,或者来通过喇叭来广播。

当时我的印象很深的,当时苏联的学生很多人是很不能接受的。因为原先看的斯大林是神一样,而听了这个报告了以后,斯大林实际上是变成了一个凶犯了。杀掉了多少政治局委员,杀掉了多少党代表,应该说这是一个带有个人品行很罪恶的东西。

所以当时的苏联学生有些人喝酒、闹事,想不通,我们也想不通。斯大林是这么样一个世界共产党人所崇拜的一个人,现在怎么变成这样了?这个应该说在我的个人思想中也是一个重大的转变。

也就是说,斯大林的问题究竟是什么东西造成的呢?当时意大利共产党的总书记陶里亚蒂说过一句话,他说"斯大林的问题不是个人的问题,是制度造成的"。我对这句话也很欣赏,我觉得不能怪罪到一个人的身上,是这个制度形成的。

评论苏联的法律:宪法精神从本质来说是被践踏

记者:那么当时苏联的这种法律制度在当时世界来说算是先进的吗?

江平:我觉得苏联的法律制度应该从两个方面来看,不要因为我们跟苏联关系好的时候我们认为它很好,我们跟苏联关系不好的时候我们就认为它很坏。我觉得苏联的法律制度从两个方面来看,第一个,它有好的一面,这个好的一面是什么呢?就是苏联的法律制度始终没有中断,没有像我们的"文化大革命",文科都要取消或者是类似这样的东西。列宁在十月革命胜利了以后,废除的只是土地的私有。它的两个宣言,一个是《土地宣言》,另一个是《和平宣言》,也就是说,它并没有把旧俄罗斯的法律全部废除。连民法它也没有废除,民法典也没有废除,所以它有一个"继受"。它只是在1923年通过了民法典它把原来的民法典废除了,而我们国家一开始就废除了所有国民党的法律。

记者:也就是说那个时候新中国所有的法律是……

江平:全部废除了,全部空白了。

记者:一个国家要运行,没有法律怎么办呢?

江平:都是在无法的情况下存在的。苏联的法律教育制度也可以说是没有废除。你看莫斯科大学,这应该说是典型的了。我在莫斯科大学学习的时候,还学拉丁文,还学罗马法,因为他认为罗马法是法律的根源,他还是这个体系不能够废除。你可以批判旧俄罗斯的法律,旧沙皇的法律,但是你不能批判罗马法。罗马法是母法,它是根源。在这个意义上,它还有一定的历史的这种传统。所以我可以说,在苏联学习法律里面特别是像民事法律这样的一些,它基本的体系还是跟德国法律,跟罗马法律差不多。

这就造成一个很荒谬的现象,就是我们去到苏联去学法律的时候,当时领导上说了一句话"旧法的书一律不能带",到苏联去学崭新的法律。可是旧法,那些法律在苏联的体系仍然是德国民法典或者是罗马法的那个体系,所以它基本的法律的体系的思想应该说还保留着原来的东西。

说苏联的法律有问题在哪里呢?我觉得关键就在于它的意识形态。当然它讲了法律的理论也仍然是马克思主义的,或者说我这个法律是阶级斗争的工具,我是专政的工具。斯大林(时期)的《宪法》也有,但是斯大林

(时期)的《宪法》有,但是它并不代表着它的先进的法治。有宪法并不代表有宪政,所以这一点对我们来说是很突出的。这边斯大林宪法还有"宪法节",每年要纪念宪法节,但是那边的宪法精神从本质来说是被践踏的,没有什么真正的个人的民主自由的权利。只要是反对现政权,对现政权有不同的意见就把你抓起来,这哪里叫宪法精神呢?所以这一部分是比较差的。尤其是维辛斯基(原苏联外交部部长)当了苏联法学界的最高代表人物后,是最破坏法制精神的,迫害那些反对派,迫害那些人,所以应该说,他的实践和其理论所代表的那个思想是不一致的。

记者:那么就是说,经历了这些,你自然而然的会有一种怀疑。那个时候方向还是那么明确吗?比如说回国之后,能做什么,不能做什么?

江平:那当然还是很明确的,那个时候还是对苏联的法律不怀疑。虽然个别一些东西我可以来纠正,但是一个社会主义国家必须有法律来作为你的治国的方式也好,其他的管理的一种方式也好,这是不可动摇的。

留学归来:抢到了一顶"右派"的帽子

记者:您1956年提前学成回国,"抢了一顶'右派'的帽子",当时把您打成"右派"是因为什么原因呢?您有什么样的罪状呢?

江平:我们知道"右派"有各种的原因,我其实就是写了一张大字报,是20个老师助教写的大字报。

当初回国后,都鼓励年轻人向党提意见。因为当时是整风时期,要帮助党整风,我又是五年一直出国,不知道国内的情况,所以校党委也是希望我更带头了,给党来提意见。给党提意见过程中,我们20个教师就酝酿了一个大字报,这个大字报有五点内容,成立整风委员会,鼓励中层干部,向党来提意见,然后还有什么工会选举等五条。

这个大字报写出来后,当时很轰动,因为这是教师里面一个很重要的一个活动。当初书记副书记(北京政法学院)来看的时候都说不错,大字报写得很有水平。但是,到了"反右"斗争开始的时候,就把这个大字报叫做反党的大字报，所以其中参与策划的，我是积极分子，我是带头写的，就被划定为"右派"。

当时我因为刚从苏联回来，而且回来之后，由于苏联有司法代表团到中国来访问，所以我还被抽调去专门接待苏联司法代表团，回到学校已经差不多11月份了。我在学校的时间很短，有的人就怀疑，就说江平划为"右派"这到底社会基础是什么呢？因为什么被划为"右派"呢？为这个事专门在我们学校的礼堂还搞过一次辩论，最后得出的结论就是，我之所以成为"右派"，是因为资产阶级民主自由而形成的。

为什么呢？分析我的历史原因，中学是在教会学校，一天到晚想着民主自由。你到了大学，燕京大学，又是号称"自由、民主"的学校。对于这个结论，我本人应该说又接受又不接受。接受的一条是，大体我的思想的根源是民主自由的思想。但是不好接受的一个很重要的理由就是当时实在也是老觉得这个问题不好解决，在我的思想中始终是一个疙瘩，就是为什么民主自由就是资产阶级的？我们怎么不讲社会主义民主自由呢？好像一说民主自由人权这都是西方的观点。和现在不一样了，现在我们也讲人权，现在我们也讲民主。这个是关键的问题。

人生三大打击：政治、情感、肉体

记者：当时对那种形势的判断是怎么样的呢？

江平：当初的"右派"的性质是"敌我"，但是按人民内部矛盾来处理，是这么一个提法，而且是越来越升级。这一点对我们来说是很难接受的，因为你等于说把它划到了人民之外了，但是我按人民内部矛盾来处理。对我来说，应该说打击是很大的。当初是按很优秀的知识分子派到国外去学习的，在国外五年期间根本没有想到什么很可能是敌我矛盾，我回来自然（认为）我是红色的，所以这一点是完全出乎我自己的意料。

我的打击是三个，第一个是政治上的打击，从人民内部变成了敌我了。第二个就是紧接着与新婚的妻子离婚。在苏联认识了不准结婚，因为纪律不允许,回国之后我马上结婚。她是1957年回来的,结婚之后,没多少天我又被划为"右派",对方就提出来要求离婚。那我怎么办呢?那我只能答应,不能够妨碍人家的政治前程。第三个就是被火车轧断了腿,这也是一个很大的打击。在西山劳动的时候,因为那个地方正在修桥,我们去拿钢丝绳,突然火车滑行下来轧断了腿。这三个打击应该说对人生来说是非常大的打击,但是在当时还是可以忍受的。

记者:为什么那个时候人的韧性可以这么强呢?

江平:可以忍受的一个原因就是我还是属于"右派"里面处分比较轻的,或者说几乎是最轻的一类。我们知道右派处分分为"极右"和"右派"。"极右"是一类、二类、三类处分,这要是到校外去劳动改造去,只给了生活费十几块钱。作为"右派"处分的,就是四类、五类、六类。四类的处分是降两级(工资),五类的是降一级(工资),六类就是免予处分,就是不降级。在学校统统只有两个人。我是第五类处分,工资降了一级。

记者:那您那个时候工资拿多少钱?

江平:原来是78元。

记者:在五十年代您就能拿70多元?

江平:因为我参加过工作我又是留苏人员所以比国内的正常的毕业生要高两级。所以降一级处分生活上没有太大的影响,还是可以的。在这种情况下,作为四类、五类、六类都留校,工作要变化一下,你不能再教法律了,法律是阶级斗争的工具,刀把子,你不能再讲课了,哪怕民法你也不能讲了。所以就把我调到了外语教研室,教外语。我想教外语也好吧,也终究是老师,我是在这种情况下留校的。所以我在划"右派"以后,一直到"文化大革命"之前,我基本上从事的就是外语教学。

记者:那期间不是有一段,您是到五七干校下放的?

江平:五七干校已经进入到"文化大革命"了,也就是说我从1957年到1966年这一段期间主要是留在学校教学。

记者：是北京政法学院吗？

江平：对。

记者：当时北京政法学院在国内是处于什么样的地位呢？

江平：当时号称几大法学院，北京政法学院也是其中之一，所以应该说还是我们国家在培养法律方面的重点的学校。

"文革"期间：卖掉法律书，对中国法制建设完全悲观

记者：三年的自然灾害，那个时候您在北京，您是怎么过的呢？生活受到很大的影响吗？

江平：这一部分的时间，我也区分为两段，一段就是劳动的期间。"右派"都要参加校内的劳动，我们在大台的基地。那时候应该说没有太多受粮食问题的影响，为什么呢？因为当时凡是属于重体力劳动的都有特殊的标准，或者说它那个时候还是敞开吃的，因为是你自己种的粮食拿来（吃）。我直到了1959年才再回这个学校。回学校的时候，开始出现了暂时困难，或者说那个灾害。那个时候定量都减到了25斤，就是一个月一天一斤都不到，而且那时候没有更多的其他的一些副食或者是糕点来补充，肉也很少，所以那时候应该说是最困难的时候。不过相对来说，（我）还好说一点，为什么呢？因为学校并不是体力劳动很重的。所以像这种情况应该说还能够忍受，还没有到了生活不下去的情况。当时也有一些其他的措施，"瓜菜代"各种的方法能够使你尽量做得大一点，或者是其他的代用品有一些，这还好。但是营养不良、浮肿，这是普遍现象。

记者：您刚才说过您有过三个打击，在经历了这些后，您有没有问自己一个问题，什么时候会是一个头？您当时问这个问题了吗？

江平：我从苏联回来的时候带了许多书。因为我几乎把留苏期间所节省的钱，一个是买照相器材，我爱照相，另外一个就是买书。买书带回来很多箱子的书，托运都花了很多的钱。开始我总希望这些书能够派上用场，因为你当初要学苏联，你要教一些法律的东西你必须要借助这些书。后来

中苏的关系又出现问题,中国的法治情况又出现了这个情况,所以当初认为能够实现自己的目标,真正来教法律的机会很少了。我直到了"文化大革命"期间才下决心把这些书,除了几本比较好的资料性的书留下以外,其他的都当废纸卖掉了。我想那个时候算我对中国的法治建设完全悲观的时期,认为中国没有太多法治的希望了。

记者:对自己人生以后的道路方向感可能也没有了。

江平:是。

延庆中学任教6年

记者:这样的话,后来是怎么样慢慢过来的呢?

江平:"文化大革命"我们开始的四五年都是停课闹革命,每天都是写写大字报。我们这些又不能参与,我们只不过帮人家抄大字报,总的来说还是属于"靠边站"的人物。到了1971年(政治风向)很明确了,北京政法学院解散。

记者:它为什么要解散呢?

江平:认为学法律没用了,"文科无用论",文科里面的法律尤其没有用处,所以这样北京政法学院解散。我们是在安徽五铺濉溪县那儿搞"斗、批、散",斗批完了就解散了。当时应该说知识分子的境遇是很悲惨的,或者说像这些知识分子没人欢迎,大学教授也好,副教授也好,讲师也好(都)没人欢迎,除非你有很好的政治背景。

我被分配在安徽宿县师范学校。去报到的时候,我讲到了我的困难,我的户口,我的家里,我的孩子……人家说你爱到哪儿到哪儿,我不欢迎你们。你是分配来的,你不到这儿报到,你只要找到有去的地方你就可以去。这样的话,我们就可以在北京自己找了。可是当时的分配情况也很有意思,有的人临解散的时候手里面就已经拿到了五六个派遣证,自己看去哪儿好,那显然是有门路的,有关系的,红色的。我们这些就变成了到了北京到处求职的了。我记得我还到第二外国语学校去求职过,我是教外语的,我留苏留了五年,那个时候俄语还是最受欢迎的,去那儿总可以吧?人家一看你的政治情况,完全拒绝,不欢迎。

记者:当时只要是政治不合格,在社会上就没有位置。

江平:没有位置。所以最后我只能够在北京市的远郊区延庆县,那有一个(北京政法学院)毕业的学生,在那儿做教育局的副局长说江老师当初还教过我们外语,很不错,到我们这儿来吧。这才能够进入(北京)了。

不过真的说,那六年半在远郊区,那个生活是我一生中生活很愉快的时候。因为人家不很介意这个("右派"身份)。

我开始是教外语,第二年就教政治课了,那是县里面第一个最好的中学,我当政治课的组长了,我受宠若惊了,我想我要在大学是不可能有这么一个(机会)教政治课,还是组长。但是那时候还是很好的。所以在延庆中学的时候,参加的一些活动使我感觉到这种政治上的歧视在地方人家是不看你的,他就看你的才能如何。

我在那儿做周总理逝世的报告,全校的,我参加运动员里面做的解说,我觉得心情很愉快,因为人家充分相信我。所以在这个地方度过了六年,等于说我生活中的一大快乐。再往下就是改革开放开始了。

1978年:"为'右派'平反是对我最大的解放"

记者:1978年12月十一届三中全会。我们这代人来看的话,我们就觉得,那个年份就只是一个数字,只是一个历史上发生的事情而已,但是对您来说,尤其是在您前期经历了这么多的事情,这一天对您来说可能是意味着什么?您怎么样感觉到它的风向、风气变了?

江平:是啊,因为从这时候开始,我们的政治风气发生非常大的变化。我记得那时候王家福是列宁格勒大学学法律的,当时在(社会科学院)法学研究所。他专门跑到延庆县教育局,希望调我到法学研究所工作,因为他觉得现在学法律的人真正剩下的人不多了,还能够充分发挥我的作用。可是我因为北京政法学院要复校,我就寄希望于回北京政法学院,因为我毕竟是北京政法学院的人。当初从北京政法学院出来的人,他们都了解我,所以我后来又回到了北京政法学院,他们也欢迎我。

回去后马上就是为"右派"平反、甄别,这应该说是一个很大的没有想到的事。应该说,能够为几乎所有的"右派"来平反,所有的档案都销毁,还给本人,你愿意怎么处置就怎么来处置,历史上不作为一个问题,完全可以和正常的人一样来使用,这对我是一个最大的解放。

因为"右派"平反了以后,当初民法的教研室里面,我就成为一个负责人,之后没多久又过了四年左右,领导要换班子,司法部专门派来一个考察组来考察。最后把我选为副院长,来主管学校的教学、科研工作。我想这应该说是我人生的一个重大的转折,从此我开始进入了领导的行列了。

1979年:北京政法学院复校,师资和教材的缺乏是最大困难

记者:您当时被任命为副院长的时候,北京政法学院那个时候叫中国政法大学吗?

江平:没有,还叫北京政法学院。改成中国政法大学是1984年改的,正式挂牌子。

记者:那您当校领导的时候,那个时候您面对的是一种什么样的情况?整个学校的情况是怎么样的?

江平:应该说,政法大学是1979年复校,复校面临的最大的问题就是师资和教材的缺乏,这是非常明显的。

记者:生源情况如何呢?

江平:招的学生应该是都很了不得的,这些人都是高考恢复以后的实践工作里面突出的优秀的人才,78级、79级、80级,还都是从社会上来招的最优秀的,但是教师跟不上。

教师跟不上有几个原因,一个是老一辈的教师过去有的被打倒了,有的被批判了,有的年纪也大了,所以老教授这部分几乎没有几个可以再任

用的。如果从学校原有的50年代、60年代培养出来的学生来看,这些当时因为是在"左"的时期,都是以"政治红"来作为留校的标志,这些"政治红"的可以说是政治工作经验很丰富,但是在教学方面还很差。

"我是在历史的特殊点上被重用的"

江平:当时没有几门真正的法律的课,外语几乎都用不上了,因为都是学俄语的,俄语也没有学太好,所以我可以说,我就是在当时的这种特殊的情况下,在历史的一个特殊点上被重用了。因为从苏联回来的没几个人了,而且我是在燕京大学还学过,有一定的英语的基础,有一定的外语的基础,俄语的基础。我还有留学的经验,还有一些学的课程,有些东西当时还是比较成体系的一些课程,所以我有这个优势。这个在当时来说是很不错的了。在担任了校长、副校长,主管教学和科研领域里面,我第一个头疼的问题是解决教师的问题,只有有好的教师我才能够培养新的一批人才,才能够按新的观点来培养我们的法制人才。所以人是一个最关键的,这只能够寄希望于1979年、1980年,这一批入学的学生。

所以1979年那一批学生里面是有很多优秀的人才的,我们在这批人里面留校做教师,而且做教师之前先学三年的研究生。研究生的课程我们请了全国最好的一些老师来培养,这样的话,就形成了第一批的梯队。现在这一批人就是法学,包括中国政法大学,站在讲台上的最得力的骨干。

1979~1989年:中国法学从贫穷走向富裕的时期

记者:如果那个时候您是应王家福先生的邀请去了中科院的话,那会是一个什么样的情况呢?

江平:那当然不一样了,社会科学院法学研究所主要是法学的研究,它没有教育学任务,它没有学生。而我们作为一个大学来说,它还是有点像军营一样,每年有战士来入伍,每年有不少新的入学生,新的大学生来培训,来训练,所以这是一个很重要的。

主管教学科研的第二个任务就是开什么课程,我觉得这个对我们来说是一个很重要的。因为现在你再按原来的一些法律的体系来教那已经不行了,更重要的一个是吸引、吸收国外的一些好的一些课程的设置。

在此以前或者说在"文化大革命"或者是再早以前,大学里面教的课程凡是涉及西方国家的,都要加强批判的这种内容才能够开,如西方国家法学批判,西方的什么批判。

改革开放之后,我们思想有些解放,或者说我们也已经突破了这一个禁区。拿我的领域来说,我当时在学校开了两门课,一个是《罗马法》,不是罗马法批判,就是《罗马法》。原本讲《罗马法》当时人家是怎么作出来有关的规定,再一个是西方国家的《民商法》,这门课也是一个完全新的。

当时我们没有多少西方国家的民法,特别是商法,公司还没有股份制公司,票据是什么东西都不知道。股票是什么都不知道,这些东西在西方国家已经是实行了很有效的东西。所以在这种情况下,我们开这两门课实际上也就是对于现有的课程的改革。更多地加入一些知识领域里面的给学生的新知识,用现代的眼光,现代的治理国家的手段来培养学生,那么这一代的学生培养出来,他的思想应该说是和国际潮流,很多东西是接轨的。

我也参加了社会上的一些立法的活动,当时制定了《民法通则》,1986年,还有一些其他的单行法,参加了社会上的一些立法的活动和法学中的一些讨论研究,我们国家的整个法治水平也提高了。

最早的时候,80年代初的时候,我记得当时还有一个话"对于经济学、哲学、法学都有一些评语",我想那个时候对于法学最大的说法就是贫穷,贫穷的法学。因为中国的法学实在太贫穷了,所以我们当时的法学开始讲课,老师备课的书籍是什么书籍?那时候外语又看不懂,所以台湾的书籍成为最热门的。因为台湾的法律和我们类似,大陆法系,也不是英美法系,台湾的像史尚宽,像王泽鉴,他的一些著作成为老师案头必备的参考书,所以最早的法学完全是从借鉴台湾的法律来丰富我们的法学。

可是到了90年代情况就不一样了,中国的法律的发展已经很快了。我们的学生,尤其是研究生,尤其是以后成了硕士生和博士生以后,他们所阅读的书籍,他们所写的论文的质量已经有很多独到的见解了。

记者:如果说是让您来形容那段日子,那段时间的话,您觉得它在您记忆当中占有什么样的地位?

江平:它是我一生中,我觉得在法学教育方面很有独创的,很蓬勃发展的这一段时间。可以说从1979年到1989年这一段时间是中国法学从贫穷走上内容越来越富裕,可以说逐渐形成了有中国特色的法学教育的这么一段时期。实际上我主要在学校的贡献也是在这一段。

现阶段:专家参与立法程度越来越高

记者:期间您也有很多身份,也担任过全国人大的常委,包括也参加了《民法通则》的制定,还担任过《信托法》《合同法》起草组的组长,并且参与制定《公司法》《合同法》《物权法》,这些法都是现在我们日常生活当中尤其是经济生活当中都是起到非常重要作用的,那么您在参与这些工作制定的时候,当时中国的法律现状是什么样的呢?

江平:中国的法制情况应该说学者参与的程度是越来越高的,《民法通则》1986年通过的时候,当时也找了4个专家,佟柔、王家福、我、魏振瀛。这是专家参与,我理解就是不要闹太大的笑话,中国的法律结果跟国际上有很大的不同,做法不一样也不好,不要让人觉得有这样的一些东西。但是专家参与的程度还是比较低的,比如说后来到了《行政诉讼法》就不一样了,《行政诉讼法》是成立了行政诉讼研究小组,行政立法研究小组,这个行政立法研究小组就是作为一个领导机关的立法的参谋机构了,它这个参谋机构自己就来起草一部法律了,它自己就起草了行政诉讼法的草案。但是这个《行政诉讼法》的草案只作为一个初稿提交给立法机构,然后立法机构在这个基础上还要去征求部门的意见,去征求各级人大常委会的意见,它也起了很重要的作用,但是最后通过的稿子跟它已经相差很多了。

到了后来的《物权法》《合同法》这都是专家先来起草的,但是专家的起草稿和最后通过的(最终稿)变动很大。原因就在于专家起草的东西是从专家的角度来考虑,能不能在全国来适用,很复杂。你要看看各部门意见怎么样,各个部门的意见不一样的话,还会有很大的变动。所以应该说,专家的立法在不同的时间,不同的场合,在不同程度上会影响立法。

记者:那我是不是可以这么样来理解,就是说我们现在出台的这些所谓的法律法规,还是一个在各种利益博弈下的一个产物?

江平:是。它必然是利益、矛盾、冲突的折中。

中国立法从立新法到修改旧法的转变

记者:那要是这样的话,是不是也意味着我们下一步还有很长的针对相关法律的修改的路要走呢?

江平:中国的法律,应该说有十年左右,一部法律就会出现了落后了,跟现实矛盾的了。像《合同法》《物权法》,这些基本的法律,10年应该说中国的经济发展很快,10年变化很大,你再不改就落后了,所以从现在的情况来看,至少在现今的阶段,中国的立法已经越来越从立一个新法变成修改一部旧法,也就是说,修改的法律的作用越来越突出了。很多法律是已经修改过一遍或者是两遍了。但是修改法律也有这个问题,中国的法律不可能太体现改革的精神。

拿《物权法》来说,《物权法》很多都是折中的产物,它不可能太超前,因为太超前的话,可能对中国的实践带来了反面的作用。你比如说《物权法》大家也讨论宅基地、房子,能不能流动,能不能流通,也提过这些问题,而且有一些地方也有这样的做法。但是如果你法律上写的条文太流通了,太给房屋的所有人以自主的权利的话,那给农村带来的影响就太大了。所以中国的法律应慎重,中国土地那么大,中国地方的差异很不相同,你在广州、珠江三角洲地区,你可行的,你到别的地方不见得就完全都可行,所以中国有一个得按全国来说,最低的那个标准来立,你不能够都按那个先进的地区那个标准来立。这个是一个很大的问题。

记者: 那它的跨度的确很大。

江平: 跨度的确很大。

中国的法律有很多还不能够真正实现法治

记者: 如果说法是一个"标杆"的话,不同的地方对"标杆"的需求是不一样的。

江平: 是,所以这就是立法的难度了。其实中国现在立法不能够太强调它的刚性,因为你法律的刚性在那儿,你有一个标准了,你不符合它了,那就是违法了,那你怎么办呢?那全国都是违法,你也麻烦。土地的问题,最突出的表现了这个问题,现在各地方的土地的实际的做法太多了,土地流转的方式也太放开了。可是这些东西你完全写在法律上,还不行。这就是法律的刚性的要求。

所以中国的法律有很多还不能够真正实现法治,就是这个道理。这里面有的是正常的,有的就容易给人造成了空间。像重庆成都,你搞了"城乡一体化"的试点,它要采取实验、试点的办法。哪些是合理的?合法的?哪些超过了这个范围就是非法的了,违反了土地管理法了,那你怎么办呢?所以,现在这个法律的修改不是修改土地管理法,《土地管理法》也要修改,也是难得很。所以中国的一方面需要有法律,要有法治,另一方面又要考虑到中国这么大,能不能够全国都以一个标准来衡量,这个就是难度比较大的问题了。

记者: 如果说各个地方都有不同的相关的这种法律的话,这个地方的事情归那个地方管辖的情况也会出现。

江平: 是。

永远的江校长

记者: 中国政法大学的很多老师、学生都称您为"永远的江校长"。然后我还听马怀德老师说,政法大学的学生以见过您为荣,以听过您的讲话为幸事。面对这么多的赞美,您怎么样保持清醒呢?

江平:我想,这个事情应该是能够以平常心来对待。比如说在有一年纪念校庆的时候,主持人念着这些在座的校长,所有的人都是照样念,而恰恰是念到我的时候,台下是接连不断的掌声,我可以体会到学生的这种感情,学生还是认为我是为了保护学生的利益下台的,给予了我支持。在这种情况下,这是我很感动的。我感动到学生能够时常记住我,包括学生现在写的"法治天下"(政法大学正门处的石碑,江平提写)和返校送的东西等,他们都希望我来给他们写这个东西,来表达这个意思。所以我觉得,虽然在校长被免职以后许多年,这个影响现在逐渐小多了,不再像免除校长以后一两年以内,有的学生当时就经历了这个时刻,现在应该说逐渐淡化了,但是总的来说,我非常理解学生对我的感情,学生对我的感情实际上我认为是对于一个有正义感的校长的一个同情和支持。

江平被评为改革开放 30 年代表人物

如果有来生,还要选择在大学当教授

记者: 您今年已经79岁了,马上也到了新中国成立的60周年的周年庆,您不光是一个亲历者,同时又是一个见证者,同时又是中国民主法治进程的推进者,回首您走过的这些路,您有什么样的感受呢?

江平: 我觉得对人生的感受来说,第一个就是,我常常讲如果来生再让我来选择的话,我还要选择在大学当教授。为什么呢?因为大学是一个人在他的专业里面形成他的目标的这么一个时期,而法学的专业又是实现他的法治天下,法治理念的最重要的四年,如果这时候我能够从事教育工作,为他们把自己的四年的法学教育,能够搞得更好,这应该是我的理念。当校长也好,不当校长也好,但这是你作为法学工作者,教育工作者最大的体现。

第二个就是,我自认为,我从被划为"右派"到后来出来工作,到后来又被免职,我觉得我的一生里面很重要的一个就是不说违心的话或者尽量不说违心的话,或者是在重大的问题上我不说违心的话。我是什么样,我就说出我的观点。你认为我合适,我就来担任工作,你认为不合适,你给我免掉,我还作为一个教授。

中国历次的政治运动最大的问题我觉得就是培养了人一种不敢说真话的一种思想。中国真正能够敢说真话的知识分子是比较少的,所以也可以说,这是知识分子的某种软弱性吧。可能从中国来说,知识分子总有一些软弱性。可能这种东西也不能够太多来责怪当事人,说你怎么那么没有骨气,但是我只能说,我在这种情况下,我尽量做到了说真话。不去诬陷别人,不去往上爬,不去为了追求官职而昧掉自己的良心,我觉得尽量做到这一点,是我一生很大的愿望。所以我在当校长期间,我也没有去为了当什么我去跑官或者是跑什么,我觉得知识分子就是凭自己的知识和能力,我能够在这个范围中做到了学生觉得这个老师还有他起码的良心,有起码的对政治的理解,这就够了。

第二编　法治中国建设

现代法治的精神[*]

> 我们现在所讲的法治国家概念是从西方传播而来的,因为我们儒家社会中没有现在所讲的法治国家,现代法治的本质在于防止国家权力侵害个人权利。

司会[**]:"法治国家""市民社会"等概念不仅在中国,而且在全世界范围内都引起了广泛的讨论。2009 年开始中国提前介入全球治理的新时代为背景,从中国与世界对话的角度来看,结合具体的国家制度,还有超越国界的市民互动关系,究竟应该如何理解"法治""法治国家"这些概念?

江平:我觉得我们现在所讲的法治国家概念是从西方传播而来的,因为我们儒家社会中没有现在所讲的法治国家,所谓的法家里面体现出的思想也不是我们现在所讲的法治国家的思想。如何理解法治国家概念,它是应该跟市民社会紧密联系的,因为市民社会在某种意义上可以说是法治国家的基础或者是灵魂。正是在这样的一个市民社会里,才能产生出法治精神。

我理解的法治国家应当包含三个要素:第一个是社会自治的思想,即国家要尽量减少干预或者尽量减少不必要的干预。第二个是民营经济。如果我们现在还是国家垄断、国营企业垄断,也就谈不上市民社会了。市民社会必须要有足够强大的民营经济作为依托,也就叫做经济的多元化,

---

[*] 本文原载于《交大法学》第一卷(2010)第 1~21 页。
[**] 司会:《交大法学》执行主编、教授。录音整理:王军、王艳丽;记录审阅:朱芒。

不能只有一种所有制经济,而必须是多元的。第三个要素,我觉得也是一个法治国家所必须要求的,那就是要有一个比较强大的中产阶级,即贫富不要太悬殊,社会整体比较公正。

中国从现在情况来看,这三个前提条件都不存在,或者说不很充分。首先,国家干预在当下一段时间内又加强了,特别是在金融危机之后更加明显,包括对山西一些民营企业的干预,在这样的情况下国家杠杆的作用就非常明显。其次,在现在看来,民营经济似乎也是呈现倒退的趋势,因为许多地方民营经济的发展受到了明显的挫折。虽然国家政策没有改变,但是实际的做法使人感觉到,民营企业家自身也感觉到,现在的经济环境是越来越差。至于有一个强大的或者比较有力量的中产阶级,我觉得在中国是远远没有实现的,因为我们的社会两极分化还相当严重,富者越来越富,贫者越来越贫,这个趋势还没有得到真正的遏制。所以,总的来说,市民社会和法治国家之间应该有极其密切的关系。市民社会是法治国家的经济基础,法治国家是上层建筑。当经济基础没有充分变化的时候,上层建筑的一些目标和要求就很难完全实现。

关于法治国家的构想与不同类型的科层制

司会:刚才江老师提到,中国社会尤其是儒家文化的语境并没有法治国家的传统。但在源远流长的中华法律思想和制度中,法家等提出的法治思想也是不容忽视的。那么,法家式的法治思想与现代法治国家的观念之间存在什么样的相同之处以及不同?

江平:我觉得我们所讲的法家的思想,有两个重要的基础。一是法家学说是作为管理社会的模式或者形态出现的,采取的是官方立场。对于法治的理解,究竟是站在国家层面还是站在社会层面,其内容、结论势必有所区别。统治阶级与被统治阶级、官员与市民,他们之间对法治的理解肯定是很不一样的。法家的法治思想都是从统治者的角度来谈问题,不管权术势也好,严刑峻法也好,都是如此。二是法家学说采取了极端实证主义的法律观,只谈赏罚,不谈更高尚的价值追求,不注重制度的反思理性。这样的偏颇在今天依然存在。我们一直只采用"法制"的说法,就反映了极端实证主义法学观的影响。为什么忌讳"法治"这个表述?现在我们提出法治的口号,其中已经包含了一种理念上的变化。因为"法治"的概念内容必然包含人权的思想、民主的思想、自由的思想等。这是过去所没有的,也是法家式法治思想所没有的。法律制度可以有好坏的区别,也就是说有善法和恶法的区别,要排除恶法就要树立一个更高层次的价值规范。当我们使用"法治国家"这个词的时候,我觉得我们指的是一种理念,是要建立一个好的法律体系、一个文明的法治国家。但法家的思想却没有这样的法治理念,只是在专制社会中追求一种更有效的治国工具而已。

另外,官僚机构,应该是个很重要的问题。马克思的国家与法的理论,曾经对这个问题作过深入的分析。我记得我在苏联学习的时候,当时提到"打碎国家机器"的问题,一个重要的理由就是大陆法国家存在强大的旧的国家机器,所以革命必须把旧的国家机器打碎才能建立新的国家。恩格斯曾经有一个论断,是把英美国家排除在外的。他认为在英美国家没有形成一个强大的官僚体系,因此可以作为例外,不打碎既有的国家机器。但是后来恩格斯的谈话又有所变化了,说英美也不例外了。这说明他在考虑不同国家的社会变迁时,注意到了不同的资本主义国家并不是采取同样的模式这一情况。

当今中国社会结构和价值观的多元化及其影响

司会:刚才谈到了法治理念以及体现这一理念的制度,还有制度运作中的"人"的因素以及不同模式。由此我们回到中国问题上来看。中国在1999年通过的宪法修正案,明文规定了"建设社会主义法治国家"的方针,这一变化具有重大的意义。那么,究竟应该如何看待把法治国家纳入正式话语体系的改宪内容,应该如何评价其影响?

江平:我觉得,依法治国的入宪意味着法治已经由一种制度升华为一种理念。当然,实际情况如何那是另一个话题了。从学者的角度来看,我认为这是一个很重要的变化。或者更简单地说,这是将法治从阶级斗争的工具转换成一种国家理念了。马克思关于国家与法的理论有一个很重要的特点,即认为法律是阶级斗争的工具。后来列宁走得更远,认为法律是专政的工具。一句话,法律就是工具,就是统治阶级取得和掌握政权的工具而已。其实我国古代的法家也支持这一法律工具论。而在西方国家,法治其实包含很深刻的理念,代表着公平正义。虽然过去我们曾经批判西方提倡的公平正义理念是抽象的、不现实的,但现在我国法学的很多观点,包括对法律的本质、法律的目的等的认识,也都开始抛弃阶级斗争的因素,逐步走向公平正义的理念。我觉得,这次改宪是法学发展的必然结果。"法治国家"这四个字写入宪法,意味着要用法律来约束政府,体现了公平正义的理念。

市场化背景下的国家与社会互动以及作为媒介的 NGO

司会:1999 年修宪过程中加入的"建设社会主义法治国家"条款,有其特定的社会背景,应该是与 1992 年之后改革开放的政策变化以及引起的社会变化相关的。那么这个变化在当时到底是什么?怎么会进而促进了理念上的变化?江老师您从民法学者的角度来看,当时是发生了什么导致了宪法的条文会发生这样的变化?

江平:我觉得我们宪法的变化也好其他法律的变化也好,从今天的社会发展来看,不能够完全看做是自上而下的,也不能完全看做是自下而上的,这两种观点都是片面的。如果我们认为完全是自上而下的,没有群众的一些呼求那是不可能的;如果光有群众的呼声,上面的决策不发生变动,那么中国也不可能有宪法或者法律的变化。所以,这两方面都必须纳入考虑范围,但存在一个何者为主的问题。在当前中国的形势下,我觉得还是自上而下为主。当然,也有些特例显现出自下而上的重要性。比如说广州的孙志刚案件,三个博士生向中央呼吁进行违宪审查。怎么能够把收容审查之类的行政规定作为合宪的制度来实行呢？所以我觉得，民间呼吁的力量是不可忽视的，尤其是现在，舆论包括网络舆论的力量、律师的作用、学者的呼吁都是很重要的。这次修改了原有的《房屋拆迁条例》，就与北大的几位法学教授的强烈呼吁有关，由此引起了人们的高度重视和强烈共鸣。

"社会主义法治国家"的重心应该在"社会"

司会：再回到宪法的条文来看，宪法中所用的表述是"社会主义法治国家"。在一般的讨论和论说中，我们也是这样使用这样的表述的。那么，社会主义法治国家和一般意义上所称的法治国家是完全相同的，还是存在一些不同的内容？

江平：我们在一些表述上，如"法治国家""市场经济"之前都冠以"社会主义"的限定，我觉得这是领导人在定性的时候的一个很重要的步骤。关于这个问题，我先从经济学界来说，前些年有四位经济学家获得了一个很高的经济学奖，是由香港方面提供的。我也参加了评奖。其中一个获得者是刘国光，另一个获得者是吴敬琏，但他们二人的观点又有很大的差别。在这个颁奖会上，二人的发言很有意思：刘国光强调的是社会主义，指出我们所讲的商品经济是社会主义的商品经济；而吴敬琏的发言则只谈商品经济。这就是我们学界中经常出现的问题："左派"强调社会主义，另一派则强调单纯的概念。

今天我们讨论法治也面临同样的问题。一些比较"左"的学者讲我们要的是社会主义的法治国家，跟西方国家有本质区别。而对于我们来讲，重点在于寻求法治国家的共性，没有共性何谈法治国家呢？现在领导人所讲的社会主义特征，首先，从浅层次来看就是重视国家的作用。如，市场经济离开了国家的干预就成了自由资本主义了，偏离了正常的发展轨道了，国家的干预和调整是保证社会主义方向的最重要的途径。法治国家问题也是如此，也是强调国家在法治国家中的强大的控制力，不至于改变了方向。其次，从更深层次来看，那就是党的领导了。我觉得这也是中国法治建设的关键所在。当然,党的领导作用并不是指党连个别的案件和问题都要管,不是指在具体工作领域中的党政不分的情形。像这样的一些问题都是使得我们的意识形态产生混乱的原因所在。

现代法治必须通过维护个人权利而维护社会稳定

司会:"社会主义法治国家"虽然是宪法上的用语,但实际上可以从很多侧面来进行展开研究,关键是今后思路如何定位。换句话说,社会如何发展是不是可以通过对这个用语的解释来推动。接下来希望请教的问题是,目前,当法治国家这个概念已经不再陌生的情况下,领导层面或者国家层面的理解与民间对它的理解之间可能会有一些差异。江老师,您的感受呢,如在参与民法立法的过程中,接触的不同人在用这个概念的时候会有一些差异吗?

江平:这两方面肯定是有差异的!国家层面所谓的法治,其立脚点更多在于稳定,保持社会的稳定,因为大家都遵守法制,在统一规则下进行活动,社会就趋于安定。所以我觉得领导的层面是这样理解的,而且实际上也是这么理解的,如"稳定压倒一切"的提法就能证明。包括我国的改革尤其是司法改革过程中,都在强调稳定,只要不出乱子,只要社会上保持原有的秩序,就可以了。这是很重要的,但是从社会层面来理解法治,从民法角度、私法角度来看,我觉得更多的是保护私权。因为在我们过去的社会里,从来不讲究权利,计划经济下是以义务为本位的。市场经济开放后,人们开始有了一些权利的意识了,这种意识有了就会膨胀。那么在这个时候,与自身相关的两种权利就显得尤为重要了。一种是物质上的权利,或者说生活是否有所改善、房子是否买得起的问题;另一种是精神上的权利,或者叫做更广泛意义上的人权。人们就会考虑,我这些权利究竟有多少啊?这个问题的答案是很清楚的。我记得讨论《香港基本法》之时,宁波组的一名代表在阅读后立马提出问题:香港人拥有的权利我们是没有的,这就会产生受限制的感觉。在东欧国家,人们就普遍感受到生活的匮乏和权利的匮乏,在这种情况下,人必然就会产生相应的要求,希望法治是完善的,希望获得更多的自由,当前我们这两个问题仍然存在,如给老百姓在经营上的自由,还有出版、言论、结社等自由。我觉得这点是不容忽视的。

强人时代的终结:从保障私权到重建新的公共性

司会:刚才我们谈到了有关社会主义法治的一些非常关键的问题,但法治的概念并不是现在才提出来的,如在1970年代"文革"结束后也曾经有过"法治"与"人治"的大讨论。当时的讨论是有历史背景的,那时讨论的法治理念与我们现在所提倡的法治有什么不同的地方吗?

江平:20世纪70年代末期我们所提出来的"法治"是相对于"人治"而言的,而人治就是指"文革"期间对毛泽东的个人崇拜导致权力滥用等现象。经过"十年浩劫",人们感觉无法再继续忍受这些现象,这也是当年邓小平提出思想解放和改革的原因。20世纪70年代末关于"法治"的这场大讨论,其背景就是对于"法治"与"人治"的区分,其结果是制度开始完善,建立了领导人退休制、任期制等一系列民主制度,改变了我国权力过分集中在个人身上的状况。随着改革的深入,从计划经济转变到市场经济,法治的核心问题不再是个人专断,而转向以私权保障为首要任务,这也就进入了"法治"与"人治"的第二个阶段。

中国思想界的交锋:市场经济的好坏与法制的好坏之辨

司会:在20世纪90年代末以后,中国进入全面市场化的发展阶段,私法不断发展,私权不断伸张。在这样的背景下,中国法学界出现了"市场经济就是法治经济"的主张。关于"法治经济"的概念需要进行一些探讨,市场经济到底对国家制度建设提出了什么样的具体要求?

江平:市场经济离不开法治,不光法学家有这个观点,经济学家也有这个观点。吴敬琏教授就特别强调法治在市场经济中的作用。他说市场经济有好的也有坏的,坏的就是"权贵市场经济"。那么问题就来了,如何理解"权贵"呢？无非是国家权力或者说权力资本介入了市场经济。

我在讲市场经济的时候，强调了两方面的内容：市场秩序和市场自由。这是市场经济的两个不可或缺的要素。市场要有自由，同时也要有秩序。换句话说，市场经济只有自由而没有秩序，那就会变成混乱的经济；反过来说，如果只有秩序而没有自由，那就变成国家控制的经济了。所以我想如何把这两方面的内容结合好是很重要的。

西方国家的市场经济，很明显是由绝对的自由逐步走向了有秩序。从凯恩斯主义发展到现在，你说哪个国家没有国家控制而完全自由，肯定没有的！所以当初我看了洛克菲勒家族的回忆录，其中小洛克菲勒回忆中就写道，到现在美国仍然有很多人骂他的祖父是吸血鬼、杀人魔王，但不要忘记那时候根本没有市场秩序的法律。就如我们现在出现了金融危机，对于市场的管制就很有必要。

另外，看我们的市场经济是不是法治经济，首先要看自由。中国经济的自由确实比以前大多了，民营企业的自由也大了，但还是有很多不当的限制，还是有不充分的自由，仍然有不足之处。其次要从秩序的角度来看，那就更差了。如何看我们市场的秩序？前段时间我听了发改委主任的报告，提到中国市场制度的排名在世界排到120多位，这说明假药之类的行为还是很严重的。所以，市场自由不够，市场秩序也不够。

那么市场经济的法治应该怎么来体现呢？这一点我是同意吴敬琏教授的说法的，就是在配备资源的方面应该充分发展自由，国家不要来控制资源，国家不要在这方面来与民争利。我们现在是越来越倾向于保护国有企业的方向，而且通过各种各样的手段来保护国家企业、限制民营企业。这个是一个短视的问题，短期内看到国有企业的好处，而实际上是非常可怕的，因为在浪费了资源的情况下并没有实现效率的提高。在市场秩序方面老百姓是管不了的，民营企业家也管不到，应当是由国家机器来保障的，但是现在看起来做的还是很不够，虽然在这方面已经加大了力度，有所进步了。国家更多的应当是在保障秩序方面努力，而现在恰恰是通过自身权力在资源控制方面上做文章,这是一个很大的问题。

这是一个"后改革时代",还是"深化改革时代"?

司会:在2009年纪念改革开放三十周年的各种活动中,有许多话题涉及法治,是对改革开放以来的制度变迁进行了回顾。如何评估这三十年的成败得失以及发展趋势?

江平:过去我也不断说过这句话,中国的法治建设总体上是"进两步退一步"。首先,进和退的时机是不同的,往往取决于领导人的法治观念、素质等,因为毕竟我们的权力很集中,又有官本位的风气,这就使得法治建设完全取决于主管政法的领导的认识。其次,总的趋向是进两步退一步,所以我对中国法治的前景是乐观的,即在曲折中前进。

可能有人注意到,我最近在80寿辰的纪念活动上即兴说过一段话:"中国法治面临大倒退,具体的例证不少,大家也都耳熟能详,就不列举了。不管怎么说,这些都是我的一些担忧。"中国是不是面临着法治的倒退甚至是大倒退,对这个问题仁者见仁智者见智,非常难说。但是,至少现在可以看到下述三种现象:一是过分强调国家干预,尤其是世界金融危机通过国家干预后平息下来的现状,让很多国家的领导人盲目相信国家干预的效果。我觉得这是一个十分危险的问题。二是司法部门越来越强调政治化、意识形态化,很过度,我觉得这是倒退。三是人权保障不足。如,李庄案以及"打黑运动"对律师业以及辩护权冲击很大。我觉得应该重视这个问题。

司会:我们注意到,在中国制度建设的过程中,以及在意识形态层面上,首先是由国家提出法治口号,继而在包括宪法在内的成文法中明文写入相关用语,再在此基础上起草和发布认为能够体现法治精神的文件,如国务院发布《全面推进依法行政实施纲要》。这样的实施方式,有一种国家自我限权的感觉。那么,这种方式对今后的制度建设会有怎样的影响,其是否能被中国社会接受?

江平:我现在比较担心的是中国改革会不会止步这个问题。为什么提到这个问题呢,我们从国家层面来看是这样,从地方层面来看很多城市也有消极的反应,如深圳几乎是停滞不前了,应该说这是一个很大的问题。我认为现在经济体制改革停滞不前,政治体制改革则避而不谈,这样下去很危险。中国改革的突破口只能是政治体制改革。因为经济体制改革已经无法进行下去了,再深入下去就会涉及政治体制改革的问题了。所以,政治体制改革是当前改革最主要的突破口,之所以被拒绝或者延缓,就是一个理由,即稳定的要求。我觉得这个问题不解决,等于说中国体制改革不能进行。我不怕它慢,我担心的是它停滞不前。

正在展开的围绕土地产权与个人诉权的制度博弈

司会:牵扯到改革尤其是政治体制改革,会有很多的问题。但是,从这几年来看,法律制度建设方面也不断有所发展,如最近《侵权责任法》的出台,还有三年前公布的《物权法》。从整个法治国家的框架来看,这些基本法律的颁布到底具有什么样的意义?对这个社会今后的发展能起到什么样的作用?

江平:我觉得《物权法》对社会发展的最主要的作用就是大大地扩大了人们对私人财产权的愿望,从而也就激发了人们的权利诉求,从财产权利到其他自由的权利,都要求国家提供制度化保障。这些应该说是"大觉醒"。虽然《物权法》规定了各种不同类型的财产权,包括国家所有财产的有关权利,但是人们心目中最关注的还是对私人财产的保护。这里面还有一个隐藏在背后的目标,可能是更长远的目标,那就是土地私有化问题。严格说来,《物权法》的核心问题在于土地。而土地的核心问题在于私有、私用还是其他。在物权法草案讨论的过程中,虽然没有人明确地去捅破这层窗户纸来说亮话,提出"宅基地私有"或者"土地私有"或者土地部分私有的问题,但在法律文本的背后,这个问题已经反映出来了。特别是宅基地能不能私有和买卖的讨论,迟早要提上议事日程。

司会:最近全国人大公布了《侵权责任法》,它是否将强化"为权利而斗争"的理念和行为？

江平：总的来说，《侵权责任法》有"为权利而斗争"的精神存在。但我觉得《侵权责任法》在保护私权方面倒没有《物权法》当初所面临的矛盾那么突出。而《侵权责任法》在内容上与原来的法律制度没有太大的变化，或者说基本上还是原来《民法通则》涉及和一些单行法里面涉及的有关侵权的一些规定的具体化，并没有很多的创新。

我们见证着从地缘共同体到法律共同体的制度变迁

司会：的确，应该将《侵权责任法》放在国家与社会互动的情境里去考察和评价。在这里，有必要分析一下我们所处的社会。改革开放已经30多年了，中华人民共和国成立到现在已经有60多年的历史，应该承认，在改革开放之前，社会基本上被国家吸收掉了——社会已经"国家化"了。在一定意义上可以说，改革开放的过程实际上就是社会与国家逐渐分离的过程，社会在不断发展和成熟。改革开放期间的法治建设对社会的这一变动到底起到了什么样的作用？

江平：我觉得，60年也好，30年也好，从研究私权的角度看，总的一条线索是个人权利从被压抑到崛起的历史过程。因为我们知道在前30年并没有太多的个人权利可言，一切都是在国家的控制、监督和管理之下。诸如生活、婚姻等很多事情都是由国家限制得很死的。近30年来，个人权利从压抑中解放出来了。我觉得这也是符合马克思主义某些观点的，因为马克思主义讲的第一个解放就是解放生产力。列宁也讲过一句话："社会主义之所以能够战胜资本主义，就在于它的劳动生产率的提高，也就是工作积极性和成效的提高。"因此，马克思讲的第二个解放就是将人从剥削和压抑中解放出来，就是解放人本身。

国家与社会的非对抗式关系以及自治机制

司会：江老师所说的私权崛起，从制度建设的角度来考察，就是很多私人利益不断在法律上得到确立和保障,从社会发展的角度来考察,这些私人利益的相互调整应该反映到国家决策过程中去,并且以民意及其法律表现形式来制约国家权力。现在的问题是,正在逐步发育和壮大的中国公民社会是否拥有了足以制约国家权力的能量?市民社会与法治国家之间的关系今后将向什么方向发展?

江平:我觉得社会发展必然朝着社会越来越从国家的职能中分离出来的方向。现在我们主要强调法律制度的两个作用,一个是国家调节的作用,另一个是私权保障的作用。其实,许多的社会问题是应该靠自治机制来解决的,也就是说要把原来由国家承担的职责的相当一部分让社会自身来承担,实现社会的自立和自治。我记得当初海南设省的时候曾经提出过"大社会、小政府"的口号。所谓"大社会、小政府",也就是要给社会更多的自治权限。但由于后来海南政府没有相应的部门,实际运行也就出现了问题。所以我说,社会职能很重要。

我理解社会本身的职能就是维护社会自身成员生存、延续、自由等的权利,在相当程度上让社会自我组织、自我治理。即使在没有国家的时代也存在着社会以及相应的秩序。国家是怎么产生的?它是社会冲突到了不可调和的阶段的产物,并不是任何时候都有国家的。由此可见,国家的职能并不等同于社会的职能,没有国家的时候也存在社会的职能。

那么社会的职能有哪些呢?第一个是它为了使人能够生存的职能,如衣食住行、生产—销售—分配等。从这个意义上来讲,社会自治和企业自治是分不开的,社会自治和市场自治也是分不开的。第二个是使人类能够延续的职能,如婚姻之类。这些在没有国家的时候也是可以进行的。所以这些都属于社会自治的范畴。从这个角度来分析现实,我们会发现当前中国社会的自治功能太弱。那么社会自治功能靠谁来实行呢?回答是介于政府与个人之间的社会团体。如 NGO 在社会自治方面的作用已经越来越大了,西方国家的环境保护主要依靠"绿党"以及其他环境保护团体来进行。这是一个很重要的启示。如果我们能将社会的力量、资源有效组织起来,那么在奥运会的统筹、安保等方面完全可以由社会力量自己来做,也无须制定如此多的强制规则。所以,发挥社会自治的作用在当前中国特别重要。

但是随之而来的问题是如此多的组织谁来批准啊？会不会出现反政府的活动啊？这类担心太多,就会带来严格的限制,结果社会职能就没有办法实现。政府限制社会团体的发展,也就会削弱社会自治的力量。

司会：根据江老师的讲解,公民社会的发育成长、团体自治等是法治国家的重要基础。接着就这个话题还想向江老师请教一个具体问题,这十几年来在城市开发和拆迁的过程中,不断发生一些引人瞩目的案件,其中存在公权力的介入和随之而来的私权利的抵抗。从这些案件中可以看到近年来的某些奇妙变化。如2007年发生在重庆的"最牛钉子户"案,已经不是原来那种公权完全制服私权的结局。同类案件近几年经常可以看到,舆论也会改变政府决策。请问从这种变化中能不能得出国家与社会的力量对比关系正在发生变化的结论？如果这个结论能成立的话,那么今后还会怎样演变？

江平：拆迁问题上的这一变化,在某种意义上说不是因为国家作用减弱了,相反,是因为它的作用增强了。不知道我的理解是否正确。因为原来国务院的拆迁条例规定,由社会组织或者企业作为拆迁人,按照这一规定,建筑商拿到《拆迁许可证》后就可以进行拆迁了,老百姓有意见的话可以告到政府,政府作为中间人、裁决人,来裁定拆迁的合理、不合理。现在我们立法的最大改变就是:不让开发商拿到了《拆迁许可证》就可以去拆迁,拆迁涉及的主体关系不再是住户与开发商之间的关系,而是住户与国家之间的关系。因为土地征用的根据是公共利益需要,所以由国家作为主体来拆迁。当事人要求补偿,也应以国家作为求偿的对象。原来国务院法制办在征求意见时提出,国家在拆迁时可以是主体,但补偿时却不能作为主体,因为这牵扯经费问题。现在这个问题解决了。从这一点来说,是具有进步意义的,国家没有将责任推给社会,这对保障老百姓的权利是有利的。

法治、民主、自由权以及律师的功能

司会：我们一直在探讨法治的概念，还有一个相关的概念——民主。江老师，您能把这两个概念在一般意义上进行比较吗？还有，法治建设对于我国民主的发展又有哪些作用呢？

江平：我的理解有两条：一是现阶段中国改革所面临的最重要的任务是政治体制改革，因为没有政治体制改革，经济体制改革也无法推进下去了。而政治体制改革的核心当然与民主息息相关。或者可以说，民主就是法治的载体，在专制社会是谈不上法治概念了，也可以说民主就是法治的灵魂所在。明确了这一条就可以说明法治与民主自由的关系了。我常常说，一个国家的法治，最核心的就是民主和自由。民主就是讲政治体制问题，领导人是老百姓选出来的，要对选民负责；自由就是公民的权利，公民享有哪些人权。我觉得核心就是这两个问题。

司会：接下来集中地提几个与法治国家建设、市民社会发育相关的现实问题，向江老师请教。一个问题是，从中国律师制度的现状以及今后发展方向来看，律师对法治国家的建设、市民社会的发育到底会有什么样的影响？

江平：我过去曾经说过，律师制度是一个国家法治的"橱窗"或者国家民主的"橱窗"。现在我们看到的是，在中国针对律师的"紧箍咒"太多了，到处设置律师的"禁区"，特别是在律师的政治权利等方面。李庄案也反映出了对于律师从业的很多限制。其实，很多人都认为，《律师法》中规定的律师权利并没有得到相应的保障，特别是笼统设置伪证罪等之类的限制性条款，这些都很不利于律师制度的发展，或者使律师只能从事民事案件的代理工作而无法进行刑事案件的辩护，因为动辄就涉及"你为谁辩护""你保护的是什么人"这类立场问题。我觉得这类问题应当把它看作法治国家的障碍。对律师不能容忍，像从1957年起取消律师制度，动不动对律师采取强制之类的现象，说明我们国家离民主法治的目标还很远。

社会主义法治国家的经济基础与评价指标

司会：还有一个特别想请教的问题是，中国当下的企业制度尤其是国有企业的定位以及国企与政府部门之间紧密联系的结构，在其他法治发达的国家是难以见到的。您看这对于我国法治国家建设会有什么样的影响呢？

江平：国有企业本身可能反映了其自身存有的一个矛盾性。从所有制的观点来看，它是国家的，但是它所扮演的角色恰恰与社会职能有关，比如说公共交通、电力等问题。应该说，当它行使社会职能的时候，它的存在是合理的，但应当仅限于社会公共利益的范围之内。而在西方国家，这些公共利益的领域往往是不赚钱甚至赔本的，但要求我国的国企来承担这些损失，是不现实的。现在有些石油、化工等领域的国企往往是超出公共利益的范围，石油化工本身是不属于公共利益方面的，只是对公共利益有影响而已，这里面的利润是巨大的。所以严格说来，国有企业也应当适用《反垄断法》。不久前我就讲到过这个问题，德国也好日本也好，都讲到了这个问题，属于国家控制的这些行业也应当适用《反垄断法》，都不能有垄断的行为。

归结起来就是：国有企业和民营企业应当同等对待，这样才是合适的。除了关乎国计民生的基干行业以外，其他的企业无论性质如何都应当处于平等的地位，在这样的条件下的企业竞争才是正当的竞争。

司会：鉴于时间关系，我问最后一个问题。现在有很多指标可以衡量一个国家的发展程度，如 GDP 指标。国内一些机构也在讨论如何建立指标体系来衡量一个国家的法治水平，您觉得这做得到吗？反过来讲，如果做不到的话，那我们在观察一个国家的法治建设水平的时候，是不是也至少存在着几个主要的衡量标准啊？

江平：我觉得确定 GDP 指标相对简单一些，确定法治的指数或者标准就很难。说它难，并不等于不可能建立，只是确实难得多。以我们国家为例，浙江大学做了一个关于杭州市余杭区法治指数的研究，我参加了两三年。我说过我赞成这样的做法,尽量把法治的指数用十大项目、具体的标准来评估,最后拿出一个标准作为一个地区的法治指数,这个是学习新加坡或者香港的做法。所以,这样的尝试是有意义的。但有些指标我就反对了,如拿追究贪污犯罪的人数来确定廉政的标准就真的说不过去了。还有犯罪率是根据公安局报的数目来确定的,存在着统计口径的问题。所以,我始终认为可以找出一个相对公正的法治指数,但是与政府所希望的内容可能又差了很多。

宪法与民主政治[*]

> 宪法是法律制度的基石。任何一个国家,可以有众多的法律,但法律的基石,起最根本作用的,还是宪法。

记者: 十六大在民主和法制建设方面,提出了建设社会主义政治文明的任务和要求,并强调:"必须严格依法办事,任何组织和个人都不允许有超越宪法和法律的特权。"2002年12月4日是第二个全国法制宣传日,也是现行宪法实施20周年纪念日。请您结合十六大报告的论述,给我们的读者谈一下宪法在国家政治生活中应该有什么样的地位和作用?

江平: 十六大报告在民主与法制方面提出了很多新内容。一个重要方面,是强调了建设社会主义民主政治和政治文明。应该说,发展社会主义民主政治,或者说如何建设政治文明,这是一个新课题。尤其是从政治文明这个角度来讲民主政治,作为党的代表大会提出一个纲领性的东西,这是第一次。另外,法制建设明确提出了"到2010年形成中国特色社会主义法律体系",这也是一个非常具体的要求。我想,在十六大之后进行法制宣传,应该围绕十六大所提出的民主与法制建设这两项任务来进行,来贯彻十六大的精神。

宪法是法律制度的基石。任何一个国家,可以有众多的法律,但法律

---

[*] 本文系江平教授接受中共中央党校《学习时报》记者范伟的采访,原载于《学习时报》2002年12月30日,第165期。

的基石,起最根本作用的,还是宪法。一个国家最根本的政治制度,也体现为宪法。从这个角度来说,我觉得非常重要的,是应该树立宪法至高无上的权威的观念。从目前我们国家的情况来看,恰恰是人们对于宪法的重要性注意得不足,有一种"法律倒置"的现象。好像越具体的法律越重要,宪法似乎还不如一个基本的法,基本的法还不如单行法,单行法还不如国务院的法规,国务院的法规还不如一个乡政府的决定,乡政府的一个文件似乎好像可以超越宪法,在人们心目当中,它是最具体的。这种法律意识是一种倒置的法律意识。它也说明宪法宣传得不够,人们的宪法意识不够。

就宪法本身的作用来说,最根本的应该是权利的保障。宪法一是规定国家的政治制度,二是确定公民的权利,保障人权。在这个意义上说,宪法起着保障人权、保障公民权利的最高法律准绳的作用。我们国家现在很重视人权,参加了国际上两个人权公约。应该看到,宪法的一个基本作用就是从最高的法律制度上诠释了对公民权利的确认和保障。

宪法的重要功能是维护一个国家的民主政治制度,是一个国家民主政治制度的基石,而民主政治制度的内容各个国家可以是不一样的,我们是人民代表大会制度,别的国家是另外的形式。

记者:您刚才提到,在现实生活中,存在"法律倒置"的现象,宪法应有的作用还没有充分发挥出来。那么,在这方面主要存在哪些问题?

江平:第一是宪法规定的权利的保障问题。宪法规定的是三大类权利:一是政治权利,选举权,言论、出版、结社、集会等自由权等;二是民事权利,其中最基本的是财产权,当然也包含了人身权的一些内容;三是社会权,如教育、劳动和其他方面的权利。

我是搞民商法的,所以仅从市场经济这个角度来谈一谈。我看宪法一个非常重要的作用是如何保障个人财产的不受侵犯。十六大提出要"完善保护私人财产的法律制度"。我们就要既保护国家的、公共的财产权,同时也保护民间资本的财产权、私人的财产权,保护外国投资者的财产权。现在我们确实面临着一个问题,就是对待私人财产的任意性比较大。这样不利于民营经济的发展。

第二是民主政治问题。十六大把民主政治的内容具体分析为四个方面：民主选举、民主决策、民主管理和民主监督。这是我们国家第一次把民主政治的含义明确化了。就民主选举来说，我们现在强调的民主选举是基层的选举。我认为，民主政治、民主选举确实应当从基层开始，抓好基层的民主选举十分重要，而且我们基层的民主选举也确实越来越体现了民主；但是也应该看到，民主选举，光有基层选举还不行。还应该有更高层的，以至像全国人民代表大会的代表选举，包括党代会代表的选举，也有一个如何进一步完善的问题。

我们把民主政治叫做政治文明也好，政治民主也好，既然讲文明、民主，我想很重要的一点是尊重和宽容。这是民主政治一个很重要的内容。"尊重"就是尊重人的尊严、权利和自由。现在民法典正在起草人格权法，人格权的核心就是人的尊严和自由。"宽容"，就是应该允许各种不同的意见。中国现在已经没有"文化大革命"那种"以言治罪"了，这是很大的进步。仅仅有一种声音不是国家之福，这一点过去我们都看到了。建立什么样的民主制度？我想，就是要建立有尊重和宽容精神的、祥和的民主制度，就是要达到这样一种政治局面。

记者：应该怎样看待宪法的稳定性与变动性？在您看来，适应我国加入世贸组织的新形势和新世纪建设社会主义政治文明的新要求，现行宪法是否需要继续调整？

江平：对于宪法的性质，过去一直都有争论。一种意见认为，宪法是已经取得的东西在法律上的巩固；另一种意见认为，宪法本身不仅是对于已经取得成果的巩固，还要对未来的体制、未来的政治制度作一个明确的规定。但不论从哪个方面来说，我们都可以得出这么一个结论：法律是有稳定性的，而宪法应该比任何一部法律更具有稳定性。既然政治制度要求稳定性，保障公民权利要求稳定性，所以宪法必然要有稳定性。宪法的变化大了，恰恰是表明了政治制度的不稳定。

应该看到，中国宪法与世界各国宪法有一个很大的区别，就是世界各国的宪法，都是只规定基本政治制度和公民权利，没有我们的一些政策性的诠释，甚至包括科技发展、教育政策等。20年来，我国宪法的变动恰恰是在这一部分。

从宪法的变动性来看，应该说，在一个阶段，尤其是当一个社会发生了某种转折的时候，宪法必然会变动。同时，宪法里面的某些规定，也需要进行完善，如公民迁徙自由的问题，我们没有这样的规定。这个问题现在越来越突出。有些省市已经开始解决了，像浙江，农村户口与城市户口已经统一了，但就整个社会来说，我们仍然存在这个问题。这次十六大报告里面涉及农村问题，指出，农村富余劳动力向非农产业和城镇转移，是"工业化和现代化的必然趋势"，要"消除不利于城镇化发展的体制和政策障碍，引导农村劳动力合理有序流动"。按道理说，这实际已涉及宪法应如何适时变动和完善的问题了。

记者：社会主义法治国家目标的确立，在我国民主政治建设中具有里程碑意义。确立这样的目标，也是我国法学界长期努力的结果。您能否简要介绍一下，我国法学界在这方面做了哪些探索和努力？

江平：法律在国际上通行的是分为公法和私法。公法是以公权力为核心的法，私法是以私权利为核心的法。法律，恐怕就像一根绳子一样，一端系的是"权力"，一端系的是"权利"。它一方面要解决公权力的问题，一方面要解决保护私权利的问题，因为在一个社会里面，国家的权力和社会的利益总是非常紧密地糅合在一起的。

公权力的问题，在我看来，这些年法学家做的主要是两件事情。一是行政权力问题。公权力最核心的是行政权力，它和每一个人的日常生活是紧密联系在一起的。在这方面，全部的法学家的工作主要是解决行政权力行使的科学化，也就是包括十六大报告讲的包括决策民主和管理民主的科学化、程序化问题，包括行政权力的制约问题。二是司法权问题。公权力的第二大权力是司法权。任何国家都把它看做是很庞大的公权力。我们现在搞司法改革,怎么保证审判独立,以及对司法权的监督、防止司法腐败等。

就私权利方面来说,我概括为主要是保障市场的"四大机制":一是平等机制,参加WTO就是国民待遇原则,就是讲平等;二是自由机制,就是自由竞争、自由贸易制度;三是公平机制,就是反对垄断、不正当竞争等;四是信用机制,现在越来越强调市场竞争、市场机制就是一个信用机制。我们的法学研究特别是立法的完善就是在市场的这"四大机制"方面努力的。

最大的问题是缺乏法治理念*

> 我认为,法治可以分为三个层面,第一层面是制度,第二层面是方法,第三层面是认识到法治是一种理念。

在全国"两会"前,围绕中国法治进程与各相关领域存在的问题,江平在家中接受了《中国经营报》记者的专访。

仅有制度是不够的,要实现真正的法治,重要的是有法律理念

《中国经营报》:2011年"两会"期间,全国人大常委会委员长吴邦国受全国人大常委会委托向大会报告工作时指出,到2010年年底,党的十五大提出建设中国特色社会主义法律体系的立法工作目标如期完成。

中国特色社会主义法律体系的形成,标志着中国的法治建设进入到了一个新的阶段。

您亲历了改革开放以来的立法进程,能否评价一下这三十余年来中国法治建设的经验教训?

江平:我们法律人讲的法治是"治理"的"治"而不是"制度"的"制",过去谈到更多的"法治"其实是"制度"的"制"。

我认为,法治可以分为三个层面,第一层面是制度,第二层面是方法,第三层面,是认识到法治是一种理念。

---

* 本文由《中国经营报》2012年3月17日发表,采编记者:许浩。

目前,从制度层面来看中国的法律,中国在改革开放三十多年的过程中,经过大规模的立法,可以说法律体系相对完善了。以前无法可依的问题已经改变,这一点是好的。

但是,有法律制度并不等于有很好的法律理念。要实现真正的法治,重要的是有法律理念。光有制度,缺乏理念是不行的。就像有宪法不等于有宪政一样。这可能是我们现在面临最大的问题了。

因为制度有好有坏,有的制度制定时是好的,可是随着时间的推移、环境的改变,可能就会过时,需要修改了。

市场与法治应协调

《中国经营报》:经过改革开放三十余年,特别是加入世贸组织十年以来,中国的经济飞速发展,中国成为全球第二大经济体,但是也产生了一些问题,您如何看待当前中国市场经济中的市场与法治的关系?

江平:我们一直在谈市场和法治的关系,我认为这其中包含了两个方面:一个是市场自由的法治,另一个是市场秩序的法治。

自由与秩序,这两个方面从法律来看,性质是不一样的。如果讲的是自由的法治,国家应该尽量少干预,给予市场主体以自由,让市场自己来解决问题,就像我们《行政许可法》里面的精神,能够由当事人自己解决的问题,尽量由当事人自己解决,当事人自己不能解决的由社会来解决,只有当事人自己和社会都没有能力解决时,国家政府才来干预解决。

这体现了大社会小政府的思想,即尽量由社会自己来解决问题。

但是这个理想,我们始终没有很好地实现。也就是说,在我们的市场自由法治里面,国家干预还是很多的。

有些人始终认为政府办的才可靠,企业还是国企好、信用高,私营企业信用差,是骗人的,这种观念造成了很大的问题。在很多事情上都盲目依赖政府,希望政府大包大揽解决所有问题。

当年制定《产品质量法》时便遇到这个问题。在美国也有类似的法律,但是人家叫《产品责任法》，没有《产品质量法》。他们的立法理念是，不强调在产品生产过程中如何去监督，除了药品、食品等涉及人身健康的特殊产品外，其他的产品质量政府是不管的。

但是如果企业生产的产品出现了质量问题，给消费者带来了损害，会面临诉讼，甚至集体诉讼，以及高昂的赔偿。他们强调的是，你要为自己生产的不合乎规格的产品负责，所以他们没有一个庞大的机构去执法监督企业如何生产。

而我们则强调行政管理，一旦出现比如假酒等产品质量问题，政府机关就要忙着去执法，但是不重视维护消费者的维权诉讼。

《中国经营报》：为什么国家的行政干预会如此之多呢？

江平：这里面有个利害关系，市场的资源分配，市场的准入资格关系着政府的利益。比如，土地资源的分配，矿藏资源的分配等这些资源的分配都由政府的权力控制着，政府的权力越大，政府的利益也就越大。

另外，市场秩序的法律，它的精神是不一样的。因为秩序是强制性的，不是自由的。法治强调开放、任意，由当事人自己来解决问题。而秩序的问题不是由当事人自己来解决的。市场秩序需要国家政府动用权力，以严格的禁止性、管理性的行为来解决。

可是这方面，在相当长的时间里，我们做得并不好，而且管理的方式也有问题。比如，西方国家环境保护搞得比较好，可是他们也没过多地动用政府的力量来管，可见问题的关键是动员什么力量来解决环境问题。

西方国家是在动用社会力量来解决环境问题，比如绿色环境保护组织等很多社会公益组织发挥了巨大作用，像阻拦日本捕鲸船的就是民间环保组织，也没有见到哪国政府出面干预。

可是，我们是不敢发动民间力量的，因为怕威胁到社会稳定，就严格限制社会组织的设立。

民众的法治观念与政府有关

《中国经营报》：现在有人持这样一种观点：中国的法治进程缓慢是因为

中国民众的法治观念薄弱,您怎么看这个问题?您如何看待民众的法治素养?

江平:往往民众的法治观念是与政府的法治观念是相辅相成的,如果政府的法治理念薄弱,不依法办事,民众的法治观念也会相应的低下。

民众法治观念不强有两个表现:一个是过分依赖政府的保护,比如消费者权益保护法,我们的消费者协会其实是国家工商管理局下属的机构,没有民间的组织来进行自我维权。

另一个是民粹主义思想仍然泛滥,所谓民粹主义就是以一种单纯的人民意志为标准,凡是我选的我就赞成,凡是我不选的,我就反对。这种观念在"文革"时是相当严重的。

这些都是反法治理念的表现。但法治的观念就是按规则依法办事,从这一点来看,台湾地区的政治已经慢慢成熟起来了,从早期的街头政治走向了真正的议会政治。

比如,今年"台湾大选"后,虽然有人对于选举结果提出了质疑,但是无论是民进党还是蔡英文都尊重了选举结果。

其实讲法律就是在讲程序和规则。只要是按程序规则来进行,即使结果不令我满意,我也要尊重。不能因为结果不让你满意,你就无视程序规则,这不是一种理性的态度。

《中国经营报》:最近,浙江的"吴英非法集资案"引起了各界的广泛关注,在法学界内部也引起了极大争议,您是如何看待此案的?

江平:现行的法律规定了非法集资罪,在法律没有修改前,如果吴英真的触犯了法律就应该依法受到惩罚。但是这条法律是否应该修改是另外一个问题。

民间借贷和非法集资的界限很模糊,而政府对此问题一直采取严厉打击的态度,过去涉及非法集资的案件是会判处死刑的,如"邓斌案"等。

这反映出政府在此问题上承担了过多的责任,一个老百姓他自己去借钱集资,他还不上,政府来处理此问题。从法理看,这不是政府该管的事情,谁欠债谁还钱嘛。可是实际上,往往不是如此,由于集资数额巨大,涉及人数众多,一旦处理不当,波动很大,会威胁到社会稳定,政府要出面解决。这就像我们早期的证券市场,那时老百姓买股票赔了找政府,现在大家意识到股市有风险,责任自负。这和我们的市场经济理念不成熟有关。

我认为要尊重规则,遵守现行法律,但同时,我认为如果"吴英案"判死刑是量刑太重了。

依法治国事关民族兴衰*

近年来中国的司法体制改革存在倒退,而能否依法、依宪治国则事关中华民族的前途和兴衰。

警惕司法改革倒退

《中国民商》:中共十八大报告提出,要全面推进依法治国,让权力在阳光下运行,您认为当前强调依法治国的必要性和难点在哪?

江平:坦率地说,中国近年来的政治体制改革或司法体制改革,实际上是并不让人不满意的。

一是我国《宪法》中虽然已经确立了审判独立这一重要原则,但是在实际执行中却不理想,而且广大群众、专家学者和司法战线工作者对司法改革也意见不一,中国的司法改革目前还有很远的路要走。

二是在法院的审判过程中,各国强调法院审判"只服从法律",这是做到司法公正的必要前提。而我国虽然将审判工作"只服从法律"写入了《宪法》,但司法改革以来"三个至上"就频频出现在报刊和领导人讲话中。其中"党的利益至上"被放在了第一位,"人民利益至上"被放在了第二位。这给法院工作带来很多的麻烦和迷惑。

三是世界各国普遍认为法官独立行使审判权,不存在公务员中的上下

---

* 本文由《中国民商》杂志发表于 2013 年 1 月 11 日,采编记者:阮修星。

级关系。我国在接受这个原则时就有所保留，《宪法》只接受"人民法院独立行使审判权"而不提"法官独立行使审判权"。有些法院在遇到难以解决的疑难案件时往往以上级批复作为判案依据，很大程度上影响了真正有所作为的法官的积极性和能动性。

除了以上三个方面外，我国司法改革在法官是否应该精英化、调解是手段还是目的等方面掺入了很多人为的因素，带上了较重的人治色彩。中共十八大报告提出要全面推进依法治国，对于促进我国社会法治进程，无疑具有重要的意义，能否顺利推进则事关中华民族的前途和兴衰。

重塑宪法权威

《中国民商》：中共十八大召开之后不到一个月时间又迎来了"八二宪法"公布施行30周年纪念日，习近平总书记在纪念大会上强调，要坚持不懈抓好宪法实施工作，把全面贯彻实施宪法提高到一个新水平；对于一切违反宪法和法律的行为，都必须予以追究。您觉得应该从哪些方面着手贯彻落实宪法、建立宪法权威，特别是如何提高官员的守法意识，如何追究官员的违法违宪行为？

江平：遵守宪法，依宪执政、依宪治国，这是中国法治天下的根本，也是建设宪政社会主义的大势之所趋。在纪念"八二宪法"30周年的时候，习近平特别强调宪法的权威，以及如何建立宪法的权威，这是真正地去实施。如果现在能够真正地按照宪法的规定去做，就很不简单了。

但是我们希望：一是要树立宪法的权威。一个国家只有真正树立宪法的权威才可以保障平衡、和谐。二是确立政治秩序。这个政治秩序所靠的是对权力的制约。只有对权力进行制约才能解决滥权、解决腐败。三是政治民主。最根本的是要解决老百姓行使管理权的问题。四是如何保障人民的权利。五是必须建立违宪审查制度。

宪法权利如何落实则是重中之重。在"八二宪法"公布施行30周年之际，习近平总书记强调要把全面贯彻实施宪法提高到一个新水平，这就要求立法、执法、司法等都必须依照宪法、符合宪法,并且要认真落实"党必须在宪法和法律范围内活动"的原则。

现在人们感觉中国的法治建设非常的曲折,处于一个"前进—后退—前进—后退"的状态。特别是各级官员法律意识淡薄,没有把《宪法》看得很重要,原因在于《宪法》的通过和修改程序都不完善,还需要改善。

此外,保护公民政治权利方面的法律还很不完善,也就是说,与《宪法》相配套的立法工作还没有完成,如《宪法》所规定的言论自由、出版自由、新闻自由、结社自由等,都还没有制定出相应的法律。这就造成了"有法不判""无法可依"的怪现状。

当务之急在纠偏

《中国民商》:对于我国法治社会的建设,您提出要分"三步走",当前亟待做并正在做的是纠偏工作。而重庆"李庄案"是纠偏工作绕不开的一个事件,您怎么看待"李庄案"?您觉得纠正司法改革的偏向问题应该从哪些方面着手?

江平:对于我国的法治社会建设来说,可以分三步走:第一步就是要纠正过去的偏向;第二步是要进一步建立、完善相应的法律和制度;第三步是进行深层的政治体制改革。

关于纠偏,至少要纠正三个方面的偏向:一是必须建立法院的权威,把公安机关不应有的权力还给法院;二是必须把《宪法》规定的言论自由、出版自由、新闻自由等真正给予民众;三是亟待纠正司法改革的偏向。

当前,有的司法权威已变成了政法委的权威;本来应该在《宪法》上明确规定的法院独立行使审判权,变成了只能够谈法院的公正;本来《宪法》明确规定的法院,是以法律作为唯一的指导方针,现在却变成了"三个至上"。从这个角度来说,如何解决法院审判方面的问题,如何按照《宪法》的规定给予法院权威和独立,让法院只服从《宪法》和法律的规定,已成为当务之急。

重庆"李庄案"是纠偏工作绕不开的一个事件。在这个案件中，公安机关掌握着生杀予夺的大权，法院则完全处于陪衬的地位，这对律师行业以及辩护权的冲击很大。我们应该牢记斯大林破坏法治的教训，尽快纠正这方面的错误，否则，则是国家的不幸，也是国家法治的不幸。

在纠正偏差的同时，对于群众急切要求，而且争议不大的法律和制度要尽快加以完善。比如，现阶段至少应该建立健全官员财产申报制度，取消劳动教养制度，完善财政预算公开制度和选举制度。

政改是前提条件

《中国民商》：您如何看待政治体制改革的重要性？应该如何处理党与法的关系？

江平：法治离不开政治，一个国家的法治能够兴旺，就必须理顺政治关系和党政职能。政治关系和党政职能没有理顺，法治是没有前途的。

中国现在的政治体制实际上是党政不分，党在国家政治体制改革、经济体制改革中都起到了绝对关键的作用。所以中国真正转向法治的一个前提是——进行政治体制改革。只有真正完善了政治体制改革，中国才有可能真正走向法治国家，依法治国、依宪治国才能真正起到它的作用。

中国的执政党显然已经意识到推动政治改革的重要性和迫切性。中共十八大报告用很大的篇幅阐述，"要坚持走中国特色社会主义政治发展道路和推进政治体制改革"。不久前，李克强副总理在全国综合配套改革试点工作座谈会上也强调，改革是中国最大的红利。这些表明，执政党将继续进一步推动包括政改在内的全方位改革。

深层的政治体制改革至少要包括党政分开，言论、出版、结社、新闻自由等问题，目前仍然存有不少争论，而且讨论的时机还不太成熟。因为要实现深层次的制度改革，需要新领导班子在政治局常委里面建立了良好的政治和组织环境，才可以实现。

中国政治体制改革如何推进，核心在于党政职能要明确划分，不能以党代政、以党代法。中国的政治体制改革有两个路径可走：第一条路径是从最容易的着手，即群众最关切的入手。按这条路径，要推进官员财产公开、各级政府的财政预算决算公开，以及加强公民的知情权等；第二条路径则是从最关键的问题入手，其中党政分开则最为关键。

但是，目前政治体制改革步伐不能够要求太快，因为中国特殊的政治体制，改革开始步伐慢一点也是可以理解的，但是不怕慢就怕不干，必须稳步地向前推进才行。

要更多地保护私权

《中国民商》：目前，我国公权和私权处于什么状态？为什么说私法要比公法重要？又该如何处理这两者之间的关系？

江平：总体来说，近年来我国私权正处于一个上升的时期。尤其是在2007年《物权法》通过实施之后，民众对私权出现了回归、觉醒。比如，在拆迁问题上，现在老百姓之所以能站出来保卫自己的私权，跟《物权法》的通过有很大的关系。

近三十年来，我们通过制定《行政复议法》《行政诉讼法》和《国家赔偿法》等法律，以及制定《依法行政纲要》等约束公权，有效地解决了公权对私权的侵犯，这是值得肯定的。一个非常具有代表性的例子是，过去，公权无限制地来干预私生活的方方面面，最厉害的时候包括吃饭都由国家来管、结婚还要国家批准。现在，我们提出的大社会、小政府，就是要反其道而行之，让属于社会的这部分恢复到它本来的面貌。

也许当前在某一段时间里，人们会感觉到公权比私权扩大得更多。造成这种现象的原因，一是因为中国向来是公权过大、私权过小，中国法治理念一直是强调公权为主，或者说中国几千年来都是这样——公权为核心，私权围绕着公权在转；二是国家在市场领域里的干预作用，导致了公权力的扩大。

应该说，私法要比公法更为重要。国家的富强是建立在私人财产得到保障的前提之下的,这是一个国家强盛的重要基石。在处理公权和私权之间的关系上,我们还应该遵循这样一个原则,即公权不能滥用,私权也不能滥用。公权滥用,会造成私权得不到保障。私权滥用也不行,比如拆迁问题不考虑公共利益怎么行呢?

对于市场而言,国家应该尽量少干预,给予市场主体以自由,让市场自己来解决问题,就像我们的《行政许可法》里面的精神,能够由当事人自己解决的问题,尽量由当事人自己解决,当事人自己不能解决的由社会来解决,只有当事人自己和社会都没有能力解决时,国家政府才来干预解决。

中国法治 30 年 *

改革开放 30 年,无非就是两个主轴:一个是市场,一个是法治。而这两个主轴都面临如何理解的问题。我认为,在今天,市场经济和法治更多是在和国际趋同。

从法律实用主义到法律虚无主义

马国川:在改革开放 30 周年的今天,您作为一个法学家,如何评价这 30 年中国所走过的法治历程?

江平:要说这 30 年,恐怕要从 30 年之前的 30 年开始。明年就是中华人民共和国成立 60 周年了,只有把改革开放的 30 年放在这 60 年的历史背景下,才能够更清晰地辨别出我们所走过的道路。

马国川:不鉴往则不足以知今。

江平:回顾历史是很重要的。共和国的 60 年,前 30 年就是从法律实用主义到法律虚无主义,后 30 年是从法律经验主义到法律理念主义。就是说,我们国家经历了四个法律时期:法律实用主义、法律虚无主义、法律经验主义,现在正在走向法律理念主义。

马国川:法律实用主义大致是从何时到何时?

江平:从新中国成立后到"文革"前。法律实用主义也可以叫做法律工

---

* 本文由《财经》杂志发表于 2008 年 5 月 26 日,采编记者:马国川。

具主义,它有三大特点,一是法律不要有体系,立法也不要求完善、完备,有一些法律够用就可以了;二是法律也不要太复杂,条文不要过多,简要的内容就够了;三是法律不要太约束人,不要捆绑自己的手脚,法律只不过是行动准则的参考。

马国川:成为一种工具。

江平:而且是不太重要的工具。1951~1956年我在苏联学法律,也是这样。但是苏联所采取的法律实用主义,也许比我们高明一点儿。苏联还是很注重法律建设的。1917年"十月革命"胜利的第一天,列宁就颁布了两个法律《土地法令》和《和平法令》,但是沙俄原来的法律仍然留着,不像我们1949年完全彻底地废除了国民党的《六法全书》,就连规范市民生活、婚姻家庭的《民法典》也废除了。苏联到1923年列宁亲自领导制定的《苏俄民法典》通过以后,才把原来旧沙俄的法律废除了,人家尽量避免让法律出现空白。而我们到底需要什么法律体系,要构建一个什么法律体系,直到20世纪80年代甚至90年代才逐步提出来。

马国川:"反右"运动的时候,有一些法学家就是因为纯法律的理念被划为"右派"。

江平:著名法学家谢怀栻先生就是因为主张"一切都要有法律、一切都必须依照法律"而被划为"极右分子"。因为他的理念与当时流行的法律实用主义是格格不入的。法律实用主义的主张是,不一定需要法律,也不需要严格按照法律办事。可以说法律实用主义的思想现在仍然存在,一些学者就把法律实用主义当做马克思主义法学的核心观点,认为法律就是国家的工具,而且应该是很得心应手的工具。

马国川:到了"文革"时期,连法律实用主义也不要了。

江平:法律实用主义可以向两个方面发展。发展得好,逐步总结经验,也可能逐渐走向健康的法治道路;但是,法律实用主义也可能走向另一个极端:法律虚无主义。很不幸的是,中国走向了法律虚无主义。"文革"中,不仅是什么法律都可以被打倒,宪法也可以被践踏,甚至"公、检、法"都可以被彻底砸烂,"最高指示加群众运动"就是一切行动的最高准则。当时有一句口号"只要是符合全中国最大多数人民的最大的利益,那就什么都可以干"。到底谁来裁定是不是符合中国最大多数人的最大利益?那当然只有最高领袖能够知道,最高领袖的话就是最高指示,"一句话顶一万句"嘛。群众运动更是天然地代表群众的最大利益,被看做最天然合法的,一切都崇拜群众运动。只要以人民的名义,以革命的名义,以国家的名义,什么事都可以干。

马国川:群众运动也是践踏法律的最大挡箭牌,可以用群众运动蔑视一切法律。

江平:以人民的名义、以革命的名义、以国家的名义干的坏事,干的践踏法律的事情,我们没有很好地清算。20年前,那时我还担任第七届全国人大常委,曾经发生了"邮票事件",在人大常委会激起了风波,争论得很厉害。当时把邮票上面的"人民邮政"改成了"中国邮政",这就引起了几名常委巨大的愤怒,甚至上书到中央,说把"人民邮政"都取消了,等于把我们的性质都改了,又恢复到过去了。经过认真的讨论,最后还是认为改革并不错,没有"人民"两个字,并不等于你的性质就变了。到底邮政是不是真正为人民,并不是你上头写了两个字,就能够代表的。

马国川:前些年北京大学教授贺卫方提议把"人民法院"中的人民两字拿掉,也激起了舆论风波,许多人批评甚至谩骂贺卫方。

江平:不是说"人民"二字不能用,问题是在以人民为名义的下面,谁是人民呢?深圳市中院的院长说了一句话:"法院的判决不能够让人民都满意。"据说引起了常委会一些人极大的不满,你不能够让人民满意,法院的性质是什么?只要法律的判决能够符合群众大多数人的意见,大多数人都满意了,那就是一个好的判决。能这样来说吗?法院的判决本身应该是高度专业化和高度公正的产物,而不是群众来做出的决定。

法律经验主义

马国川:"文革"结束,也标志着法律虚无主义的终结,至少是在国家层面上已经认识到,没有法律是不行的。

江平:从改革开放开始,我国的法治进入了法律经验主义阶段。法律经验主义之所以出现,有很深刻的历史背景。邓小平同志提出来"摸着石头过河",曾经受到一些人的赞扬,也有一些人称之为经验主义。在改革之初,我们知道中国要走向另外一个"岸",要摆脱原来国家无所不包的高度控制状态,走向一个开放的社会,那彼岸究竟是什么样呢?确实不是看得很清楚。在这种情况下,就要"摸着石头过河"。

马国川:"摸着石头过河"也就成为相当长的一个时期之内法律发展的指针。

江平:一段时间里,法律人里面实际上有两种思考。一种是希望能够像美国一样先作制度设计,有一个宪法,然后一管就是200年,甚至更长,这当然是一个很好的办法,但是需要很好的制度设计。另一种是先摸索,当实践充分了以后,再把它上升为法律,成为制度。我把前一种叫做法律理想主义,它用法律制度设计来开创改革道路,显然不符合实际。据我所知,这种东西大概只有几个,第一个,《专利法》是这样的。当时必须先有《专利法》,先有制度的完全设计,然后才有实践。第二个是《行政诉讼法》,不可能先有行政诉讼的实践,然后再有行政诉讼法。再有就是《中外合资企业法》。1978年我们想吸引外资到中国来投资,外商不来,他们会问,我的权利有哪些,我的权利怎么保障?所以必须先有法律才来投资。委员长叶剑英很着急,要求国务院半年之内提交《中外合资企业法》。任务很着急,从来没有经验,只能够借鉴国外的法律。绝大多数国家法律规定,外商投资比例不得超过50%,因为一旦超过50%,董事长就是外国人了,控制权就被外国人掌握了。所以我们当初拿出来的《中外合资企业法》也是外商投资比例不能够超过50%。这个草案拿去给叶帅一看,他说,这样的法律有什么意义？他说多多益善，少不行，多不受限制，少不能低于25%，多可以到80%、90%。旁边的工作人员就提醒，如果超过50%董事长就是人家的了。叶帅说那好办，咱们在法律上写上，超过50%，董事长还只能由中方代理。到了1991年修改《中外合资企业法》的时候，觉得这不符合世界的普遍规则，所以那次修改主要是修改这一条。

马国川：法律先行毕竟是个案，绝大多数是实践充分了以后，再上升为法律。

江平：在改革时期也只能如此。《农村土地承包法》什么时候出来的？是农村的土地承包经验很充分以后，才用法律的形式固定下来。一位"三农专家"说：如果依照你们法律人的搞法，那就永远没有农村土地承包。农村搞土地承包经营制，能够先搞一个法律吗？显然不可思议。

马国川：俄罗斯的私有化改革，就是"先设计后施工"。

江平：1991年"8·19事件"之后，由青年改革学家盖达尔和其他一些人关起门来研究私有化的过程。这些人用了一个半月的时间，起草了一部法律和20个法令，1992年9月颁布了私有化的方案，把国有企业变成了私有化的证券，规定1992年9月2日以前出生的每一个俄罗斯人都可以领到一张面值1万卢布的认股权证。这完全是精心设计好的。但是这种法律先行的最终结果是，认股权证被一些人收购起来，出现了寡头垄断。

马国川：对比来看，我们这样的一种经验主义看起来是慢一点儿，或者有一些曲折，但是总的损失相对小一些。

江平：事实说明，法律经验主义的保守、谨慎，对于正在进行的改革确实有利。从1982年我们就开始搞民法典，第4稿都已经很成熟了，快要提交通过的时候，全国人大委员长彭真的讲话改变了进程。他说，农村的改革我们大体已经知道了走什么方向，但是城市里面究竟怎么搞？国有企业走什么路？经济将来到底是计划呢还是市场？都没有一个最后的定论，或者说明确的方向。在城市改革还没有明确方向的情况下，搞一套完整的、系统的、无所不包的民法典,符合不符合实际?在这种情况下,如果我们搞一部无所不包的民法典,可能是不切合实际的,甚至是束缚改革的。彭真提出了一个很值得我们思考的问题。

马国川:也就是说,没有急于搞民法典是正确的?

江平:制度是从哪里来的?是从我们法律人或者法学家或者立法人的脑子中出现的呢?还是在转轨的时候从实际出发、从现实出发总结出来的呢?应该说30年的改革,没有碰到太大的波折,或者非常大的损失,可能跟法律经验主义有关系。

马国川:但是我们进一步的改革开放,能不能在经验主义的基础上来完成?

江平:这个问题我也一直在思考。我随便举一个例子来看一看。农村土地制度是进一步改革很大的难点,为了避免在全国一刀切,所以在《物权法》里面写得比较笼统。但是在《物权法》通过了以后,紧接着重庆和成都就搞城乡一体化的试点,包括土地的问题。这些试点有些已经超出了《农村土地承包法》《物权法》的规定,这些问题究竟怎么看?我是完全主张中国的改革还要进一步试点的,因为如果不试点,在法律上仓促规定,很可能对全局造成危害。现在如果只在一个省或者一个直辖市进行,那么它即便有问题,它所造成的危害也就会少一点儿。

马国川:法律是保守的、刚性的,不能够随便改。而改革开放实践又是很柔性的,是不断前进、不断发展的。如何解决两者间的关系,是一个难题。

江平:台湾学者陈长文送我一本书《法律人你为什么不争气》,马英九在这本书的序言里面讲,当初他父亲希望他学政治,反对他学法律,说"马英九学法律,法治观念太强,司法性格太重,守经有余,权变不足"。这几句话我们应该很好地思考。因为学法律的人总是把法律尊为经典,条文是不能够随便动的,如果随便变更法律条文,就是破坏法治。在这个意义上来说,法律有其保守的一面,就是"守经有余,权变不足"。法律一旦制定,变通余地很小。《物权法》在制定的时候,写了禁止城市人到农村买房,大家说这一条千万别写上,如果写上变通余地一点儿都没了。所以我们应该看到,法律既有它积极的一面,又有它消极的一面。如果它不是好的法律,是恶的法律,出来了以后,或者条文规定太不符合现在改革开放的要求,那么它给社会带来的损害比没有这个法更危险,这是学法律的人必须看到的。30年来有三种人为推动中国改革作出了突出贡献:经济学家、企业家、开明的政治家。如果评选改革开放30年的风云人物,经济学家有一些,法学家没有。法律人既要看到自己的优点,也要看到自己的不足。法学家要向经济学家学习。

马国川:在这种情况下,我们就要考虑怎么办。

江平:我认为在这种情况下,有三个途径,一是先修改法律。由于改革在不断前进,社会经济在不断发展,不适应现在要求的法律要修改。二是现在制定法律时要留有余地。法律不要搞得太刚性。有的法律刚性太足,恰恰妨碍了改革开放的发展。三是要有授权。如果你要想改变《土地管理法》,你不能够只有国务院的授权,应该有人大的授权。国务院给你的授权,你可以突破国务院的规定,人大的授权,你才能够突破法律的规定。

马国川:您如何评价法律经验主义?

江平:在法律经验主义基础上,我们走了很长一段道路,减少了损失,但是也有一定的弯路,有前进,也有倒退。经验主义发展下去,要逐渐从里面体现法律的理念,不能够仅仅是一个制度的设计,还要有一个理念的设计。

走向法律理念主义

马国川:什么是法律理念主义?

江平:所谓法律理念主义,就是把法律从工具、从制度变成治国的理念。1999年《宪法》里面写进了"实行依法治国,建设社会主义法治国家",可以说是中国走向法律理念主义的开始。党的十七大报告里面,一方面讲社会主义法治的理念,另一方面又讲了弘扬法治精神。"五四"青年节期间温总理到政法大学来也多次谈到法治精神。

中国有些用语很有意思,前一段对于到底是叫"法治理念",还是"现代法治精神",还是"社会主义法治精神",一直都有争论。保守一些的人就用"社会主义法治"来为自己的理念说话。

这是很有意思的现象。我记得当初提"社会主义市场经济"时,人们就有不同解读:思想解放的地方强调的是"市场经济",保守的地方强调的是"社会主义"。前两年某著名经济学家谈的就是这个问题,他说,我们的市场经济忘了一个是马克思主义的经济学,另一个是社会主义的市场经济,把社会主义忘掉了。当然,《宪法》上所写的,或者党代表大会决议、报告里面所写的,就是求最大的公约数。你要光写市场经济,有些人可能就不接受;如果你要写计划指导下的市场经济,另一些人也不接受。

马国川:法治在今天是不是也面临这样的困境?

江平:改革开放30年,无非就是两个主轴:一个是市场,另一个是法治。而这两个主轴都面临如何理解的问题。所以我们需要很好地来思考:究竟怎样理解法治精神?我认为,在今天,市场经济和法治更多是在和国际趋同。虽然市场经济里面可能还有些经济命脉需要国家控制,但是市场是什么?应该是有一个共同的语言;同样,法治也应该有一个共同的准则,也应该在国际上有一个共识。如果连这些共识都没有,谈何弘扬法治精神呢?我们刚刚踏入法治理念的大门,有分歧是必然的,但我觉得任何东西都要找出它最基本的东西是什么。我觉得法治精神中最基本的,无非是民主和自由这两个基因。

马国川:在您过去的著作中也讲到了,中国法治建设的发展,就是一个曲折的过程,或者说是进两步,退一步。

江平:进,进到哪里?退,退到哪里?总得有个交代,这样我们才可以对历史负责,我们走向一个更光明、更好的前程。不能笼统的一句话,道路是曲折的,前途是光明的。不知道总结自己历史教训和历史经验的民族,不是一个严肃认真的民族。这 30 年来,我们知道自己是从哪里走过来的,但是究竟将来走向何处去,现在看起来仍然有争论,仍然有困惑,仍然有一些不确定的因素。

60 年前,我还是国民党统治区的高中学生,在参加学生运动时,就是高喊着民主和自由的口号。我想,建立法治国家、弘扬法治精神,民主和自由仍然是现在我们所追求的目标。对我来说,60 年前是要为民主自由而努力奋斗,今天这个任务还仍然存在。当然,我认为中国的民主进程只能循序渐进,只能在目前的体制内来进行。我们这一代人经历了个人的磨难和苦难,也经历了国家的磨难和苦难,所以希望中国不要大乱,希望中国富强、政治民主、社会公平。如果现在出现了体制上的大乱,那么中国就要走向历史的大倒退。

2014，依然"谨慎的乐观"*

> 我们在冤假错案方面要有更进一步的动作，不能只限于已经非常明显的案件。

2014年，中华人民共和国将迎来新中国成立65周年，也是中国新一届领导层履职次年，在既得利益群体已然存在、利益藩篱日趋固化的当下，改革再成各界共识。

如果说，刚刚过去的2013年被视为中国改革的新起点，是改革方案制定年，那么，2014年就是全面深化改革元年，是改革方案执行年。

2014年，中国司法改革如何全面深化，收入分配改革怎样前行，教育改革方案以何姿态面世，雾霾环保治理已十万火急，养老金政策并轨能否有望破冰……2014年，每一个国人都有对自身利益的改革关注。

为此，新浪网推出2014年全国两会大型专题策划内容——"思辨，2014"，邀请各个领域知名人士、行业领袖，共同关注中国改革步伐。

"思辨，2014"第一期嘉宾专访，对话法学泰斗——江平。

"谨慎的乐观"依然还是我现在的态度

新浪网：去年年初您曾表示，对当时刚选出的新一届政府的态度是"谨慎的乐观"，现在是否有所变化？

---

* 本文由新浪网发表于2014年3月2日。

江平：这个看法没有太大的改变。乐观是指三中全会决议在改革这方面的进步,任何一个领导在中国继续贯彻改革的方针我都拥护。谨慎主要是指三中全会关于政治体制改革的亮点还是不够多,所以"谨慎的乐观"依然还是我现在的态度。

新浪网：2014年被称为改革元年,对今年的法治建设和司法改革有哪些期许?

江平：司法改革的路线图在三中全会上已经明确,包括省以下的人财物都由省级统管。但要实施这个目标还有很多工作要做,包括改革审判委员会、去行政化等方面,都需要努力。

我认为从周强担任最高法院院长后,大力推行司法改革,做法有根本性改变。现在中央提出把司法公正做到让人民感觉得到的每一个具体案件的公平正义都能够维持,这是一个很好的提法。但我们在冤假错案方面要有更进一步的动作,不能只限于已经非常明显的案件。在实践中,我们的冤假错案还有不少比例,如重庆当年的"打黑案件",当中有很多是不公正的,但这些案件一个都不能动,当时主持工作的市委书记和公安局长现在都被判了刑,在这个前提下,他们当年所判决的案件没有一个能推翻,这个不可理解。

司法改革须"去行政化"

新浪网：在司法的制度建设上,我们有哪些方面需要改革?

江平：从三中全会决议来看,现在规定省以下的人财物由省法院统起来,这说明省以下的政法委员会大大减少了对法院的干预。总的来说,政法委员会已经明确,各级政法委员会不要具体来干预案件。

可是终究来看,党政不分是我们现在要解决独立审判的最关键问题。比如说,省级以上,党的领导干部能不能干预案件?这个问题就麻烦了,省级法院的院长可以不听省长的话,但是你能不能不听党委书记的话呢?如果不听,很有可能就被免职,怎么处理这个矛盾?所以说党政不分始终是我们司法独立的一个关键问题。

新浪网：也就是说司法改革必须去行政化？

江平：司法系统的去行政化非常必要，审判的人员不能自己来判，审完了案子还要请示上级，更大的案子还得让院长来批。判的人不审，审的人不判，这种行政化的倾向是造成审判不公正的重要因素。

去行政化要真正做到审判的人有独立的权力来判案，首先要改变审判委员会的权限，现在审判的人不能自己决定，还要提交审判委员会讨论，而委员会本身就由各方面人员组成，有些人士并不专业。

另外，是院长的任职问题也需要去行政化，现实中很多院长并不是从法院内部提升的，因为职务提升是需要看级别的，而基层法官们往往级别不够，最后提升上来的院长往往并没有做过审判工作，甚至个别人都没有法学的知识，这是很可怕的现象。要求法官专业化，而院长偏偏是外行，非常不合理。

巡视组和钦差大臣不同，是依法工作

新浪网：既然司法改革需要去行政化，那你对于中央巡视组的反腐方式有何看法？

江平：反腐应该多样化的来进行，不一定只有一种模式。像我国腐败的情况比较复杂，在多种反腐形式中，中央巡视组是一种可行的方式，如中国人民大学巡视组发现的人大自主招生腐败问题，就是一个很好的现象。因为一个巡视组来到一个地方，这个地方的群众就会揭发当地的腐败现象，腐败分子就会露头。巡视组针对的不是某个人，而是一个单位，在这个意义上是有进步意义。

巡视组和钦差大臣不同，他们依然是依法工作，并非利用自己的法外权威，关键在于我们将来还得法制上更加完善，于法有据地派出工作组。

新浪网：怎么看待群众检举、网络反腐等其他反腐方式？

江平：除了巡视组外，群众检举是很重要的反腐方式，从广义上来说，群众的眼睛是雪亮的。把领导掌握的和群众掌握的反腐方式相结合,这种工作方式比较有效。

以跟踪偷拍上海法官嫖娼一事来看,我个人是持肯定态度的。拍摄者经历了这个案件,并怀疑这个法官有不公正的行为,所以他采用私下拍摄的方式,从法律角度来讲,并没有太不妥的问题。对国家机关,如公安机关,他们采用秘密跟踪的行为时要有所限制,不能随意对任何群众采用这个方式;但在群众进行调查时,采用这样的方式,是在法律允许的范围内的。像这样的群众检举方式都是很好的,应该鼓励。

训诫中心是变相劳教制度

新浪网: 2013年,在司法领域发生了很多有里程碑式的事件,最具代表性的就是薄熙来案,以微博直播进行播报的公开审理方式引来了民众的高度关注,这个事件对我们的司法改革有何意义?

江平: 微博直播的方式是个很好的尝试,正如周强院长所提,以审判公开促进审判公正,只有所有的审判细节都摆在公众面前,公众才能对这个案件有一个最直接的判断。所以审判公开是改进我们司法公正模式的非常重要一环。将来我们需要所有的审判文书都能上网,让百姓、律师、法学教授们都能看到,这就会促使我们的审判环节都应当依法办事,有助于外部对法院的监督。

新浪网: 2013年劳教制度被依法废止,然而近日又出现了"训诫中心"这种替代式的劳教、截访方式,为何会出现这样的状况?

江平: 劳教制度在我国已经实行了五十年,在一些部门看来这是能使用的最熟悉的方式,我们现在最担心的也是劳教制度被废除后,变相的劳教制度还存在,而训诫中心的出现就是这种思潮的反映。

这个现象其实和我们另一个制度密切相关,那就是信访制度。如果你认为上访是违法的,自然会有出现截访、训诫中心的存在,如果你认为上访是合法的,就不应该出现这种现象。现在对信访制度也有新的思维,上访只要涉及法院，就纳入法院来解决，其他方面也是该在哪层解决就在哪层解决，尤其强调不能认为上访人员是违法的、加以迫害的做法。

"无罪推定"观念需入脑入心

新浪网：提到劳教，那就不得不提冤假错案，有学者认为，我们是一边平反，一边制造，你如何评价司法机关防止冤假错案方面所做的努力？

江平：冤假错案产生的原因最根本的问题是建立在法院审判基础——也就是证据方面的错误，因为采用了虚假的、没有经过严格核实的证据，才会出现冤假错案。

要解决冤假错案根本在于两条，一个是排除非法程序，要求证据公正真实的程序如果有欠缺是很危险的，如审判环节上缺少对质等基本程序，我们现在已经明确了刑讯逼供不能作为定案依据，这一条能更好地保证防止冤假错案。第二个是司法人员刑事审判的意识，最关键在于从"有罪推定"到"无罪推定"观念的转变，"无罪推定"的观念以前没有纳入到审判人员的头脑中，而"有罪推定"的观点非常糟糕。

去年，最高人民法院常务副院长沈德咏提出了"宁可错放不可错判"，尤其强调在死刑方面不能随便定罪判死刑，他的这个观点我认为非常重要。

新浪网：无罪推定的观念又是否会加重公安机关刑侦工作的难度？

江平：任何受到指控的人，他的权利都应该得到尊重，虽然他犯罪了，但《诉讼法》规定，他的有一些权利是不能够被侵犯的，只有充分尊重了受指控人的合法权利，才能免去冤假错案的概率。

任何冤假错案的共同问题都是没有充分尊重犯罪人的合法权利。现实中，往往对他们的申诉和不同意见不假考虑。而这就是我们常说的审判民主的问题，对犯罪的人也必须要有律师的辩护，哪怕他自己请不起也要请司法援助，他提出的任何问题都应该仔细考虑分析，这些问题从程序上来说都是防止冤假错案的重要环节，如果每个环节都能做到的话，才能保证不发生冤假错案。

新浪网：怎么看待民众不认可给"坏人"辩护的思维，如去年沸沸扬扬的李某某强奸案？

江平：第一，不能由民众来决定审判，审判是由法官来决定的，群众缺乏法律知识，只能凭自己的直观感觉来感觉当事人是有罪还是无罪，法官必须按照法律、按照事实，从自己的内心来判断。

第二，认为律师不应该给"坏人"辩护，这是一个根本的法律观念的缺失。任何人都有得到法律援助的权利，这是现代司法的重要原则。哪怕是百分百的坏人，一旦他坐到审判席上时，就变成了弱者。所谓坏人不应该得到法律上的保护和辩护的观点我不赞成，哪怕给"坏人"辩护时，律师有一些出格的行为，只要是合乎当事人利益的，也不能说律师的做法是错误的。

应该说，民众的法律观念是自然形成的。一个人对社会的任何事件都会有情绪的反应，这种情绪你很难说对或不对，但一旦情绪形成舆论的意见，并有可能左右法庭的判断时，这就需要警惕，有民粹主义的风险。一切交给老百姓来判断的倾向，是要防止的。

律师兴则国家兴

新浪网：你曾说过一句话"律师兴则国家兴"，而现在有不少人认为我国的律师的功力并非庭内辩论而是在庭外人脉，如何看待这种现象？

江平：律师现在是比较尴尬，他们的作用往往并不是在法内而是在法外，这是一个不正常的现象。对律师来说，他们既是维护法律的工作者，也是通过工作维持自己生活的劳动者，谋生和维护法律尊严这两个东西经常矛盾。

在我国来说，还有相当大一批律师还在温饱线上挣扎，所以对他们来说首先是维持生计，他们要争取案源，要为当事人利益着想来尽力工作，才能有收入。这样的身份地位的差别，使得律师是一个弱势群体，他们和法官不同。我们对律师要体谅,体谅他们工作的难处。

在任何国家,律师制度都是不可缺少的。这个职业没有别人能代替,也是一个国家民主法制的重要象征,没有律师制度等于没有民主和法制。从这个角度来说,我们很同情律师的遭遇,这个职业的地位和遭遇不是律师造成的,而是我们国家的法制不健全造成的。只有制度本身更加完善时,律师才能真正起到保护法律制约方面的作用。

新浪网:对律师来说,最重要的职业操守是什么?

江平:律师的底线应该是忠实地为当事人来服务。虽然所有的律师都是维护当事人的权利,但这个底线很多律师是违背的,这是一个非常危险的一个现象。因为律师就是靠他对当事人的忠实服务来赢得声誉,否则便自己破坏了自己的生命线。从这个意义上来说,律师能否做到诚信为本是其存在的基础。

现在律协也都有纪律检查委员会,接受当事人的举报,对高收费、不履行职责、欺诈等行为做出调查。

新浪网:说到律师,我们知道有很多律师是从法院等政府机关出来的。事实上,目前我国法官流失情况比较严重,为什么会出现这种情况?您认为当前法官待遇是否偏低?

江平:在任何国家,法官都不能按照政府的公务员的待遇,《法官法》规定,法官不属于行政公务员这个序列,如法官是独立进行判案,不像公务员一样必须下级服从上级。法官应该比政府公务员的一般薪金要高,因为法院是最终解决纠纷的场所,法官的知识含量也比较高,要做一个称职的法官,真正实现审判权独立、让法官独立来判案,他要付出更多的努力。

我国现在法官流失非常严重,法官们宁可离开法院,下海做律师,这说明他们的待遇确实比较低。所以我们现在有个比较奇特的现象,法官地位高但工资低,律师薪酬高但地位低。当法官的工资不足以养家糊口时,他们就会选择离开法官的岗位,所以我们现在也鼓励律师们来当法官,但这个矛盾的解决最终还是要提升法官的待遇。

要充满信心 更要做好准备

新浪网：现在的年轻人往往有一种焦虑的情绪，对于这个时代的年轻人，你有何感悟可以给他们？

江平：我经历了不同的时代，我个人认为，我们国家的法治是大有希望的，但中国的法治必定要走一段很长的道路，绝不可能是一帆风顺的。我们现在已经摆脱了过去完全建立在对领袖崇拜上的错误路线，走向了一个可以给予希望的时代。中国还需要进行更大的政治体制改革，虽然很困难，但我相信中国必然要走向政治更加开明的阶段。对中国的前途要充满信心，但也要看到中国走向政治民主化的路上还会遇到各种困难，不能太乐观，要做好思想准备。

纵论法治中国建设[*]

> 法治社会的一个很重要的核心内容就是如何实现市场管理的法治化。因为我们这个社会很大的一个层面就是市场经济如何法治化。

党的十八大将法治提高到了一个崭新的高度，十八届三中全会进一步为法治中国建设破题，社会主义法治建设的思路逐渐清晰。在这一背景下，中国未来法治建设的方向、框架、重点、步骤等都是社会关注的热点问题。在这一关键时刻，有必要倾听法学界前辈的声音。为此，《国家行政学院学报》记者对江平教授作了专访。

记者：您是法学界的老前辈，是中国法治建设的推动者、见证者，您认为法治中国建设应当重点关注哪些问题？

江平：党的十八届三中全会提出法治国家、法治政府、法治社会一体建设，这三个概念当然不完全一样。法治社会的一个很重要的核心内容就是如何实现市场管理的法治化。因为我们这个社会很大的一个层面就是市场经济如何法治化。如果讲到法治政府，那当然很明显了，就是讲公权力怎么来实现法治化，政府的权力不能过大。如果涉及法治国家，或者是依法治国的概念，那么我理解这包含立法、司法、行政，甚至军队在内，这是我们将来一个大的法治国家的概念。这三个层次不太一样。法治实际上就是怎么样来贯彻治理国家的现代化的模式，就是把我们过去的工业现代

---

[*] 本文由《国家行政学院学报》发表于 2014 年 10 月 17 日。

化、农业现代化、国防现代化等提升一步到治理国家的现代化。我觉得今后法治中国建设应当偏重在公权力方面,更多还是公权力在运作方面如何能够实现现代化。这会涉及一些社会治理的问题,但是好像更多还是偏重在公权力的运作,可能这个是主要的。

记者:您讲法治应当包括立法、行政、司法和军队四个方面。那我们首先谈谈立法方面的问题。虽然说中国特色社会主义法律体系已经形成,法律数量比较多了,但是不可否认的是法律内部矛盾、冲突等不统一现象以及法律操作性不强等立法质量不高的问题还比较普遍。比如说土地管理法规定收回闲置土地应当由县级政府做决定,然而有关规章又规定土地行政部门也可以做决定。实践中有些地方是市政府做决定,有的是国土部门做决定。一旦发生纠纷,上级行政部门的行政复议维持地方国土部门的决定,但诉讼到法院,一般认为国土部门无权做此决定。再如不动产统一登记立法目前正在推动,《不动产统一登记条例》也即将出台,但这样一部条例的出台会牵涉很多法律法规的修改,相应的立法任务非常繁重,可以说目前的立法体制似乎不能适应法治现代化的基本需求。对此,您怎么看待?

江平:这个问题实际上涉及一个很重要的问题,就是从立法阶段来看,我们现在已经进入修改为主的阶段。所以最近都是各个已经通过的法律如何进一步完善。但是在立法完善的过程中,扯皮现象太严重。拿土地管理法来说,物权法通过以后,土地管理法就要修改,现在物权法通过已经7年了,到现在土地管理法的修改还是没有动静。刚才讲的不动产登记,物权法就明确规定了,但是到现在还没有实行。我觉得这反映出全国人大的权威不够的问题。立法本来是全国人大的事,立法修改的时候当然要征求各个部门的意见,部门有不同意见要考虑,但是最后做决定的是全国人大,全国人大如果是说该往这个方向去修改,那就定了,全国都得服从,不能够再按部门的意志,一个部门一个意见,不同部门之间扯皮。即使扯皮,到最后总得有一个拍板的人。这个立法必须要有权威性,应该由立法机关做决策。总的来说,立法机关不能弱势,没有权威性,老是处于扯皮状态就比较麻烦。另外,我们现在立法缺乏一个总体的思考。比如说我拿我们习惯的民事立法来说,这个民法典搞不搞?现在到底往下怎么搞?都不知道。听说现在继承法在修改,同样存在没人拍板的问题。这完全是人大立法,跟其他部门没任何关系,顶多是最高法院来配合。可是这个法究竟怎么搞,人格权法怎么搞?民法总则制定不制定?通则要不要变成总则?这些东西都没人管。现在的立法多少有一点走一步看一步。另外就是急的先立,很被动,缺少一个统筹的总体的安排,这个我觉得是大事情。这两个问题恐怕是现在立法领域存在的很重要的问题。

记者：我们的立法还存在这样那样的问题,其中的一个突出表现就是法律往往失之过宽,给了行政法规、规章甚至规范性文件太大的自由空间,而有关配套的行政法规、规章及规范性文件往往又失之过严,尤其是在针对当事人义务方面,结果导致我们的制度可遵守性、可执行性比较差,严格执行会造成不公,不执行又会伤及法律制度的权威。而一些地方政府往往以上级政府的规定无法执行为由不严格执行。这也是目前上面三令五申,下面有时"无动于衷"的一个主要原因。在您看来,这是不是意味着我们的立法体制本身也需要改革完善?

江平：我们的立法体制总的来说是多元的形式。像刑法典、民法、诉讼法这些根本法是由人大法工委来负责制定的,其他的由各部门分散来立。各专门委员会搞不搞立法是有不同看法的。有的观点认为专门委员会要立法;有的认为专门委员会不要搞立法,只搞法制检查。这样让各专门委员会自己也茫然了。我到底主要搞什么?我是搞立法还是主要搞执法检查啊?像这些问题严格说起来就是缺乏一个规则。我认为各专门委员会完全可以搞立法。要有一个规则,财经委员会、法制委员会、文教委员会都应有自己的立法权限,就是说起码可以提供一个立法的草案版本。可是现在实际上搞得不多。另外,像人大的机构的改革也是很迫切的。人大必须是议政机构,不能只是听会。现在全世界哪有2800多人的大议会啊?代表的讲话也不公开,这很难说把人大作为一个议事机构。这些与我们所预期的目标还是差得比较远。

记者:那在行政方面,法治的重点是什么?

江平:行政方面我觉得就是一句话:把权力关在制度的笼子里,这是最核心的目标。因为现在看起来,公权力还是太大了。公权力侵犯私权利的现象还是相当普遍的。如何把公权力关在制度的笼子里面,这是当前一个最迫切的问题。而且把权力关在制度的笼子里面,不仅是法治政府的迫切需要,也是廉洁政府的前提。只有把权力关在制度的笼子里面,权力受到制约,才能够解决腐败的问题。腐败的根源就在于权力被滥用了。现在提出来各级政府要制定权力清单,明确你享有哪些权力,就明确了哪些是你不应该享有的。这实际上也就是李克强总理说的:法无禁止即可为,法无授权不可为。对于私权利来说,法律没有禁止的都是自由的,对于公权力来说,法没有授权的都是禁止的。因此政府的权力必须要有授权,有法律授权才能合法,法律没有授权就是违法,就是越权了。但是这个问题落实起来是非常困难的。因为公权力一旦掌握在政府的手中,掌权人都希望权力越大越好,谁希望管得那么严啊,这是人的本能。当初国务院法制办领导在做行政许可法的报告时说,市场主体自己能解决的尽量自己解决,市场主体不能解决的由社会自治团体去解决,只有市场和社会不能解决的政府才来干预。但是现在看来,政府审批的事项仍然是一大堆,每个部门都希望有权力,都希望盖我的章才能通过。所以应该说习惯势力太大,或者说中国几千年来就是这样一个对公权力缺乏约束、限制的社会。现在要限制公权力是非常困难的。而要真正限制约束公权力,还是要从立法来着手。立法是非常重要的,因为授权除了极个别完全由上级政府授权给下级,一般来说是法律授权,只有法律授权政府,政府才有这个权力。如果法律不健全,就谈不上政府权力的合法性。把权力关在制度的笼子里面首先应从立法着手。

记者:由此看来我们立法的任务还是非常重的,法律从有到好这个过程也是非常艰难的。例如,2004年国务院发布的《全面推进依法行政实施纲要》就政府法制工作机构发挥政府法律顾问作用提出了要求。一些地方也陆续建立了政府法律顾问制度。十八届三中全会提出"普遍建立法律顾问制度"的要求,山东等地积极响应,出台了地方的具体措施。可以说,建立健全政府法律顾问制度对于保障政府依法决策、依法行政、有效约束规范政府权力意义重大。但问题是,怎样才能解决政府法律顾问"顾而不问"、能力与需要处理的事项不匹配、待遇低、态度不端正等问题,从而使政府法律顾问真正发挥作用?

江平: 我们曾经提出对国有企业和国家机关都要设立法律顾问。国有企业规定了首席法律顾问制度。但是现在看起来做得都不太够。比如说国有企业的首席法律顾问,按道理来说,企业对外签订的合同或者一些决策事项,都必须有首席法律顾问的签字才可以。但是这一条做得比较少,基本上还是"一把手"决定。政府的法律顾问也是这样的。我们现在有没有明文规定每个政府机构必须有法律的工作人员啊?有些政府机构有法律工作人员或法律顾问,但存在的问题是凭什么让法律顾问负担那么大的责任。政府给不给法律顾问一定的级别。如果他的级别很低,实际上他根本参与不了重大决策。但如果把他的级别定得很高,可能部门说这个怎么行啊?怎么一个法律工作者能够有这么高的地位啊?这些问题又涉及体制问题了。此外,这里还涉及一个待遇的问题,如让律师担任政府的法律顾问,如果是一个好的律师他不愿意干。政府的这点工资相对于他的报酬来说太低了,市县法律顾问的待遇多低啊。但是你如果找一般的律师,又往往不能胜任工作。政府的法律顾问,得真正有权威,在法律方面精通,政府工作也要精通。所以这些本身都有困难。我观察,好像现在政府方面的法律顾问从他的能力来看,和他所应该担负的责任相差比较大,不足以胜任这个责任。

记者: 从司法来讲,十八届三中全会司法改革的力度是比较大的。现在一些地方已经提出了改革方案,您对目前正在进行的司法体制改革有什么评价？

江平：现在的司法体制改革方向是走对了。我总的来说很拥护现在的司法改革方向。司法改革一个是去地方化，把人权、财权、物权集中到省里面，这个我很赞成。另一个是去行政化，能够审判的人不能够决策，决策的人不审判，以及什么庭长批、院长批这些中间环节逐渐改变了，这个很好。不然的话，审判人员地位始终是比较低的。现在把法院的人员分成审判人员、助理人员、管理人员三类，这是正确的。尤其是这次提出来的法官任命制度，由省一级成立的法官考核委员会对进人严格把关，还是很好的。但是我始终觉得遗憾的就是我们只把关了法官，没有把关好院长。现在的各级院长有很多还是不懂法律的人。省级法院据我所知至少有1/3以上或者更高一点是从同级的政府部门提拔的，而省下面的市县级或许就更多了。这是一个很不正常的现象。我们《法官法》明明规定了法官的资格，而非法律专业出身的院长一进法院就是几级法官。中国这么大的国家，我们有那么多法学院，每年培育出多少法律人才，难道就没有几个能够胜任相应的院长职务吗？这说不过去。而且让没有学过法律的人当院长是可怕的，对法治中国建设严重不利。地方非法律专业人士担任领导职务的问题应当尽快分流解决。如果我们真正把法官当做精英，司法公正很重要的是取决于这些精英的公正。那么这些人能不能做到公正，首先看他是否掌握很好的法律知识，只有掌握了很好的法律知识，完全按照法律来办，才可以做到公正，当然他也可能受到其他因素的干扰，但起码他本身的素质有可能做到公正司法。

记者：党的十八大后反腐败工作明显提速，而且取得了实实在在的成效，赢得了民心。但是，目前也出现了一种现象，在干部队伍中，出现了程度不同的观望、不作为现象。一些官员认为，反腐败会影响经济发展。对此，您是怎么看待的？

江平：有人说腐败是市场的润滑剂，这种观点我是不认可的。但是实际上我们往往也是有这样的情况，就是越是市场改革的能人最后被揭露出腐败的现象越多,越是老好人他倒是没什么罪,成绩突出的往往容易被抓起来。怎么能够解决我们在反腐败中的个人责任和领导决策责任,把不同的责任分开?我觉得最重要的仍然是在法制上进一步明确规则。怎么能够追究你的责任呢?证据都确凿了,构成犯罪了,取得证据的手段不违法,查处就没有问题了。就怕两种情况,一种是刑讯逼供,这个从重庆打黑看得很清楚,利用刑讯逼供来做反腐的事情不是个别的。另一种就是现在经常有的当证据不足的时候先把人抓起来。我觉得这个也是很危险的。在证据不足的时候把人抓起来,然后借助他的电脑里面的资料,或者借助其他人的什么举报,或者用其他的一些东西来定他的罪名,这种情况我认为也是违法的。虽然最后可能是查出一些问题,但是当时抓人的时候是缺乏证据的。所以我觉得反腐败必须手段正确。

记者: 目前,军队反腐败成为社会各界关注的热点问题。习近平总书记也曾强调,依法治军、从严治军是强军之基。对这个问题,您是怎么看待的?

江平: 我觉得依法治军、从严治军实际上是两个方面,一方面是军事指挥系统方面,这个很专业,我不好说。另一方面就是涉及部队的腐败和廉洁问题,这个我觉得完全可以通过法治途径解决。如果我们从制度来看的话,部队的反腐败工作始终不透明,一切以军队保密、军队特殊为理由,对他们的监督太少,我觉得这是不对的。军队的指挥系统可以保密,但是军队的反腐倡廉必须公开。只有公开人们才能监督。现在一提起来军事法院就说保密,关于军队的腐败背景也极少来披露。这实际上等于是保护了腐败,掩护了腐败。所以我始终觉得军队的廉政工作的透明度需要大大提高。因为我们党政部门里面,包括各地的党委书记,什么腐败现象都是在报纸上公开的,但是军队一个都不让公开。这是一个不正常的现象。

记者: 关于信访和法治的关系,中央已有明确的定调,即涉法涉诉的案件要通过法治途径解决。应该说这是符合法治中国建设方向的。但现在有一种情况,就是我们反腐败把"问题官员"抓了不少,但是"问题官员"的背后往往是重大的遗留案件。中央巡视组巡视以来,一些市县在中央巡视组挂号的案件就有一两百件之多,有些案件经过包括最高人民法院在内的多级法院多次处理,从政府行政到各级法院裁决,都不同程度地存在问题。对于一些案件的当事人来说,再通过司法等法治途径解决问题要么行不通,要么不现实。因为该走的程序都走了,但因为"问题官员"当年的干预或违法,的确存在冤假的问题。对此,我认为对于这些历史遗留问题,简单地要求通过法治途径解决似乎并不是理想的选择。比较稳妥可行的办法是,借鉴中央巡视的经验,在中央政法委领导下成立中央重大历史遗留问题专家组,从法律院校、律师事务所中抽调专业过硬、作风优良的法学教授和律师组成专家组,分赴各省,从中央巡视组受理的案件中,选择一些重大历史遗留案件进行专门书面研究,提出具体处理方案,然后由中央政法委分送给有关部门贯彻执行。您赞同这一做法吗?

江平:你这个想法很好,关键要有一个人,权威的机构能够拍板,这是很重要的。现在最主要的问题是这种案子推来推去,没有人敢拍板,敢拍板的人也怕得罪什么,或者是以前的上级,或者是以前的什么。因此,专家组必须要具有权威性,带有"尚方宝剑",可以决策。

怎样才能依法治国*

> 法官、检察官制度真正改革完善之后,法官、检察官的待遇和职业化程度真正高上去了,才能真正刺激律师、学者等社会优秀法律人才进入这个队伍。

不久将召开的十八届四中全会将研究全面推进依法治国重大问题,备受期待。随着司法体制改革框架意见的出炉,一段时间以来,"依法治国"成了老百姓谈论的热点话题。

"依法治国"内容体系庞大,专业性强,牵一发而动全身,关系到社会的发展和未来。为了让读者能对这一重大主题有全面系统的理解,《成都商报》陆续推出"聚焦依法治国"之"记者观察"和"高端访谈",深度解析并探讨"依法治国"的一些关键问题。

在这一背景下,《成都商报》记者向法学泰斗、中国政法大学终身教授、原中国政法大学校长江平教授深度求解。

因行政职务而被任命的不适合做法官

《成都商报》:为什么要实行"员额制"?

江平:在法院、检察院,要真正凸显法官、检察官的地位,必须要区别身份,就像医院必须要区分医生、护士和护工人员一样,法院也需要区分法

---

* 本文由《成都商报》发表于 2014 年 11 月 1 日。

官、法官助理和司法辅助人员。只有分工明确,才能更有利地开展工作。

《成都商报》:"员额制"多少比例合适?

江平:应该根据各地具体情况确定。我认为大致在1/3到1/2之间比较科学合理。具体的比例,根据各个法院每年的案件总量除以每个法官一年审案定额的标准,就能计算出法官的人数,当然也需要留出一定的机动名额。还应当考虑每个法官一年的正常审案数量,不能让他们成为办案的机器。要留足法官、检察官的学习充电时间,这样才能保证案件质量。

《成都商报》:"员额制"后的法官、检察官应具备怎样的素质?

江平:对于法官、检察官的选任条件,应该严格按照《法官法》《检察官法》执行,让法学功底深厚的大学生、研究生更有机会进入法官、检察官序列,这对提高司法人员素质至关重要。

在我看来至少两类人员不适合进入法官、检察官队伍:一种是那些号称法官、检察官的党政工作人员,没有法学功底,因行政职务而被任命为法官、检察官,实际上并不具有审案水平;另一种则是部分不具备专业法学知识的转业军人。

法官待遇应当高出普通公务员一大截

《成都商报》:法官辞职根本原因是什么?

江平:法官辞职的问题关键在于优秀法官的流失。目前,法官待遇很低,很多法官都要为生活奔波发愁。法官的待遇不能和一般公务员一样对待,应当高出普通公务员一大截,让他们不再为生活发愁,以保证法官职业的尊严和成就感。

《成都商报》:法官上升通道如何打通?

江平:法官的升职空间,不能理解为法官走仕途当行政领导才是一种升迁,按照法官级别从低级别法官成长为一级法官、资深的大法官也是一种升迁,而且后者更应该成为今后改革的一个方向。当然这离不开工资制度的改革,打破按照行政级别涨工资的模式,按照业务级别涨工资,做一辈子法官也有经济保障和职业成就感。

《成都商报》:如何通过改革吸引社会优秀法律人才的加入?

江平:此轮司法改革提出从优秀学者和律师中选拔人才进入法官、检察官队伍,但面临的现实是,可能优秀的社会法律人才不愿进入司法队伍,而想来的却不一定优秀。要想改变这种现实,只能等到法官、检察官制度真正改革完善之后,法官、检察官的待遇和职业化程度真正高上去了,才能真正刺激律师、学者等社会优秀法律人才进入这个队伍。

行政审签制导致冤假错案难追责

《成都商报》:张辉、张高平叔侄案暴露出最大的问题是什么?

江平:张氏叔侄案暴露出了错案追究制的最大漏洞,就是行政签字审批制。一个刑事案子被办成错案、冤案,背后有层层领导的签字审批,最后发现出事了,究竟该追究谁的责任?追究办案人员的责任,这不公平,因为不是他个人决定的;追究每一级签字领导的责任?这也不现实,牵扯的面太广了。正是这种行政审签制度,导致冤假错案责任最终无法追究。

《成都商报》:本月22日,福建念斌案被宣告无罪,您怎么评价这起案件?

江平:办案人员盲目追求结案率,就难免出现错案。发现错了,能够比较及时地纠正,这是应该肯定的。反映在司法理念上,主要是在司法实践中要真正坚持"疑罪从无",恐怕还有很多工作要做。

合议庭独立办案制,能实现审判权独立

《成都商报》:如何才能真正做到"让审理者裁判、由裁判者负责"?

江平:去行政化的主要因素是,法官、检察官不应该有行政因素,司法人员办案只服从法律。而要根本实现这一改革,就要确立合议庭独立办案制,对于一般案件,合议庭在开庭审理结束后,直接进入封闭式的合议办公

室,马上合议,合议完之后立即作出裁判,虽然裁判文书不一定马上能写出来,但裁判结果已经出来了,这样就可以减少院里行政领导和社会因素的干扰,也能做到审理者自己裁判。其实这项制度建立起来也不难,只要建立起了这项合议制度,自然可以减少司法干预,真正实现审判权独立。

《成都商报》:您如何看待审委会、检委会制度?

江平:审委会、检委会制度在审判初期法律基础差、审判经验不足的情况下,发挥了一些积极的作用。而就目前的情况来看,审委会、检委会制度已经是弊大于利,审委会、检委会是完全依照行政权力而组成的机构,组成人员有不懂法学知识的行政领导,一个案件上了审委会、检委会,裁判结果可能就被变成了行政领导的决定,容易造成冤假错案,现在是时候考虑取消审委会、检委会制度了。

《成都商报》:取消审委会、检委会,法官遇到重大疑难复杂案件时该怎么办?

江平:我觉得可以适时考虑成立专家委员会代替审委会。专家委员会完全由法学专业的专家人员组成,在合议庭无法做出准确裁判时,提供专业的法律参考,仅仅是业务参考,而不是裁判结论。

收容教育制度应该废止了

《成都商报》:您如何看待收容教育制度的存废?

江平:上海的几名法官因为嫖娼而被处15日行政拘留,而黄海波因嫖娼不仅被处行政拘留,还被警方收容教育半年,这显然不公平。收容教育制度不符合时代的发展要求,应该废止了。

《成都商报》:废止的阻力有哪些?

江平:阻力的关键在于人们观念的保守,认为嫖娼问题"罪大恶极",必须要用限制人身自由的方式来处罚。事实上,对于卖淫嫖娼这个道德层面的问题,无论是在国外,还是历史上,都没有以剥夺人权的方式来进行处罚的规定。道德层面的问题,就应该用道德的标准和方法来处理。

《成都商报》:向全国人大常委会提交的"关于废止收容教育制度的建议书"进展如何?

江平:具体进展还不清楚。对已经不符合时代发展的法律法规的处理,也不只是简单的废止,还应该考虑替代的办法。

人财物省级统管,不等于审判权统管

《成都商报》:您如何看待这一制度?

江平:将省级以下司法机关的人、财、物收归省一级统一管理,在一定程度上的确可以减少地方党政机关的干预,但能不能从根本上减少省级行政部门的干预却不好说。

最理想的办法是实现全国统一管理,但全国法院、检察院系统太大、太复杂,各地的差异也非常大,因此从目前来看要实现全国统筹统管根本不现实。

《成都商报》:实行省级统管,会不会增加司法机关内部的行政化色彩?

江平:的确不排除这种可能,司法行政权的省级统管,并不等于审判权的省级统管,两者属于不同的体系,改革中需要把握好这两个体系的关系,不能因此而影响下级法院的裁判和两审终审制度。尽管人财物实行了统筹管理,但上下级法院之间仍然是独立的,而不是领导关系,每一级法院的裁判都是独立的裁判。

《成都商报》:实行省级统筹后,地方可能会把一些情况复杂、需要地方配合化解的矛盾大量推给法院、检察院,怎么办?

江平:一直以来,我都不太赞同以往的这种"联合办案""共同处理"的办案模式,法院判案就依据法律,地方政府所做的决定,可以作为法院审判的参考因素,而不能成为左右裁判的证据。如果法院在审理中,需要地方政府的意见,可以通过司法建议的方式,让政府拿出处理意见,法院与地方

行政机关相互独立,不能"共同处理"。

应减少各种行政审批和管理

《成都商报》:您如何看待律师的执业环境?

江平:越来越多的律师都不愿意担任刑事辩护人,这与律师的执业环境差、权利得不到保障密切相关。特别是在刑事辩护中,公权力机关的强势,从而让辩护人的意见很难得到采纳。也正是在这样的环境下,才会出现"死磕"律师。

《成都商报》:近日17名律师向司法部申请撤销对律师的年度考核和备案,您如何看待这个问题?

江平:律师的生存环境差与司法行政机关对律师行业的管理过严密不可分。各种审批制度、管理制度,越来越严格地管理和束缚着律师行业的发展,限制着律师的自由。在司法改革中,应该减少各种行政审批和管理,让律师职业更自由化。律师兴是中国法治进程的重要环节,也是法治兴的基本要求。

公开裁判文书,促使法官自觉抵制腐败

《成都商报》:您如何看待目前的司法腐败现状?

江平:司法腐败是最危险的腐败。司法作为社会公平正义的最后一道防线,如果不预防和杜绝其腐败,其后果将很可怕。

《成都商报》:如何才能更好地预防司法腐败?

江平:司法公开是最好的防腐剂,而司法公开的关键在于裁判文书的公开,裁判文书中将有完整的证据内容、判决理由和裁判流程的记载,一旦公开,将受到全社会的监督。对于完全暴露在公众眼皮下的判决,任何法官都会有压力,都会自觉拒绝和抵制腐败。

《成都商报》:在完全公开的状态下,司法机关如何平衡依法办案与民意

的关系?

江平:民意是什么?任何一个判决有人满意就必然有人不满意。对法官来说,我始终认为尊重法律是前提,依法判案是原则,不能将舆论作为判案依据。目前的确存在舆论干扰司法的问题,我始终主张一种观点,就是任何一个案子在没有法院判决之前都是无罪的,对于判决前就搞什么"展览"之类的行为,我是反对的。

成都建立诉讼服务中心,很便民

《成都商报》:对于成都法院系统的这项探索,您有什么评价和建议?

江平:目前在很多法院立案很麻烦,流程复杂、手续繁多,导致许多当事人不能立案。成都法院系统建立的诉讼服务中心(服务点)帮助当事人简单、快速、便捷地办理立案手续,从便民的角度讲,具有很积极的意义。建议完善当事人反馈信息的机制,对于法官的分类与当事人之间出现分歧时,当事人能有申诉机制和救济途径。

《成都商报》:今年以来,成都中院在全国首创了"6+1审判信息互联网一体化公开模式"。在法院网上公开立案排期、庭审现场、裁判文书、主要证据、执行信息、鉴定拍卖6类信息,您有何评价?

江平:这项改革比我想象的还要公开一些,对于这种利用信息化手段加大司法公开的改革应高度肯定。

解码四中全会法治路线图*

> 现在宪法存在一个最大的不足,就是缺乏违宪审查的制度,这也是我一再强调的一个问题。

现在宪法存在一个最大的不足,就是缺乏违宪审查的制度,审判判决书不能够直接引用宪法条文来判,而现在民众的权利受到破坏,有一部分是因为直接违反了宪法而受到破坏。

十八届四中全会于2014年10月23日闭幕,会议研究了全面推进依法治国重大问题,审议通过了《中共中央关于全面推进依法治国若干重大问题的决定》,明确了全面推进依法治国的六项任务:完善以宪法为核心的中国特色社会主义法律体系,加强宪法实施;深入推进依法行政,加快建设法治政府;保证公正司法,提高司法公信力;增强全民法治观念,推进法治社会建设;加强法治工作队伍建设;加强和改进党对全面推进依法治国的领导。

实际上,早在十七年前,1997年党的十五大就正式提出了"依法治国"的重大战略任务,而此次则是第一次在中央全会上将"依法治国"作为主要讨论议题。在庆祝全国人民代表大会成立60周年大会上,习近平指出:"坚持依法治国首先要坚持依宪治国,坚持依法执政首先要坚持依宪执政。"可见,在当前全面深化改革的背景下,推进"依法治国"的核心要义之

---

* 本文由凤凰评论发表于2014年10月23日,采编记者:高明勇。

一,就是"依宪治国"和"依宪执政"。为此,凤凰网评论频道邀请了10位国内知名法学家,从国家治理的层面,对"依法治国"进行解读、阐释及建议。

凤凰评论:在十八届四中全会之前,便着重强调"依宪治国"和"依宪执政",您怎么看?

江平:我认为这里面应该有两个含义,第一,宪法是国家的根本大法,依法治国说到底也是依宪治国,宪法的最高权威应该得到体现;第二,要重塑人大权威。所有这些,都是制度建设的问题,如果真正在制度建设上认真来贯彻,真的是按依法治国的要求,就要做到"依宪治国"和"依宪执政"。如果法律规定都是可行可不行,那怎么来推行依法治国呢?

凤凰评论:"依宪治国",宪法的最高权威应该如何得到体现?

江平:现在宪法存在一个最大的不足,就是缺乏违宪审查的制度,这也是我一再强调的一个问题。因为现在法院明确规定,审判判决书不能够直接引用宪法条文来判,而现在民众的权利受到破坏,有一部分是因为直接违反了宪法而受到破坏。比如,备受关注的拆迁房屋,随便一个地方政府,都有自己的地方法规,什么情况下应该拆除、应该赔多少钱。其实在讨论《物权法》的时候就涉及这个问题了,民众因房子被拆迁要去告地方政府,地方政府说这个有规定啊,违反了必须被拆除。如果民众提出补偿的钱太少,地方政府会说这个有补偿标准啊,如果到法院去告,法院又不受理,因为这是一个抽象性的行政规定,对所有人都适用。

凤凰评论:那么建立违反宪法的审查制度,具体该如何操作?

江平:在这种情况下,民众的权利受到侵犯,是没有办法得到救济的,唯一能够实现保护自己权利的方法就是提起违宪诉讼,如果地方政府的行政规定侵犯了民众的权利,不管告哪一级的政府应该都可以。现在《行政诉讼法》正在修改,可以对政府的抽象性行政行为提起诉讼,但是并没有形成一个非常明显的违宪审查制度,现实中还得在具体案件提起诉讼的时候才允许你提起诉讼,这并不是解决违宪审查的根本性制度的改变。现在违宪审查制度还只是在全国人大的一个机构来进行技术性的审查,这些看起来是很不够的,所以认真建立起违宪审查制度是保证公民权利非常重要的措施。

凤凰评论:您所说的"重塑人大权威",主要指什么?

江平:"维护宪法法律权威",法律的至高权威和人大的至高权威是分不开的。但是,现在人大的权威还远远不够,人大通过的法律有很多到下面是不执行的。我是七届人大常委法律委员会主任,过去在人大法律委员会工作时,对此感受很深。一般讨论法律的时候,往往要先听听国务院的意见是什么,国务院如果不赞成,那这个法律就麻烦了。虽说这个有合理的一面,法律通过当然要听执法机关的意见,但是回过头来,过于考虑也可以说权威性就不够了。

凤凰评论:"依法治国"的核心内容之一是依法行政,转变政府职能,现阶段该如何推进?

江平:依法行政应该是依法治国里面很核心的东西,现在政府的权限实在太大了。对于私权,"法无禁止即可为";而对公权,则是"法无授权不可为"。公权和私权性质不同,这也是世界各国法律界都公认的规律。

从这个角度来说,公权力就应该有个明确的权力清单,也就是说只有列在这个清单上的政府才可以去做,否则没有法律根据。习近平也说,"法定职责必须为、法无授权不可为,决不允许任何组织或者个人有超越法律的特权"。各级政府都应该明确有哪些权力,应该做哪些。把权力关进笼子里面,就是这个含义。

凤凰评论:您曾对十八大以来的法治改革、司法改革表示肯定,认为存在诸多亮点,那么,在当前全面深化改革的背景下,强调"依法治国"有何特别的意义?

江平:十八届四中全会,应该跟十八届三中全会联系起来来看,三中全会提出了改革开放的路线图、时间表,也提到了治国的能力、体系的现代化，事隔一年之后，召开四中全会，我认为这一次的会议是治国理念、治国方法现代化的具体表现。

凤凰评论：四中全会在召开之前，各方就抱以了很高期待，您怎么看？

江平：不管怎么说，召开一次以法治为核心议题的中央全会，在共产党的历史上毕竟还是破天荒，所以我也对它寄予很大的希望。

依法治国是全方位的，包括立法、司法、行政权力的依法，还包括依法治社会，依法治市场，市场经济应该是法治经济。某种意义上可以这么说，如果拿人治来领导改革开放，那就是事倍功半，因为是用人治方法来管理的；如果用法治方法来领导改革，可以说事半功倍。这个应该说是领导理念、领导方法的一次革新的全会。

凤凰评论：从国家治理的角度来看依法治国，在中国历史上应该也算是首次吧？

江平：几千年来，中国的核心问题就是人治和法治，虽然总的来说这几千年是人治，但是在不同的王朝，不同的时期，体现的也不一样，在开明的王朝，法治成分就大大增加，在一些专制帝王的时期，法治就大大减少。

共产党的领导并没有直接解决是法治还是人治的问题，可以既存在走向人治的可能性，也存在走向法治的可能性。"文化大革命"时期就是典型的人治，改革开放以来则创造了一个法治的良好时期，尤其邓小平的改革。比如，共产党应该在法律的范围内活动，取消了终身任职的制度，总的方向是走向法治。但是最近十多年，在人治和法治问题的处理上，我认为是一种倒退，如"三个至上"明明和宪法不一样，但硬要来贯彻，明目张胆地破坏法律。

凤凰评论：您在对过去的十年法治进行反思的时候，似乎对法治理念和法治思想更为警醒，提出"中国的法治有危险存在"，着重是指哪些风险和倒退？

江平：从新一届领导班子上台以后，随着周永康的下台，我们在法治问题上,应该说是正在逐步破除周永康所带来的政法战线上的瘤毒,也可以说是指明了一个新的改革方向,和周永康提出的"司法改革"完全不同的司法改革,这个从三中全会的决议中可以看得很清楚,整个政法界或法治领域正在出现一个新局面。

凤凰评论:作为长期关注法治问题的法学家,关于"依法治国",您有什么具体的期待?

江平:我觉得能够期待的,就是在制度建设方面真正下工夫,依法治国的思想就是依制度来治国,这个制度就是法律制度,依法治国一个重要的思想就是任何做法都要于法有据——于法有据是依法治国的核心内容。

在中国财政预算体制方面,这个问题更为突出。一直以来,财政部部长有很大的权力,说怎么花就怎么花。但世界各国财政预算都是要通过人大,钱是必须严格控制的,除了预留的一些机动经费之外,其他都没有权力来处置,所以现在必须把财政从"软约束"变成"强约束",这在观念上要有很大改变。

从四中全会看依法治国*

周永康时期的方向就是错误的,不强调审判独立,却强调"三个至上",把审判人员当做公务人员对待,没有什么司法公开。我们现在拨乱反正,走的是一个正确的方向。

落实宪法的关键,是建立违宪审查制度

蒋保信:在中共十八届四中全会的《决定》里,提到了"坚持依法治国首先要坚持依宪治国,坚持依法执政首先要坚持依宪执政",宪法似乎被提到了一个更高的位置。但有一种观点认为,就算有宪法,如果得不到落实,它仍然是一张废纸。您认为落实宪法的关键是什么?

江平:落实宪法的最关键之处,是建立违宪审查制度。我国的宪法之所以没有能够得到很好的贯彻,就是因为缺乏违宪审查制度。到现在为止,我们虽然有宪法监督的机制,但实际上没有任何一个案子进入了违宪审查的程序。中国的情况这么复杂,但这么多年来,我们居然没有一个违宪审查的案件,这是很不正常的。

建立违宪审查制度的关键,是要有一个比较合适的宪法审查机构。我们现在有一个类似的机构,但它是设在全国人大下面的,是最不得力的。

蒋保信:您认为应该怎么改?

---

* 本文由共识网发表于 2014 年 12 月 4 日,采编记者:蒋保信。

江平：很多学者都提出来了，要设立宪法委员会或者宪法法院，专职来审查违宪案件。

我不认为十八届四中全会是一次倒退

蒋保信：十八届四中全会的决定出来之后，有外媒评价说这是中国法治的一次倒退，原因就是过于强调党的领导。您怎么看这个评价？

江平：我不赞同外媒的这种评价，我并不认为十八届四中全会是一次倒退。党的领导会不会破坏依法治国的中心思想，关键不在于是否强调党的领导，而在于强调什么样的领导。如果我们强调党在政治上的领导，这当然是可以的，那些不是共产党领导的国家，同样也会强调党的领导。但是，我们不应当强调党对于法治的具体领导，党不能干预法治。我们现在的问题是，党过分干预了司法，这种现象还很多。

实际上，在十八届四中全会的决定里，有很多改革的、进步的内容。如果笼统地把十八届四中全会说成倒退，我不太赞成。

党的领导，是在审判权独立之外的领导

蒋保信：但如果没有审判权独立的司法，肯定就不会有公正的审判权。那么，该怎么处理司法独立和党的领导之间的关系？

江平：如果我们讲党的政治领导，那当然没有问题。但如果党的领导就是干预司法业务，那当然就是错误的。所以，审判权独立还是应该放在绝对的地位，审判权和检察权都要独立。

如果我们在审判权独立的前面，加上"党的领导"这样一个概念，就会产生一个问题。因为"党的领导"并不是空洞的，具体得体现为由党的哪个机构来领导。我们现在的情况是，政法委员会具体领导政法工作。所以，如果政法委员会跟司法机构的关系处理不好，必然会影响司法机构的独立，这是肯定的。这在周永康时期表现得非常明显，当时的政法委对审判工作、检察工作都有过很大干预。

我们应该强调党在审判权独立之外的领导，否则党的领导就必然会干预司法。

相对于周永康时期，十八届四中全会有拨乱反正的意思

蒋保信：您刚才说十八届四中全会有很多进步的内容，主要指哪些方面？

江平：尤其是在司法审判方面，跟以前有很大的不同，甚至可以说有根本的不同。相对于周永康时期，十八届四中全会在某种程度上有拨乱反正的意思。周永康时期的方向就是错误的，不强调审判独立，却强调"三个至上"，把审判人员当做公务人员对待，没有什么司法公开。我们现在拨乱反正，走的是一个正确的方向。

十八届四中全会还提出要建立巡回法庭，设立专门法院等，要杜绝地方主义，避免过度的行政干预，这些都是很正确的方向。此外，十八届四中全会还提出，党政机关里的任何人都不得干预审判工作，如果有人干预审判工作，就要把他记录在案，这对于保证审判独立来说是一个很重要的措施。

蒋保信：党政机关的任何人都不得干预审判，其实也算约束公权的一种表现。

江平：当然是。过去有个很大的问题，把党的领导放在了绝对地位。那么，什么是党的领导？比如对于省级人民法院来说，省委书记的领导是党的领导，那省长的领导是不是党的领导？如果省长的领导不是，那难道省委副书记的领导也不是吗？所以，领导人干预司法就变成了司空见惯的现象。

现在提出党政机关的任何人都不得干预司法审判，就意味着包括省委书记在内的任何官员都不得干预独立审判。我觉得如果这点真正能够贯彻下去，是一个很好的办法。就凭这一条，法院就可以顶住当地的党委书记、副书记的干预，这对于审判权独立来说是很好的保护措施。

蒋保信：但在现在这种一把手独掌大权的情况下，这可能实现吗？

江平：党政机关的任何人都不得干预司法，应该包含了这样的意思：哪怕是第一把手，也不允许干预司法。如果是这个意思的话，我是很赞成的。

蒋保信：这次还把党规也纳入法律体系里了，您怎么看这个问题？

江平：从理论上来说，这是对的。严格说来，党内的法规只限于对党员起作用，每一个共产党员不仅要遵守宪法和法律，同时也要受到党纪的约束。但是，绝对不能够理解成党内的法规高于法律，那是不行的，党规是在法律约束之下的。

我们还只是处于依宪治国的理念阶段

蒋保信：跟那些把十八届四中全会说成倒退的人相反，有些人认为十八届四中全会是中国法治建设的一个里程碑，不知道您是怎么看的？

江平：我没有把十八届四中全会看作一个很大的里程碑。依法治国是一个长期的任务，我们不能设想通过十八届四中全会就能把依法治国的问题解决了，也不能认为十八届四中全会之后中国的法治就会有一个根本改变，这不太可能。

我认为法治建设是要踏踏实实、一步一步来实现的。据我所知，现在有的省搞了一些依法治国的考察标准，要达到多少分才算达标，这种形式主义的做法也不是依法治国的关键。

蒋保信：十八届四中全会还提出了要设立国家宪法日，这是一个什么信号？

江平：从某种意义上来说，这是一种象征，把宪法提到了很高的地位。但是，依宪治国的具体行动，还需要推进。违宪审查制度建立了没有呢？没有。还有新闻法、出版法、结社法、宗教法等类似的法律，我们也都没有，那拿什么来保护人民的这些自由？所以，我们现在还只是处于依宪治国的理念阶段，离实现依法治国这一目标还远得很。

我给大家举一个例子，原来我们的宪法规定土地不许买卖、不许出租、不许抵押，也不能以其他非法形式转让，但后来国务院的政策放宽了，土地可以出租了，也可以抵押了。在20世纪80年代修改宪法时，土地管理法也修改了。我那时候在法律委员会当副主任，我就问领导，我说宪法和土地管理法都修改了，那民法通则要不要做相应的修改？民法通则也是很重要的，但领导说那两个都改了，这个就甭改了吧。所以，到现在《民法通则》第18条仍然写着土地不许买卖、抵押、非法转让。这说明一个很大的问题，就是我们没有把法律看得很重要，宪法改了，民法通则就不改了，这样的话，民法通则还有什么意义呢？但是没办法，领导一句话就决定了，他说不改就不改了。严格地说，这是很不正常的现象，宪法和下面的基本法（民法是基本法）有矛盾，我们对法律太不严肃了。

司法公正最高的标准，是让每一个人都能感受到具体的正义

蒋保信：这几年来媒体报道了很多冤假错案，不知道您有没有关注？

江平：我很注意这个问题。司法公正最高的标准就是让每一个人都能够从法院的判决中感受到具体的正义。这句话里讲的是每一个人，而不是抽象的人民；讲的是具体的正义，而不是抽象的正义。抽象正义是容易实现的，但具体的正义很难。让人民满意相对容易，但让每个具体的人满意是很难的。所以，让每个具体的人感受到具体的正义，是很难的，也是很高的标准。

我昨天在分论坛上也讲到了这个问题，重庆搞过运动式的"打黑"，后来有的民警承认在执行职务时用了刑讯逼供的办法，而我们的法律是明确规定了，用刑讯逼供所获得的证据是不能作为正式的、可以运用的证据的。但是到现在为止，我们仍有不少侦查机构用刑讯逼供的办法来取证，这说明我们并没有因为过去的冤假错案而改变这种非法的做法。如果我们改变非法取证的做法，很多冤假错案是可以避免的，但这一点上并没有做到。

中国有那么多冤假错案，还有一个重要原因，就是不对批准案件的人追责，而只追究具体办案人员的责任。如果发生了冤案，批准案件的人怎

么能够不承担责任呢？我们过去很多真正审案的人都是根据上面的批准来办案的，而批准的人却并没有审案，所以很容易造成冤假错案。要改正这点困难重重，因为会涉及一大批层次比较高的人的责任，他们可能是政法委员会的，也可能是庭长、院长。

如果政府的行为违反了宪法，老百姓应当可以告政府

蒋保信：要推动依宪执政，肯定离不开行政诉讼的改革。您在20世纪80年代就参与了起草《行政诉讼法》，但是后来它一直没有实施下去，不知道难处在什么地方？

江平：现在行政诉讼面临的最大问题，是原来规定只能够对政府的具体行政行为提起诉讼，而不能对抽象的行政行为提起诉讼。后来最高法院的解释又有点放宽，如果具体行政行为涉及法规的问题，也可以提起诉讼。但这个问题还是没有得到根本解决，如果政府出现了抽象的行政行为违法怎么办？还是不能起诉它。比如说，一个地方政府规定了补偿标准是每平方米多少钱，这是具体行政行为还是抽象行政行为？当然是抽象行政行为，因为它适用于所有的人。但如果我对这个地方政府规定的赔偿标准不服，我可以打官司告政府吗？我要告到法院去，法院却不受理，因为这是政府的抽象行政行为。所以，在这种情况下，老百姓要维护自己的权利也没有诉讼的渠道。

对于抽象的行政行为，老百姓应不应当提起行政诉讼？我认为是应当的。在西方国家，这就涉及宪法诉讼了，如果政府的抽象行政行为违反了宪法的原则，如政府拆我的房子却不按市价来补偿我，我当然可以来告政府。所以，这里虽然说的是行政诉讼，但实际上会涉及宪法诉讼。如果没有宪法诉讼作保障，行政诉讼就容易落空，这是一个很关键的问题。

建立巡回法庭，有助于摆脱地方保护主义

蒋保信：对于最高法院将要设立巡回法庭的做法，您是赞同的。但是我

听到过一种完全相反的声音,就是认为这种做法是错误的。不知道您怎么看?

江平:我不知道认为这是错误的人是什么想法。你想想,现在又不是说把全国的法庭都变成巡回法庭,而是省高级法院跟下面层级的法院都不变,保持基本常态,除此之外我们在几大片区建立巡回法庭,这有什么不可以呢?如果A、B两个省之间有一个涉及几十亿元争议的诉讼案,要放在A省高级法院来审,那它可能就偏袒A省;如果放在B省的高级法院来审,那它又可能就偏袒B省。现在如果让巡回法庭来审理这个案件,有什么不公的地方呢?应该说,它能够摆脱地方保护主义。

所以,我不太理解为什么有人认为这样的做法完全错误。其实,像美国这样的联邦制国家也有巡回法院。

蒋保信:英美产生巡回法院的历史背景是当时交通不方便,现在已经没有这个问题。为什么有人说这是错误的呢?第一,这个巡回法庭不知道应该怎么定位。第二,能够到巡回法庭审理的案件其实少之又少。

江平:现在具体的一些规则还没有出来,我们还可以再看看。

"省以下人财物统管",利大于弊

蒋保信:我看您的一些文章,知道您对"省以下人财物统管"的改革是赞同的。但也有人跟您看法相反,认为这样做弊大于利,因为它可能会导致司法领域的中央集权。

江平:我认为是利大于弊。为什么这么讲?因为现在地方法院最大的威胁,就是党政人员的干预,或者是地方政法委员会的干预。如果省级以下法院的人财物都由省统管起来,那就可以解决省以下的政法委员会或者其他党政领导对地方法院的干预问题。我们现在地方法院的人财物都由地方来管,所以脱离不了它的干预。在这点上,我觉得如果切断了地方法院人财物跟地方政府的联系,就有助于建立一个不受地方政府干预的司法。我认为这是克服地方保护主义的一个重要手段。

昨天在分论坛上有人讲了，反对地方保护主义，不等于反对地方性。但我总觉得我们中国不是联邦制国家，在法院的问题上应该强调法治的统一性。所谓法治的统一性，就是必须有全国统一的标准，必须有全国统一的执法尺度，什么是有罪，什么是无罪，什么情况下应该承担民事责任，什么情况下不承担民事责任，对于这些东西都应该有一个全国统一标准，不能因地方而异。中国现在因地方差异而造成的判决不一样的现象太多了。

要做顶层设计，应适当修改宪法

蒋保信：有人认为如果没有顶层设计的话，司法改革可能是走不远的，您是否认同？现在中国的司改需要怎样的顶层设计？

江平：不能说我们现在没有顶层设计，从十八届三中全会到四中全会，可以说我们都有一个粗略性的顶层设计。

如果真正要在依法治国的理念下做一个顶层设计，那就是应该修改宪法，按照宪法的精神来规划司法制度、检察制度的改革。我们刚才讲到要建立巡回法庭，可能有的人会提出，我们宪法里面并没有这样的规定，这可能是一个很有力的指责。按道理来说，我们要建立巡回法庭，那么宪法也应该有个相应的改变。

真正的顶层设计，还应包括我们以后要不要建立行政法院。现在行政诉讼法修改的时候，我们讲的是暂时不设立行政法院。但如果今后要设立行政法院，就必须先有顶层设计，要在宪法里面规定在法院中还有一个独立的行政法院。

顶层设计是应该在宪法的规定下进行，所以它又涉及了宪法修改的问题。

最根本的问题，是对权力进行约束

蒋保信：十八届三中全会以后，治理这个术语开始兴起，有人担忧法治会沦为治理的技术而非真正意义上的法治，因为可能会缺少对治理者本身的规驯和约束。不知道您是否有这样的担忧呢？

江平：这个问题很有意思，现在可能有人会感觉到法治已经被当成是一种治理的技术了。当然，如果真正要实行法治，就离不开我们政治制度的改革了，对治理者本身也要有规驯和约束。你现在提了一个最根本的问题，实际上就是怎样对党和政府的权力进行约束的问题。

中国律师的政治地位没有得到应有的重视

蒋保信：能不能谈一下律师在法治社会建设中的作用呢？

江平：我常常讲，一个国家能不能实现民主，能不能实现依宪治国，律师是很重要的一个标志。一个国家的民主越发达，法治越发达，律师就越发达。反过来说，一个国家警察的权力过大，律师的权力就会缩小。所以，律师是法治社会的"晴雨表"，这是绝对的。

总的来说，中国律师的环境有很大的改变了，但是根本的问题仍然没有解决。律师这个职业在司法领域中的地位，还是很薄弱的。法院、检察院、律师是司法的三个要素，但现在中国律师的地位和其他二者的地位相差太多。这就表明了我们国家现在的法治状况还很不理想，律师的政治地位没有得到应有的重视。我想，应该把律师的地位提高，这是法治建设中很重要的一个环节。

中国的法治建设，是一步一步前进的

蒋保信：中国在1997年召开的十五大上，就提出了依法治国的方略，到今年又召开了以"依法治国"为主题的十八届四中全会。您怎么评价中国法治建设的历程？

江平：有前进也有倒退，总体来说是前进了一些。我常说，中国的法治经常是进两步，退一步，不是老在前进，也不是老在退步。周永康执掌政法委的后五年，中国的法治出现了大倒退，但现在等于说又前进了一步。

蒋保信：对于我们现在的司法和法治建设，有些人希望一次性解决根本性的问题，否则细枝末节上的改革是没有意义的。而有些人从现实的角度来考虑，希望一步一步向前。不知道您是怎么一个态度？

江平：我想任何问题都不可能一次性解决，在中国更是如此。举个例子，最近我看了一个记者招待会，有记者问周永康的问题怎么来解决。你知道谁来回答这个吗？你认为这个问题应该由谁来回答？

蒋保信：我不知道。

江平：这次是司法部副部长出面回答的，这在过去是从来没有过的，这就说明我们已经是进一步了。这次不是政法委员会的人出面，也不是最高法院的人来讲，也不是最高检察院的人来讲，也不是公安部来讲，而是由司法部的人来讲，这是世界上统一的规则，因为司法部主管整个司法工作。我们现在司法部管什么？管司法行政、管监狱，应该恢复司法部的形象了。法院只管审判，检察院只管检察，公安局只管侦查，司法部应该统管司法的，所以由司法部的人来回答是很合适的。

这次记者招待会，是一个很典型的例子，体现了我们在法治上的细微进步。这说明我们的法治建设，是一步一步前进的。

第三编　法律的运行与法律人的社会责任

八十年风雨人生与中国大立法时代*

> 在我思想里面的变化的一个主要的问题,就是一个民主、自由、人权的看法。

中国法学界泰斗、被称为"中国法学界良心"的江平先生于八十寿诞之际,推出了他的口述史《沉浮与枯荣:八十自述》。本书以江平的一生经历和中国的司法进程为主线,讲述了作为中国法治见证者和推动者的江平先生在其八十年人生中的坎坷经历,通过江平先生对不同历史时期亲身经历的回忆和中国法治的不断探索与思考,折射出波澜壮阔的新中国法治历程。本书字里行间体现出知识分子所具有的原则性、独立性、批判性,在2010年被多家媒体高票当选为"年度推荐"好书。2010年年末,网易读书特别邀请江平老先生做了一次两个多小时的深度专访。

江老先生这些年一直在为"中国法治"鼓与呼。老先生做的是严肃、有正义良知的事情,但并不妨碍他聊天时的幽默。

如何形成独立看待社会的方式? 两个阶段对我很重要

网易读书:江老师您好,孔子讲"三十而立""四十不惑",是说一个人在言行上,在"礼"的范畴上,人格有所立。从礼和德的角度有了完整的看待世界和解释世界的方式。您是不是可以谈谈,您从什么时候起,有了自己

---

* 本文由网易读书发表于2011年1月27日。

完整的看待世界和看待现实的方式?

江平:我想一个人能够形成自己独立地看待社会的方式,应该是逐渐地。对我来说,应该说是两个阶段起了很重要的作用。第一个阶段就是"文化大革命","文化大革命"时期对我形成的一个世界观也好,对世界认识也好,是一个非常大的冲击。我原来对党的看法在"文化大革命"时期就产生了很大的一个怀疑,这么一个无法无天的、破坏法制的运动,那么它的根源到底是什么? 我也因此对于毛泽东的做法产生了怀疑,对党打了问号。这是我第一次对事物的认识发生的变化。在改革开放的时候,在这个问题上有了很大的改变。

改革开放以后,邓小平同志提出来改革开放,这是完全符合历史的潮流的,所以应该说,自己对于中国的中兴这个理念还是有了很大的信心。但是到了20世纪80年代末,对我又有一个非常大的冲击。因为从这以后,我逐渐形成了比较有自己独立分析的一些想法。应该说我从那时候以后,或者近20年来,我逐渐有了一种不同的观点,或者甚至在社会发生变动的时候,我也敢于表达一些自己不同的看法。我想应该是这么来看的。

网易读书:在"文革"之前,您看待社会,看待国家,看待现实问题的时候,是基于什么样的角度来看?

江平:"文革"以前虽然我自己也说过,我对于划了"右派"有服的一面,又有不服的一面,但是总的来说应该说还是相信他。

网易读书:相信党?

江平:嗯,因为我们那个时代的青年是自觉地参加革命,也就是说,我们是在这种情况下,我本身又是留学苏联。留学苏联这些年都是党的培养,所以在我的脑子中,党的正确好像是没有什么可怀疑的。虽然有一些个别的问题,还是更多从自己不对的方面思考更多一些,但是"文化大革命"应该说是一个很大的改变。

网易读书:也就是说,在很长一段时间里,党的世界观、党的人生观您是很认同,很相信的。直到"文化大革命",您开始逐渐形成自己的一些看法,是这样吗?

江平:那就是"文化大革命"期间,从 1966 年开始"文化大革命"一直到 1976 年,这 10 年应该说是变化很大的一个时期。

网易读书:现在我们来看公共问题,或者是现实问题。对社会问题提供一个看法或者解释,现在主要有两种思维,一种是经济学思维,另一种是法学思维。刚才您讲了,您看待问题的方式或者提供自己独特意见的方式,主要是从法律的角度?

江平:也不仅仅是从法律方面,因为我学的虽然是法律,但是我所遇到的是社会的问题,也可以说观察社会的方法。应该说,我思想里面变化的一个主要的问题,就是民主、自由、人权的看法。应该说,看待社会问题能不能真正地从民主、自由和人权的角度去分析。

我们的教育核心问题就在于思想意识控制太严

网易读书:您一直从事育人教育,做了 50 年的教育工作。我想问问有关教育的一些问题。这么多年的教育经历,您能不能谈一谈不同时代的大学生的精神状态,就您的角度来看这其中的变化是怎样的?您是不是认为现在的大学生对公共事务的关注越来越疏远,因为他们面临着一个竞争环境更加恶劣的状况。

江平:总的来说,我倒觉得中国的教育制度也不能说它多失败。中国的教育制度在全世界角度来看应该还是有它成功的地方。但是我们的教育也确实存在很多问题,核心的问题就在于思想意识,意识形态的问题控制太严。或者我们说大学校长名义上叫做校长,但实际上在学校发挥的作用是远远不够的。我们没有实行校长负责制,校长只不过是党委的一个成员,如果说(校长)只是党委一个成员的话,党委如果是七个成员,那他只是七分之一票,而这七分之一票最后的一切决策都要由他来承担责任,这是不公平的。所以党委实际决策,但是党委不承担责任,而真正承担责任的校长又没有多大的权力,这是一个很大的弊端。

另外再看我们大学行政的色彩很重,或者说官僚的色彩很重。一切都要请示上级,甚至包括学校设立课程的自由都没有。您一个文科大学要上多少政治理论课,您要上多少文化课、外语课、体育课,这都是上面硬性规定的,所以在这种情况下,我怎么能够把学校办得有自己独立的色彩,或者说有自由研究的精神呢?这一点就很难做到。所以现在的教育是可以培养出一些人,但是不能培养出非常优秀的具有独立思考的这样一些知识分子,这是一个很大的遗憾。

网易读书:您觉得校长负责制是关键是吗?

江平:也不完全是关键。必须得有一个真正有独立地位,有自由意志的校长,这是最重要的。

网易读书:而且他还得是一个教育专家。

江平:当然应该是教育专家了。

网易读书:我看您的书里面回忆,在20世纪80年代末期的时候,曾经有一位上级领导问您是否能把党委领导下的校长负责制,改成校长负责制,但是这个事情后来为什么无疾而终了?

江平:在20世纪80年代期间,只有个别的学校实行了校长负责制,那时候我们(中国政法大学)还不是。

网易读书:哪些学校?

江平:北京大学有几个学校是吧。当时我们是属于司法部领导的,司法部一位副部长给我打电话,就问我您认为学校要是改变为校长负责制这个条件成熟没有?我认为可以。当时的趋势是在转向校长负责制,从党委领导下的校长负责制,转变为校长负责制,正是在这个时候出现了政治风波。之后,全国的高等学校马上一律改回到党委领导下的校长负责制,这个我就认为是有些不正常了。因为并不能够因为出现了一些政治风波的问题,我们就要实行党委领导下的校长负责制。我所知道的,我当时在苏联学习的时候,莫斯科大学就绝对是校长负责制,根本没有党委,党委只负责发展党员和教育党员的一些事情,它不能够干涉学校的政务。

苏联不论从企业到学校,甚至到军队都是一长制,军队就是司令员负责,没有政委。您也不能够说苏联在当时就不是社会主义国家呀。苏联和东欧所实行的一套应该说跟我们国家有很大的不同。中国的这一套党政系统存在的弊端还是很大的,这个弊端就是党政不分。而党政不分的核心就是党权干预到政权,这是个很危险的东西。

大学教授:学问、良知是否与物质的逐渐丰厚成正比?

网易读书:但是有一个问题,针对大学教育我还有一个问题,我们在20世纪80年代的时候如果实行校长负责制,或者教授治校的话,可能给教育带来更多清新的空气,带来更好的教育方式,但是现在如果改成校长负责制或者是教授治校的话,由于这么多年的发展,各个大学里面各个系科已经利益分割化,而且风气也很不好。所以我们现在有很多社会上把教授称之为"叫兽"。就是因为他们的道德也不怎么好,学问可能也达不到我们所期许的标准,现在如果改成这个教授治校或者校长负责制的话,会不会成为一种新的利益分配格局,而并不能解决现在高校更多的弊端?

江平:应该明确,校长负责制并不等于教授治校。我们现在讲的是从党委领导下的校长负责制变成校长负责制,这是一个治理学校的体系的问题。真正降到了教授治校又是另外(一回事)了,包括教授的权限很大,教授委员会可以推举校长,要照这样的话,那就是教授治校了。我认为,中国应当是逐渐向教授治校方向转变,至于您讲的这个问题嘛,应该说,社会风气不仅在学校存在,在社会上哪一个领域里面都有影响。比如说我们医疗部门,应该说医生也是受到了很多道德因素的腐蚀。

网易读书:是。

江平:红包,没有红包很难看好病,但这是不是能够说明一条,就是教授就不行了呢,或者医生本身都已经不能够胜任这个工作了呢?这又是另外的问题。我想医生应该说他的道德的一些水平和看病的能力还是有所区别,虽然会影响到,但是并不见得是一回事。也就是说,我是认为我们中国的教授总体来说在全世界看来,是属于中等偏上的。中国的教授的水平,包括我们文科的,我们的经济学的发展的水平,我们的法学发展的水平,还是有一定的解决问题的能力,并不是统统都是草包,应该正确来估计。

网易读书:您看您在书里面讲20世纪80年代,政法大学的年轻教师生活很艰苦,当时为了自己的权益联名给上面的领导写公开信,也包括一些大学生为了自己的权益,包括食堂伙食不好等,写大字报、搞抗议这样的活动。现在应该说政法系的老师生活还是比较优越了,像我所知道的一些名校,其实都有非常好的办公条件,一些老师的办公室甚至可以用奢华来形容,而且他们的年薪也很高。您认为在争取利益过渡到争取权利的这个认识上,这样一批政法系的老师,这一群体是否应该有更高的诉求?还是说他们只是争取自己的利益。

江平:这个话非常难说。我的意思是这么说,条件艰苦的时候也能够培养人才,条件优越的时候同样也可以培养出好人才。这个跟物质条件并不绝对成正比。我们来看西南联大,应该说当时的条件是很艰苦的,在昆明那个地方教授的生活也是很艰苦,但是我们可以看出有许多优秀的人才是在那个条件下产生的。

网易读书:是。

江平:当然这并不等于说只有艰苦条件才能培养出来人才,现在我条件好了,一个教授有一个办公室了,能够有一个很舒适的环境,电脑也很方便了,查资料也很迅速,您说他是能不能够培养出更多更优秀的人才呢?应该说是有条件能够创造更好的条件。我们不能说条件越好越不能够创造,那我们又回到了那种"苦行僧"的时代了。所以这些东西并不完全取决于条件的好坏,这里面很重要的一个是时代。如果在一个充满着竞争的一个时代,或者充满着理念的一个时代,在这种情况下应该说更容易培养出人才。一个是理念支持着你,一个是竞争支持着你,这两个东西很重要。

应该允许有"歌德派",但知识分子的底线是不要昧着良心说话

网易读书:刚才您说的是一个方面,另一方面就是这些学者自身,比如说他们那个时候生活太艰苦,因为他要为自己的权益斗争,要争取更多的权益,要住上合理的房子,或者要一个合理的薪水,因为他要养家糊口。现在生活这么优越了,那么一个是在学问上是否有更大的提升,另一个是否能在德行上能够保持良知,站在公众,站在人民的立场上为一些不平的事情从法律的角度进行解释,有更多的良知。但是这个是不是成正比,您怎么看?

江平:这个情况就比较复杂了。我是觉得,知识分子的公众良知还有一个因素,那就是这个社会在多大程度上能够鼓励或者允许你有一些批评的意见。

比如说在"反右"期间,我们政治运动充斥的这段时间,应该说这种情况就很难,知识分子即使想表达一些不同的意见,但是在高压政策下来,他也不敢这样去做。现在我们容忍度稍微高了一点,社会允许你有一定程度上的更多的自由的意见,但是也是有限度的,超出了一定的范围可能就要被逮捕,就可能被判刑。这个压力,周围的环境的压力大家应该看到。

我是很同情这一种人,他必须在他所能够做的范围内来做到自己的事情,如果超出了这个范围,他连命都没有了,你让他宁可牺牲也要为真理奋斗,这个要求太过高了。也许这样的要求只能对极少数人实现,对大多数人来说,这是不能这样去要求的。就像列宁也曾经举过这样的例子,面对着强盗,你到底是跟他去斗争还是干脆把钱给他呢?他主张还是把钱给他,因为你为了保命是最重要的。但是你保命了之后,我还可以再把凶手抓出来嘛。所以我觉得人在这种环境的情况下,至少不要昧良心说话,这是个最重要的原则。

网易读书:对,问题就在于此。

江平:我宁可不说话,但是我不能说假话,我不能再为那些错误的东西

捧场,这是最关键的。

网易读书:您刚才说的很对,最起码不要"昧良心",但是问题恰恰正在于此,我们知道有些教授、政法系的教授拿着很高的年薪,用着很好的办公室,住着豪华的大房子。他会说,中国是全世界他所到的国家当中,民主化最高的国家。

江平:呵呵。

网易读书:这个我想您也有所耳闻,您怎么看待这个问题。

江平:任何国家都有不同的意见,这是应该看到的。我们不能要求舆论都一致,不同的国家里面,不同的声音既应该允许您民主自由的思想,也应该允许人家来拥护现政权的吧,或者我们叫作歌德派。歌德派人家也是出自真心,所以我这个人是始终赞成各种不同的意见都应该允许。但是对于歌德派也应该有所分析,我觉得歌德派是有两种,一种是他歌功颂德,是出自真心的思想,这出自真心思想的歌德派,我们应该尊重人家,因为他认为很好,他认为完全可以。但是如果他是一种想趋炎附势……

网易读书:投机。

江平:想趁机往上爬,或者更恶劣的他想把别人打倒,他自己能够爬上去,这种歌德派我是最反对的,因为他动机不纯。

反思"文革"的角度和视野:人性有弱点,警惕恶毒的人性

网易读书:您书里面提到一些历史的问题,就是您刚刚提到的,尤其是您在书里面提到的"文革",您希望法学界对亲历"文革"的一些法学学者需要出来忏悔,但是像巴金老人那样以人道主义的角度的忏悔已经有了,您所期待的法学界的忏悔应该是什么样的,应该有什么样的深度?

江平:总的说来,法学界在这里面并不是一个太恶劣的。我说这话的意思就是因为法学界是被批判、被打倒的对象,它并不是很多人在这里面充当了一个造反派,或者既得利益者,或者他去造别人反的这样一个地位。

但是法学界应该说在整个的我们的历史过程中,值得反思的事情是很多的。

拿"反右"来说,我们有很多批判的,我们当时批判的一些名人,很多人都参与其中,我们有些人也是声嘶力竭地在批判这些人,这些人要不要反思呢?当然有一个反思的问题,所以我觉得这个反思是从更大的范围来讲,或者说应是我们历次运动中的反思,不仅仅是"文化大革命",这样的话应该能够起到更深的作用。至于反思的角度和视野我倒觉得我们还是着重于有没有说过一些违反自己的良心的话,说了一些不实之词,或者尤其是说了一些明显是错误的,或者是不符合道德原则的这样一些不实之词。因为在当时批判的环境,你要求人人都不发言不可能,因为在这种压力下任何人都要说话,有的人不疼不痒的,随便说了几句那没有什么。但是如果你是作为一个揭发者,故意捏造了一些事实来诬陷一些身处困境的教授、院长,那这个良心上就应该有折磨,我是比较提倡应该更自愿的,更主动地检查自己的一些错误,更好。我们不搞那种运动式的过去……

网易读书: 再发动大家一起来忏悔,来反思。您自己怎么看"文革"期间还有包括"反右"期间为什么导致一切人对一切人的背叛,包括您自己也遭遇了背叛?您在书中提到了知识分子的软弱性,难道是这个问题吗?是否能请您谈谈更多的原因?

江平: 如果从我个人的经历来说,我觉得人性的弱点这是普遍存在的,人性的弱点在我的身上也表现得很充分,所以对于人性的弱点,我还觉得是应当原谅的,我也不太计较这些问题。但是对于人性中的恶毒的一面,我觉得要特别提高警惕。因为经过我们几十年的阶级斗争的社会,我们会看到有些人人性的恶毒的一面,那就是等人家落井以后我又扔了一块石头,落井下石这种东西是很恶毒的行为。所以区别这两种,一种是恶毒的人性,一种是缺陷的人性,我们应该有容忍的一面,哪些东西我们是应当(容忍的)。

我觉得陈凯歌现在写的《赵氏孤儿》就是有一种思想,这种思想里面就是不能够以怨来报怨，也就是我不能够因为过去，因为恶人把我的祖先给杀掉了，所以我就要强调更多的复仇的观念。我觉得这个总的思想还是可以的，不应该有太多复仇的思想。但是如果对于恶毒的人性我们没有复仇的这一面，这也很可怕。因为恶毒的人性如果你不把它扑灭的话，它还会蔓延得很快，这个是很危险的。

网易读书：现在有两个问题，一个是您自己是怎么看的，为什么"反右"和"文革"能动员起人性当中更大的恶的呈现？另外一个问题是您现在怎么看待"文革"给我们留下来的遗产？

江平：因为我本人在"文革"中并没有受到太多的迫害，所以在这些方面我并不是感受很深，有的人"文革"期间家破人亡，甚至自己也遭受了非常大的心理或者生理上的创伤，他们的这种感受可能更多一点。我还是就是刚才这句话，我们要区别，人性总是有弱点的。如果人性的弱点我就以怨报怨，那是很可怕的，所以能够原谅的地方是应该不去计较，但是对于恶毒的人性还是应该警惕的。

为什么说毛泽东解决修正主义、腐败问题的思路是空想

网易读书：您书里面也讲过毛泽东对于法律的一些看法，我想问的是，您怎么看待毛泽东防止党内出资本主义、修正主义的理想，因为现在这个腐败问题在某种程度上正是毛泽东想极力防范的，毛泽东当时对法律的约束力是不以为然的，包括砍掉《民法》中的《继承法》，毛泽东是希望怎么解决问题？

江平：毛泽东的想法当然是好的，但是毛泽东的做法是空想的。我们仅仅拿腐败为例来说，别去讲那个修正主义了，就是说如果要防止中国官员的腐败的话，那么我觉得最大的问题是不能够从内部去解决，为什么说不能从内部解决？因为我们过去常常有这句话，好像党内的问题都可以通过内部解决，党内的问题完全可以通过共产党自己内部的整风、批评和自我批评来解决，这个现在看起来是错误的。

网易读书：但是这是毛泽东的想法，他是希望通过整风，包括这个来解决，是吧？

江平：哎，我认为这些东西是不现实的。因为仍然是一个制度的问题，如果我们现在没有一个解决党所存在的腐败现象的制度的话，那是不行的，而制度，我觉得最根本的在于党外的监督。舆论、新闻媒介的作用是极其重要的，我始终觉得我们依靠人民检举的制度消除腐败现象，还不如我们更多地利用新闻媒体的作用来曝光，新闻媒体的曝光作用更能够发挥它的"杀伤力"。

大立法时代：为什么新中国成立 60 多年还没有一部民法典

网易读书：所以还是请您谈谈您这个书里面另外一个最核心的东西，就是"大立法时代"，能否可以请您谈一谈您参与的三次民法法典的起草筹备，谈一谈您为什么觉得法治比法制更重要？

江平：因为我们讲的法制就是一个制度。

网易读书：要不您先谈一谈您参与的这三次民法典的筹备？

江平：三次民法典到现在也没制定出来，我们还只是从个别一些法律规定这样一些民法的制度。

网易读书：您可以谈谈这三次民法典为什么没有制定出来的不同的原因吗？谈谈您的亲历，然后再谈为什么觉得法治比法制更重要呢？

江平：三次民法典没有制定，应该说有不同的原因。第一次是由于我们 1956 年、1957 年搞了"反右"斗争了，停止下来了；1962 年的时候是因为后来又搞了"文化大革命"了；1982 年的这次是因为我们改革开放了，没法继续制定一部法典了。我想这里面很大一个问题还是人的因素。

从一个国家正常的发展来说，新中国成立 60 多年还没有一部法典，这是个笑话。拿苏联来说，1917 年革命，1923 年就制定了《俄罗斯民法典》，也就是在五六年时间就制定了。我们之所以没有制定民法典，关键就在于领导人的思想，这个思想就是人治的思想。因为 1958 年的时候毛泽东曾经说过一句话,我们国家现在基本上还是靠人治,不是靠法治。我们是靠开会,靠党的政策来确定怎么来做。法典那么多条谁能记得住?他自己都讲《宪法》他也没记住几条,所以我们不需要那么多法律,我觉得这最根本的是人治跟法治的问题。

因为当初还没有建立起法制,等我们有了制度之后,我们可以再说光有法制不够,必须用法治。现在我们制度还刚刚确立,所以现在还是人治和法治的问题。

人治 vs 法治:为什么法治比法制更重要

网易读书:其实中央这些年经常呼吁要法制,中国要实行法治社会,应该说中央至少从语言表达上是蛮重视这个东西的。

江平:是,因为在法律制度逐渐健全了之后,我们就会出现一个问题,会出现善法和恶法的问题了,也就是说我们现在已经制定的一些制度是不是都是好的?人们就要问了,比如说我们现在的《集会游行示威法》,是不是一部善法?甚至有些经济方面的法律我们也会问,如果它阻碍了经济的发展,那它是善法还是恶法?或者我们也可以问一部法律里面如果有些条文是已经落后于时代了,那么这个条文是善的条文还是恶的条文呢?这些问题人们都会来问。

更进一步就会来问,如果是有恶法,或者恶的条文,那么法院怎么对待?法院是按照恶法来判还是按照善法来判?这就会形成一个很大的矛盾。所以我是认为我们国家现在也已经有了善法和恶法之分了。

网易读书:比方呢?

江平:因为你既然讲的是制度,那么制度也可能有好有坏。

网易读书:对。

江平:也许那个制度是限制人们的权利的,那么他的问题怎么办?在这个问题上,我觉得很大的一个问题还是要强调法治,治理的治。

网易读书：最后问一个问题。我之前跟几位教授聊天，包括现在的基层县政改革，还有一些农村问题。一些学者认为中国要改革，下一步改革就应该做到真正的审判权独立，在中国当下会面临哪些困境？

江平：审判权独立应该说不是现在提出来的，1954年《宪法》就已经有了，法院审判独立，独立行使审判权。我想审判权独立是司法公正的前提。如果您要让法院能够判得正确，首先要审判权独立。无论是党无论是行政，谁都不能够干预司法权。所以我觉得要做到司法公正，前提至少一个，就是审判权独立。

解密中国立法内幕*

> 任何专家起草的文件跟最后通过的时候,都有很大的差别。这是因为对专家来说,起草的稿件是理想主义的。

1990年卸任中国政法大学校长之后,江平主持和参与制定了多部法律:主持起草《信托法》,专家稿包括公权、私权两部分,但最终确定公布的《信托法》,公权部分给删掉了;主持起草《合同法》,小组组长的任命"就是领导一句话";《物权法》,因为所有权争议"一波三折"……他留意到,《行政诉讼法》出台时高层倒无障碍,只是多年后可以"民告官"的百姓依然不敢。

年过八旬了,这位参与制定过《民法通则》的老先生,"法治天下"何时梦圆?

"《信托法》专家稿被删改没说法"

搜狐文化:您参与过多项立法工作。1990年从中国政法大学校长的位置卸任后,您主持制定的第一部法律是哪部?

江平:卸任以后,第一部法律应该说是《信托法》。我是七届人大常委,八届人大我就不是常委了,但是八届人大,乔石是委员长,乔石主张专门委员会来立法,跟后来吴邦国不一样,吴邦国主张专门委员会更多的是监督

---

* 本文由搜狐文化发表于2014年10月30日。

法律的执行。

当时,作为八届人大委员长的乔石,领导的财经委员会要制定10部法律,这规模很大。当时董辅礽教授负责《破产法》,厉以宁教授负责《证券法》。《信托法》很多人不太了解,当时我们国家在信托制度上启动的经验也不多,更多的是借鉴国外的,因为他知道我带的博士生周晓明就是专门研究《信托法》的,就让我来主持《信托法》起草。

《信托法》的起草怎么样进行呢?当时请的一个日本专家叫中野正俊,他是日本信托法的教授。财经委员会与他交谈了《信托法》的问题。因为日本是信托法起草比较早的国家,它在1922年就搞了《信托法》。在英美法的国家里面,《信托法》最早在英国、美国,但日本是属于大陆法国家,大陆法国家几乎没有信托制度,而日本是大陆法国家最早引进信托制度的,所以请了中野先生。

中野先生那天正好从十三陵回来,他就兴致勃勃地说,这个十三陵为什么不可以搞公益信托?如果搞,参观的人肯定会比现在多,社会效益肯定也会比现在好。当时我也产生一个想法,我想如果徐悲鸿纪念馆能信托给中央美术学院,那它的社会效益肯定会好多了。这也是一个很好的思想,就是有些事业可以由一些民间机构来搞信托。

事情就是这样开始的。中野先生知道我们要搞《信托法》,专门安排了日本的一个信托银行,邀请我和周晓明到那去考察,我们在日本考察了半个月。这笔钱是由日本一家信托银行出的,包干给我们用,但是呢,给安排住的宾馆花费很高。那会儿,中国教授收入还很低,于是我们离开了对方安排的宾馆,住到了朋友家里。

搜狐文化:这是哪一年?

江平:1994年。

搜狐文化:当时《信托法》的必要性在哪里?

江平:担任《信托法》起草小组组长后,我参加过多次有关信托实务状况的座谈会,对中国的信托业状况有了一些深入的了解。自从1979年第一家信托机构——中国国际信托投资公司成立以来,到1986年,通过各种渠道设立的信托机构就达数百家之多。到1993年后我们开始起草《信托法》的时候,国内各地信托投资公司纷纷成立,粗略统计也有四五百家之多。

而此前的信托法规不光调节范围过于狭窄,只适用于营业信托,一般的民事信托,则未被纳入其调整之中,而且其内容几乎都集中于对信托业的纵向行政管理上。

搜狐文化:在日本,主要考察什么?

江平:了解了日本的信托业情况,信托的几个制度到底怎么执行的。那时候台湾地区也正好搞信托法,台湾地区有个考察团,是台湾地区当时法制局的局长叶赛英,一个女的,她带了一个人在那考察,当时我们没什么接触,但知道了大陆和台湾地区几乎同时代有信托。

但是,后来《信托法》也留下了很多的遗憾。原来起草的《信托法》里面既包括了信托的法律制度,也包含了信托业设立的情况,但是后来一分为二了,《信托法》和《信托业法》分开了。

搜狐文化:对个人信托没有写进《信托法》,你也很惋惜?

江平:是。我们现在的信托,实际上都是商业信托。所谓商业信托都是有信托公司在那搞的,个人信托实际上是民事信托了,民事信托我们没有实际操作经验。可以说,这是一个遗憾吧。

信托的税收问题始终没解决。台湾地区"信托法"通过了以后,非常重要的是马上通过了七部有关信托的税收法律,我们没能这样。所以,这个问题也是一个没有解决的很大的空白。当然,里面信托业的一个根本的问题,就是在英美国家,信托财产等于是受托人的,我交给了信托机构管理这财产是受托人的,我们现在写得很含糊,从交付信托财产时,这个什么是交付信托财产呢,是不是财产转移了? 留下了一个很模糊的空间。

搜狐文化:为什么会是这样一个结果?

江平:很重要的一个原因就是,在中国的信托有许多是取决于监督管理机构它的意见,比如说监督管理机构现在是银监会来管信托,它的态度就很重要。还有一个原因就是法院。法院在执行这个问题时候,法院持什么态度也是很关键。这两个问题到现在来说还是有不同的理解。所以,这个模糊的空间到现在还存在一些问题。

搜狐文化:当时制定《信托法》时,领导的小组大概有多少人?

江平:制定《信托法》时,当时领导小组有一些人,具体的工作小组人就不多了。当时就是周晓明和我的一些博士生,还有王连洲,王连洲是当时财经委员会的办公室主任,他们三四个人作为工作小组。

搜狐文化:工作小组,有专门的办公地点吗?

江平:有,就在财经委,因为我们的费用也是财经委员会,项目也是财经委员会组织的,具体人员也包括财经委员会的工作人员。所以,王连洲是跟我们关系最密切的。

搜狐文化:从1994年日本考察到回来,《信托法》初稿完成到最后通过,历时多久?

江平:两年左右就完成了。完成之后,把专家的起草稿交给了财经委员会,我们就算任务完成了。交之前,我还请了谢怀栻和魏家驹两位专家把关。

搜狐文化:后来通过的稿子,跟起草的专家稿有没有差距?

江平:当然,差别还不少。专家稿包括了公权和私权两部分。但是,最终确定公布的《信托法》,把公权部分都删掉了。两部分就剩下一部分了,本来我们这个《信托法》既包括了信托财产关系,也包括了信托公司信托业怎么成立,现在把那部分都删掉了,只剩下一个财产法了,就是信托从法律关系来说这部分的法案。

从财产关系来说,应该说变化不算太大,因为它是纯法律的制度。但是,刚才讲了到底信托财产从什么时候算转移,这个问题上是一个最大的分歧点。

搜狐文化：这种删改，作为亲历者有何感受？

江平：立法工作向来都是这样的，有遗憾，又不遗憾。所谓"不遗憾"，《信托法》从无到有，这就不简单。现在对信托专门立法了，而且基本的法律关系规定得很清楚，一个信托关系里面谁是委托人，谁是受托人，财产关系怎么来定，这个基本法律有了。所谓"遗憾"，任何专家起草的文件跟最后通过的时候，都有很大的差别。这是因为对专家来说，起草的稿件是理想主义的。我是按照法理正统来解决法律上应该怎么规定它的关系，但是中国的事情也不能够完全都按照这个法理来推断，所以有的事情一到时间就发生重大变化，这也是可以理解的。

搜狐文化：当时做这样的改动，他们给你的理由是什么？

江平：中国的立法很大的一个问题就是没有公开性，这是一个很大的缺陷。立法过程本来是一个很公开的事情，但是立法的过程常常没有透明度。

这个没有透明度不仅在当时没有透明度，在法律通过了之后也没有一个像西方国家那样的法律报告书，比如，我通过了《信托法》，我要写《信托法》的一个报告书，这个报告书里面有说明当初在几次开会讨论的时候，有哪些单位来参加，哪些单位谁来参加，他们的意见都是什么，没有。法律委员会讨论了《信托法》，法律委员会审查的时候有哪些意见，谁是什么观点，也没有。所以，这是一个很大的缺陷，不知道在这个法律通过过程中，哪些单位对这个法有什么建议的意见，修改的意见，没有，这是个很大的缺陷，它的透明度不够。

搜狐文化：就删除的那部分，财经委最后有没有给你说法？

江平：没有。

"领导一句话，成了起草小组组长"

搜狐文化：除《信托法》之外，你当时还是《合同法》专家起草小组组长？

江平：是《合同法》专家起草小组组长，怎么说呢？这必须要提王汉斌。

王汉斌原来一直在全国人大负责起草法律的,长期担任法律委员会的主任,他退休前找了王家福,找了我……一共找了七八位专家,就谈到这个问题。他说到1984年,大家正在进行民法典起草工作,彭真意见是不搞民法典,搞单行法,当时号称"由批发转为零售"。1986年就制定了《民法通则》。

到了1997年、1998年,王汉斌要退休了,他心中最牵挂的就是民法典还要搞,还要成立一个小组来负责起草民法典。他当时是全国人大副委员长,又是负责这项工作的,他说的话当然是有力度的,所以我们就成立了这么一个组,名字也是由他起的,就叫民事立法研究小组,挂靠在人大法工委民法室。

可是,我这个小组算有正式任命没有?可是这个组以后算什么啊?像我,《合同法》《物权法》制定都参加了,再后来就没人找我了,我算不算这组长,我也不知道,人家找我我就算,找我来主持当然我算一个负责人了。这些问题,都是立法不完善的表现。

搜狐文化:《合同法》起草,具体是怎样一个过程?

江平:《合同法》,当时我们决定分头来搞,因为《合同法》比较好分开,合同拟定,合同履行……具体的合同,如买卖合同、租赁合同等。我们当时召集了14家单位,全国著名的法律院校和最高法院,还有北京市高级法院的代表在一起开了一个会,把合同法"分拆"成十几部分,各领各的作业回家。分好工了,限期在半年之内拿出稿子来。

搜狐文化:时间是哪一年?

江平:在1998年前后开始。

搜狐文化:完成《信托法》起草以后?

江平:对,在那之后。这一起草阶段的工作进行得很快,不到半年,各个院校就完成了自己的任务。各院校起草的条文汇总之后,我请了梁慧星和王利明来负责统稿。两人对这些很熟悉。修改时候,大家讨论了几次,最

搜狐文化：起草小组内部有无争论？

江平：起草小组争论最多的是合同法总则，如合同的订立、履行，要约与承诺等。在与行政部门研讨时，来自科技部的意见最多。科技部的日常工作与技术合同的关系很密切。我们认为，技术合同三大内容，技术咨询、服务、转让，是性质不同的三类合同，不应该放在同一名目的合同里，但科技部坚持，最后双方都作了妥协。在现在的合同法里，技术合同占据了大部分内容，这就是当时妥协的结果。

搜狐文化：专家稿和定稿相比，删改大吗？

江平：应该说删改并不是很大。因为《合同法》也是比较成熟的。早在1981年、1985年和1987年，我国相继颁布了《经济合同法》《涉外经济合同法》和《技术合同法》。现在按照市场经济把它变成了一个统一的《合同法》。

另外，我们还有一个很重要的参考，就是国际上有一个《商事合同通则》，这是国际商法学会草拟的一个稿子。所以，应该说按照现代合同的法律模式来制定一部统一的《合同法》，基本原则上没有太大的争议。

搜狐文化：但还是有争议？如果有，主要集中在哪？

江平：当然。《合同法》提交了全国人大之后，李鹏同志召集会议，我也参加了。对于要不要规定情势变更原则，产生了很大争论，原来草案里面有，订立合同以后如果情况发生变化了，可以改变合同。

当时，在农村刮起了"红眼风"，村委会把一些荒山荒地发包给村民，承包的农民经过几年吭哧吭哧的劳作，花了很大力量把荒地变成了粮田，开垦种植，有了收益。有些村干部开始眼红，就打算把发包出去的土地再收回来。有人担心，"情势变更原则"一旦被纳入合同法，就有可能成为村干部撕毁承包合同的借口，不利于保护农民的利益。后来，我们提交的《合同法》草案中，"情势变更原则"被删除。

但是,《合同法》1999年通过了以后,最高法院觉得没有情势变更原则是不合适的,所以在司法解释里面又加了进去。

搜狐文化:《合同法》比较让你满意?

江平:总的来说,《合同法》的制定我比较满意。

搜狐文化:比《信托法》满意?

江平:这也难说,一个是《信托法》模糊也有模糊的好处,这两部法律大的问题并不存在,在细节方面是有一些问题。

"《物权法》一波三折"

搜狐文化:说说《物权法》的制定。

江平:《物权法》,严格说来也是我们民事立法研究小组来主持的。那是2000~2001年。由于考虑到《物权法》的体系不太适于分散来制定,所以,我们负责的起草小组就委托社科院梁慧星教授来起草,他很快拿出来一个《物权法》的草案。

梁慧星的草案拿出来之后讨论,大家觉得太理想化。比如说,他不赞成把土地按国家所有、集体所有来划分,可是宪法明确讲了,土地是集体所有和国家所有。所以,起草小组又让人民大学的王利明又起草了一部,他起草的就是土地分为国家所有和集体所有。

这样来划分,是两个很大的不同点。最后通过的《物权法》接纳了王利明的观点,可是,按王利明这个观点,又跟我们民法体系不相容,因为我们民法中的主体没有集体概念,就是自然人、法人,国家还是作为特殊的主体,法律上都没有讲,《民法通则》也没有讲国家是主体。所以,这个问题就是中国现实最大的矛盾。就是《物权法》跟宪法相一致,这个主体是和《民法通则》主体相矛盾的。

搜狐文化:你当时持什么意见?

江平:我当然赞成。你不按照宪法,根本通过不了,你到时候一讨论,土地属于谁的都不知道,这个问题也是个麻烦。

搜狐文化:2005年7月10日,《物权法》草案全文公布,向社会公开征集意见。

江平:到2005年8月10日结束征集意见时,《物权法》草案共征集到11543条意见。最让人感动的是,意见中有一封盲文信件,厚厚三页纸都是一针一针扎出来的。

搜狐文化:《物权法》涉及国有财产和私有财产的地位问题。8月12日,北大教授巩献田发布了公开信《一部背离宪法和社会主义基本原则的〈物权法〉草案》,认为《物权法》有四个背离,全国人大法制工作委员会主任胡康生还亲自上门跟他探讨这个问题。

江平:我从一开始就不赞成巩献田的观点。因为我们讲的是市场经济,市场经济下面任何主体都是平等的,你不能说你是国有企业、国家财产,所以我就要特别保护你。但是,最后实际上也把巩献田的意见采纳了,就是在《物权法》里面写了,从宪法角度来看公有制是基础,但是从市场角度来看国家和私人财产是平等的,这就是一个矛盾了。

搜狐文化:如何看待《物权法》最终采纳巩献田的部分意见?

江平:政治的概念和法律的概念是不一样的,不能够拿政治的概念来代替法律概念,宪法是政治概念,民法不是政治概念,是法律概念,这个问题从宪法当初就已经是这样了,所以你很难办了。

搜狐文化:《物权法》起草到通过前后历时八年多。

江平:经过了八次审议。最后,在2007年3月举行的十届全国人大五次会议表决《物权法》,大屏幕显示的结果是:赞成2799票,反对52票,弃权37票。

早在2006年2月25日,我就在中国民法学会主办的"物权法与中国和谐社会建设"研讨会上公开宣称,《物权法》草案完全符合宪法精神和改革开放精神,一味地加入刑法和行政法中保护国有资产的条文,变成国有资产的保护法,是违背现代法治精神的。但是很遗憾,这一年《物权法》未能进入议程。

搜狐文化:关于《物权法》,争论关键就是所有权,私人财产和国有财产的地位问题。

江平:是。其他争论也有,但不是太关键了。

"行诉法出台,在高层没有障碍"

搜狐文化:此后,你还参与了《国家赔偿法》《公司法》《证券法》《票据法》《合伙企业法》《独资企业法》等的制定工作,并主持制定了《行政诉讼法》的起草。《行政诉讼法》出来时比较轰动,都说民可以告官了,能否谈谈它的制定过程。

江平:详细的过程是这样,当初首先考虑制定什么法。因为行政立法研究小组要对行政立法总的框架来考虑,按照当时陶希晋陶老的意见,是要制定一部实体法,就像《民法通则》一样,用行政法大纲,把行政法的实体法规定起来。就让我们起草行政法大纲,大家研究一下觉得世界各国有行政法大纲的比较少,所以很多人提出来用诉讼法来推动实体法这个思想。这个思想从哪来呢?就是从民法来的。因为民法是先有的《民事诉讼法》,用《民事诉讼法》打官司,实体法在哪呢,没有实体法怎么打官司?后来就推动了民事实体法的发展。所以在这种情况下,以诉讼法来推动实体法,成为我们在行政法方面的立法主导思想。

情况向陶希晋汇报后,他同意,说就用这个路子。我们又向王汉斌请示,王汉斌是管立法的,他也同意,他说那就先出诉讼法。我们又借鉴世界各国的经验,到德国看到德国的行政诉讼法很发达。

搜狐文化:你专门去德国考察过?

江平:我在1984年去的,当时正好在访问德国,这时候对这个问题很感兴趣。当时也了解德国民告官的胜诉率30%左右,觉得还是很好的制度,推动保护老百姓的利益,还是比较受认可。

后来我就没太多参加了,我们知道后来规定了行政诉讼一个很大特点:只能够对具体行政行为提起诉讼,而不能对抽象的行政行为提起诉讼。这个问题一直有争论,因为我们现在的法院应该说对于法律和行政法规都不能够变动,甚至规章也是,规章严格说不是法院判决的依据,可以考虑、尊重。

但是对一个县政府的决定,法院能不能撤销?现在看是不行了。法院顶多可以认为县政府的决议违反法律,但是它无权撤销。但是话说回来了,将来法院对于县政府作出了违反法律的那些规定,能否作出撤销?应该是可以的,因为它终究是一个县级政府,但是我们现在还没有这个,这个问题最后很大的一个问题,取决于中国有没有宪法法院。外国都有宪法法院,你想撤销县政府的决议,你告到宪法法院,宪法法院完全有权力决定取消县政府的决定,撤销它的决定,宣布县政府的决定是违法的,完全有权。所以我们现在法律体系很欠缺的一个是没有宪法法院,当然这个问题在监督法里面当初也讨论了,考虑到中国好像条件还不够成熟。

搜狐文化:《行政诉讼法》出台的时候在高层有没有障碍?

江平:我觉得没有太大障碍,因为我记得《行政诉讼法》是在1989年3月通过的。当时全国人大通过的时候,全体会议上很明显地分成了两派,一派是主张通过,一派是反对通过。反对通过的基本上都是政府官员,认为民告官太厉害了,但是从老百姓来看,无论学者、老百姓、还是民间的代表,都主张通过,大势所趋。

搜狐文化:《行政诉讼法》前后大概花了多长时间,到1989年3月通过。

江平:非常快,它是一个障碍比较小的法律,我想想看,1984年、1985年差不多成立了行政立法研究组,1989年就通过了。

搜狐文化:《行政诉讼法》通过到现在,有没有相关统计说民告官的胜诉率是多少?

江平:这个当时有过一些考虑,所谓的胜诉率包括两个,一个是民告官以后法院判决老百姓胜诉。第二个可能性是老百姓向法院提起诉讼了之后,这个政府一看是理亏了自动撤销了,这两个都应该算老百姓胜诉率。当初决定,认为真正做到法院判决老百姓胜诉可能比例少一点,因为法院,对于判决政府败诉还有一些顾虑,但是这个可以推动后者。第二个,那就是告了之后政府感觉自己理亏了,自己主动撤销了,所以看起来最后也就是这样,这两个加起来总的在中国也有将近30%,而比重更大的就是后一个。

搜狐文化:《行政诉讼法》出台之后,听到过关于法律的什么反映没有?

江平:两方面反映:有认为《行政诉讼法》做得还太快了,过急了。这种反映还相对少一些,更多听到的是说,实际上打行政诉讼官司的还是很少。很简单,老百姓还是不敢告,不是不能告,他是不敢告,因为他告了以后即使胜诉了,他也有小鞋穿,尤其有些案件,比如说公安局判了我劳动教养的,我去告公安局,那你也太胆大了,最后即使胜诉了你也够呛,除非你以后不在这个管区了,要不然你怎么办呢?你告了公安局胜诉了,所以现在行政诉讼的心理障碍还是很大,也就是它没有真正做到民和官是平等的,它觉得民还是在官的管辖下,在这种情况下我告官风险太大。

搜狐文化:中国也习惯了人治。

江平:是啊。

搜狐文化:死刑存废,民间讨论颇多。有人认为死刑是穷人的刑罚,你怎么看?

江平:我们的死刑率太高了。死刑,我们应该减少。

搜狐文化:还是应该存在,只不过应该减少?

江平:当然还是应该存在,中国现在一时废除死刑是不可能的,因为长期以来中国就没有废除死刑,应该逐步废除。比如说我对经济犯罪判死刑,就持怀疑态度。

立法与执法的脱节*

> 国家应该采取的态度是,市场主体能够决定的尽量由自己去决定;市场主体不能决定的,由社会公益公共组织决定;市场公共组织还不能决定的时候,最后国家再来干预。

江平是中国法学界真正的泰斗。他年少才盛,被著名法学家钱端升誉为"政法二才子之一"。年轻时曾经远赴莫斯科大学学习法律,与前苏共总书记戈尔巴乔夫共事过一段时间。回国后,适逢动乱年代,被打成"右派",从此经历22年磨难。然而,民主、法治、自由的理想在他的心中从未被动摇,支撑了他度过漫长而艰难的岁月。动乱年代,江平的心态正如他的诗词所表现出的豁达与乐观:信是明年春自来。

改革开放之后,他为中国的法治建设披肝沥胆,为中国的法学教育呕心沥血。他参加了《民法通则》《公司法》《合伙企业法》的制订,并直接担任《信托法》《合同法》起草小组组长,以及《物权法》和《民法典》草案专家小组的负责人之一。

他著书立说,牵引后辈学人,宽厚仁恕,尽显大师风采。多年来,他从法律的角度关注中国经济的改革,竭力呼吁建立对私权保护的法律机制。

江平如何看中国的法律与经济体制现状?他为中国未来的改革作出了什么建言?搜狐财经就此专门采访江平讲授,请他为我们解读法治、自

---

* 本文由搜狐财经发表于2013年3月6日,采编记者:李松。

由的"中国梦"。

政府不该管的地方伸手太长

搜狐财经：多年以来，您一直为实现法治社会奔走呼吁，而在更多人的理解上，发展市场经济才是当务之急。您怎么理解法治建设与市场经济之间的关系？

江平：市场经济就是法治经济，这样说是不为过的。吴敬琏教授也是这样的看法，市场经济就是法治经济。为什么说市场经济是法治经济？可以从许多方面来分析。比如说我们说市场本身涉及市场自由和市场秩序两个方面，这两个方面从国家干预角度来看，应该是有所不同。市场自由方面，国家应该尽量少干预，也就是给市场的主体以充分的自由，或者说充分的权利。这一部分按我们法律来说，叫意思自治的领域，由当事人自己来决定。当然也不是说国家完全不加以干预，而是像我们常说的那样：国家应该采取的态度是，市场主体能够决定的尽量由自己去决定；市场主体不能决定的，由社会公益公共组织决定；市场公共组织还不能决定的时候，最后国家再来干预。在这个意义上，国家干预放在最后位的。

但是我们市场又有另外一个方面，就是市场的秩序。因为如果市场是没有秩序的、混乱的，那是不可设想的。所以从这个意义上来说，国家的干预是放在第一位的。而我们长期以来在这两个方面的关系上有些不协调。也就是属于市场资源分配方面，国家干预过多了。尤其是地方政府，总觉得土地啊、资源啊，就应该国家来掌握，所以他们更多地热心于资源分配和市场的准入。就把本来不该国家多管的，现在管得过多了。这是由于利益的关系，因为资源分配、市场准入，涉及地方政府财政收入。

而本来应该国家更多来管的市场秩序，尤其我们说的药品、食品这些涉及人民健康的市场秩序，实际上有很长时间是被漠视了。本来老百姓希望能够在这一点上国家把好关，加强管制，国家却放松了。所以导致了我们国家在市场秩序方面，在国际上排到了120多位。

市场经济总的来说应该是分成了鼓励和限制两个方面。既然讲的是市场，那么前提必须是多种经济。如果都是国有经济，谈什么市场呢？有市场必须是有多种利益，多种主体。因为市场经济本身应该体现了一种平等的地位，没有平等哪能有市场呢？可是我们实际上对于国有企业更多是保护，甚至是把国有企业看成是执政的基础，而在民营企业更多却是限制。这样一来，执政的基础是国有企业，它必然要倾向于保护。反垄断法里面也体现了这一点。对于国计民生有重要意义的一些企业，都是国有企业，这些企业往往不受反垄断法的制约。这些都是不足的地方。

总的来说，应该看到市场经济是法治经济，而法治经济就必须按照法治的规则来建设。

《物权法》与宪法打架，对私权限制太严重

搜狐财经：您曾经亲历过国企改制。对国企改革方面，您有什么建议吗？

江平：我觉得国企改革很重要的一条，就是真正建立在平等基础上的市场经济。这个事情的发源是在《物权法》起草的过程中。《物权法》是保护财产的，不论这个财产是国有财产还是民营财产。而在市场经济情况下，《物权法》更多的应该是保护私人的财产。但是北大的教授提出来，说物权法违反宪法，理由是宪法写的是"以公有制为基础"。如果现在出台一部保护私人财产的法律，那不是违反宪法了吗？所以后来《物权法》只能够有所修改，变成了二元制。什么叫二元制？从国家制度角度来看，是公有制为基础；但是从市场经济来看，民营经济、私营经济和国有经济是平等的。然而，结果还是国家制度是最根本的，因为宪法规定了国家制度是公有制为基础。这样一来，人们就会认为保护私有制只是临时措施。是不是过了一定的时候，就要回到剥夺私有制的状态，又要以公有制为基础，公有制为先呢？那你发展的私有制，终究是不能够占太大比重的，到了一定的时候就要限制你。国营企业从来没有提过限制，而对于民营企业却明确有限制的意思在内。这一点，我觉得如果要改革的话，需要从立法根本上改变，包括反垄断法和《物权法》中相关的概念,应该做到对国企和民企平等的保护。

移民潮凸显立法与实际执法严重脱节

搜狐财经:您刚才提到了民营资本外流的现象。现在我们也看到了很多富人热衷于移民,转移资产,您怎么看富人移民潮?

江平:这一定有它的原因,这个原因就是对自己的财产安全没有信心,而法律不完善正是造成信心缺失的主因。在实际生活中表现出来的,就是对他的歧视,或者是对私营财产、私营企业财产的保护缺失,移民潮和这样的现象有直接关系。有时候并不完全是看法律,他的看法是从实际感受中来的。他认为我的财产在这儿得不到安全保障,他当然要放到国外去。这实际上是我们国家法律执行的一个严重的缺陷。前些天在吴敬琏教授的文集发行仪式上,吴敬琏教授也谈到这个问题。他说中国的法律,或者中国的市场经济的政策,这些措施在当时征求了很多国外专家的意见,也有很多一流的经济学家。他说这些专家当时都提不出什么新意见来,现在所说的这些措施都很不错嘛。但是实际怎么样呢?实际什么事儿也没做。政策和法律对民营企业有一些保护,但实际上就没有。这个就是他的感受了,他觉得你的法律和实际脱节太大。所以我们应该更多地从立法和执法的环节去思考这个问题。中国是立法和执法脱节相当严重的一个国家。不解决这个问题是很危险的。

地方财政利益导致"政令不出中南海"

搜狐财经:您怎么看今年来的审批改革?

江平:这个问题实际上又是涉及立法和执法的脱节了,涉及审批这个问题,我们十年前有一部法律,叫《行政许可法》。《行政许可法》就是解决审批的制度,当时作报告的杨景宇是法制办的主任,我记得很清楚,他说:"市场经济能够做到的尽量由市场主体自己解决,市场主体不好解决的尽量由社会中介组织来解决。只有当社会市场主体和中介组织都不能解决的时候,国家再来干预。"这个思想是很对的呀,国家是放在最后一关,只有前两者解决不了的,国家才来干预。但是现在来看,民企的准入机制实际上没有太大的变动。民企要等待十几个部门,有的甚至几十个部门的批准,才能进入一个市场。虽然这个问题在立法环节已经说得很清楚不要管了,但是执法的人就做不到。

李克强同志担任总理以后,又特别提到这个问题。但是他又加了一个:能够由地方解决的尽量由地方解决,只有地方解决不了的,才由中央来审批。从这个意思来看,整体思路还是先个人、先市场主体自己解决,然后社会,然后地方,然后才是中央。过去我们常说"政令不出中南海",现在看起来这个现象确实存在。中央作了一些决定,不管是中央领导同志讲话,还是中央作出的法律规定,有时候下面就不以为然。特别是,如果"政令"影响了地方的利益,地方依然会按照地方的权限来执行。因为利益在我手中,税是我拿的呀,你要是给我减少了这个职能,那我税收不上来怎么办?所以这个问题也很难说地方没有他的考虑。有些问题是配套的。它不仅是改革一个法律制度,而且还涉及一个整体利益的考虑。这个就需要花出极大的努力来改善执政的基础。

国务院没有决定征税的权力

搜狐财经:刚才您谈到地方政府由于税收的激励而不能很好地执法,您怎么看依法纳税的问题?对税制改革有什么建议?

江平:这个问题法学界有基本共识,那就是我们没有一个统一的税法。我们的法律还明确规定了,在改革期间授权国务院来自行规定一些税种、税率。所以现在大家建议:改革已经30多年了,应该把这个权限收回去了,不能再赋予国务院自己来确定征收哪些税和税率。从世界各国来看,应该说税法是和老百姓切身利益最相关的一个法律制度,所以税制应当是由议会来通过的,但我们现在没有。

首先,到底哪些税该征收?比如房产税,这是国务院决定的。我买房子的时候可能没有房产税,最后国务院自己就决定了房产税。我买房好多年突然要开始缴税了。再比如说现在二手房,二手房的差额所得还要征20%的税,这个东西谁确定的?也是国务院啊,甚至就是税务总局来决定的。所以这样的任意性的税法,实际上就造成了我们的税负越来越重。税负过重的最大危害,那就是扼杀了企业的积极性,也增加了老百姓的负担。再加上现在有些税种还有一个试点的工作,那就更没有一个明确的依据了。比如说房产税,现在有的城市已经试点在做了。那么试点城市的老百姓就要多承受一些负担,而其他比较晚实行的就可以少受影响。这也是缺乏完整、统一的税制的表现,本来一个税收,一个法律应该全国都一致。怎么能说一部分先做,一部分后做,而先后之间也可能差了很大的一段时间。所以这个问题应该从立法的角度来解决,也就是把税制归到中央,归到立法机关,归到全国人大,全国人大才有权来制定有关税和税率的法律。

限购加剧了户籍制度的不平等

搜狐财经:您提到现在为了房地产调控,政府对二手交易中间的利益差征收20%重税。但调控还有其他的措施:比如根据你的户籍对你进行限购,外地人不能买二套房,或者单身人士,对这样一个人群规定你不得买房,您认为这些政策措施是否是政府的权责范围内?还是说政府已经越权了,不应该对私权的干扰?

江平:我觉得政府调控物价,特别是防止房地产价格过快增长,应该属于政府权限范围之内,但具体方法需要考虑。我觉得因为户籍或其他原因而决定是否限购,并不是一个很理想的方法,因为政府不能以户口所在地来加以限制,这样的结果,必然又会造成新的户籍上的不平等。

本来我们在改革初期就已经提到了要改革户籍制度,因为这种二元的户籍制度本身不合理。现在不仅没有改变它,反而加强了户籍的作用。由于户籍而引起的入学、医疗、社会保险各方面的机会不均已经很严重,现在又加上了房屋,北京还有律师之类的二元制度,户籍制度造成的不平等现象越来越大。这个不应该是户籍改革的趋势,改革应该逐步减少户籍制度的差异。外面的人愿意到北京来买房子,有什么不可以呢?所以从法律上来说,应该减少户籍差异导致的居民不平等,而不是加大户籍之间的差异。

利益驱动下的城镇化必然造成负激励

搜狐财经:现在城镇化改革在地方上搞得火热,比如十堰地区的削山造城运动,圈出大片土地,来重新造一座城市。您怎么看这样的城镇化改革?

江平:这一届新的领导把城镇化改革提到了很高的地位。我想在未来五年,肯定是要加快城镇化改革的步伐。但有些地方已经出现了拔苗助长的现象了,有些地方已经规定了一些造城指标,包括发改委可能也有各地城镇化指标的一些规定,比如,今年要完成城镇化多少才算合格。我很不赞成用指标来界定城镇化应该到什么程度。因为有指标的话,就有一个拔苗助长的嫌疑和负向激励。

这里面有一个很重要的问题,就是城镇化改革的基本思路到底是什么?是为了在农村中能够更好地解决土地问题,还是为了能够加大居民的消费?现在提倡扩大内需,那城镇化是不是更多为了提振内需的需要?现在地方上有一种趋势,实现城镇化,就是希望把原来村里的居住情况改变成镇里的居住情况。村的农民居住是很分散的,一家一户的宅基地,占了很大宅基地的庭院。现在如果能都到镇里面的楼房居住,那就能够把原来宅基地空出很大的一片土地来,得到集体的使用。我觉得地方上有很大可能是看中了农民的宅基地,希望能够解决宅基地的问题。但这样的利益驱动是很危险的,因为必然会侵犯农民的利益。农民的宅基地虽然归集体所有,但是私人是享有宅基地使用权的,你随便给我剥夺了也不行。我愿意搬到镇上的楼房去住,那可以,但是你强迫我来做,这就非常危险。所以城镇化最好要水到渠成,最好不要拔苗助长。水到渠成就是指农民的自愿,举个例子来说,我去过徐水,到了孙大午那儿,那个地方现在已经没有多少私人土地了。他们的土地已经被孙大午的公司征用了,现在他在镇上集中给农民盖了房子，农民也很愿意去，这是水到渠成。

如果拔苗助长就是侵犯了农民的合法权益。因为宅基地终究是农民私人利益中很重要的一部分，他的居住环境是他的私权里面很重要的内容。如果你忽视了这个，那就是以集体为名来侵犯私人利益，这是过去出现的许多次侵犯农民利益的共同逻辑。

私权是"风可进，雨可进，国王不能进"

搜狐财经：您一直在呼吁保护私权，那么从法学角度来看，私权和公权具体的界限在哪？通过这样的一个界定，能否约束政府对市场经济的胡乱干预？

江平：私权是很明显的私人权利，这个私权不仅保护个人，从我们的民法的角度来说，法人也是私人。当然，你要是国有企业的法人，你代表的还是国有企业。那么民营企业的法人呢？他也是私人的。所以保护私人的财产权利，应该说是神圣不可侵犯的。我们现在的《物权法》规定，只有当法律明确规定，出于公共利益需要才可以来征收私人的财产。那就是说从法律上来说，私权是神圣的，私权是基础，私权是"风可进，雨可进，国王不能进"，谁都不能来侵犯。应该说这个道理是很清楚的，没有法律所规定的条件，私人利益是不能够被随便征用，更不用说用其他行政权力来剥夺他的这种权利。只有这样，老百姓才能安居乐业，或者像孟子说的："有恒产才有恒心"。这就叫法治的环境。有了这样一个法治环境，这个社会才会欣欣向荣。

搜狐财经：您曾经主持制定了《民法通则》，您认为这部法律最主要的精神是什么？

江平：《民法通则》是1986年制定的，到现在已经二十多年了。我想我们当初制定的《民法通则》最大的一个优点就是规定了民事权利，而且都在《民法通则》中详细列举出来。所以当时有一个外国学者评论说，中国的《民法通则》是中国国家对于公民民事权利的承认的宣言。我觉得可以这么说。这些民事权利的核心所体现的精神,一个是平等,另一个是自由。这两者历来是民事权力的核心,或者说是民法的最本质所在。

平等是什么意思呢?就是没有任何特权。过去英国有一位有名的法学家、哲学家叫梅因,他说古代的民法发展到现代,特点就是一句话:"契约代替了身份。"身份是表明不平等,所以就是从不平等到平等,这句话说得很好。现代民法的特点就是平等。我们国家虽然法律上规定了平等,但是实际上的不平等仍然有,也就是身份的特权。我们过去因为身份上的特权,造成的不平等的现象依然很严重。所以要做到真正平等,必须要打破特权,消灭特权。

自由就是取得民事权利的自由。应该说自由实际上就是意思自治、契约自由、身份自由这些概念,如果没有这些东西,构成不了现代的民法。

"毕业即失业"是中国最大隐患

搜狐财经:您认为中国目前最迫切需要改革的领域是什么?

江平:我觉得从现在的情况来看,中国的就业问题是相当严重的。比如说现在的大学生,从毕业之后的就业情况来看,我觉得它跟中国的贫富之间的不平等的情况完全成正比。

简单说,大学毕业生里面家里有权的、有钱的,他不愁没有工作,是能够找到好工作的;相反,如果大学生是属于没有权的、没有钱、没有关系,他要面临着失业的危险。你说中国的考试平等是可以的。我考进来是平等的,我分数比你好,我进得起大学。但是就业分配就面临着很大的问题了。在中国你要想把它一时消除是非常困难的。有钱的、有权的,他只要打一个招呼,下面就有人给他安排工作了,而且安排很不错的工作。他愁什么呀?但是你没有钱,没有权的,就像报纸上说的,写了200多份简历找工作也毫无着落,因为求职的人太多了。如果大学毕业了之后,他还找不到工作,他没有收入来源了,那他要结婚,他要生孩子,他靠什么呀?所以如果今年我们的就业分配出现了一定的危机,那么到来年就可能更多了。因为前几年已经有失业率在那儿了。所以中国的失业率不要小看，中国现在所公布的失业率，很多是不实的数据。

大学生毕业即失业，这个是一个危险的信号啊。这些问题不予以解决，实际上是加剧了贫富分化，极大地加剧了贫苦阶层对于有钱人，有权人的仇恨，这是很危险的。

对于没有工作的年轻人，哪怕是很年轻的，应该有一定的社会保障手段，保证他生活的基础。当然，还要更加积极地来开拓社会中的就业渠道。所以有人说中国的经济发展如果保障不了7%～8%的GDP的增长率，中国就很危险，原因就在于失业率。

法律的本意是公平正义[*]

> 这次《破产法》最大的进步,就是规定行政机关不能干预破产,不能说这企业资不抵债了,行政权力批准破产。

中国改革开放 20 多年了,现在应该说最缺少的或者说法律规则里面最不完善的,也就是市场秩序的规则。

现在法学家更关心的是执法,如何使法律更好地被执行。应该说执法任务远远大于立法的任务。再好的法律没有得到贯彻实施,也是纸上的法律,而不是现实的事实。

2006 年 8 月 27 日,十届全国人大常委会第二十三次会议表决通过了《中华人民共和国企业破产法》。而在此之前,《公司法》《证券法》已经推出了新的版本,而《物权法》《反垄断法》也已经进入了立法程序,并成为市场中的焦点。对于迅速发展而且转型剧烈的中国经济来说,法治无疑是促进中国走向"好的市场经济"的重要保障。然而,对于运行日益复杂、国际参与程度也越来越高的中国经济来说,如何建立一套符合国情而又运转高效的混合制度,无疑将是未来一段时间内中国所面临的最重要的问题之一。为此,《21 世纪经济报道》专访了中国政法大学终身教授江平。

走出改革争论

《21 世纪》:刚刚闭幕的人大常委会通过了《企业破产法》和《合伙企业

---

[*] 本文由《21 世纪经济报道》发表于 2006 年 9 月 15 日,采编记者:谷重庆、秦旭东。

法》修订案，还审议了《物权法》《反洗钱法》等法案，经济立法在最近比较频繁，似乎又到了一个高潮。您对最近的这些立法如何评价？

江平：最近涉及市场经济方面的立法是比较多的。我们可以看到一个倾向，这几个法律最大的特点是跟国际接轨，不能说百分之百，但是在基本的要点上是跟国际规则接轨的。

我想这突出表明，经过前一段时间的大争论，我们已经摆脱了改革会不会停滞、停顿这样的担心。在一些基本的原则方面，仍然体现改革开放继续前进的方向。这一次《物权法》立法特别强调公有财产和私人财产平等保护，就明显体现了继续改革开放这个坚定的信念。

《破产法》立法中最集中地体现了这个趋势。对于抵押债权跟劳动债权之争，最后也采取了一个平衡的办法，划定一个时间的界限，之前的作为历史遗留问题对待，之后的遵循市场化原则。以前的更多保护劳动债权，以后更多还是靠近国际惯例。一般来说，有抵押担保的债权应该是优先的，企业破产后劳动者利益的保护，应该由社会保障法来解决，《破产法》主要是解决债权人的利益。如果把债权人利益置之不顾光考虑劳动者利益，从长远来说不利于经济发展。再比如对金融机构破产的问题，这一次也纳入了《破产法》。其中规定了金融监管机构可以提出破产申请，这也是寻求国际惯例和中国现实情况的结合。

《21世纪》：中国加入WTO已经5年了，改革开放也20多年了，关于改革的讨论以及最近的立法活动是不是意味着，现在已经到了一个规范重整的时候？

江平：最近的法律变动，主要集中在关于市场秩序的法律的一部分。可以说，我们的市场经济发展到现在这个阶段，竞争的秩序非常重要，竞争得有一个法则，不能扼死对方喉咙，也不能搞掠夺性的原始积累了。

吴敬琏说的"坏的市场经济"和"好的市场经济"，重要的一个界限就是看有没有竞争的法则，规制市场秩序的法律非常重要。而中国改革开放20多年，现在应该说最缺少的或者说法律规则里面最不完善的，就是市场秩序的规则。

我觉得现在中国市场上最大的两个毒瘤:一个是商业贿赂横行,通过商业贿赂用钱买市场机会;另一个是虚假横行,市场秩序混乱。证券市场的信息披露虚假,广告虚假,产品也造假。

我们《反不正当竞争法》制定得比较简单,连究竟什么是商业贿赂,商业贿赂跟佣金、回扣到底什么关系,这个界限都还没搞清楚;商业回扣和利用公权力的回扣又有什么不一样,有时候我们把它看成一回事。买通海关或者药监局,搞个批文,和买通公司人员获得市场机会,是不一样的,前者涉及公权力,后者是商业贿赂。我国不久前也通过了刑法修正案六,增加了反商业贿赂的条款。我们要反商业欺诈、反商业贿赂,不仅要有好的商业组织法,如《公司法》,还要有很好的秩序法,这样市场才可能走向一个健康的道路。否则再好的公司在这么一个环境里面,也搞不好。

《21世纪》:这一轮立法中好多都是关系到市场经济基础的一些法律。这些立法对我们争取国际上承认中国的市场经济地位,会起多大的作用?

江平:这当然有利于国际上更加认可中国的改革开放和市场经济的趋向,能进一步使他们认识到我们国家市场经济法律的完善。但这个问题涉及面很广,一方面看法律是不是完善,但最关键的,我觉得是尽量减少国家的干预。

最近这些立法和改革大争论有关系,深入一步来看,比如说有人讲,我们现在讲市场经济,别忘了是社会主义市场经济。这句话里面很重要的意思,就是更多地强调国家要管,国家控制的手段不能变。我也承认,任何国家不可能不来管经济,关键是在哪个领域管,管到什么程度,怎么管。不能期望全方位地干预来避免市场弊端的显露,该叫国家放松的地方当然要放松。这次《破产法》最大的进步,就是规定行政机关不能干预破产,不能说这企业资不抵债了,行政权力批准破产。

寻求公共立法与执法

《21世纪》:最近的一些立法中有个新的端倪,一些法案全文公之于众,向各界征求意见,参与者越来越广泛。您曾经也提到,一方面要倾听不同的集团或者不同阶层的声音,另一方面也要防止民粹主义,如何在这两者之间寻求一个平衡?

江平:我讲既要广泛征求意见,又不能民粹主义。所谓的防止立法和公共政策制定中的民粹主义,就是说不能简单地以公开意见中的大多数意见为立法选择上的绝对标准,立法不能按照简单多数原则来走。

例如,物价上涨听证,从老百姓来说绝大部分不愿意上涨。但是从市场规律看,某些物价上涨是不可避免的。我们现在还有些价格,特别是水电油等基础资源的价格,都是国家强制规定,财政在补贴,说是怕影响老百姓生活而不涨,但是早晚这个价格关还是要过,从一般的感情来说大家都反对涨价,但是从理智的选择来说,涨是必要的。

所以一方面,正常的市场化改革要走,另一方面要对那些受改革损害的人提供补偿,包括制度性的补偿,其中最关键的是社会保障制度。我们中国现在根本缺乏的是社会保障法,另外收入分配机制也成问题。将来解决问题主要靠两个东西,一个是通过税收调节解决,你有钱的人,高收入高消费,占用了更多的社会资源,就该多纳税。另一个是拿这些税收收入,通过社会保障制度给低收入者一定的保障,保障他们基本的生存。

立法的民主性和科学性的平衡,在《劳动合同法》的立法中表现最明显。草案公开征求意见后,很短的时间内提出的意见达到14万条,我们可以看到有两种明显相反的倾向。要加强对劳动者权利的保护,这个没有问题,谁也不能反对,我们认为必须保护。但也不能过了度,因为反过来说,这会不会有损害企业家利益的地方呢?世界上很多国家的社会福利搞得过分了,经济发展就放缓。我们现在还是一个发展中国家,劳动力价格还比较便宜,劳动保障条件肯定比不上西方国家,如果现在片面强调必须跟那些国家一样高,弄不好可能会造成经济发展的停滞。所以一个法律不仅要兼顾两方面的利益,还要从当前中国的社会发展的水平和历史阶段来考虑。

总的来说,现在立法越来越走群众路线,公开、透明,听取社会各个利益集团的意见是完全正确的。但是从世界各国来说,因为体制不一样,情况也不一样,如外国可以通过议会的充分讨论,议员就代表不同的阶层和利益团体。过去我们更多是部门立法,部门利益色彩很浓重,也没有经过公开征求意见,这种模式显然不够好。我们现在通过上网公开征求意见不见得是最好的,但至少立法的民主进程大大提了一步,这种趋势我百分之百的赞成。

既然是公开征求意见,就必然有不同的意见,不仅有两种,还有很多种,争议激烈也是好事,因为法律就是要解决利益冲突的问题,要确定在利益冲突的时候,这条线画在哪里,才是最公平可行的。

《21世纪》:但我们也看到,有关立法中的争议和分歧也越来越激烈,或者说更加显性化。有充分的讨论,逐步取得共识是个好事情,但有时立法因为这些争议而停滞甚至被搁置了。另外立法争议中,往往不同政府部委和不同地区的观点相左是主要原因,如反垄断机构设置之争,两税合并立法一再推迟。怎么解决充分讨论和立法进展之间的关系?如何保证立法的公共性?

江平:对这个问题要从两方面来看。由于涉及利益太复杂,争论太多,很多问题研究不是很透,像《破产法》的争议中,线到底画在哪里?职工的利益、银行的利益都很重要,立法进程中稍微拖后一点,决策很难下是可以理解的。因为立法一旦确定,至少要管十几年,不能朝令夕改。

现在立法里面部门利益确实很厉害,但是过去更厉害,现在相对来说好一点。有时候部门利益就是为了争执法权、争收入。但也要看到部门利益的背后,也许并不是单纯的部门利益,比如说两税合一,这里面可能会涉及我们吸收外资的政策,这是一个要通盘考虑的问题。

不过有些东西早已经清楚,拖就没有必要,最怕就是出现立法中的优柔寡断。

《21世纪》:您刚才说我们现在还缺乏足够的市场经济秩序方面的法

律,而现在很多立法也在往这方面倾斜,但在世界银行编制的各国法治指数排名中,中国的得分一直偏低,而且从1998年的52.4降到了2004年的40.6分,那么您怎么看这一问题呢?

江平:法治包括两方面,一个立法,另一个执法。国外评论中国的,我认为恰恰表明中国现在一个极其值得注意的现象——立法越来越多,越来越完善,但是执法跟不上,很多时候执法不到位。《反不正当竞争法》里面也有反垄断的规定,执行得如何?《反垄断法》出来之后能怎么样,还不好说。我们拿最典型的来说,谁也不能说中国知识产权立法差,但是国外意见很大的是知识产权执法太差。我们进行了很多的执法大检查,运动式执法,这恰恰说明中国法律环境实在还有待改善。包括市场秩序的法律,也不是仅仅靠几个条文能够解决的,我刚才讲了,实际上我们有一些法律条文已经存在了,但就是执行得不够,有的写得比较一般,太笼统,缺乏执行的可行性,有的是写了也难以执行。

《21世纪》:原因是什么呢?

江平:原因就太多了,如地方保护主义,有利的就执行,不利的根本不执行。《破产法》颁布以后,假如破产对当地不利,地方完全可以采取地方保护的措施。立法中大家对破产财产管理人由法院任命表达了很大的担忧,就是担心很多地方的法院是受地方政府影响和左右,地方保护会损害债权人的利益,这是非常难解决的问题。

其实,从理论上说来,任何国家的立法和执法都有差距,但这条鸿沟在中国显得特别大。

建立机会平等的市场秩序

《21世纪》:近些年来,我们认识到市场经济也有很多不同的模式,有人提出,市场经济本质上是一种包括市场和计划的混合制度。在您的心目中,中国比较理想的市场经济是什么样子的?

江平:跟经济学家的一些理论还是一致的,那就是说在市场中还是有两只手,市场这只手和国家这只手。市场也有失灵的时候,市场这只手失灵就要由国家这只手干预。但是任何国家既然讲市场经济,就不能以国家这只手为主。

具体来讲,在宏观方面国家要干预。另外,就是国家一定要建设很好的秩序,在社会公共秩序上,要让每个人感到安宁;在经济秩序上就是把市场的风险降到正常的情况。市场上一些微观方面的行为,主要由当事人自己去解决,现在《合同法》体现了很多私人自治,上市公司国家干预多一些,因为上市公司影响面广,其他公司国家干预就少一点。

同时,市场秩序需要有执法机构,但是执法机构怎么执法又是一个问题。我1994年去美国,曾有人问我为什么中国有《著作权法》,但盗版东西那么多?我说第一个原因是中国历史上没有版权的概念,第二个原因是《著作权法》通过才四五年,我们还需要建立一套完善的自上而下的执法机构。对方对此非常惊奇,说中国通过一部法律就要建立自上而下的执法机构,那你们的政府该有多庞大?我反问他,美国呢?他说我们主要靠当事人自己去查,你认为谁盗了你的版,调查后告诉政府,政府支持你,上法院起诉。这是非常不同的概念,美国更强调侵权责任,民事主体——个人和各种组织——是执法体系或者说法律实施体系中很关键的一环。

而我们国家呢,不要说盗版,拿产品质量来说,我们出了一个假药、假酒,政府部门就发动大盘查,那需要多大的执法力量?

而民间的力量却没有发挥相应的作用。去年吉化厂爆炸污染松花江是最典型的例子,居民要求赔偿法院为什么不受理?很多时候就是这样,只是政府给出一个行政处分,或者有几个人被判刑,但是民事赔偿没有,原因显见,有民事赔偿可能把一个厂子搞垮。任何市场主体给公民造成的损失,不仅要赔偿,有些情况还需要高额的惩罚性赔偿,这样才能威慑那些欺诈和虚假的东西,净化市场环境。

《21世纪》:吴敬琏先生最近撰文指出,假如中国不能推进各方面的改革,有滑向"权贵资本主义"的可能性,您对这个问题怎么看?

江平：我认为应该称为"权贵市场经济",实际上已经形成了一些。

商业贿赂怎么形成的呢,商业贿赂就是花钱买机会,而机会本来应该是人人平等,谁可以优先取得这种商业机会?无非是两个,一个是权力,另一个是钱。

中国市场经济建立起来到现在,最大的弊端就是腐败和商业贿赂。我过去到一个卷烟厂去,厂长领我到仓库,当时中国不能生产过滤嘴,其中的原材料丝束要从德国进口,这个卷烟厂到烟草专卖局都申请不到,而一个舞蹈演员就拿了两吨丝束的指标,生产卷烟的企业拿不到原材料,一个舞蹈演员却能够拿到,公理何在?所以在这个意义上,我们可以说中国改革开放最大的问题就是一些拥有权和钱的人霸占了本应该平等的机会。

现在我们决心要整顿商业贿赂,需要一个方面一个领域地推进。但是这也表明现在中国法制建设中一个很大的弊端,就是当问题出现的时候,相关部门往往不一定能够了解和纠正,一旦泛滥成灾,才开始纠正,又是带有群体性、运动性的治理方式,不能责众就挑几个典型。这样的结果使人们对于这样一些执法就存在侥幸心理,也无法形成法律的权威。

《21世纪》：您对走出这个悲哀有信心吗?

江平：要好好整顿,最关键还是反腐,官员的腐败是执法中最致命的,这个问题在任何国家都一样,只要有腐败,执法绝对不行。

《21世纪》：您强调改革要倾听各方的意见,尤其是弱势群体的,但又要防止民粹主义,这令我想起了古希腊的梭伦,他在面对穷人和富人势同水火的关系时始终寻求着公正和自己的立场,并曾经说"我拿着一只大盾,保护两方,不让任何一方不公正地占据优势"。那您自己怎么看呢?

江平：(笑)不敢那么随便乱比。

法律的本意是公平正义,法律最核心的也是公平正义,法律本身不体现公平正义就绝对是恶法,恶法可能损害老百姓,也可能让经济倒退。

不过现在法学家更关心的是执法,如何使法律更好地被执行。应该说执法任务远远大于立法的任务。再好的法律没有得到贯彻实施,也是纸上的法律,而不是现实的事实。

《21世纪》:您现在已经76岁了,您如何来评价近几十年的中国法治建设呢?

江平:我对中国法律向来是说这么几句话:第一,中国的法治还是鸟笼法治。这和过去陈云说的鸟笼经济(也被称为"笼鸟之说",陈云1982年12月在出席第五届全国人民代表大会第五次会议时,跟上海代表团的部分代表进行了座谈,其间提出将搞活经济比喻为鸟,将国家计划比喻为笼子,意思是搞活经济、市场调节,只能在计划许可的范围以内发挥作用,不能脱离开计划的指导——编者注)一样,中国经济不能跳出鸟笼,中国法治也不能跳出鸟笼,我们现在的任务就是尽量把鸟笼做大一点。

第二,中国法治既需要自上而下,也需要自下而上的推动,因此光靠上面推进不行的。中国法治有的时候需要上面做改革,有时候也需要下面通过每一个具体的事件来推动。

第三,从中国法律发展的趋势来看,总体来说是前进的,我始终相信中国法治有很美好的前景。道理很简单,20年、40年前,和现在不可同日而语。

我这个年纪的人来说,从新中国成立到现在,我是一路经历的人,那时我19岁,到现在已经有57年的历史,中国发展非常快,比别的国家快,我们也看到过中国经济停滞、落后、挫折的时候,也许我们经历多一点也就不足为奇了。

只要在前进就是乐观的。

民法典——国家公权下筑起私权保护墙*

> 制定民法典条件成熟与否,关键是看目前我们国家社会经济生活是否有足够需求和制定法典的经验。

2002年12月23日,首次提交九届全国人大常委会第31次会议审议的民法典草案备受瞩目。近日,《中国青年报》记者就民法典草案制定修改中的有关问题对原中国政法大学校长、终身教授、博士生导师江平进行了独家专访。

记者: 民法典草案首次提请全国人大常委会会议审议以来,引起各方极大关注和热烈讨论。在这些声音中,不乏对我国民法学界是否具备制定民法典能力的质疑,也有人提出中国目前尚未形成成熟的民法学理论基础。您认为我国目前制定民法典的条件成熟吗?

江平: 制定民法典条件成熟与否,关键是看目前我们国家社会经济生活是否有足够需求和制定法典的经验。从世界著名大陆法法典化国家来看,法国、德国、日本制定民法典都用了20多年时间。苏俄民法典在1923年通过,是由列宁主持制定的,只用了6年时间。

1949年新中国成立后,废除了国民党的一切民事法令。刑法、刑事诉讼法、民事诉讼法等一系列法律陆续制定通过。从建立共和国到现在50

---

* 本文系《中国青年报》记者崔丽就民法典问题对江平教授所做的一篇专访,原载于2003年1月24日《中国青年报》。

多年来没有自己的民法典,这种情况在任何国家都不存在。

我国目前是否具备制定民法典的理论基础,法学界争论颇多,我认为这个问题是相对的。有人说德国有个萨维尼(德国著名法学家),德国才能搞出民法典。难道中国只有出个萨维尼才能搞好民法典?我认为不是。德国民法典是经过借鉴,高度抽象出来的。中国改革开放20多年来,经济体制领域进行了积极改革,最高法院关于民商事审判出了大量司法解释,这都是从丰富实践中总结出来的可贵经验,不是哪个教授学者脑子中想出来的。

对理论的东西我总觉得不要把它看得太神。民法不是理论法学,更直接地说民法是实践法学、是市民社会之法。它调整的是市民社会中的经济生活和家庭生活,包括人的衣食住行、家庭婚姻、种族繁衍,还有人的精神生活、人格权、尊严权等。

我们现在的民法学者著作,已对现存问题进行了深入探讨。无论是社会经济生活需求还是实践基础,我们制定民法典的条件已完全具备。

记者:民法典的起草三起三落,为什么其中一波三折,一直没有搞起来?

江平:民法典首次起草是在1954年,到1957年由于"反右"运动停止;第二次从1962年开始,到1965年"文化大革命"前夕中止;第三次是在改革开放之后,1982年开始起草,当时出了一个很不错的草案四稿。但为什么不再搞下去?主要是当时彭真委员长提出来,我们国家的经济体制改革刚刚起步,还没有定型。如果一个社会的经济生活模式都还没有确定,这个民法典怎么写?这涉及很多重大问题,如农村土地是搞承包经营权还是其他?物权怎么写?是实行计划经济还是市场经济?市场经济开放到多大程度?证券、期货市场有没有?现代公司制如何组建?由于经济体制改革正在进行,作为民法典重要组成部分的这些商法内容无法解决,所以不便急于搞一个系统完整的民法典。当时提出先制定单行法,在此基础上再形成系统的民法典。按彭真同志话来讲就是"变批发为零售"。

20年来,我们的法律体系逐渐完备,民事领域中制定了婚姻家庭继承等一系列法律,商事领域中合同法等各个单行法律也陆续出台,民法典的制定不是说在完全空白基础上进行新的立法。中国已加入世贸组织,经济模式显现,为起草民法典奠定了基础。我们改革开放20多年,新中国成立50多年,如果说制定民法典还不具备条件,难道说100年才叫有条件?

记者:民法典的制定应遵循什么样的立法价值取向?

江平:民法典的内容无非包括两大主轴:规范民事活动和规定民事权利。其侧重点不同反映了立法价值取向的不同。

如果定位于规范民事活动,是以国家限制为立法方针,防止私权利过分庞大。而定位于规定民事权利,是给私权利以充分发展余地,保护并促进市场经济和社会生活发展。

西方民法主要强调三大自由:所有权自由,即任何财产不经法定允许和法定程序不能随意剥夺和限制;契约自由,即市场交易自由,不受非法制约;营业或投资自由,除非国家禁止,办什么企业可自主选择。由此可见其着重点在于保护市场经济中的民事权利。

我们目前的经济活动中,更多是国家防范、限制、控制、规范民事活动。这恰是现有民法典草案的不足之处。我认为我们制定民法典的核心应以权利为主导,以规定民事权利作为一条最主要的红线来展开。

记者:您曾评价现在的民法典草案显得比较保守、传统,那么应该如何突破和创新?

江平:我主张民法典的立法要开放些,要制定一部开放式的民法典。2000年通过的《北京中关村科技园区条例》中规定:"任何组织和个人在中关村园区可以从事法律没有禁止的活动",这是非常有突破性的一点,是开放式立法。只要法律没有禁止的都可以从事,这给民事权利以充分扩展的空间和余地。

目前政府行为的任意性表现在民事活动中仍然是公权力过于庞大。我们前几天还在讨论一个问题,按照加入世贸的承诺,3年后我们应该允许直销。而我们现在严格限制直销,对于目前越来越多出现的邮购、上门配送这种销售方式,我们应区分哪些直销是允许的,哪些是禁止的,需要法律尽快加以明确。对于民事活动的限制应严格依照法律法规,民法典制定中要在这方面提出更高标准。民法典是要确立这样一种精神——在庞大的国家公权力面前筑起一道私权利保护墙。

记者:如何理解和解决公权力与私权利间的冲突?

江平:从世界各国看民法都是一种私法,民事权利是一种私权利。作为国家权力的公权,与私权常有冲突。在市场经济中,管理和规制民事活动的公权力行使目的主要是保障民事权利。例如,究竟叫"商标法"还是"商标管理法"区别非常大。商标需要管理,而商标管理的最大目的是保障每一个拥有商标专用权人的权利不受侵犯。

市场经济活动中,要保护每一个权利人的利益,不能以社会整体利益为由侵犯个体利益。离开每个具体人的具体利益来讲维护公共利益对公民个人是不公平的。平衡公权力和私权利的度非常重要,这是民法作为私法的一个重要特征。绝对不能以公法的手段和模式来起草一部民法典。

记者:有学者提出,草案中规定的国家所有权通过立法、征收、征用等方式取得,不符合民法调整平等主体间关系的规定,民法典中不宜规范国家财产权。您如何看?

江平:国家所有权是宪法中规定的,民法典应写入,况且国家所有权也是财产权,同样需要保护。但国家财产权地位特殊,其管理和经营权都不一样,问题的关键在于,要把国家财产权和私人财产权处于同等保护程度,消除其中实质上的不平等,即采取哪些措施对私人财产权保护到位。

举一个例子,民法典草案中规定,县级以上人民政府在公共利益需要时,可以征收公民和法人的财产,予以适当补偿。这其中的问题是,何为"社会公共利益"?如何区分与商业利益关系?县政府是否应有这么大权力?经由何种程序批准?更重要的是补偿。按照国际公约,因社会公共利益征用土地,要给予充分、及时、有效的补偿,而我们法律规定给予"适当、相应"补偿。

从北京到上海高速公路经过某市,我跟当地人说,高速公路经过给你们带来经济发展了,可他们却很懊恼,说:"别提了,一棵树只赔10块钱。"

一个人需要有两种安全感,一个是人身安全,另一个是财产安全。经过劳动和非劳动的合法收入应得到有效保护,不能明天就不是我的了,被征收走了。

记者:有的学者主张把人格权编放在总则之后,以此体现人文主义。您如何看待民法典草案讨论中的人文主义和物文主义之争?

江平:对此不能机械地从表面理解,也不必过分争论。传统来说,民法主要以规范财产关系为主。人身权不仅仅在民法中规定,它的很多内容应该是宪法中规定的权利。不是说人格权在前,就是人文主义;物权法在先,就是物文主义。德国民法典只规定了财产权,没有人格权,难道就不重视人格权?不能这么说。在国外,名誉权、荣誉权等人格权集中在人权法案中,在民法中不特别规定。一个国家对于公民人格权的保护,并非人格权出现在民法典中就是重视。只要把人权真正保护好了,写在哪儿并不最重要。

记者:民法典最终通过会用多长时间?

江平:目前民法典草案体例还不成熟,有不足之处。内容上也会有所不同,需要修改。而且已通过的单行法中也不是一字不动拿过来,有不合适的地方要改。我估计再用5年时间,民法典应该会在十届人大期间通过。

江平眼中的物权法*

> 我们应当看到物权法属于民法,民法的一项重要原则就是对权利人的权利实行平等保护。

2007年3月27日,由《法制日报》和天津律师协会共同主办的"法制经济论坛"在天津举行。著名民法专家,中国政法大学终身教授江平专题讲解了物权法。

"私人"概念并非首创

记者:物权法出台前有很多争议,有人认为将国家、集体和私人的财产同等保护,和宪法的有关规定不尽一致。对此您怎么看?

江平:在立法过程中立法机关和专家对这个问题进行了反复考虑,最后通过的物权法充分体现了宪法原则。但是,我们应当看到物权法属于民法,民法的一项重要原则就是对权利人的权利实行平等保护。作为物权主体,不论是国家、集体,还是私人,对他们的物权应给予平等保护。

记者:如何理解物权法中"私人"这个词的含义?

江平:很多人说起保护私人的财产,就会认为私人就是富人的概念。其实不然,在物权法中的私人是不分贫富的,物权法中规定保护私人财产中的"私人"是指包括农民在内的全体作为自然人的权利人,而不完全是民营

---

* 本文由《法制日报》发表于2007年4月1日,采编记者:王婧。

企业家或者富人。对于私人的概念也并非物权法首创,在修改后的宪法中也有所体现。

公私财产平等保护

记者:物权法规定了对合法的财产进行保护,很多民营企业家对于何为合法财产,仍然存在疑虑。

江平:物权法所规定的保护私人财产,应理解为原则上推定占有人是合法的,除非有人能够证明是违法,就像举证责任倒置原则一样。否则的话,这个社会里许多民营企业家就会有危机感和原罪感,整个社会就会人心惶惶,人人自危。至于刑法中规定的巨额财产来源不明罪,主体是国家公职人员,而非所有自然人。因而,保护私人合法财产不是一句空话。

记者:关于对国家、集体、私人的平等保护,对于企业,特别是民营企业有什么特别的意义吗?

江平:三年前,曾经有一个香港公司状告内地的三大航空公司。按照香港法律规定,如果原告能够证明其案件在香港以外的法院得不到公正受理,则香港法院有权受理。而当时对方的律师提出的一条在内地不能公正审理的理由就是内地的法院对国家财产和私人财产不是平等保护而是对国有财产特殊保护。应该说,平等是市场经济最基本的法则,离开了这个法则物权法就不是真正的物权法。市场经济有三个平等——中外平等、公私平等和城乡平等。而公私平等就体现在物权法中,不论对民营经济还是国有经济,都一律给予平等的保护。

记者:对于"红帽子企业"中的问题,物权法的出台是否会有所帮助?

江平:涉及"红帽子企业"中的问题,还是要看谁是投资者,投资者就是财产所有人,而物权法保护的就是财产所有人的权利。对这部分权利物权法是给予法律保护的。至于"红帽子企业"中的其他问题,有些是属于经营管理的问题,这些问题由其他的部门法来调整,不是物权法所能调整的。

新制度体现现代思维

记者：我们注意到，在大陆法系中，并没有关于不动产善意取得的规定，而这次物权法加入了这条规定，在立法时有什么特别的考虑吗？

江平：我们说的善意取得必须满足三个条件：一是主观上善意；二是取得时支付的价格合理，这不同于赠予；三是不动产必须已经登记，动产已经交付才能取得。而不动产的概念，在西方多指土地，在中国所说的不动产则多指房屋。在解放前和解放初期，有很多通过购买或者其他方式取得城市土地和房屋的居民，对他们的权利物权法应该予以保护，这样才能避免纠纷。

记者：我们看到物权法在担保这一节做了比较大的改动，动产也可以列入抵押范围。

江平：应该说这是吸收了美国的动产抵押担保制度的精神，设立了浮动抵押。不过，美国的浮动抵押范围包括了企业全部财产。而我国物权法没有设定这么大范围，只是规定了企业的动产可以用来设定抵押。但企业要注意一点，对于动产抵押需要登记，一般是到住所地的工商行政管理部门进行登记。

记者：对于物权法规定应收账款可以作为质权的对象应该怎么理解？

江平：应收账款可以作为担保的一种途径是这次物权法的一大突破。很多企业可能是租的办公用地，没有土地和房子用来设立担保。一些高新技术企业，也可能没有成品可以用来担保，这时候作为债权的这种应收账款写入物权法，应该说解决了很多企业的融资问题。而应收账款也可以有多种形式，包括电网企业的收费权、公路的收费权等。但有一点应该注意，就是企业在用应收账款出质时，不但应该订立书面合同，还要去信贷征信机构登记。

土地部分具有中国特色

记者：您如何看待目前大量存在的在集体土地上建房出售的情况？

江平：对这一点合法还是不合法，法律并没有写。如果出现了这种情况，我们应该承认居住的合法性。但是，这种对集体土地上房屋所拥有的产权是不完全的。应该怎么理解这种不完全性呢？曾经有一位最高人民法院的副院长说过，这种房屋是不能进入二级市场进行买卖的，也就是说，集体土地上的房屋仅仅用来居住还是可以的。

记者：现在有一些经营者承包了土地上的厂，如果这部分土地被征用，承包者能否获得补偿？

江平：我认为承包者不具有土地所有权，因而，被征用土地的补偿不应该是给承包者的补偿。当然，承包者也可以获得经济赔偿，不过这种赔偿应该是发包人给予承包人的。

物权法不能解决所有问题

很少有这样一部法律,与民生息息相关;也很少有这样一部法律,为民众所误解,以至于有人望文生义,将其片面理解为物业管理法——这部法律,就是物权法。

物权法凸显的五种精神

记者:物权法已经在十届人大五次会议审议通过了,这是一件让人非常高兴的事。从20年前的《民法通则》连"物权"这两个字都不能用,到今天我们通过一部完整的物权法,这是一个历史性的进步。这意味着什么?

江平:我觉得物权法的通过意味着中国市场经济的财产权的法律体系最终得以完整,因为市场经济下的财产权就是四大财产权:物权、债权、无形财产权和股权。物权和债权是传统的两种权利,无形财产权和股权是两种新型的权利。从现实情况来看,合同债权有合同法规范,无形财产权有三个知识产权法保护,股权现在数量很大,是很大一笔财产,公司法修改后,对股权的规范也完善了。应该说,作为四大财产权之一的物权,也急需法律的规范和保护,所以制定物权法极为重要。

我认为现在的物权法包含五个精神:第一,财产权利的平等。私人财产的保护主要是靠物权法保障的,而国家财产的保护有多种手段,除了物

---

* 本文原载2007年第6期《宁波经济》,采编记者:项茂奇。

权法,还有国有资产法以及其他的法律。所以,在物权法中着重提一提私人财产的保护也不为过,因为私人财产主要靠物权法保护,相对于私有财产的保护,加强对国有财产的保护,确实要容易一些。

第二,物权法的精神是保持土地关系的稳定。我们的物权法草案确定了四种土地用益关系,其中最根本的是土地承包权和建设用地使用权。应该说反复征求意见以后,基本上采取了比较稳定的写法,这有利于当前农村整个土地关系保持稳定。我觉得在土地关系方面,我们作了很重要的有利于私人财产的保护,这就是在建设用地使用权期满以后,私人在上面的房屋所有人享有的土地使用权可以自动延长。

第三,物权法体现了一个很重要的精神,就是群体关系的明晰。我们要特别注意在物权法里的群体关系。在群体关系里,我们如果采取原则模糊的写法,就容易在私权之间发生矛盾、发生冲撞,我们就失去一个能够解决的标准。所以,从这个意义上说,我们致力于把这三种在当前可能发生的一些冲突和矛盾,可能影响社会稳定的群体关系中的权利的连接和碰撞做一些细致、明晰的规定,是十分必要的。

第四,物权法体现了担保手段突破的精神。担保手段必须要突破现有的规定,能够适应国际商业发展的需求,尤其是需要考虑美国的动产担保交易法出现以后给世界带来的影响。现在的物权法有一个很重要的突破,就是对于经营的团体,不仅可以用现有的还可以用将来的一些原材料、产成品、机器设备等作担保,这是对于现有担保制度的重大突破。因为,过去能够作为担保、抵押的都是特定的现有的东西,而对于将来的一些东西是不允许用来担保的,实际上没有采纳浮动担保,但现在已经把浮动担保的思想加进去了。在这一点上,我们是把原有的大陆法的概念和英美法好的东西充分结合起来了,也适应现在外国银行进入中国以后对我们提供担保手段多样化和担保手段商业化的需求。这是适应商业需求和国际接轨的一个重要方面。

第五,物权法还有一个很重要精神,就是对于私权保障的具体化。

将私有财产权绝对化是对《物权法》的曲解

记者：如何理解物权法中"私人"这个词的含义？

江平：很多人说起保护私人的财产，就会认为私人就是富人的概念。其实不然，在物权法中的私人是不分贫富的，物权法中规定保护私人财产中的"私人"是指包括农民在内的全体作为自然人的权利人，而不完全是民营企业家或者富人。对于私人的概念也并非物权法首创，在修改后的宪法中也有所体现。

目前，社会舆论有一种误区，就是将私有财产权绝对化，那是对《物权法》的曲解。不过，《物权法》颁布施行之后，并不能解决所有的问题，还需要相关法律予以完善。

记者：物权法规定对合法的财产进行保护，很多民营企业家对于何为合法财产，仍然存在疑虑。

江平：物权法所规定的保护私人财产，应理解为原则上推定占有人是合法的，除非有人能够证明是违法，就像举证责任倒置原则一样。否则的话，这个社会里许多民营企业家就会有危机感和原罪感，整个社会就会人心惶惶，人人自危。至于刑法中规定的巨额财产来源不明罪，主体是国家公职人员，而非所有自然人。因而，保护私人合法财产不是一句空话。

记者：关于对国家、集体、私人的平等保护，对于企业，特别是民营企业有什么特别的意义吗？

江平：三年前，曾经有一个香港公司状告内地的三大航空公司。按照香港地区法律规定，如果原告能够证明其案件在香港地区以外的法院得不到公正受理，则香港地区法院有权受理。而当时对方的律师提出的一条在内地不能公正审理的理由就是内地的法院对国家财产和私人财产不是平等保护而是对国有财产特殊保护。应该说，平等是市场经济最基本的法则，离开了这个法则物权法就不是真正的物权法。市场经济有三个平等——中外平等、公私平等和城乡平等。而公私平等就体现在物权法中，不论对民营经济还是国有经济,都一律给予了平等的保护。

物权法不能解决所有问题

记者:公共利益和商业利益如何区分?

江平:到底什么是公共利益,什么是商业利益,这个问题太大了。

美国最近就有一个案子,大名鼎鼎的辉瑞制药厂要在一个小镇上建制药厂,遭到该镇居民的反对,引起很大争议。美国联邦最高法院大法官奥康纳认为,在这个镇上建设制药厂,虽然属于商业行为,但可以提供就业机会,也符合社会公共利益的需要。

20世纪20年代,美国修建帝国大厦时,很多商户要被拆掉,当时,这些商户就提出,修建帝国大厦是商业利益行为,我们私人商户也是商业利益,凭什么我们小商户要给大商户做出牺牲?后来经过讨论,还是倾向性地认为,帝国大厦是当时最高的建筑,代表美国的形象,从这一点上,也可以理解为公共利益。这就是说,从美国历史上发生的情况来看,这个问题也是非常复杂的。

我们在制定《物权法》的时候,对于什么是公共利益,最初是想采取列举的办法,但后来还是没有列举,因为一旦列举,等于作茧自缚。比如,在北京三环以内建一个商场,可能被认为是纯粹的商业行为;但如果在六环以外,在新的开发区,建了居民住宅,没有其他的商业设施,居民生活很不方便,如果在那里建一个商场,可能又被认为符合公共利益的需要。所以,这个问题很难一概而论,不能说只要具有盈利性质,就一律认为是商业利益。

记者:通过诉讼的方式解决私有财产征收过程中的争议,无疑符合现代法治精神。但目前此类诉讼仍然存在着很大的壁垒,其中的关键问题是,抽象行政行为不能被起诉。各地政府制定的拆迁补偿标准正是争议的核心问题,却因为属于抽象行政行为而不能起诉,这个问题应该如何解决?

江平:这个问题确实存在。应当说,我们目前还缺少一个东西,根据法律规定,政府在拆迁的时候,如果财产所有人认为不合理,也只能针对具体行政行为起诉,而不能针对抽象行政行为。当政府制定了一个有关拆迁补偿标准的规定,被认为不合理,这被认为是抽象行政行为,不是针对具体的某个人,而是针对所有的公民的拆迁补偿办法,法院对这种起诉一般不予受理,即使受理也会驳回诉讼请求。

《物权法》颁布施行之后,并不能解决所有的问题。目前,法院在拆迁案件的判决中,只是判决是否强制拆迁,并没有解决补偿是否合理,更没有去审查政府制定的补偿规定是否公平合理。所以说,法制确实有不完善的地方,将来只能通过《行政诉讼法》或其他相应的法律的完善来解决这个问题。

网络力量可推动法治完善*

> 我们要制定一整套适合于中国现状的法律体系,这是一个很漫长的过程。

2009年12月28日,是江平的80岁生日。9个月后,他最欣喜的事情是出版了自己的文集《沉浮与枯荣》,他说:"剩下的日子不多了,也不那么重要了,希望这本书能够给法学界的后辈们有所启迪,那就不辜负写这本书的初衷了。"

《沉浮与枯荣》记录了江平从少年到现在的重大人生经历,其中最扣人心弦的是"文革"时期,也就是江平自认的"失去的22年"。在这一年,江平失去了三样东西:新婚的妻子、自己的右腿和理想。"从1957年到1978年,我该失去的失去了,不该失去的也失去了,最低谷时,除了这条命,其他所有的都失去了。"

"文革"当中,江平重组了家庭,夫妻两地分居,寒夜里,身高体壮的大老爷们一针一针地给孩子织毛衣。在那个公检法砸烂、法学教育停滞的岁月,江平在市郊一所中学教书谋生,从苏联带回来的几箱书,被当做废纸卖掉。那天,他写了一首五绝:"西天朝圣祖,读经寒窗苦。谁知归来后,卷卷皆粪土。"

"我丧失了人生最宝贵的时间。"1979年,回到了阔别已久的北京政法

---

* 本文由大洋网发表于2011年1月22日。

学院时,白发已经爬上了江平的额头。终于,在20世纪80年代,江平迎来了人生的春天,他先后参与了我国多部法律的制定,包括1984年出台的《民法通则》和1989年通过的《行政诉讼法》。1988年,江平当选第七届全国人大常委会委员、人大法律委员会副主任。

"我的一生后来很长的时间是和立法联系在一起的,从1982年开始制定《民法典》我就参加了,但是时间很短。我后来担任学校领导工作就回来了,之后我又参加了中国经济法研究会,国务院经济法研究中心,那里面参加了中国法律的制定。后来我担任了七届人大,从1988年开始担任了七届的法律委员会副主任,这些都是和立法工作直接有关的。"江平说。

1989年在面对汹涌而来的学生潮,已经是法大校长的江平拖着一条病腿,带领一干教师堵在校门口,苦口婆心地劝阻激动的学生不要上街,"他是怕学生受到伤害,就像母鸡护着小鸡"。

离开法大20年了,可法大的老师和学生们仍然认为他是"永远的校长"。有一次法大校庆,当记者念起在座校长的名单,提起江平时,台下响起雷鸣般的掌声久久不绝。这让"年老多情"的江平久久难忘。

现在的法大校园里,江平题写的"法治天下"流畅大字依然醒目矗立,"只向真理低头""法治天下""四年四度军都春,一生一世法大人""我所能做的就是呐喊"……他的这些名言正在被一代又一代的学子们铭记。

价值观颠覆——国民党的腐败让各界失望

记者：我看过您的思想录，您那时候在思想上更认可国民党，那时候您的想法是？

江平：我对国民党有过期望。当时蒋介石作为抗战的领袖，中国又是第一次对外取得战争的胜利，而且中国参加了五个联合国的常任理事国，中国的地位大大提高，应该说这方面是有很多的期望。我也参加了当时蒋介石在太和殿召见的北京市各界人士，也感觉到很激动，但是随后逐渐对国民党就有很大的失望，这个失望就是腐败。

记者：从1919年的"五四运动"一下子到鲁迅到胡适的新青年，您觉得旧中国那个时代对您最大的影响是什么？

江平：巴金对我的影响更大，可能那时候巴金的这些书的影响是有一种无政府主义的倾向或者有一种反叛的精神，我的记忆中鲁迅、胡适真正接触到看到的文学作品似乎不多。高中以后，像《观察》《文粹》，这些当时影响我们最大的一些杂志，这些更多是宣传民主自由的思想，对于我们青年人来讲是很现实的，它们对中国的时局有很深刻的分析，有很深刻的解剖，这些东西对我们影响最大。

记者：我知道您在1950年的时候去了苏联，您当时去苏联是什么样的情形，是派过去的还是自愿去的？

江平：1951年到苏联去都是公派，那时候也没有私人去，也不可能私人去留学。那时候第一批派到苏联学法律的也有12个人，应该说这是数量从比例来说不算小的这么一个群体。

原先学法律时并不完全是处于自愿。但是既然学了，当时号称国家派的任务，是完成国家规定的使命，所以当然努力来学习。没想到后来回国之后也没有用上，只不过改革开放的时候才用上，等我用上的时候已经快50岁了。

"文革"失去最珍贵的22年——最大理想是活着

记者：回国后,刚好经历"文革",那时大家都忙迷茫,你当时有没有什么理想追求?

江平："文革"期间我没有什么太大的理想,理想有没有希望会改变的一天? 很少。或者没有想到在改革开放的时候"右派"能够完全平反,当时想共产党的历史上如果能够对现有的政治运动做全面的平反,可能性是微乎其微。

记者：我也知道您在这期间您的家庭也离散了,您的身体上也受到一些伤害,那么从您个人来说您觉得您当时失去最珍贵的东西是什么?

江平：我当时应该说失去了三样东西,政治上的前途失去了,从人民变成了敌人；身体上我的腿断了,失去了健康,我变成残疾人了；家里面刚刚结婚不久的妻子离散了,家庭也受到了打击,应该说这个打击对一个人来说是非常巨大的。我之所以能够还坚强地活下来,也就是有一个很本能的愿望,希望坚强地愉快地活下来,这是当时自己的一个理想了。我想的不仅是要活着,还是要高高兴兴地活着。

记者：在那段时期,国家对您来说什么事让您觉得最绝望?

江平：50岁时我已经改变了,50岁之前没有什么太能够令人绝望的了,影响说这三重打击对个人来说是够绝望的,但是"文化大革命"期间确实对于国家的前途感觉到非常悲观,"文化大革命"期间也看到了这种政治斗争的形势,也看到了毛泽东早晚是要故去的,但是对于故去以后中国的时局确实有点担忧,因为是势均力敌的两个方面。势均力敌的两个方面怎么办呢? 有毛泽东在的时候还可以平衡,毛泽东不在的话,这个中国的前途真是非常悲观,那个时候是很难想象,没想到最后采取了这样的方法来解决。

"我的一生后来很长的时间是和立法联系在一起的"

记者：您在1978年后从事了法律,当时您从事法律的心态是什么,形势所迫还是为了找份工作?

江平:不是这样的,后来北京政法学院恢复,我还是愿意归队,他们也是呼唤我希望我归队,我的专业也是学了法律,当初我也是愿意从事教学工作,应该说这是我的理想,能够回到北京政法学院从教是我的理想,我当然很愿意回来。

记者:在当时我们中国是不是最缺乏的东西也是法律?

江平:当时中国从人治到法治这个要求是很强烈的,当时提的是十六字"有法可依,有法必依,执法从严,违法必究"。这十六字的前提就是有法可依,所以我认为我的一生后来很长的时间是和立法联系在一起的,从1982年开始制定《民法典》我就参加了,但是时间很短。我后来担任学校领导工作就回来了,之后我又参加了中国经济法研究会,国务院经济法研究中心,那里面参加了中国法律的制定。后来我从1988年开始担任了七届的法律委员会副主任,这些都是和立法工作直接有关的。

记者:80年代您常出国做很多大学的访问学者,在当时的中国应该向国外学习的,您感受比较大的是什么?

江平:当时感觉到最突出的一个就是中国法律的不健全,甚至可以说不是不健全而是一片空白,我们只有几部法律,这是远远不够的,所以我们要制定一整套适合于中国现状的法律体系。这是一个很漫长的过程,事实也证明了,我们通过30年漫长的努力,到今年为止可以说建立了一套比较完善的符合中国特点的法律基本框架,这点可以说是初步解决了有法可依的问题。

记者:可能在八九十年代的时候大家比较淳朴,特别相信法律,但是近几年来大家对法治特别丧失信心,您觉得症结在什么地方?

江平:症结还是执法存在问题,我们现在执法和立法有一个很明显的脱节,人们感觉到法立得多但是没有很好地执行,那结果还不如没有立法,执法环节的失望这是一个很大的原因。

执法不理想,一个原因就是我们执法人员的素质,如果我们执法人员的素质比较高,行政执法、司法法院执法如果能够有很高的水平当然好一点,但是在执法过程中人的因素很大又有很多腐败的问题,结果执法不能够做到真正的公平,这也引起了老百姓的不满。

自下而上的民意是法治进步的驱动力

记者:从现在到未来中国法治进步的驱动力是什么?

江平:法制的驱动力是两个方面,一方面是自上而下,另一方面是自下而上,既要有领导的积极性又要有群众的积极性。应该看到我们国家这两个方面现在看起来光有上面的积极性是不够的,或者说上面的积极性也达不到中国法治的进步推动力的作用,因为中国现在在政治体制还是人治的基础很多,促进人治的因素也很多,所以真正要实现法治还要靠第二个方面,那就是自下而上的推动。

我想我们看到前些年孙志刚案件,一个大学生在拘留所被打死了,三个博士上书中央说这是违宪的,最后引起广泛注意,这推动了我们的法制进步,最后把收容审查的法律制度废除了。

自下而上的推动是很重要的,尤其现在网络,像搜狐这样的,如果在网上有一个什么信息真正反映老百姓的愿望,那么它的反响很快表现出来,能够形成一股很强或者很大的社会推动的力量,这样能够推动我们法制前进。

社会的进步现在看起来是要妥协的

记者:根据您的个人经历,在我们当代的年轻人是不是在理想遭遇现实的时候做出一些妥协应该也是没有什么问题的?

江平:社会的进步现在看起来是要妥协的。过去我们所习惯的革命的方式,是在中国的特殊的年代所形成的,我们所生活的那个年代 1945~1949 年,那个时候没有任何妥协的余地,就是国民党和共产党了,这两个就是你死我活了,谁取得政权另一方完全打倒,只有这样的情况。

而社会现实中,我们也不可能都是这样的方式,非此即彼,要么我活着要么你完全被打倒,要么你或者我完全被打倒,现在没有这样的,现在必须得有妥协。所谓妥协就是大家共存,都有活着的机会,都有利益可得,这是很重要的。现在我们是应该进入到改革的年代,改革的年代就是利益共存的年代。

记者:您的中国梦是法治天下,那您觉得法治是不是可以创造财富?

江平:法治当然是可以创造财富或者说任何精神的力量都可以创造财富,法治完全可以来创造财富。如果说西方国家在有些法律甚至宪法里面明确写进了私人财产神圣不可侵犯这一条,实际上就是为其创造了无限大的私人财产取得和保护的机会,这点是非常重要的。

因为它使用了神圣不可侵犯,私人财产要高于公共财产,只有这样的话私人财产才能够得到保护,如果我们《宪法》倒过来写,公共财产是神圣不可侵犯,私人财产可以拿来随便剥夺随便限制,那我们国家创造私人财富的机会大大减少。

我们就是这个样子,所以现在我们《宪法》写进了私人财产受法律保护,至少我们比过去大大地迈进了一步,老百姓在获取私人财产的时候信心就足多了,有了信心就有了积极性,有了积极性就能够为创造私人财富给予更大的空间,这是很重要的。

记者:您对学习法学的年轻人有没有什么期待?

江平:竞争是主流,必须要适应竞争。这些对于现代的年轻人来说,首先要解决生活的问题,要解决收入问题,那你就应当适应竞争年代的需求。所谓适应竞争年代,不是让环境来适应我,而是让我去适应环境。

"拆迁条例"实现废旧立新[*]

> 《征收条例》的亮点是符合物权法的要求,主要体现在四个方面:征收理由更明确、征收程序更规范、征收补偿更公平,救济手段更充分。

千呼万唤,受到舆论高度关注的《国有土地上房屋征收与补偿条例》1月19日由国务院常务会议原则通过,两天后向社会公布了《条例》的全文。从"拆迁"到"征收",这种废旧立新的过程,不仅仅是两个字的微小变化,而且是向权利本位迈出的重要一步。为此,著名民法学家、中国政法大学终身教授江平先生接受了《法治周末》记者专访,纵论《征收条例》及其所反映的法治理念。

《法治周末》:我们注意到,《国有土地上房屋征收与补偿条例》将旧条例中的"拆迁"全部改为了"征收",这种用词的变化是否体现了《征收条例》人性化、以权利为本位的立法精神?

江平:这说明它跟物权法的精神趋于一致。物权法是保障土地、房屋权利的根本大法,其中规定了征收的问题,《征收条例》的这一变化也体现了物权法的精神,同时也强调了征收与补偿,不再是拆迁。征收和拆迁有很大的不同,征收是国家行为,而按照旧的《拆迁条例》,政府允许开发商去拆迁,则拆迁是开发商行为,两者主体不同。涉及征收拆迁的《物权法》第42

---

[*] 本文由《法治周末》发表于2011年12月21日,采编记者:李恩树。

条虽然没有明确写明征收主体是谁,但从立法精神来看应该很明确,征收必须是国家的征收行为,所以必须要把拆迁改为征收。

《法治周末》:《征收条例》中首次对"公共利益"范围设定了6种情形,这种范围的设定是否必要、合理?

江平:"公共利益"是征收的理由,是征收行为是否合法的前提条件。《物权法》在做"征收"的相关规定时,也曾考虑过这个问题。当时达成共识的是,征收前提是公共利益的需要,但是否要把"公共利益"在法律上明确界定,经过了反复的争论和考虑,最终并没有界定。因为《物权法》要列举征收的理由有困难,从国际经验来看,通过一个法律条文来完整界定"公共利益"和"商业利益"非常困难,容易以偏概全。

制定《征收条例》时,这个问题就绕不过去了。"公共利益"作为征收理由必须得明确,条例第8条规定的6种公共利益情形,总的来说是合适的。第6种情形是兜底条款,"法律、行政法规规定的其他公共利益的需要",什么是"其他公共利益",掌握好这一条比较难。如北京市六环附近建成一个小区,但是商业布点不合理,现在要征用土地在小区旁建一个商店,那这种行为是商业利益需要还是公共利益需要?从形式上看,是商业利益需要,因为是一个商业布点。但在偏远、居民集中、缺乏商业区布点的区域建一个商店,就有公共利益需要的成分在内。所以有些商业布点也可以理解为公共利益需要,这种模糊的情形就可以用兜底条款解释。但这种兜底条款也容易带来随意征收的空间。

《法治周末》:最终确定的《征收条例》在公共利益的设置上,比《征求意见稿增》加了"外交需要",减少了"国家机关办公用房建设的需要",这种调整意味着什么?

江平:"国防和外交的需要"是没问题的。而"国家机关办公用房"从道理上说,是公共利益的需要。但是现在有些地方对此存在滥用的情况,有些地方政府机关占地过大,盖得很豪华,出现了利用公共利益的名义来满足机关单位自己的需求,滥用征收土地。这样来看,国家机关建设用房虽然应该是公共利益的需要，但如何把握尺度是最重要的。之所以删掉，也有可能出于这种考虑，或许可归为第三种情形中的"市政公用"设施，但依然要严格控制范围，不能滥用扩大。

《法治周末》：《征收条例》规定征收前补偿款应足额到位，专款专用，并且被征收人拥有货币补偿或房屋产权调换的选择权。这些新规是否能解决此前补偿不公的顽疾？

江平：关于补偿，《征收条例》有五个亮点。一是第17条规定了补偿的三个范围，第三个很重要，是对因征收房屋造成的停产停业损失的补偿。过去有些拆迁经常忽略经营收入损失的补偿，或者按照没有经营活动的标准来补偿，这样就有失公平。重庆有一个案例，被征收人是开火锅店的，因拆迁停止营业，损失很大，重庆市政府专门对他的经营收入进行特别的补偿，这是一个合情合理的办法。拿房子用来居住的和拿房子作为生产资料来经营的，这个赔偿标准显然不一样，所以现在加上这一条很合适。

二是规定了被征收人享有货币补偿或者房屋产权调换的选择权，这个办法比较好，而且特别规定了，旧城改造中的被征收人可以选择在改建地段进行房屋产权调换，这一点很重要。有些人住惯了闹市，不愿意迁到很远的地方，这种情况下，政府应当提供这种条件，保障在旧城改造时，老百姓的利益不受损失。

三是第19条规定，对被征收房屋价值的补偿，不得低于房屋征收决定公告之日被征收房屋类似房地产的市场价格，并且房屋价值由评估机构来评估确定。这和原拆迁条例有很大不同。过去实行的补偿办法多是"暗箱"作业，每家被补偿多少并没有张榜公布，也没有公示。现在按照市场价格为底线，应该比过去要明确了。另外，价值由评估机构作出，而不是由开发商作出，比过去要更公平。如果不服评估结果，可以申诉要求复议，如果再不服，可以再申请鉴定机构进行鉴定，觉得不符合公平标准还可以请另一家来鉴定。

还有一点非常重要,评估机构不是由政府作出的,是由双方协商确定的评估机构。我看这个办法能确定以货币来补偿时价格的公平性,这是取得公平价格一个很重要的办法。

四是新条例规定了补偿先行,就是先补偿后搬迁。根据《物权法》第28条,因人民法院、仲裁委员会的法律文书或者政府的征收决定等,导致物权设立、变更、转让或者消灭的,自法律文书或者政府的征收决定等生效时发生效力。这个条款意味着一旦政府作出征收决定,在决定生效时,老百姓房子的物权就发生了变动,变成政府的了。这一条对于老百姓的利益,应该是很大的一个威胁。现在《征收条例》规定,先补偿后搬迁,必须先补偿,如果不补偿的话是不可能搬迁的,这样就把老百姓的顾虑解决了。

五是规定了补偿款专款专用。这五个亮点加在一起看的话,对于老百姓补偿的手段,总的来说还是比较周到的。如果对补偿款不服,还有行政诉讼的救济手段。现在需要法院来执行,过去的行政强制手段现在行不通。这种补偿手段和救济手段,应该说给了老百姓充分的保障。如果出现了侵犯老百姓利益的情况,老百姓完全可以根据此条例来实施自己的权利。

《法治周末》:您刚才提到了补偿程序中的评估行为,《征收条例》中列明了评估机构的选定程序,及存有异议的救济途径和罚则,这些规定在未来实践中能否被很好执行?

江平:评估机构不是政府机构,没有自身的利益,本身也没有必要过分压低被征收人房屋的价格。正常情况下,应该是公正的。因为现在市场中的评估行为很常见,也很多,很难想象通过评估来专门损害某个特定被搬迁人的利益,这种情况应该很少。在市场发展中,评估市场已经很成熟,故意造假的可能性不大。

《法治周末》:《征收条例》取消了原条例中行政机关自行强制拆迁的规定,变行政强拆为司法强拆,作用是否明显?法院能否公正有效地做到独立执行?

江平：从强制执行的手段来看，这种改变符合现代司法的一种精神，也就是政府不能利用公权力来直接强制拆除公民的房屋，以及破坏一些重要的生活资料。这符合现代权力分配的原则，除了有法律明确规定的以外，凡是涉及冻结财产、拍卖财产等行为，必须通过司法程序。如我们规定了海关、税务才有这个权力，其他机构没有这个权力，要冻结、拍卖人的财产，需要由司法来执行，不能由一般的国家机关来执行，这符合现代公权力行使的精神。

修改后，也有些人担心换汤不换药。主要的担忧有两个：一个担心是加重了司法负担，因为法院资源一直很紧张，现在又把强制搬迁的任务加到了法院身上，法院到底能不能承受这个负担是个疑问。我觉得，如果按照公平的程序来讲，不管付出多大的成本也是应该这么做的，法院不应该有怨言；另一个担心是这种做法会不会变相地削弱了审判独立？有人担心法院和政府穿一条裤子，政府作出的执行决定，到法院只是走个形式。我也担心这不过是形式上的变更，当然具体效果还要看实践中的运行情况。

《法治周末》：《征收条例》明确了征收主体为政府，并且将多项征收权力上升至省级政府，这种变化能否解决各地标准不一的拆迁乱局？

江平：征收主体、拆迁主体、补偿主体现在都明确为政府。过去还存有争论，国务院法制办最早在征求意见时，讨论谁是征收主体，谁是补偿主体，当时地方政府的声音是"我们是征收主体，不是补偿主体，我们没钱补偿，应该由开发商来补偿"。现在已经明确主体，物权法也包含着这层意思，既然征收主体是国家，那么拆迁主体、补偿主体都应该是国家。

《征收条例》规定在省级政府这一权限上，有利于征收和补偿时，全省有一个统一的标准，如果在每个市县都有不同做法，产生的弊病就会非常大。但问题是，如果都上升至省级，地方权限又太小了，不利于地方发展。在这种情况下，要区别不同的情况，有些问题是市县就能决定的，有些问题则需要由省一级来把关，这个比较符合中国的国情。如果上升至省级，有利于减少地方政府和老百姓之间的矛盾。

《法治周末》：《征收条例》中规定了暴力拆迁的若干罚则，最高可追刑责，这能否对常见的暴力拆迁起到一定的遏制作用？

江平：利用停水断电、停气停热、阻碍交通道路等办法进行暴力拆迁是明令禁止的，新条例中明确了这些罚则能保障老百姓不受到这种暴力拆迁的威胁。对于一些典型的暴力拆迁，如停水停电，这种情况是很不好的，这也体现出政府形象和文明执法中存在的问题。所以不能用没有人道的方法实施拆迁，这是错误的。

《法治周末》：在拆迁的利益平衡中，如果政府拆迁行为合法，但出现了恶性抗拆的"钉子户"行为，该如何规范？

江平：物权法中特别强调，国家保障公民的私权，但同时又提出不得滥用私权。在拆迁过程中，滥用私权的情况经常有，《征收条例》中的解决办法是申请法院强制执行。如果抗拒法院执行，就要按照抗拒法院执行的办法来处理，有的可能还要承担刑事责任，这个问题就严重了。依法严格处理，这恰恰是建立法治社会很重要的一点。

《法治周末》：作为行政法规，《征收条例》如何与《物权法》进行衔接？

江平：《征收条例》是《物权法》的配套法规，不应该有矛盾。因为物权法只是原则上的规定，关于拆迁的描述只有一个42条，法律上太笼统，在实践中并不能解决什么问题。《征收条例》对《物权法》做了明确补充，使它能更好地落实。《征收条例》以国务院行政法规的形式作出，比部门法规效力要大很多，但它也只是《物权法》具体实施的一个配套法规，所以绝对不能和《物权法》相违背。

《法治周末》：《征收条例》的亮点和不足各是什么？

江平：总的来看，《征收条例》的亮点是符合物权法的要求，主要体现在四个方面：征收理由更明确、征收程序更规范、征收补偿更公平、救济手段更充分。这也是保障公民权利非常重要的四个方面。如在程序方面，原拆迁条例很大的问题是没有透明度，缺少公众参与环节，《征收条例》就或多或少地引入了公众参与理念和透明度，在旧城改造中加入了听证环节，这也是公众参与的一种体现。

除了这些进步之外，还有些问题尚需要进一步明确，如补偿范围中"停业损失"的计算问题。实践中有关停业之后的损失补偿争议很大，由于受旺季淡季等多种因素的影响，所以很难计算。再如，第24条规定了对认定为合法建筑和未超过批准期限的临时建筑，应当给予补偿，对认定为违法建筑和超过批准期限的临时建筑，不予补偿。虽然新条例将介于生效和无效之间的"待生效"建筑纳入了补偿范围，但对于那些无意的，或者政府也存有过错的违法建筑和超期限临时建筑，政府究竟有没有责任？这一直是一个争议很大的问题。假如政府存有不作为的情况，或者对于违法建筑存在纵容行为，任其发展成一栋高档别墅，别墅主人能否得到赔偿，政府是否应当承担责任，《征收条例》中规定只要没有法律依据，一律都要拆除。我认为，政府如果有过错的话，还是应该考虑到要承担一定的责任，这也是新条例中尚有不足的地方。

如果国有土地上的拆迁只涉及商业利益，要怎么办呢？能否像西方社会一样，双方完全经过谈判来确定价格？如果当事人不满，能否就不搬，就不签合同？这些问题都还尚有争论。

《法治周末》：《征收条例》能否彻底杜绝国有土地上的强拆、暴拆、恶拆？

江平：防止强拆应该可以保障。但从根本上能否有效防止这些行为非常难说。因为任何东西都有变相的手段，不采取停水断电等易见的手段，可能还会采用其他软威胁，如加重税费，威胁在政府机关工作的家属等。政府拥有的手段很多，这些新情况都要在今后的运行当中不断发现并修改。

《法治周末》：不容忽视的问题是，大量拆迁问题发生在集体土地上，而近年来由于土地财政引起的集体土地拆迁正处于法律乏力的境地。《征收条例》并未将集体土地上的房屋征收问题纳入其中,这方面的拆迁和补偿问题该如何解决?

江平:集体土地上小产权房屋的问题太多了,尤其是城乡结合部。国有土地上的拆迁没有土地的问题,集体土地上的拆迁不光有房屋问题,还有土地问题。因为土地是集体的,关于土地作价、补偿的问题很复杂。这属于土地管理法涉及的范围,所以下一步应该解决《土地管理法》的修改。据我所知,《土地管理法》也已经进行修改很长时间了,这些都会考虑进去,到时也会向社会公开征求意见,但在近期内不会进行。

加强司法权威,保障司法公正[*]

> 当下,无偿没收犯罪民营企业家全部财产的现象,绝不是个别现象。首先应该明确的是,判定民营企业家犯罪的依据究竟是什么?

30多年来,江平教授一直坚持不懈地为私权呐喊。这位"只向真理低头"的老人如今年逾八旬,被尊为"法学三老"之一。但是,在诸多公共事件中,他仍然不断发出自己的声音。在他看来,节制公权是当前法治建设第一要务,因为公权力对私权的侵害,乃是当前中国社会所面临的最大问题。他同时强调,公权力也不能滥用,需要把握公权与私权之间的平衡。要做到这一点,必须推进司法改革。

访谈在江平教授家中进行。在一次中风之后,他的听力已大不如前,但思路清晰依旧,声音仍若洪钟。

只有程序正确,才能够目标正确

《中国改革》:近年来,民营企业家财产及人身权利被侵犯的事件屡有发生。在这些案件背后,出现了一种现象,即有的地方政府以"专案组"的形式,组织公、检、法联合办案,先将企业家以"涉黑"的名义投入牢狱,然后没收其企业及个人合法财产。

江平:当下,无偿没收犯罪民营企业家全部财产的现象,绝不是个别现

---

[*] 本文由《中国改革》发表于2012年8月22日,采编记者:杜珂。收入本书时有删改。

象。首先应该明确的是,判定民营企业家犯罪的依据究竟是什么?

在20世纪80年代末,曾经有过一个在全国相当轰动的戴晓忠案。当时,东北企业家戴晓忠在杭州因转让个人技术发明,被杭州市检察院批捕并提起公诉,罪名是科技投机倒把罪,个人财产也被没收。经过律师的辩护,戴晓忠最终被无罪释放。后来,此案还推动国家科委出台了规范科技人员技术转让的规章。这个案子向我们提出了一个问题:用计划经济时代的做法来应对市场需求是否适宜?

"投机倒把"一词产生于20世纪七八十年代。1979年7月1日开始实施的《刑法》笼统地规定了投机倒把罪。现在看来,"投机倒把"无非是把特别紧急需要的物资从过剩的地方运到需要的地方,物尽其用,自然有人从中致富。从这个意义上来说,"投机倒把"是不能构成犯罪的。但在当时,"投机倒把"是一个很严重的罪名,而且被滥用,成为容纳许多种犯罪行为的"口袋"。

现在,投机倒把罪这个罪名没有了。但是,仍有类似的情况出现,吴英案。我并不认为,吴英在民间借贷以及类似问题上完全没有犯罪行为。按照现行法律规定,非法集资、非法吸收存款是构成犯罪的。但是,如果用市场的眼光来看待这些问题,结论就有所不同。现在,一方面,地方或者一些人的资金很多,但没办法贷出去;另一方面,又有一些人很需要钱,但从现行的合法渠道中又贷不到款。在这种情况下,如何能够做到钱尽其用,值得关注和探索。

最近,吴英终审改判死刑缓期两年执行,从中能够看出中央也在研究这个问题。

可以说,现在的一些法律、法规已经落后于市场经济的发展,再用这些法律、法规来治罪,已经不合时宜了。

需要指出的是,曾经有过一个口号:要让那些犯法的民营企业家人财两空。这个提法有一定的道理,就是不能只判犯法者的刑,而他非法获得的钱仍然还在。

但是,现在看起来,是否剥夺他的财产还应该看获取财产的手段是否非法。如果确实是通过犯罪手段获取的财产,当然要充公;如果不是直接犯罪所得,就不能够侵占、没收,这是很重要的一个法律原则——只有犯罪所得财产才可以充公。

此外,要将自然人犯罪和公司犯罪区别开来。如果是公司犯罪,就没收公司的财产。如果是民营企业家个人犯罪,就没收其个人的财产。就是说,要将民营企业家个人的财产和公司财产分清。公司是公司,股东是股东,不能因为股东个人犯罪而牵连到公司,也不能因为犯罪者是最大的股东,或者是唯一的股东就把公司的财产剥夺掉。那种由于股东犯罪就没收整个公司财产的做法,是十分错误的。

《中国改革》:黑社会对社会秩序构成严重危害,因此涉案"黑社会"的民营企业家获刑乃至财产被没收似乎就有了某种合法合理性。

江平:这些问题之间都是有联系的。对待在"打黑"过程中涉案的企业家及其财产,需要考虑以下三个问题。

第一,这个企业家究竟是不是参加或领导"黑社会"?现行法律对"黑社会"的界定范围很广。按照《刑法》第294条的规定,"黑社会性质的组织"一般应具备以下特征:(1)组织结构比较紧密,人数较多,有比较明确的组织者、领导者,骨干成员基本固定,有较为严格的组织纪律;(2)通过违法犯罪活动或者其他手段获取经济利益,具有一定的经济实力;(3)通过贿赂、威胁等手段,引诱、逼迫国家工作人员参加黑社会性质组织活动,或者为其提供非法保护;(4)在一定区域或者行业范围内,以暴力、威胁、滋扰等手段,大肆进行敲诈勒索、欺行霸市、聚众斗殴、寻衅滋事、故意伤害等违法犯罪活动,严重破坏经济、社会生活秩序。

严格说来,"黑社会"应该有一个比较窄的定义,不能笼统地把欺行霸市都看成"黑社会"。对于那些违反反垄断法、反不正当竞争法的行为,不能统统归结为"黑社会"行为。

现在,有些地方把"打黑"扩大化,或者说在打击"黑社会"的一系列举动中,有一些是属于运动式打黑,有人把它叫做"黑打"。"黑打"也好,运动式打黑也好,很重要的一点就是把它当做一个解决社会治安问题、维护社会稳定的紧急措施或政治任务。这样,"打黑"往往就要在一定时间内达到一定目标,于是,在短短的一两年里抓出来上百个"黑社会"组织、上千名"黑社会"分子,这个过程就表现得很粗糙,不注意证据,不注意刑事诉讼程序,甚至出现刑讯逼供等现象。

第二,必须客观分析涉案企业家的财产中,哪些是"黑社会"行为所得,哪些是正常经营所得。现在对此往往不够重视。

第三,不能因为企业家个人是"黑社会"分子,就把公司的全部财产充公,这种行为是十分错误的。绝不能因为打击"黑社会"而使社会正常的经济活动受到严重妨碍。现在,往往打击一个"黑社会"组织,就造成社会经济活动的不正常运行。

造成上述问题的一个重要原因在于,相关法律并没有对没收财产如何执行规定严格程序。所以,在民事诉讼法修改过程中,有人建议要制定一部民事执行法。有严格的财产没收执行程序,绝对不能再粗线条地立案、审判、执法,说充公就没收,变成国有资产。拍卖也应有一个合理、合法的拍卖程序,科学评估犯罪分子的财产。

过去的立法强调原则和目标,忽视程序,即使有程序也不是很细。西方国家特别注意程序法。如果没有程序就谈不上公正,只有程序正确,才能够目标正确。我们过去是只要目标正确,程序无所谓。这种思维和行为方式一定要改过来。如果办案的程序、办案的手段都违法,还谈什么目标的合法?

所以,如何健全我国的民事执行法是一个刻不容缓的课题。

司法权威需要加强

《中国改革》:按照 1990 年中法 6 号文件《维护社会稳定加强政法工作》的规定,无论是行政执法机关还是政法部门办理的案件,凡是构成犯罪,依法需要追究刑事责任的,都应当依法向人民法院起诉,连同赃款赃物移送人民法院,由法院审判。但是,很多地方在办理案件过程中,在侦查环节就由政府的专案组、监管组及维稳办强行转让民企股权,扣押、拍卖私企和个人的财产,强行处置银行存款。

江平:公、检、法联合办案在我们国家曾经是长期存在的。改革开放以后,我们批判了这样一种做法,联合办案等于取消了公检法的相互制约。既然是联合办案,法院就得依照公安的意见审理,这是联合办案一个很大的缺陷。正确的做法应该是相互监督。所以,在1990年的司法解释里,就提到在刑事案件中,对财产的没收都要由法院来处理。

但是,实践中,有的地方并不严格遵照这一规定,公安机关在侦查阶段就把财产没收了,这就带来很多问题。

我们知道,办案是需要费用的,现在公安机关有这么多案子要办,往往要靠没收犯罪嫌疑人的财产来充当办案经费,虽然国家规定了收支两条线。实际上,财政往往把没收来的一部分返还给公安机关,公安机关在办案过程中有利可图,才愿意办案,无利可图就不愿意办案。法院最后也认可了这种模式。这就造成在处理财产的问题上,公安部门权力太大。这也是造成现在民营企业家财产权利被侵犯的一个重要因素。

《中国改革》:法院似乎"胳膊拧不过大腿"。一些地方政府在案件尚未判决之前,就先期拍卖犯罪嫌疑人的财产。但是,有时企业家最后被判无罪,如湖北天发的龚家龙,其已被处置的财产要恢复就非常困难了。

江平:出现这些现象的根本原因,就是中国司法没有权威。

我国的司法体制改革进展缓慢,特别是最近几年,这是一个值得注意的倾向。

另外,我们也很少关注如何真正增强司法权威的问题。法院确实有腐败现象,有判错案的现象。但是,解决这个问题并不是通过削弱司法权威,而是通过加强司法权威来解决。

如果作为社会公正底线的司法都没有权威了,一个国家、一个社会还能建立起什么真正的权威呢?

《中国改革》:中共十七大报告提出,"保证审判机关、检察机关依法独立公正地行使审判权、检察权","各级党组织和全体党员要自觉在宪法和法律范围内活动,带头维护宪法和法律的权威"。有些人士认为,在当下的中国,独立行使后的司法权照样会问题重重,同样会出现司法权被滥用的现象。这似乎成了一个"死胡同",难以走出来。

江平:解决这些问题,最后还是要通过政治体制改革。其中的核心问题就是要解决党委与法院的关系。

现在公开讲,法院应该在党委的领导下开展工作,实践中往往就变成法院要听政法委的。解决这个问题,还是应当严格遵守宪法确立的审判权独立的原则。

中国现在很迫切地需要推进政治体制改革,理顺政治体制中的一些矛盾现象。一个法院的判决执行不了,常常是因为担心执行会影响社会稳定。

如果我们不确立法治是最高原则,而把稳定确定为最高原则,就会变成公安局决定一切。这是本末倒置的,社会关系被搞乱了。

《中国改革》:最近,最高人民法院前院长出版了一本书,很受关注,书中提到了他任上所做的一些尝试,如在上海尝试建立行政法庭等。

江平:我认为,肖扬担任最高人民法院院长时期实施的一些方针,所代表的方向是值得肯定的。

让宪法落地

《中国改革》:在各地不断发生的"强拆"、"打黑"等事件背后,都有一个共同的逻辑,那就是为了经济发展,为了维护社会秩序。你怎么看这个问题?

江平:我们往往在一个很伟大的目标下不顾细节。以往,我们也经常遇到这一现象。思想家顾准早已把问题说得很清楚了:不能用一些非法的手段、错误的办法去实施一个很伟大很美好的目标。

在我看来，处理公权和私权之间的关系，有一个原则，即公权不能滥用，私权也不能滥用。公权滥用，会造成私权不能得到保障。私权滥用也不行，如拆迁问题中不考虑公共利益怎么行呢？

中国的现实是，私权受到公权侵犯的情况更多，在这种情况下，法律要更多地要保护私权，特别是要防止私权受到公权的侵犯。因为私权受侵犯，在任何一个国家都能很好地得到解决，法院秉公执法就可以了。但是，在中国，公权太强大了，私权相对弱小。过去，中国没有行政诉讼法的时候，私权受到公权侵犯时，一点保障都没有。《行政诉讼法》颁布实施之后，民可以告官，私权就多了一个保护手段。

民告官的前提必须是"告"官方的具体行政行为。什么是具体行政行为？就是单独针对个人采取的行政行为，如果该行政行为针对的是不特定对象，就是抽象行政行为，民就不能"告"了。这就是问题的所在。现实中，大量发生的老百姓控告政府拆迁不合法，是因为政府给的补偿太少。但是，政府提出，有关拆迁的决定是政府统一规定的，对所有老百姓都是一样的，这是抽象行政行为，不能告。

这个问题必须解决。修改《行政诉讼法》很重要，要把法院的受案范围从"具体行政行为"上升到"抽象行政行为"，使得法院有权来撤销相关的行政行为。

《中国改革》：中国现在经济方面的立法很多，而宪法规定的各项公民权利，还缺少具体的法律保障。面对像暴力拆迁等侵犯公民权利的事件，法律却无能为力。

江平：总体上可以这么说，中国特色的社会主义法律体系已经宣告形成了。但是，确如人们普遍认识到的，目前的一大缺陷就是，保护公民政治权利方面的法律还很不完善，也就是说，与宪法相配套的立法工作还没有完成，如宪法所规定的言论自由、出版自由、新闻自由、结社自由等，都还没有制定出相应的法律。

结果就出现了两种奇怪的现象：一方面，法院不能够根据宪法判案；另一方面，由于宪法所规定的那些原则还没有制定为法律，法院"无法可依"，如果有关机构侵犯了宪法确定的公民权利，公民也无从去告。这是一个很大的问题。

《中国改革》：2006年，最高人民法院曾经就山东省一起因"冒名顶替上学"引发的诉讼的法律适用问题作出《批复》，认为有关法院在审理这一案件时可以直接引用宪法的相关条款。宪法诉讼迈出了第一步。你当时提出，要进行真正意义上的宪法诉讼，还必须扩大对这个《批复》的解释。请你介绍一下这方面的进展。

江平：早在1986年，时任全国人大常委会委员长彭真就提出了人大监督的课题。中国自此开始动议制定"监督法"，这部法律实际上涉及宪法监督的根本问题。当时，宪法监督的模式有几种方案，其中一个方案就是设立宪法法院或者宪法委员会，专门审查违宪案件。这在当时认为是最可行的，至少在人大常委会下面，设立一个独立的宪法委员会。但是，这个方案经过多次讨论后，最后就无声无息了。

在2006年颁布的《中华人民共和国各级人民代表大会常务委员会监督法》中，不仅没有宪法法院，连宪法委员会也没有设立，而是将对违宪案件的监督权交由全国人民大代表大会下面的一个司局级机构。这个机构认为涉及违宪的案件，再提交给全国人民大代表大会常务委员会来讨论，如果常委会讨论后认为构成违宪，再来看下一步怎么办。现在，还没有一件被看做是违宪的案件，这是个很大的问题。

就我所知，曾经有过一个关于违宪审查案件的提案。

2003年，围绕着孙志刚案，三位法学博士向全国人大常委会递交建议书，建议对《城市流浪乞讨人员收容遣送办法》展开违宪审查。据说，是全国人大和国务院商议，由国务院自己把《收容审查条例》废除了。

针对这一问题，我在2004年中共中央修宪小组专家座谈会上发言时提出，现在大家都承认有不少违宪的情况发生，大家也都认为宪法实施中最大的问题不在于宪法规定内容应该扩大多少，而是在于现有的权利受到侵犯后,违宪的问题无法得到纠正。

我的建议是,当前至少应在全国人大内设立宪法委员会,在将来条件具备时,从全国人大的监督改为法院的监督,即设立宪法法院。按理说,宪法是中国最高的法律,是全国人民都要遵守的,对于修宪老百姓也都应该知道和参与。

政治体制改革的核心在于清晰界定党政职能

《中国改革》:今年要召开中共十八大,人们普遍希望在一些重大问题上能够取得突破,对此,你的期望是什么?

江平:我期望,中共十八大作出有关于政治体制改革的决定。

法治离不开政治,一个国家的法治能够兴旺,就必须理顺政治关系和党政职能。政治关系和党政职能没有理顺,法治是没有前途的。我们希望法治清明,前提是政治必须清明;我们希望法治完善,前提是政治要改革,政治体制要理顺。政治体制改革的核心在于党政职能要明确划分,不能以党代政、以党代法。

江西南昌曾经发生过一件事:当地老百姓要告南昌某党委,认为党委做的一个决定违法。但是,法院不受理。当地老百姓就给我写信,问为什么法院不受理。我说,这个问题说简单也简单,说复杂也复杂。一方面,说简单,是因为行政诉讼法规定了,只能告政府,不能够告党委。另一方面,这个问题又很复杂,因为有些政府的权力是由党委来行使的,不告党委该怎么办?

按理说,党委书记、党的机关不应当行使政府部门的行政权力,可是它不仅行使了,而且行使的还是决定权。但是,名义上又要由政府部门来承担相应的责任。我觉得,十八大非常重要的一个工作,应当是推动政治体制改革。

否则,就会如同温家宝总理在今年"两会"记者招待会上所讲到的,没有政治体制改革,经济体制改革取得的成就也不能够巩固,已经得到的也可能丧失。

司法要公正*

> "双规制度"如果从法律程序来说,是有问题的,但作为一个反腐败的非常措施,还是不可缺少的。

"你开始吧,大点声音。"

助听器出了问题,江平动手整理了一下,最终放弃,挥手示意记者可以开始采访。

在一次中风后,江平的听力大不如前。但这并不妨碍这位83岁的法学耆宿对各种公众话题的关注。网络反腐、劳教制度改革、防止冤假错案⋯⋯近日,在南四环的寓所中,江平对《中国经营报》记者一一分析上述崭新话题,逻辑严谨,声如洪钟。

网络举报只能作为线索

《中国经营报》:近日,国家发改委副主任刘铁男涉嫌严重违纪接受调查。现在很多人将其作为网络反腐的标志性事件。你怎么看?

江平:网上举报当权者的一些腐败现象,对于促进反腐是起了很大的作用的。当然网络举报,还是要经过有关部门的调查核实,因为网络信息真真假假、虚虚实实,有一些可能言之有理,有的可能是言之过分了。从法律上来说,不能仅仅以网上揭发作为判案的依据,但可以将网络举报作为一

---

* 本文由《中国经营报》发表于2013年5月18日,责任编辑:蒲文昕。收入时有删改。

个线索。

《中国经营报》：最近，19年悬而未决的朱令案再次引发巨大关注，网上要求重新调查呼声很高，对此你怎么判断？

江平：这其实跟上一个问题有些相关，就是破案的线索可以由网上来提供，但是破案的依据仅仅靠网上是不行的。网上的意见倾向于朱令的孙姓同学是嫌疑人，但要判定任何一个案件，证据是最重要的，没有证据不可能入人以罪。所以，在没有证据的情况下，还应该完全以无罪推定为原则，不能以大家的怀疑来作为她有罪的根据。

《中国经营报》：很多人认为，法律应该回应民意，你认为呢？现在，法律应该以什么样的方式来回应？

江平：首先要看这个案子至今未破的原因何在。如果因为清华大学没有及时报案，导致丧失了取证的最佳时机，那从法律上应当追究有关部门失职的责任。谁没有及时保护现场、保留证据，而使现场破坏，证据没法搜集，这个责任要明确，有的可能是行政责任，有的可能是纪律责任，有的可能构成刑事责任。其次，如果依据现有的证据可以定罪或者判刑，当然没有问题。但如果现有的证据确确实实不能够定罪，那只能遵循疑罪从无的原则。

劳教制度涉及权力之争

《中国经营报》：辽宁马三家劳教所黑幕，再次让公众反思劳教制度。你认为这个制度要废除还有哪些障碍要突破？

江平：其实，我们很早就在讨论替代劳教制度的方案，十多年前我们颁布的《立法法》规定，凡是涉及人身自由被剥夺的，必须由国家的法律来规定，所以劳动教养能够剥夺一个人的人身自由三年甚至还可以追加到四年，只有国务院的《劳动教养试行办法》是不够的，应当上升为法律。当初考虑的方案就有用诸如"危害社会安全法"来替代，叫什么名字不重要，但争论的焦点在于，究竟由什么部门来认定并实施劳动教养，公安部门认为现有的劳动教养制度是由公安部门制定的,也是由公安部门组织的劳教委员会来实施的,当然还应该由公安部门主导。但大多数法律学者的意见都认为不能够由公安部门来决定,应当由法院来决定。由于意见不统一,加上当时的政法委领导也不太同意修改现在的劳教制度,所以这个替代方案就被搁置下来。

今天我们要取消劳教制度,实际上还是有两个问题需要解决:第一个问题是,劳动教养制度被撤销以后,应该由什么法律来代替?当下社会还是会有一些轻微危害社会的现象,需要法律去规制,完全取消现有的劳教制度,并不现实,而且西方国家也有相应的制度。当然,未来的替代制度针对对象究竟是什么人,应该有个明确的范围,不能像现在的劳教制度一样针对对象过于宽泛。第二个问题是,未来替代劳动教养的制度究竟属于司法制度还是行政制度?若是司法制度就必须由法院来主导,如果是行政制度就可以由公安部门来主导,这是个关键问题。

最近,新任政法委书记孟建柱称,将推进劳教制度改革,年内或停止使用,在我看来,劳教制度改革的条件已经成熟了。

《中国经营报》:有学者认为,劳教制度难以废除还因为涉及利益,如有些地方把劳教人员作为廉价的劳动力,你认为呢?

江平:是的。但是归根结底还是权力之争,权力当然会带来利益。

防止冤假错案首先要实现独立审判

《中国经营报》:近日,最高法院副院长沈德咏在《人民法院报》刊发的有关防止冤假错案的文章引起很多讨论,其中讲到,地方冤假错案很多都是奉命行事,对于沈的文章和其中谈到的上述现象,你怎么看?

江平:沈德咏的文章明确提出,"宁可错放,不能够错判",或者说"宁可错放,不能够错杀",我认为是一个重要的突破。这实际上改变了我们法院判案中的根本指导思想,过去是以有罪推定作为前提,既然有罪推定,对司法系统来说,出现错判似乎在所难免,但是现在是以无罪推定作为出发点,那就要避免错判,更不能错杀。我认为,这种改变体现了尊重人权的思想,因为一个人最重要的是生命,其次是自由,如果错杀了、错判了,那等于冤枉了一个好人。我们遵循无罪推定就是把人权视为最高准则,这是一个进步。

沈德咏的文章中谈到,有些冤假错案是因为法院听从上面的指示造成的。如果原来上面的意图是要判死刑,最后由于法院的坚持,判了无期徒刑或者判了几十年的徒刑,而保留了嫌疑人的生命,这是应该肯定的,说法院功大于过还是有道理的,因为生命终究是最重要的。当然,错案终究还是错案。

《中国经营报》:你认为要防止错案,在制度上要有哪些根本性的改变?

江平:首先,要真正实现法院的独立审判,不受所谓上面的指示的影响,也不受公安部门调查结论的影响,完完全全做到真正独立审判。其次,在独立审判的前提下,真正依法办案,严格按照法律规定的条文进行审判。最后,要依照程序来办案,能够做到司法程序公正,是保证不出现冤假错案很重要的因素。我认为,能做到上述三点就可以尽可能避免错案。

《中国经营报》:很多冤假错案是由刑讯逼供制造的。你认为,如何做到对侦查机关权力的制约?

江平:我们在法律系统中没有很好地实现权力相互制约。本来是公安侦查,检察机关把关批捕,然后法院独立判决,现在在维稳、稳定压倒一切要求下,实际上形成了以公安为主导的体制。我们看到,政法委员里,公安起了主导作用。从社会地位来看,各地的公安局长、公安厅长都是当地的党委常委,法院院长、检察长却从来没有进入到地方党委常委的名单里,这就说明,公安的地位是高于法院的,但法治国家应该是法院院长在司法体系里发挥更重要的作用。

双规制度有其存在的必要性

《中国经营报》:在沈德咏的文章里还反思了法官与律师的关系。现在有些地方法官跟律师之间的矛盾特别尖锐,你怎么看这个现象?

江平:原来最高法院的一位副院长在一次内部讲话中列举了一些所谓"不良"的律师闹法庭,虽然是内部讲话,但很快被传出来了,引起了律师界的很大不满。因为作为最高人民法院副院长这样评价律师,是不利于法庭上法官和律师之间的合作的。最近,我听说最高法院的周强院长在一次座谈会上公开谈了这个问题,也即法院应该很好地尊重律师,要和律师更多地合作。我想,这个精神在沈德咏的文章里面也有体现,我很赞成这个观点。应该看到,律师是促进法院公正审判的一个必要条件,是一个不可缺少的条件。律师的存在有助于法院更好地把真相弄清楚。如果法官在法庭上不听取律师的意见,不尊重律师的权利和人格,甚至动不动就将其逐出法庭,不仅会造成法庭气氛不合适,也无法做到真正的公正审判。

《中国经营报》:周强是有法学背景的最高院的院长,你如何评价他?

江平:周强是西南政法大学毕业的,在司法部也工作过,应该说他对于法律的尊重,是我们法学界所公认的。

《中国经营报》:与劳教制度同样存于灰色地带的,就是"双规制度"。因为它是先于司法而进行的,你怎么评价这个制度?

江平:我个人认为,"双规制度"如果从法律程序来说,是有问题的,即在司法介入调查前,用党内措施来剥夺官员的自由,"双规"期间职务全免。但作为一个反腐败的非常措施,还是不可缺少的。如果现在没有"双规"措施,对贪官的震慑作用就要小得多。

《中国经营报》:你认为是什么原因造成了法律对贪官的震慑作用,没有党内的双规制度更大?

江平:因为实际情况是,官员在位的时候,按照正常的法律程序对他进行调查,会遇到很多的掣肘,常常很难进行下去。而通过组织程序,先免掉官员的职务,调查才容易展开。即当证据确凿,就可以免除职务,通过党内

"双规"的措施开始调查问题。但必须警惕的是,"双规"在某种情况下也可以说是一种有罪推定,而因为有罪推定,所以可能对有关人员刑讯逼供或者是变相刑讯逼供,这样造成的不良后果可能是很严重的。

枉法裁判不可原谅*

> 按照四中全会提出的改革,将来我们法院就是管审判,这是一个很正确的方向,也可以减少法院的腐败。但是,要保障法官真正能够公正审判,必须保证他们后顾无忧。

刚过85岁生日的江平是中国法学界德高望重的泰斗。江平在新中国成立后被公派到苏联学习法律,回国后任教于中国政法大学的前身北京政法学院,但很快就被打为"右派",直到"文革"后才重新回到中国政法大学从事法律教育,1983年至1990年先后担任该校副校长和校长。2010年,江平出版自传《沉浮与枯荣——八十自述》,记述了个人命运随时代潮流的沉浮。身为法学者,他在"文革"前的政治运动大潮中失去了22年,但他又感慨命运是公平的,因为他在"文革"后法制重建的大潮中,重新投身法律的教育、研究和立法工作,弥补了一身法学技艺无处施展的缺憾。

江平的个人命运是现代中国法律大命运在个体身上的投影。如今,在学界和公众赋予江平崇高荣耀的背后,是法律越发成为中国政治、经济、社会和文化中不可破拆之一部分的现实。包括法官、律师和法学者等职业在内的法律人成为了当代中国社会中出场率越来越高的群体,在社会各个领域中扮演着越来越重要的角色,也因此被赋予了更高的期待。法律人应该如何回应这种期待?

---

* 本文由《南风窗》发表于2015年1月21日,采编记者:叶竹盛;摄影:邹璧宇。

江平在自传中写道,法学家、法律教育家和法律活动家三个称谓中,他觉得后两者更符合他的自我定位。虽然江平担任中国政法大学校长不到两年,但在老师和学生之间却享有很高的威望。江平在媒体上常以法学家的身份露面,谈论立法和法律问题。《南风窗》近期专访了江平,请他从法律教育家的角度谈论法学教育、法律职业等涉及法律人品质的话题。

人性不善良的法官很可怕

《南风窗》:法律人应该具备怎样的基本素质?

江平:按我的理解,法律人应该包含三个素质,我觉得法治的概念就包含这三个方面。第一,理念。法治最重要的是理念,法律和法治的区别也在于理念。法律仅仅是一个制度,如果有法治的理念,就能走向更正确的方向。而法律作为理念来说,始终离不开民主、自由、人权这些概念。我们要依法治国,那当然要搞民主,不能搞专政、不能搞专制。我们要搞依法治国,当然要保障人们的权利,就是要保障人权。

第二,制度。法律本身就是制度,每一条法律就是一个制度。法律有好有坏,有恶法也有良法,不能说只要是法律就都是好的。希特勒的法律能说就是好的吗?法律本身并没有确定法律是善法还是恶法的标准。不过我们也要看到,在现代这个社会,绝大多数法律应该还是好的。

第三,法律应该是一种方法。经济学有经济学的方法,社会学有社会学的方法,法律学也有法律学的方法。法律方法就是以事实为依据,以法律为准绳,而事实要拿证据来说话,有一分证据说一分证据的话,有五分证据说五分证据的话。你手中证据不足,就不能下结论。法律人提倡的是严谨的作风,不管是法官判案还是律师辩护,都必须以证据作为基础。一个比较理想的法律人应该具有这三方面的素质。

《南风窗》:您在一个演讲中谈到马来西亚前总理马哈蒂尔的一个观点,他认为世界上最能够管理政府的人应该是医生而不是律师。台湾地区新近当选台北市长的政治明星柯文哲恰好也是医生。以往我们可能会说法律人天生是政界人才，但是古今中外，法律人出身的领导人可以说是誉谤两重天，例如，陈水扁就沦为了阶下之囚。怎样看待法律人当政的问题？

江平：这个问题要这么来看，学法律的人比较适合于担任领导人，这个观点我始终不变。总体来说，因为法律本身就是一个治理的方式，像学法律、政治、经济和社会学的，研究的就是人与人的关系，这样的专业背景更适合于当政。但是具体到个人来说，那就很难说了。我们拿具体的人来说，就有一个品质的问题。我们在培养法律人的时候，可能会出现很多问题，这很好理解。因为每一个学法律的人，都懂得什么情况下最能规避甚至违反法律。就像我们常说，一个医生最懂得怎么杀人，而且能够做得很隐蔽，查不出来。同样的道理，任何职业的人，越精通这个职业，就会越懂得规避的方法。所以从这个角度也可以说，最精通法律的人，品质上也可能是最恶劣的人，这个是很经常的现象。因此我们在培养法律人的过程中要注重素质，注意人性的善良，这个很重要。如果培养一个法官，人性不善良，那很可怕。这就跟医生一个道理。我们现在医生本来应该是治病救人的典范，结果一些医生成为了唯利是图的人。

《南风窗》：当前中国的法治还很不成熟，法律人，尤其是体制内的法律工作者在许多时候可能会向现实妥协，必须走折中路线。这种情况您怎么看？

江平：一个真正的理想的法律人，应该在一些问题上不能有任何的动摇。例如，法官判案时，明知证据是错误的、假的，还照样治罪，这是不可原谅的错误。枉法审判，枉法来判断一个事实，这对于法律人来说是致命的错误。即使屈于上面的压力，也不能委屈地用一种假的事实，用一种假的东西来作出结论，这是法律人一个最大的错误。所以我觉得学法律的人，可以在理念上有所妥协，但不能在事实方面做假，做假是最大的危害。

新一轮司法改革是拨乱反正

《南风窗》：中国法学教育的一个特点是，法学毕业生一走上工作岗位，就得面对复杂的法律和现实问题,但是又缺乏必要的社会经验,许多法学毕业生感觉有点力不从心,觉得法学院里学的东西在工作中用不上。那么我们的法学教育存在什么问题？应该如何改进？

江平:法学院是存在教学脱离实际的问题,但并不是说学校学的就是没用的。法学院的教育是以法治理念和法律的方法作为学习的目的,这两方面都不会过时。在法律制度方面来说,我们大学里教的都是现实的法律,刑法没有教你怎样刑讯逼供,刑法都是教你怎样严格采用证据。学校里讲的也是无罪推定,你不能把一个没有罪的人枉法加以审判,这都是我们教的,我们教的每一个规则都是有法律依据的。

如果说法学院的教育有缺陷,我认为最大的缺陷是缺乏理论联系实践,有点照本宣科,经院式的教学方法,学生们没有从法律实践的过程中弄懂法律。不是说学的法律制度没用,而是教学方法要改进,所以现在提倡诊疗所式的教学方法,更多地理论联系实际。当然还有更进一步的思考,现在高中毕业生一毕业就直接来学法律,究竟合适不合适？这个问题值得探讨。现在18岁左右的孩子,社会经历什么都没有,学了法律,有些东西不好理解,也难以理解。我们当初有一个学生,参加实习回来跟我说:"老师,让我去给一对夫妻调解离婚,我们都没谈恋爱,还没结婚,让我们怎样说啊,太难为我们了。"

《南风窗》:法学院里教学生不要刑讯逼供,不能有罪推定,但实践中,却仍然存在这些现象,是不是说法律人学的东西要发挥作用,还需要制度的配合？

江平:这个情况看怎么说了。现在也有一些问题。如法官的各种考核。有的地方考核法官的调解率要达到多少。这就使法官很难成为一个优秀的法官。因为追求调解率等于是设置了一种障碍,使法官不能做到以事实为根据,以法律为准绳。现在的改革方向应该是对的,法院不管自己的人财物了,让另外一个机构来管。50年代初期就是这样的,都是司法部来管法院的人财物,目的就是一个,让法院专心管审判工作,公正司法应该是法院的最高目标。凡是导致不公正司法的制度都是应该改变的。

我觉得司法改革是当前改革里面抓得最好的。从某种意义上来说，是对以前司法工作中一些错误的东西的"拨乱反正"。所以我觉得按照四中全会提出的改革，将来我们法院就是管审判，这是一个很正确的方向，也可以减少法院的腐败。但是，要保障法官真正能够公正审判，必须保证他们后顾无忧。所谓后顾无忧，相对别的公务员来说，法官应该有充裕的生活保障，可以高薪养廉，能够让法官感觉到，我这个职业是有尊严的，我当法官在社会上的地位是很高的，不需要再跟人家吃吃喝喝，不需要跟人家拉拢关系，我带有一种超然独立的地位，只有在这种情况下，我们才能培养出一个真正独立公正的法官。

《南风窗》：以前是不重视法律职业的作用，现在有的地方又给法律职业太多负担，如要求法官除了审案还要维稳，让律师除了给当事人辩护还要考虑社会效果。

江平：对法官来说，审判是本职工作，如果让法官去管上访，还要管社会稳定，这就超出了对法官的要求。一个法官判的案子，如果以后当事人不服来上访，法官也需要管起来，这个就是超出了对法官的要求。一个法官只能够就他当时所判的案子是不是正确负责。

现在社会上说假话的人太多

《南风窗》：相比其他职业，法律人所处的位置好像比较尴尬。不像医生，把病人治好了，一般病人都会感谢医生。但是对法律人来说，如一方当事人认为不错的律师，另一方当事人可能认为这个律师很刁钻。社会认为不错的律师，政府却可能认为这样的律师太捣蛋。法官也是如此，胜的一方可能会比较服气，而输的一方可能会认为法官是不是贪赃枉法了。当事人认为不错的法官，领导可能觉得这样的法官不听话。法律人应该如何去面对这样的处境？

江平：对法官也好，律师也好，这个问题是难免的。我记得以前有一个法院院长说过一句话,"让当事人双方都满意我做不到"。这句话后来被人批评了,"你怎么做不到啊,你应该让当事人双方都满意啊"。其实,我们知道,当一方败诉,另一方胜诉的时候,一方满意,那么另一方肯定是不满意的,除非你做了调解。调解可能是双方都满意的,但是调解往往是在压力之下做的。所以我觉得,具体案子来说,要让双方都满意是很难做到的。那么什么样的人算好法官,好律师呢?对于法官来说,真正以事实为依据,以法律为准绳,事实有证据证明,法律也是清楚的,两个都做到了,你就问心无愧了,上对得起法律,下对得起事实,你作出的判决就是正确的。

律师当然不太一样。我觉得,最好的律师就是能够想尽办法为当事人辩护,而这个辩护必须是在法律的范围。你不能超出法律范围去瞎辩护。这样的律师是真正尽责的律师。他可以想尽各种办法来为当事人辩护。如为一个刑事嫌疑人辩护,我可以找出各种对他有利的证据和假设。有人说,"这个不行啊,那不就是为杀人犯、为刑事犯罪的人辩护吗?"但是我觉得,只要合乎法律的程序,真正做到了为被告人辩护,你就是好律师,你不能虚虚假假地给人辩护。

《南风窗》:您信奉的一句格言是"只向真理低头",那么您坚持的真理是什么?您觉得法律人应该坚持的真理是什么?

江平:我提出"只向真理低头"有时代背景。说这句话并不是说我就是真理,这太狂妄了,而是说只要我认为是真理,我就要坚持。这句话的含义是,我只应该说真话,不说假话,如果确确实实不得不说的话,那我也是不说违心的话。我想这是做人的一个最起码的标准。在一些问题上,我到现在还是抱同样的观点,不会去隐瞒。对于其他人,由于地位不一样,有的人说真话可能有些麻烦,那就尽量少说假话。遗憾的是,现在社会上说假话的人太多。

一些人讲话最直接的目的就是得到领导的喜欢,这也算是人之常情,每个人都喜欢官场顺利。但是大家都说好话,我也说好话,那就没有什么意义了。当然,这个社会中每个人的观点可能很不一样,有各种不同的声音是很正常的。我自己觉得，因为我的岁数比较大了，也许是作为一个社会的公共知识分子，现在也没有更大的顾虑，所以我为社会事务发言的时候，可以减少顾忌，但是其他人可能顾忌多一点，这个是很正常的。但是我有一个明确的底线，这个底线就是，我不越过雷池一步。在雷池的问题上，每个人心里都有一把尺子，例如，党的领导不能否认。

律师兴则法治兴*

> 律师的环境就是法治的环境,法治的环境越好,律师从业就越方便,法治环境越差,律师自己的执业环境就越不好。

江平先生被称中国民法的"教父",如果说民法的核心是个人的尊严与自治的话,那么它最大的对立面就是计划经济和政治国家。为权利而斗争的律师时时刻刻需要面对的不也是强大的政治国家吗?选择江平先生,不仅是因为他在法学界的名望,更重要的是他秉持的理念与我们心心相通,何况,作为一位法学精神的引路人,律师的荣辱兴衰也一直是先生的心之所系,多年来,他一直奔走前沿,为法治呐喊,也为急需助一臂之力的中国律师呐喊。

律师要有正义感

赵国君:您好,江先生,很高兴您在百忙之中接受我的采访,谢谢您对中国律师命运的关心。长话短说吧,在刚刚结束的第四届中国律师论坛上您做了个报告,名字是《中国律师的环境与资源》,您提到:抛开外在限制,律师的资源有一部分是自己给弄丢了,为什么这么说呢?

江平:律师的环境就是法治的环境,法治的环境越好,律师从业就越方便,法治环境越差,律师自己的执业环境就越不好。现在确实有的律师在

---

* 本文发表于《中国法律人》杂志 2004 年 1 月第 3 期。采访者:赵国君。

破坏自己的环境。律师本身搞一些违法的事情,想融通和法官的关系,去开辟资源,使自己能够更多胜诉的机会,这本身就在破坏法治环境。所以,在这个意义上讲,我说,律师不能自己破坏自己的生存环境。

赵国君:有的律师说:为权利而斗争,有的律师说:我与正义无关！是有钱就说理？还是为了追求正义而战？无论国内国外,这都是一个令人困扰的问题,如何平衡二者之间的关系呢？

江平:关于这个问题,包括律师为权利而斗争,仅仅是问题的一个方面。我在讲律师的时候,始终认为律师包括两个方面:一方面,律师学了法律应该有个治国之道吧,要遵循法治的要求,要有一个理念。学法律的人固然需要埋头于法律条文的诠释和学理的探索,但离开了民主、自由、人权这样基本的目标,法律就会苍白无力。所以就不应该忘记法律的崇高目标。另一方面,也要有个谋生之道,或者说服务之道。律师并不是不食人间烟火,律师首先是一个职业,职业有个存在的前提和发展的基础,就是谋生之道。认清这两个方面是客观对待律师的前提。

赵国君:可现实生活中,眼睛向上、向钱的律师太多,唯利是图和讼棍型律师极大地败坏了律师的形象和声誉,人们对律师的评价好像并不高？

江平:田文昌律师不久前说过一句话:律师既不是天使,也不是魔鬼,既不代表正义,也不代表邪恶。这句话说得比较客观。律师并不是天使,任何人找到律师后,律师就能够得到一切,好像律师天生来就能摆脱人间的苦难,也不是这样的。但也不能说律师就是魔鬼,因为收了人家的钱了,就说他的不好,也不正确。我的意思是:应该先按一般的人去看待律师。当然,他又不能等同于一般的人,应该有更高素质的要求,除了为当事人服务之外,还应该心存一个理念:为权利而斗争！为中国的法治建设而努力！

确实有些律师违反了职业道德,但要具体问题具体分析。唯利是图的人任何一个行业都有,医生有,教授有,甚至院士也有,不是律师行业的"专利",要用平常心去看待。但是,如果唯利是图走向了反面,医生就是拿红包,不给红包就不好好看病,律师拿了当事人的钱就不好好服务了,这些问题都是走向了极端,已经违反了职业道德,要坚决予以反对。我的意思是,讲律师应该是什么样人的时候,一要有一个比较高的道德标准,二要有平常心。不是要求所有的律师都是超人式的,都是为了一个崇高的目标什么都不需要的,这也不客观,当然我们希望更多的好律师出现。终归许多律师是靠这个职业生活的。对现实的宽容并不否定律师的崇高使命,并不是鼓励人做得更差。我想,这个道理很容易明白。

赵国君: 幸亏我们这个时代还有像张思之先生这样的律师,一身正气,不畏权势。我觉得从他身上体现了一个好律师所具有的使命感和正义感,您认为我们的律师应该具有怎样的使命感和正义感呢?

江平: 我觉得律师的使命感有两个:一个是确实为那些需要法律援助的人提供帮助,为弱势阶层服务,为他们的利益而奋斗。另一个就是为我们国家的法治建设起到推动作用,当然现在法治环境并不好,腐败也好,以权谋私也好,应该要不畏强权,服从法律。我想张思之律师可贵之处也正在于这两点吧。他为那些弱势群体,包括政治上受到迫害或没有公正待遇的人出庭辩护,表现出难能可贵的勇气,的确是不畏强权的化身,的确让人钦佩!

我觉得正义感本身就是要解决是非善恶的问题。律师就应该以维护基本人权,实现社会正义为使命。学法律、运用法律的人要有一种善恶的观念,要有一种悲天悯人的情怀,也要有一种拯救人们于苦难的情怀。所以,正义感是很重要的。

不要有双重人格

赵国君: 从您、张思之、吴敬琏等一代人的身上,我们看到的是一种精神,那就是对民主、自由的无比珍视,对公平正义不尽的追求,一股说出真话、追求真理的勇气,你们的家国之忧,忧患意识,道德勇气都是非常难能可贵的您也曾说,学法律的人缺少赤子之心!律师应该具有怎样的赤子之心呢?

江平：任何一种职业只要存在某种权力，这种权力都有被玩弄或滥用的危险。有权的人要玩弄权力，有钱的人玩弄金钱，医生也可能玩弄医术，懂得法律的人也会玩弄法律。可以说是个规律，人只要手中掌握着别人没有的东西就会滥用。孟德斯鸠不是很深刻地指出过，自古以来的经验表明，一切有权力的人都容易滥用权力！所以才提出三权分立，以权力制约权力的伟大理论吗？做教授的也要考虑，手里有了专门的法律知识，是不是也存在谋私的权力了呢？在这个问题上，要不断地反思，自己的这种言行是不是对得起良心，对得起社会，对得起历史赋予我们的责任呢？应该深思。我们这些人过去都处在压抑中，政治运动，严酷环境往往容易使人形成双重人格，双重人格反映了环境的残酷，也反映了人性的脆弱，无论从事什么行业都容易有扭曲的心态。我认为做人非常重要的一点就是要尽量避免扭曲的人格。所谓宛若赤子也好，赤子之心也好，应当是始终如一，表里如一。一个人一辈子下来大体上都是这样的，怎么想的就怎么说的，怎么说的就怎么做的。表里也应该是这样。有一些人之所以可贵就是因为他们是这样的人。像吴敬琏并不因为现在他有很高的地位了就觉得够了，他们还是有很多社会责任感和历史使命感，还要继续为自己的理想、自己的理念去奋斗！赤子之心不仅是始终如一，表里如一的品质，还应该始终有为人民、为社会的责任感，而不仅是追求一己之得失和生活上的安宁，还要有一个精神上的追求。

赵国君：是啊，我觉得律师行业尤其如此，尽管您对律师服务谋生有着足够的宽容和理解，但律师毕竟不能等同于一般的服务业，不是一般的商人和盈利的行业，它所操持的知识与信仰的理念与其他行业十分的不同，甚至更应该强调它的使命感与社会责任。如果律师唯一的作用是为别人的目标提供实现的方法，那么他也只能是一个听话的仆人，不是的，他应该有更高的使命、更高的信念。

江平：对，律师最高的信念我认为就是为权利而斗争！一个律师如果真正实现了为权利而斗争，每个人都知道他的权利价值，而且作为律师能够为保卫他人的权利而尽心,他就实现了这个价值。为权利而斗争,并不在于权利本身的金钱价值是多少。在这个问题上,作为一个律师的使命,就是要为他人的权利而斗争。因为我们的当事人、委托我们的人不管是诉讼案件,或者非讼案件或者公司企业,这些人往往是最不了解自己在法律上享有哪些权利,那么你给他以法律援助,使他懂得自己有哪些权利,如何为自己的权利而斗争,如何行使保护自己的权利的这种程序,这就是律师的任务。所以,作为律师来说本身的任务就是为弱者、为当事人、为你的委托人的权利进行斗争!

我一直主张必须给予公平合理的补偿!

赵国君: 在律师为权利而斗争的路途上,横亘着强大的权力。维护权利,就必须挑战强大的公权力!因为按照近代的政治学说,个人权利远在公权力之上,出于不得已的让度,才产生了公权力。但公权力又是个人权利最大的破坏者和值得防范的敌人,这种悖论要求必须对权力有所制衡和限制。您也曾说过:国家和社会之间也存在着一个权力制衡的问题,律师在其中起着至关重要的作用,为什么呢?

江平: 律师手中没有公权力,不像法官,不像检察官,不像政府,在我国,还要加一个党的权力。从这个意义上来说,律师处在权力最弱势的一面。在这样的困境下,律师就非常有自卑感,比起法官、检察官和政府官员来显得矮人一等,因为没有权力嘛。我常常讲律师不应该有这样的自卑感。手中没有那些国家的权力,但还有一个强大的后盾,那就是社会的权力。任何国家都把律师看成社会工作者,它的权力来自于民间,来自于社会。以社会权力对抗国家权力,相比起来可能处在弱势,但某种意义上说却是很崇高的,因为它服务对象所面临的也是国家权力。无论是国家对他公诉了,或者是一个民事诉讼、行政诉讼,都是弱势群体。可能他是杀人越货的强盗,曾经很厉害,但在检察院、法院、公安局这些强大的国家机器面前,在庞大的党政权力面前也就变成弱势的了。所以,律师是对弱者伸出法律援助之手,以专业技能和专业知识与强大的权力对抗。另外,从法治的角度讲,尽量使天平均衡,不要使国家权力过大,使它向社会一方倾斜。从而,律师在国家与社会权力的制衡上起到了一个非常重要的作用,不断地匡扶正义,维护弱势群体的利益。这个弱势群体当然包括刑事犯罪分子,被抓起来之后,一切权利可能就被剥夺了,权利就更需要维护。现在有人对律师为犯罪分子、腐败官员辩护很不理解。例如,田文昌律师为沈阳"黑社会"头子刘涌辩护,政法大学有个学生居然说:"当初,你为大邱庄受欺压的农民辩护我很敬佩,可是你竟然为'黑社会'头目辩护我很失望",我觉得这就不像一个学法律的人说的话了。权利是普遍的、一致的,怎么会有挑三拣四的分别? 律师就是为权利而斗争的。在斗争的过程必然要对抗权力,挑战权力,实际上也是为了保护权力更好地实行。权力制衡是民主社会不可缺少的东西,它也是一个国家民主制度、法制建设是否完善的一个标志、尺度和试金石。律师的制衡就是通过民间的力量去制衡,因为监督的一个很重要的方面是民间监督和舆论监督,所以,律师是民主制度的捍卫者。

赵国君:您也曾就如何控制强大的行政权力,合法拆迁发表过许多看法,在律师如何面对行政权力的问题上,他和普通民众没有什么区别。您认为拆迁问题中最突出的问题在哪里呢?

江平:按照世界各国的经验来说,面对着强大的行政权力只有通过司法权力进行抑制才是有效的,那就是司法审查。对政府的具体行政行为也好,抽象行政行为也好,只要它违反了宪法或法律的精神,侵犯了公民的权益的时候,就应当通过法院来救济或改正。中国目前最大的问题是缺乏一个宪法法院和司法审查制度。拆迁事件也涉及了关乎律师执业的法治环境问题,即如何控制行政权力的问题。

在具体拆迁的问题上,有几个概念要分清楚,如拆迁要以公共利益为标准,但什么是公共利益? 公共利益与商业利益要分清楚,特别是在决定拆与不拆的问题上绝不能由政府或开发商一边说了算,政府根本就不能参与其间,政府怎么会和开发商搅到一起?! 做律师的知道,这里面有个正当性的问题。强制手段的行使要慎重,并且必须受到严格的限制,谁能行使强制手段?开发商?还是开发商与政府一起?都不能!政府应该是市场外的主持公正者,是裁判,是警察,而不能混进来和商人勾结在一起。另外,即使要拆了,该如何补偿?也是个大问题,甚至是问题的焦点,为什么这么说呢?因为现在的拆迁往往是已经定好了的,没有商量的余地!程序严重违法又不能改变或追究,那么补偿问题就成了突出的问题了,肯定应该是公平合理的原则了,一般国家是按市价所值予以补偿,美国叫做"公平市场价格"(Fair Market Price)。在稳定而成熟的市场体制下,这个问题很简单,补偿价格通过市场交易来确定的。一栋房子拆了,现在值20万,等你开发完了,土地增值了,这里的房子值80万了,怎么办?美国人认为你得补到相当于原来的房地产主自愿地出售其房地产的程度。主动权在房主这一边,可以说既能决定房子的命运,又能得到好价钱。这样的制度保护是非常全面合理的。还有一个问题,对政府的抽象性行政行为应该可以告,现在大量的政府文件和地方法规在左右着拆迁,法律救济遇到了"瓶颈",不能告,岂不把大多数人排除在司法之外?

赵国君:是不是土地归属个人了,问题就好解决一些?

江平:这么说也不对。英国所有的土地都是国王的,你怎么说?香港土地是谁的?也没有一个是私有的。未必应该以土地私有来看这个问题。是不是土地私有化?那是另外一个更复杂的问题了。律师面对的现实问题是,在农村,农民的土地被侵占了,被以很低的价格收买了,怎么能够侵占呢?我一直主张必须给予公平合理的补偿!具体什么是公平合理的补偿,怎样确定补偿价格需要认真对待,但也不能简单地以土地制度看这个问题。

不要"鸟笼法治"!

赵国君:去年SARS过后,您与其他三位著名的学者有过一场对话。谈到"如何把公权力变成公信力"的问题,提到减少公权力对新闻的控制力,公信力需要民意来评判,权力不能以谎言的形式运作。我们律师面临的情况是现在许多案件以各种理由不能公开审判,甚至有法院对媒体记者下了封杀令,在您看来这种关门审判的原因是什么？如何看待传媒与司法的关系呢？

江平：司法当然要公开了,任何国家的权力行使过程中都应该有透明度。在去年的SARS事件中,起初民众的知情权被剥夺了,致使疫情蔓延,造成很多人死亡。这就涉及了政府信息公开的问题,在吴邦国委员长主持召开的会议上,我们八个教授参加了,很多人谈到了公民知情权的问题,促进了《政务公开条例》的出台,政务不一定都公开,但哪些应该公开？哪些不公开？应该明确。当然任何国家的政务都有一定的秘密性,不能所有的政务都应该公开而把应该保守的秘密扩散了,也不能借口都是秘密而剥夺民众的知情权。凡公开的东西新闻媒体都应该接触得到。司法制度也需要新闻媒体的舆论监督,这是不可或缺的。西方法治国家大多数问题都是靠新闻舆论监督来反映出来的,我们不能仅仅靠上面的监督、党的监督,人大的监督,必须还要有舆论的监督。之所以有人封杀媒体,关门审判,还是法治观念和利益冲突的问题。不敢公开的审判怎么让人确信它的公平？我们强调新闻媒介的导向作用,但导向也该有个社会良心啊,为了一己之私,没有社会良心的导向是什么？那不走上歧路了吗？法治建设里的监督非常重要。另外,新闻媒体里有没有法治啊？什么消息让登？什么消息不让登,有没有判断的标准？宣传部门常常下一些"决定"之类的东西,对这些决定可不可以申辩？可不可以复议、诉讼？我看,反过来讲,新闻媒体离法治还太远,法治建设还有很长的一段路要走。

陈云同志对市场经济有个形象的比喻,"鸟笼经济",说的是市场虽然有自由,鸟也可以自由的飞,但不要飞出鸟笼,说明我们国家里的管制还是很顽强地存在着。我们的法治呢？如果观察各种对法治环境的限制,我们的法治是不是也可以叫做"鸟笼法治"？从改革开放到现在,我们的法治无非是把"鸟笼"做大了,一些限制如国家对经济的管制一样还在那里,也在顽强地起着作用。我们不要"鸟笼法治"！在这个问题上，我们应该有更多的呐喊，有更多的建设性工作要做。

赵国君：律师挑战权力的条件一是需要勇气，二是有真正的独立地位，不能依附于行政机关或任何组织，可现在的律师协会还不能达到完全的自治，司法机关管理还占据着主导地位，如何才能达到律师的自我管理呢？

江平：关于律师体制问题，第一步逐渐做到了，从形式上律师由律师协会而不是司法局来管理了，组织有了，协会领导也是律师本人了。但还有第二步的路要走，把管理律师的权力真正地由律师自身来行使，而不是还由司法局来控制。哪些权力是律协自身的，哪些是司法机关的权力需要进一步完善明确。就世界各国的经验来看，有的国家律师资格的考试是行政机关的权力，也有的国家属于律师自治的范围，是不是律师考试都由律协来管理，倒不一定，可以探讨。但对律师的处罚呢？我看应该由律师自己来处理好些，不一定像现在这样由行政机关处理，违反律师职业道德也是。所以，这一步最重要，律师管理组织的权力是什么必须分清楚。近期，深圳律协要罢免自己的会长事件也说明了律师自我管理的民主，有进步意义。律师应该比别的行业更具有民主性。不能官办，也不能专制。我说过，律师管理有三个方面的问题：第一个律师协会应该由律师组成，第二个律师的机制应该是民主的，第三个既然它是自律的机构，享有哪些权力应该明确，按照现在情况，应该扩大，不能做傀儡，完全在行政机关操纵下的工作，那就不如不建这个协会了。

走向政治

赵国君：如今，世界各国政界领导人大多数是学法律出身，克林顿是，普京是，连卡斯特罗也是。尤其是美国，起草宪法的55位先贤里有30位是律师，以至于有人说，华盛顿打下了美国，而律师们则思考出了一个美国，制定宪法，沿用至今，历史上42位美国总统里有21位是律师出身，占了一半。我们国家的领导人也曾慨叹现在国家领导人里几乎没有学法律出身的，您曾提出律师要成为政治家或成为政治家式的律师,道理是不是也在这儿?

江平:律师要成为政治家或者政治家式的人物。因为律师具有别人没有的优势和条件,前面我们已经说了,律师所掌握的知识是法律,法律有它崇高的价值目标,以法律为信仰的律师不但有个服务之道的问题,还有个治国之道呢!律师在服务他人的时候维护了当事人的权利,最知道权利的重要性,可以说天然地是一个人权卫士,最高的职业目标就是人权嘛。像林肯一样,律师是最体贴了解民情的。并且,由于律师本身是一个中介机构,社会的接触面最广,上到政府、人大、公检法机关,下到一般群众、社会弱者,任何一方都接触得到,对民生艰难、司法腐败、社会弊端最清楚。另外,不仅这些,律师还比较有分析判断能力,能把看到的现象升华出管理的方法,调治的手段,能够完善法律,找出规范性的治理之道。这些条件,一般人都不如律师,所以,律师走向政治有得天独厚的条件。

赵国君:重庆的律师韩德云受立法部门委托参与立法,年轻律师秦兵有感于法律实践中发现的问题,心系民众,自曝房地产界内幕,制定了《204条商品房补充合同》,供所有的人熟悉使用。在我们国家,律师走向政治虽然刚刚起步,但许多可喜的现象不能不使我们关注律师最终的发展之路,您认为律师应该如何参与政治,为国家建设服务呢?

江平:这些年轻人真了不起,这样的人越多越有希望。他们就做到了律师走向政治的第一点,就是特别注意研究政治和社会问题,敢于思考研究工作中出现的一些现象。这就需要跳出律师圈子,从圈外的角度来看社会问题、经济问题、政府问题和其他问题,得有这个眼界。另外,律师要走向政治还要服务于社会,应该更多地参与社会关注的问题,提高社会的知名度,参加立法活动,不只是像马福祥那样用人大代表身份参与立法,还要像秦兵那样,为法律的创建提出意见和建议,这是更主要的参与社会,哪有那么多律师是人大代表啊?因为,做政治家需要得到社会的认可,必须服务社会,服务社区。走向政治还要求律师能够参与监督。不能只作为一般司法活动的参与者,还要做一个真正的监督者,敢于仗义执言,像张思之律师那样。学法律的人要有这个公道心,要走在最前列。如果律师仅仅是为当事人服务的工具,仅仅想着和法院搞好关系赢得一场官司,胸无大志,不择手段,甚至比不学法律的人还坏,那就太可悲了。

律师学院?我不赞成!

赵国君:针对目前许多法学院学生不能很快很好地从事律师业务的情况,我个人有个想法,为了培养实践型的法律人才,梦想着成立一个律师学院,作为一个多年从事法学教育的著名专家,您认为呢?

江平:我不赞成搞什么专门的律师学院。美国没有,世界各国也没有这么培养律师的形式。法学院培养的学生很重要的一个方面就是做律师嘛,也不能说仅仅为了培养实践性的人才,有些课也不学,法制史、法治理论都不讲了,那叫什么呀?律师不仅是个职业技能的问题,也必须有很高的文化素养和理论水平,甚至还要有很高的道德诉求,需要对法律的信仰。只培养工匠式的所谓实践型法律人有什么意义?法学院的教育不行,可以通过调整课程、改变教学方法来改进,培养律师要专门学院,是不是还要有专门培养法官的法官学院,检察官的检察官学院啊?高中毕业生直接进这样的学校,毕业后做法官、检察官去,就业面是不是太窄了一点?法律的共同性不就被人为地割裂了吗?还是法学院的教育较全面,学完之后,可以做法官、检察官、政府律师、公司律师等。如果说现在的教育有问题,可以改进培养的方式,例如,引入诊所式、案例式教学模式,注意理论联系实际,慢慢贴近法律实践不更好吗?要是办私人的、民间的法学院倒还是可以,教育竞争,更有利于选拔培养优秀的法律人才,至于单独创办律师学院,我不赞成。

赵国君:我们的想法是对现有法学教育体制的补充,主要出于对一些学生毕业后不能参与司法实践的现状有关,想培养专门型的人才,有针对性地为社会提供大量能够马上行动起来的法律人,主要是这个考虑。

江平:对你的这个判断我有不同看法。你能说医学院的学生毕业后就能做医生吗？都要有一个适应过程嘛。法学院的学生呢到法院也是如此啊，我也反对法律实践部门的人说，学院里学的东西都是理论教条，不切实际。学院和法院学的都是法律啊，是共同的，怎么到实际部门就不用了？理论和实践的关系一定要摆正。学校里就要学理论，也要学实践，二者绝不能割裂。英美法国家是判例法，好像特别注重实践，但也有理论，甚至对理论的要求是最高的。作为一个优秀的法律人，法官也好，律师也罢，既需要实际办案的能力，也必须深谙法律文化，有很好的理论修养。没有法律文化修养的人，甚至很难说是一个合格的法律人，贺卫方教授最主张这个了。就讲如何做事，外国法律思想不讲，各国法学理论不学，没有法哲学、法理学的基本观念，也就形不成正确的法治观念，那怎么行？

赵国君：可是我们特别注意到了美国法学院，他们极端重视法律实践，注重培养实践型法律人才，在以此为中心的教学中，对学术的要求当然也是很高的，以美国法学院为例，对我们是不是有很好的借鉴作用呢？

江平：美国法学院的最大的特点是：不是学法律的人才可以进来学习法律，也就是 J. D.（Juris Doctor），世界上也只有美国这样，英国、澳大利亚、加拿大都不是这样的。我们现在的法律硕士培养不就是模仿美国的教育方式吗？中国是两种道路都在走，世界是多样的，我们法律人才的培养也是多样的。不能厚此薄彼，把某一种方式绝对化，说美国的方式最好，培养出来的学生最适合社会发展也不见得。

赵国君：还有一个问题，社会上大量从事法律实践的律师们对提升自己的知识结构，提高自己的理论水平和法律素养有着强烈的愿望时，现有的教育资源能给他们提供这样的机会吗？

江平：现在的人才更主要的是复合式的人才，也是更缺少的，懂得法律的多，其他的知识比较欠缺，这是很大的问题。律师搞金融服务，不懂得银行，搞上市又不懂得财经、会计方面的知识，培养复合式人才恐怕是律师里更重要的。当然，这样的人才不可能在学校里培养出来。高等学校的教育是基础教育，学的是基本的理论、基本的知识和基本的方法，也正是培养了这样的思维,即使法律在经常变化之中,社会也在变化中,合格的法律人也会能够很快地领会。至于有的律师又回到校园补习知识,提高水平,那也是因人而异的问题了,不构成为律师单独成立学院或否定法学基础教育的理由。

律师应该服从真理

赵国君:我们的书是要发出律师的声音的,他们的困境与挣扎,光荣与希望。现实的环境并不乐观,可以说,律师行业的发展与国家的法治环境建设息息相关,但在为律师鼓与呼的同时,我们也感受了太多的失望,一些律师夤缘权门,上下其手,在他们的行为里看不到法律的崇高目的和律师的崇高使命,的确令人非常痛苦,您认为律师到底应该服从什么?

江平:律师手里没有权,他所依靠的只有法律,但他靠的不是法律的韧性,也不是法律的矛盾和空隙,而是法律的权威。法律的权威是什么?不是权力说了算,任何权力都不是!法律的权威只有在律师维护人权、实现公正的过程中树立起来。有罪就是有罪,无罪就是无罪,要是非清楚。不能用实用主义的态度对待法律,法律也不能成为律师手里的工具,不然,律师就会成为法制的破坏者和邪恶的支持者。所以,法律的权威就是法律里面体现的真理,真理本身只能是一个,律师就应该服从这个权威,这个真理。法律如人生,离不开真、善、美。真是什么?就是真理,追求真理,服从真理,只向真理低头!这是我一生的信念,我愿意以此与中国律师共勉!

法律人参政并非"天然"法治[*]

> 在建设法治社会的过程中,社会发展客观上需要管理者具备相关的法律、管理等学科的知识。

近年来,具有法学专业背景并以知名学者身份从政的法律人越来越多,从而吸引了不少社会公众的眼球,"法学家从政""政法系"的名号不胫而走;甚至有人认为,"法律人之治"就是"法治"。

这一现象的浮出水面,对于处于社会转型期的中国社会来说,无疑是值得好好思考的:法律人参政的现状如何?为什么会引发公众的普遍关注?法律人参政有哪些优势和不足?法律人参政是否一定导向法治理想?未来中国的领导人是否出自这个群体?通过对这些问题的追问,不难发现,在职业革命家——工程师——经济学家和法学家,这一系列角色变迁的背后,我们更应关注制度建设,这才是"法治理想国"的"终南捷径"。

刚刚起步的法律人参政

新京报:"法律人"群体包括哪些?

江平:在英文中,法律人就是"lawyer",一般翻译成律师。但准确来说,它是"法律人"。法律人就是以法律作为职业的群体。这样一个群体不仅包括以教授法律为业的学者,而且包括把法律作为工具应用于社会的职

---

[*] 本文由《新京报》发表于 2005 年 8 月 21 日,采编记者:陈宝成。收入本书时有删节。

业，如法官、检察官、律师，甚至包括在公司等组织中从事法律工作的人。他们受过正经的法律训练，懂得法律专业知识，具有法律思维，这些人构成了法律人职业群体。

新京报：法律人参政现状如何？

江平：刚刚起步，还不是为数众多。参政有广义与狭义之分。狭义上谈参政，对西方国家来说就是担任议员、总统、内阁的主要成员。法律人参与政治，我的理解就是在一些国家机关里面担任职务，或者成为各级人大代表、政协委员等；至于将来是不是可能成为政府的高层领导人，这都是可以探讨的。拿人大来说的话，全国人大里边虽然法律界代表越来越多，但相对来说还是很少。据报道，现在全国人大中律师界的代表才六七个人——就2900多人的人大代表来说，这是一个非常小的比例，连1%都不到。

新京报：这种比较应该说是相对的。

江平：是的。我们国家在领导人层面，第一、二代应该说是从职业革命家中来；如果说从江泽民同志算起的话，基本应该算是工程师出身居多。现在的国家领导人里，学法律的也还较少。1997年，江泽民同志在十五大报告中提出依法治国的基本方略。在建设法治社会的过程中，社会发展客观上需要管理者具备相关的法律、管理等学科的知识，这是正常的。

参政法律人如何对待权力诱惑

新京报：社会转型期内，什么原因让法律人参政成为一种社会现象？

江平：国家逐渐重视法律的作用、法律人的作用，我想恐怕还是跟依法治国战略有关。宪法提出来要尊重和保障人权，这里边涉及的法律问题越来越多，尤其是在行政管理领域。如我们常常讲到的信访，其实信访制度中很多都是法律问题，或者说我们要把信访变成一种长效的机制，这种长效的解决问题的机制就是法律机制。如果今天找一个省长来解决，明天找一个书记来解决，那还不是长效机制。在那种情况下要建立一个秩序、一个规则，这个规则和秩序离不开法律。

新京报：法律人参政能够聚集不少社会公众的眼球，为什么？

江平：我想这至少反映了两个问题：一个是人们对国家法治化进程中法律人的期望，另一个是人们某种程度的担心。人们期望官员里面，能够有越来越多的法律人出现；这应该是国家之幸。也有人担心这些选择参政的法律人如何面对权力欲。在社会里，终究权力的诱惑是很大的，也就有很多人希望去当官。因为当上高官可能比当教授更应有成就感，或者比当教授更能锻炼自己（笑）……

新京报：这倒很有意思。

江平：我自己有亲身感受。作为一个大学教授，如果我和国家机关的某一个"长"一起到外面去，这两个人对人们眼球的吸引力就不一样。他们虽然尊重教授，但是并没有把你看作有多了不起；但对国家机关某一个"长"，马上就刮目相看——所以权力的诱惑是很大的。我们希望这种参政主要不是因为对权力的欲望，而是希望更好地使权力运转起来——因为毕竟他们学习了法律，懂得权力为什么必须要接受制约和监督这些理念。可是往往有些法律人一旦掌握权力以后，不希望别人过多地制衡、制约他，人在什么地位说什么话。所以我们也碰到过这样的人，在学校当教授讲课是一个样子，到了官员位置时就是另外一番态度。

直面参政的优势与不足

新京报：与以往的工程师参政、经济学者参政不同，法律人治国有哪些独特优势？

江平：与经济人相比，法律人参政有好处也有坏处。

没有哪种东西是有千利而无一害，或者有千害而无一利的。好处的话嘛，我想最主要的是，学法律是治国之道，既然选择了学法律，那就不能仅仅拿它作为谋生之道。因为是医生出身，马来西亚的前总理马哈蒂尔对律师来当总理不太感兴趣，他认为，总统也好，总理也好，最好是医生来当。因为医生看病先看症状，然后找出原因，找出治好病的药方，再通过药方把病治好；而律师则不然，律师是拿了别人钱，为别人办事。

这个认识值得商榷。律师是靠法律服务社会的职业，他当然要"拿人钱财，替人消灾"。打个比方说，法律也是治理国家的一个药方，它首先看社会存在什么问题，然后才针对这些现象，研究用什么更好的方法来解决问题。所以在这个意义上，我们也可以说，人文科学是以社会作为舞台，法律本身也是为社会看病的一个药方。

新京报：刚才谈到，法律人也有自己的不足。

江平：当然。我看法律人参政，最大的一个不足就是有时候自己视野比较窄，仅仅从法律的角度来看问题。

社会包括经济和许多其他方面，所以我们提倡法律教育的目标应该是培养复合型人才，而不能仅仅就法律来谈法律。一个合格的法律人需要了解众多的社会问题。从一定意义上说，法律人参政，本身就是法律人走向社会、开阔视野的过程。

在法治进程中力促人与制度良性互动

新京报：制度与人的关系问题，一直是一个"剪不断，理还乱"的老话题。

江平：这个问题还是应该从两个方面来看。本质上来说是如何认识法治和推行法治过程中的人的关系。法治建设一是取决于制度，二是取决于人才。这两个东西非常重要，但比较起来，最根本的仍然是制度。如果法治没有一个很好的制度设计，仅仅靠"人"，那么这仍然是人治。但是从世界各国的法治发展历程来看，完成法治的最根本思想，恐怕还是要靠制度。

新京报：也就是说，我们更加应该关注角色变迁背后的制度建设。

江平：是的。中国市场经济制度应该说在逐渐完善，但包括社会保障和其他很多的制度仍然还需要再建立、再改革。司法体制的完善等很多方面，现在还有很多事要去做。所以在这个意义上说，我们始终要把法治的完善看作是一个制度的完善，这才是最重要的。如果我们不从制度的角度去解决这些个问题,仅仅从选拔这个"人"去看的话,这不能说是解决中国法治问题的根本。

新京报:但是任何制度都是靠人来建立和完善的。

江平:所以我们也要重视"人"的作用。我们要看到,法治的完善与否,与推行法治的人是否有先进的法治理念和法治思想、是否受过良好的法学专业培训和熏陶、是否全力推进法治建设有很大关系。举司法系统来说,基本的制度都建立了,虽然还有不完善之处,但我们还需要有很高素质的法官。如果制度有了,但人的素质跟不上,那也没用。法院是这样,那么政府机关呢?其实也是这样!在这种意义上来说,我认为法律人参政是一个好现象,是一个必然趋势。

依法治国离不开律师的监督*

> 只有律师制度发达了,国家的民主、法律制度才能够更加完善,律师制度的成败关乎国家的兴亡。

近日,在北京市法大律师事务所主办的"律师兴则法治兴"研讨会上,江平教授接受了《中国经营报》记者的专访。

律师制度的成败关乎国家的兴亡

《中国经营报》: 您十分关心律师行业的问题,曾多次在公开演讲中提出:"律师兴则法治兴,法治兴则国家兴"的观点。为什么您如此重视律师的问题?

江平: 我认为律师是一个国家法治文明的标志。十年前,我为《中国大律师》一书作序,就曾以《律师兴则国家兴》为题写了一篇文章。在那篇文章中我指出了律师对于国家的重要性。

有人对"律师兴则国家兴"这个提法,曾表示疑惑和担心,认为是不是过分提高了律师的地位和作用?

我认为这种观点有问题,它忽视了律师在"国家兴"中的能动作用。所以,我说"律师兴则法治兴,法治兴则国家兴"。律师在依法治国进程中应起到更积极、更主动的作用。只有律师制度发达了,国家的民主、法律制度

---

* 本文由《中国经营报》发表于 2015 年 1 月 1 日,采编记者:许浩。收入本书时有删改。

才能够更加完善,律师制度的成败关乎国家的兴亡。

《中国经营报》:您认为该如何理解"律师兴、法治兴和国家兴"三者之间的关系?

江平:我认为这句话可以从以下几个层面理解。第一层意思是:国家兴盛不仅仅是经济兴盛,更重要的是民主兴,法治兴。

我们也认识到经济增长指数不等于幸福指数,幸福指数应包含物质和精神两个方面。精神上的幸福指数,很大程度上是指人所享有的自由度。

律师无疑比其他人应享有更多的自由度。只有当自己享有了更多的自由时,才有可能去帮助那些失去自由的人或更需要自由的人。当一个社会人人都没有多少自由时,也就没有了律师生存的空间。

"律师兴则国家兴"的第二层意思是:我国的法制体系由公(安)、检(察院)、法(院)、司(法部门)组成。律师只是司法部门的一个组成部分,而且是排序末位的一个组成部分。律师的地位不足以和公检法的庞大力量相抗衡,但是如果从司法审判中的地位而言,在法官、控方、辩方三方之间,律师是代表一方,起着三足鼎立的不可或缺、不可替代的作用。

如果从权利格局来分析,也可以说只有两方:一方是公权力,由国家机关行使,另一方是私权,律师代表的私人(公民),要和庞大的公权力机关相抗衡,他的作用之大可以想见。

我想说"律师兴则国家兴"的第三层意思是,"春江水暖鸭先知",律师亲身活动在法治第一线,中国法治的现状如何?水深水浅?水暖还是水寒?应该说律师是最早体会得出的。

所以,律师不仅是法治王冠上的一颗宝石,律师作为一个群体,理应在中国法治的舞台上扮演更为主动的角色。

要依法治国　就离不开律师监督

《中国经营报》:党的十八届四中全会审议通过的《中共中央关于全面推进依法治国若干重大问题的决定》(以下简称《决定》),提出全面推进依法治国,建设社会主义法治国家。您认为,在全面推进依法治国的过程中,律师将发挥什么作用?

江平:十八届四中全会审议通过了依法治国的决议,我认为律师肩负的责任更大了。

因为全面推进依法治国,建设社会主义法治国家,对于我们的律师而言,身上肩负的任务有两个。一个是服务之道,一个是治国之道。

所谓服务之道是指,律师和社会上其他职业一样,都是为社会提供服务,为我们的委托人提供服务。

我经常说律师的职责就在于维权。所以服务之道实际上,律师并不是维护自己的权利,而是维护他人的权利。

律师要尽心尽力地维护当事人的权利。正是因为这一点,律师在履行服务之道的时候,就要受到社会的监督、受到司法局的监督、要受到我们政府有关部门的监督。律师不能脱离您的服务的规则、服务的职责、服务的本分。

长期以来,律师都是作为一个被监督的对象。但是如今,党中央提出依法治国之后,律师的角色定位就发生了变化。

在全面推进依法治国的过程之中,律师应该起到更多的监督者的作用。这就是律师肩负的治国之道的责任。

因为律师在工作中,会和其他很多部门都打交道。律师既和当事人打交道,又和公安机关、检察机关以及法院打交道。所以在这个角度上来说,律师是最了解中国法治的现状。

所以,律师应该是亲身体会中国法治现状的证人,他们最有发言权,他们比大学教授有更多的发言权。大学教授只是用书本上的知识来教学生。律师则是在亲身体会中国的法治建设。

从这个意义上来说,律师身上的任务,除了服务之道之外,还有一个治国之道,要依法治国,就离不开律师的监督作用。

《中国经营报》:十八届四中全会中提出"构建社会律师、公职律师、公律师等优势互补、结构合理的律师队伍"。您认为这会对律师行业产生什么影响?

江平:《决定》把律师分为三大类:社会律师、公职律师以及公司律师。这种划分方式是与国际接轨的,也为律师行业的发展开辟了更广阔的前景。未来执业律师的数量会大大增加,企业法律顾问的地位会越来越重要,公职律师将日益作为政府依法决策、依法行政的重要骨干。

社会律师就不用说了,目前律师行业绝大多数都是社会律师。

过去企业的法律顾问是要单独考试,叫企业法律顾问。现在我们要把公司律师和企业法律顾问合二为一,都叫公司律师,这个方向很好。

公职律师,也可以叫政府律师,是为政府机关提供法律服务的律师。《决定》中提出,要"积极推行政府法律顾问制度,建立政府法制机构人员为主体、吸收专家和律师参加的法律顾问队伍,保证法律顾问在制定重大行政决策、推进依法行政中发挥积极作用"。

现实距离这个目标还有很大的距离。现在政府部门有法律顾问可能只有少数,一般是中央部委、直辖市或者较大的市才聘请法律顾问。

大多数政府的法制办实际是来履行政府法律顾问的职能。要落实《决定》中提出的目标,应该在政府里面也设立公职律师。

这三种律师各司其职,各自在自己的业务领域提供法律服务。这样中国法治的兴旺就大有可为。

第四编 市场经济的法治理念

现代市场经济要以法治为基础[*]

> 推进市场经济法治建设主要有三个方面:完善必要的法律、健全执法机制、转变政府职能。

2006年6月29日,胡锦涛总书记在中央政治局第32次集体学习时强调,要坚持依法治国、建设社会主义法治国家,不断推进国家经济、政治、文化、社会生活的法制化、规范化,以法治的理念、法治的体制、法治的程序保证党领导人民有效治理国家。日前,《解放日报》记者就如何推进国家经济生活的法制化和规范化,如何通过法治建设克服市场自发性的弊端,使"坏的市场经济"转变为"好的市场经济"等问题,对中国法学会比较法研究会会长、中国政法大学原校长、终身教授江平作了访谈。

记者: 在过去很多年里,我国都非常关注效率、GDP增长等经济领域的问题,现在,人们开始将目光转向社会主义市场经济的基础性问题,如法治建设、文化建设、道德建设。您认为,这种转变意味着什么?

江平: 很多人不理解市场经济中规则的重要性,忽视了遵循规则对于效率提升与市场培育的长远意义。实际上,没有健全的法治环境,是不可能有良性健康的市场经济的。从某种意义上来说,法治建设是市场经济的一个重要支撑。文化建设、道德建设,同样反映了这样一个内涵。

改革开放20多年来,我国的市场制度有了较大发展,但是,社会道德

---

[*] 本文由《解放日报》发表于2008年4月2日,采编记者:何满。

水平降低了，社会差异度增大了。这当然不能都去怪市场，市场不可能什么都管到，市场的自发性必然会造成为了自己的利益不择手段，也会造成社会差距的拉大。因此，从这个意义上来说，我们必须规范市场。市场可以有自发的市场，也应该有受规制约束的市场。自发的市场往往容易丧失道德、丧失诚信，造成穷者越穷、富者越富的马太效应，而受规制约束的市场可以通过一系列的法律途径来制约这些行为或现象。

对于市场经济与法治建设的认识，也有一个过程。一开始，不少经济学家认为只要建立起交换关系，就是符合市场经济条件的。但随着实践的发展，计划经济下的经济控制体系逐步瓦解，在市场经济体制不够完善的情况下，市场失范现象，如诚信缺失、商业欺诈等日益严重。面对这些现象，很多人开始反思，现代市场经济应当建立在什么基础之上，由此开始了对法治问题的关注。从经济发展自身来看，现代市场经济强调信用交换，这需要一套严密的规则，并且需要政府作为第三方来保证这套规则的实现。因此，现代市场经济必须建立在法治的基础之上。

记者：在我国社会主义市场经济体制不断完善的过程中，我们逐步认识到没有规范约束的自由竞争，不但不会成为发展的动力之源，相反会影响到效率的提升和财富的增长。所以，我们要规范市场，建设市场秩序。

江平：是的。在我国，市场秩序方面的问题主要体现在两个方面：商业贿赂和商业诚信。从法律的角度看，竞争的法则有两个：一是强调在市场机会面前人人平等，不能花钱或利用权力去获得机会，反对商业贿赂等不当竞争。二是市场竞争也是有道德的。规范提升到法律层面就是诚信。现代市场经济的好坏，最重要的是市场诚信的好坏。只有健康的市场经济，才是能够长期发展的经济。

当前，市场秩序的原则，主要体现在保护市场竞争的公平上。这里有一个案例。在美国20世纪30年代经济大危机时期，有很多工人失业。其中，有个工人失业后第一次找到工作，他把雇主给他的工资的一部分又还给了雇主，意思是说，现在失业的人太多，你别解雇我。后来，其他的工人通过工会向法院提起诉讼,说这是不正当的竞争行为。因为,如果这样的话,对别人而言就没有平等竞争的机会了,其他人就找不到工作了。这个案子争议不断,最后一直诉讼到了美国最高法院。最高法院判例说,一个人给另外一个人钱,如果是对他劳务的报酬,那是合法的。因为对劳务或咨询服务给予报酬,是合法的。但是,一个人给另一个人钱,仅仅是为了保留一个机会,或者买通一个机会,这就是违法的。这个案例对我国的立法很有参考价值,也体现了市场经济中的一个重要原则,即机会面前人人平等。良性的竞争就是要体现市场机会面前人人平等。

维护市场秩序,也需要形成一个公平机制,就是公权力的合法干预。随着市场经济的逐步推进以及参与国际经济活动的日益增多,不应再用行政的手段来干预市场,而应当充分运用法律所允许的公权力对私权利进行合法干预。以竞争法规范市场就是国家公权力对于私权利的合法干预,是世界各国都承认的干预。市场自由竞争的秩序就要用这个手段来保护。这主要包括:反垄断法、反倾销法、反不正当竞争法等。

记者:市场自由之所以能成为经济增长与效率提升的重要动力,就在于它提供了自由竞争的空间,能够调动人们参与经济活动的积极性。那么,在规范市场的同时,会不会"伤害"到市场的自由竞争呢?

江平:这的确是一个问题。如果说平等竞争是竞争的法律基础的话,自由竞争就是竞争的动力。西方国家市场经济与竞争在法律上有三大自由:一是所有权自由。所有权自由,在西方国家法律上很早就得到确认了。主要是指任何人对其财产完全有充分自主支配的自由。二是契约自由或交易自由。契约自由是西方国家市场经济的一块基石。契约当然是自由约定,自己主张内容,谁也不能干预。三是营业自由。这是指除了在国家规定的某些特殊限制的领域,如金融业以外,有开办企业的自由。

我国的市场经济该如何接轨呢?要在规范市场的同时,给予市场自由竞争的空间,这是一个关键。上面第一个市场自由涉及现在制订的《物权法》;第二个涉及《合同法》;第三个对应的是《公司法》和其他的企业法。

从历史发展来看,在市场自由方面,西方国家与我国呈现出两个不同的趋势。西方国家是从过去的绝对自由,走向越来越多的政府干预、政府限制。曾经有一个美国教授说,如果美国有一个人在纽约买了一块地,他要在这块地上盖房子、盖50层楼、80层楼。可是,政府说不能盖这么高,或者说这块地不能盖房子,只能当绿地。就这个案例而言,如果在四五十年前打官司,个人肯定胜诉。因为个人有财产自由,个人买了这块地盖房子,盖什么房子、盖多高都应由个人决定,政府怎么能限制呢?但是,今天美国的观念也改变了,那个人也要败诉了。因为个人所有权也要服从社会整体利益,受到某些限制。

从法律上来解释,国家的干预应该有三层概念:第一个是立法的干预,第二个是国家通过行政手段来干预,第三个是司法干预。现在,我们就要在这三个领域中逐步变化、转换,更多地采用立法干预和司法干预,更少地采取行政干预。

记者:市场经济是一个庞大的经济体系,要想通过制订一系列制度或法律来规范市场行为,无疑是一项艰巨的任务。当前,我国在推进社会主义市场经济法治建设过程中面对的主要问题是什么?

江平:应该说,市场法治就在于对于市场自由和市场秩序的规范。推进社会主义市场经济法治建设,也要围绕着市场自由与市场秩序的关系展开。这主要有两个方面:

一是市场自由体现的是效率,市场秩序体现的是公平,市场自由要求国家更小干预,市场秩序则恰恰相反,要求国家更多干预。是干预,还是不干预?这形成了市场法治的第一个矛盾。在市场自由方面,我国的国家干预度较大,现实要求国家减少不必要的干预。可以看到,我国的市场还不是真正发育的市场。美国和欧盟很多国家,还不承认我国完全市场经济地位。这种情况下,我们有必要反思,在市场自由的法律制度方面,有没有在市场经济领域,给予了过多的国家干预。在市场秩序方面,又可以看到不少秩序混乱的地方。在我国,可以看到一个现象:在需要减少政府干预的领域,政府的干预力度还在加强;而在政府应该加强管理、加大管理力度的地方,政府还没有完全做到应该做到的在市场秩序管理方面的行为,也就是所谓的"不到位"。所以,市场法治建设,既要在市场自由方面,加大立法的力度,减少政府不必要的干预;又要在维护市场秩序方面,加大国家管理力度,使市场环境更美好一些。

二是从法律上来说,市场自由属于私法领域,市场秩序属于公法领域。从私法的角度看,市场自由更多地是保护私人的利益;市场秩序更多体现的是对公共利益的保护。是保护私人的利益,还是保护公共的利益?这形成了市场法治的第二个矛盾。现实要求我们,既要强调保护私人利益,又要强调保护社会的公共利益。只保护私人利益,不保护公共利益不行;而借保护公共利益之名,侵犯私人应该享有的合法利益,同样也不行。当前,在我们的社会中,这两种现象都有。在市场经济领域,我们的确需要整顿一些秩序;而在整顿市场秩序的同时,也要注意避免侵犯私主体的合法权利。

记者:如何进一步推进我国市场经济的法治建设呢?

江平:推进市场经济法治建设,应注重法律的数量和质量的统一。

前一时期,矛盾主要集中在立法的数量上。要搞改革开放,建设法治国家,首先必须要有法可依。原来我国法律的空白点很多。在那样的基础上发展,首先是要增加立法数量,重点消除法律盲点、空白点。例如,《行政许可法》就是关于国家减少干预经济的法律。《公司法》就是规范市场主体公司行为的法律。

市场经济的法律发展到一定程度以后,矛盾就开始转换为质量问题了。也就是说,在有法可依之后,是否能够执法必严。法律界有一个共识,就是没有执行法律,不如没有法律,甚至比没有法律更糟,因为它破坏的是法律的尊严。当前在我国,法律的执行成为一个需要改善的问题。只有当面对违法现象时,及时通过执法保持法律的神圣,才能减少"潜规则"的形成,减少商业欺诈、不当竞争等行为。例如,我国刚刚修改了《公司法》,应该说修改得相当不错。但是,公司的良性运行,不仅需要法律环境,还需要自然环境。如果法律环境完善,但在公司成长的自然环境和土壤中仍然包含着很多毒素的话,市场主体也不会得到健康的发展。

推进市场经济法治建设主要有三个方面:完善必要的法律、健全执法机制、转变政府职能。总体来讲,政府要从自己参与经济转变为自己组织经济,更好地发挥建立秩序、服务市场的职能。

大国崛起靠经济,但长久维持靠法律*

公权力之所以扩大还有一个原因,就是国家在市场领域里的干预作用,中国的改革有它自己的特色,面临着世界经济危机时,中国的做法也很独特,因为我们有强大的国家干预。

在火车头下被拖了 25 米

《南方周末》:你多次谈到你人生最大的痛苦是被划为"右派"的时候,为什么?

江平:现在的人对于"右派"的概念不像我们这一代人感受这么深切,"右派"意味着你在政治上从人民的阵线被转到了敌人的阵线。那个年代,政治生命几乎占了一个人生活的主要部分,不像现在,大家在政治上淡漠多了。在政治上变成了敌人,那种痛苦是致命的,更何况我所待的单位是政法学院,又是在北京这么个政治气氛浓厚的地方。所以,我一想起自己被划为"右派"的那段日子,真是很痛心,用任何语言都很难比喻这种心情。而且,并不会因为"右派"很多,就能减轻痛苦,这毕竟是一个人自身的感受,每时每刻都能感觉到周围环境对你的压力。

《南方周末》:离婚对你的影响怎样?你在诗歌里还在写你的第一任妻子,你对她的感情还是一种爱,并没有因为离婚而变成恨。

---

* 本文由《南方周末》发表于 2011 年 1 月 13 日,采编记者:朱又可。

江平：我和第一任妻子是在苏联学习时认识的，同样学法律，我比她高一届，我们的感情非常好。一回国就结婚了，婚后一个多礼拜，我就被划为"右派"，我们并不是因为感情不和离婚，而是政治原因造成的，这对我打击很大。她当时不得不这样，因为她是预备党员，领导说了，你到底要谁，是要江平还是要党，这么尖锐的问题，我也可以理解，这是覆巢之下无完卵吧。我对她其实更多的是原谅，她也是受害者。我只是没想到她很快就又结婚了。我对她的情感依然还在，而且还是很浓厚，但是我又想用怨恨来摆脱痛苦。所以，在我的诗词中经常会流露出这样的感情，有爱，又有恨，恨似乎想成为动力，但是爱依然是割舍不掉，我就是这样度过了离婚后的十年时间。我和第二任妻子结婚时，她也知道我是离过婚的，也知道原因。她也被划为"右派"，有同是天涯沦落人的性质，我也没有太多好隐瞒的。

《南方周末》：你的哪条腿被火车轧了？那时你那么年轻，怎么走出痛苦的？

江平：我的左腿。腿断了是我人生的第三个挫折，比起"右派"和离婚，断腿是肉体上的损伤，还算比较次要的。安上假肢后，我看到苏联有很多无脚飞将军，身体残疾以后，还可以继续从事他的事业。我终究还算幸运的，我在火车头底下被拖了25米，火车才停下来，捡回了一条命，从某种意义上，我把它看成是一件好事。腿断了以后，只能靠拐杖行动，没有办法劳动了，没安假肢时，学校安排我在伙食科帮着卖饭票。这是一段比较清静的时期。摘掉"右派"帽子后，我就被安排到外语教研室工作了。

老百姓看的是谁给他们带来更多好处

《南方周末》：在这本书的序言中，你提到了吴敬琏，你对他有什么印象？

江平：吴敬琏教授被认为是经济学界的良心，主张宪法应该交给老百姓来讨论，不能够关门制宪，他也公开提出政治体制改革，他也强调过宪法诉讼，就是对违宪的诉讼。

留学苏联期间,江平在苏联法院实习(陈夏红供图)

《南方周末》:书中写了你参加胡耀邦追悼会的经历,你和胡耀邦有怎样的交往?

江平:应该说没什么接触,隔得太远了。但我很赞成他的一些做法。我听说过他的言论:老百姓看共产党好,还是国民党好,不是看你的纲领,不是看你的政策,不是看你的宣言,甚至不看你是信奉马克思主义还是三民主义,而是看谁给老百姓带来了更多的好处,带来了最切身的利益。这些都是很朴实的政治语言。私权正处于一个上升的时期。

《南方周末》:你做了5年的人大代表,做人大代表,最难的是什么?

江平:做人大代表5年期间,我深深感觉到体制的问题。如我从什么地方知道我当选了全国人大的代表,谁选了我呢?一概不知,还是我手下的一个教务处长,他的岳父知道的情况比较多一些。他告诉我,江校长,你当了全国人大代表了。我说,不知道啊!后来一看,果然,我当了代表。

《南方周末》:现在中国的民法典进度如何?我们国家21世纪能不能拿出影响世界的民法典?

江平:民法典快要进入尾声了,合同法、物权法、侵权责任法都出台了。民法典出台难的原因就在于我们向来不重视私权的保护,而民法典恰恰涉及私权的保护,包括了民营企业、私人财产、各种私人权利。

私权在整个中国历史上都没有得到过重视,在任何专制的地方,私权都不发达,只有在从专制走向民主的过程中,才能够体现出私权的重要性。近30年来,尤其是在物权法通过后,私权出现了回归、觉醒。在拆迁问题上,现在老百姓之所以能站出来保卫自己的私权,跟物权法的通过有很大关系。总的来说,私权正处于一个上升的时期。

为什么讲私法要比公法重要?如果私人财产都得不到保障,那么,就没有国家的富强,因为国家的富强是建立在私人财产得到保障的前提之下的。这是一个国家强盛的重要基石。

宪法是近代才有的,没有宪法之前许多的国家都已经有了民法了,或者是类似民法典的东西。我也表示过这个愿望,希望中国的民法典在21世纪初的时候能够起到影响世界的作用。但今天我失望了,原因是中国的法律还没有发达到这个地步,中国的法治建设也没有到这个水平,中国的法学理论研究也没有达到这样的高度。还有一个原因很重要,就是中国的法典起草并不以学者的意志为转移,能够体现出的学者思想还是有限的。这是一个很大的不足,外国都是专家来制定,法典要经过很严密的科学的考证、论证,才能够制定出一部比较好的法典。

《南方周末》:从立法上来说,公权是受到约束,但是在现实中,人们感觉到公权甚至更强势了,你有没有这种感觉?

江平:现在私权受到私权的侵犯应该说比较好解决,但私权受到公权的侵犯,就比较难解决了。现在的律师受到的限制比较多,可是世界各国律师是一个国家政治、民主的橱窗,如果律师都胆战心惊、人人自危,那民众怎么办呢?

因为公权很庞大,公权权力的行使是没有约束可言的,我们这三十多年来很重要的一个问题就是解决公权对私权的侵犯。怎么解决呢?一方面我们通过了行政复议法、行政诉讼法,还有国家赔偿法,另一方面是约束公权。我们制定了依法行政的纲要,SARS时候加强了公民的知情权,现在很多政府机关都有信息公开的制度。我认为不能够说总体上公权越来越强大,可在某一段时间里,人们会感觉到公权比私权扩大得更多。

公权力之所以扩大还有一个原因,就是国家在市场领域里的干预作用。中国的改革有它自己的特色,面临着世界经济危机时,中国的做法也很独特,因为我们有强大的国家干预,所以,我们遇到的困难少一点,我们现在还是中国的模式。现在有一个危险,中国自己没有很好地认识到中国模式的问题所在,有的时候过分强调国家干预的作用,有意无意地扩大了公权力的作用,这是危险的。

《南方周末》:国家权力对社会和家庭权利的干预在法律上有什么表现?

江平:国家对社会的干预,我只举一个例子就是对学校。学校本来是应该自治的,或者是学校应该像企业一样自治,但是现在国家对学校的干预太多。

《南方周末》:你曾经说到,如果新闻法是来限制新闻自由的话,有还不如没有,新闻法现在的进展怎么样?

江平:我现在还是呼吁要搞一个新闻法,但是显然不能够搞成一个新闻限制法。我所听到的声音几乎都希望制定一部比较开放的新闻法。当然,在中国现在的条件下,一点新闻行政干预都没有,是不可想象的,所以我们只能说,制定一部比较像样的就可以了。

从人治转变为法治

《南方周末》:辛亥革命马上就100周年了,中国这100年的法治之路经过了哪些阶段?

江平:回顾这100年,只能说辛亥革命推翻的是一个国体,所谓的国体就是从大清帝国改成了中华民国,但政体并没有太大改变,原来是专制,到了民国仍然是专制。这是辛亥革命的局限性,民主政体的设立,虽然也有议会的尝试,虽然也有这样一些民权的进步。辛亥革命如果从民国时期来算的话,按照孙中山的军政、训政、宪政三个阶段,军政时期是完成了的;北伐成功了，训政的阶段也差不多完成了；但是到了宪政阶段，开始要通过中华民国的宪法，那就是它失败的时候了。所以国民党的宪政实际上在大陆没有完成，是到了台湾地区才完成的。

《南方周末》：如果不靠法律，一个国家能否成为崛起的大国？

江平：罗马三次征服世界，第一次靠的是战争、武力，第二次是宗教，第三次是法律。而罗马最辉煌的不是武力，武力的征服虽然时间很长，一千多年，最后也瓦解了。它以法律征服世界才是现在全世界公认的。

大国崛起绝对不是靠法律，中国的崛起也还要靠经济，只有经济强大，才能够崛起。但是中国要成为一个比较长久的大国，没有法律是很难维持的。核心问题就是法律的功能究竟是什么？我们是把法律作为一个制度来看，还是除了制度之外还有理想的、理念的一面？如果我们把法律当做一种理念，法律是公平正义的工具，有了法律，我们可以在这种公平、正义的理念下解决社会各种矛盾，应该说这是现在我们所追求的。

中国传统文化中，儒家思想包含了轻视法律作用的成分，儒家更多的是维护道德传统，法家是更多地维护严法。

当然，我也并不把法律看成是万能的，好像有了法律，一切就都解决了，不是的。

《南方周末》：这几年群众意见表达渠道发生了变化，上访难度加大，一些恶性事件只能通过互联网传播以及传统媒体的共同发力才有可能得到解决。你认为在可行范围内，这种表达渠道怎么样才能得到改善？

江平：我觉得这是一个很新的问题，上访难度增加了，而网上传播又快得多了。我们怎么对待媒体变得越来越重要了。我觉得还是要给予新闻更多的自由，寄希望于你们新闻媒体自身的呼吁和奋斗，我也希望在这方面多呼吁，多呐喊一下，为我们国家的新闻自由打开最通畅的渠道。

《南方周末》：你对中国的政治体制改革有怎样的展望？

江平：不管是在哪个方面，只要我们做了就比不做好。进一步就比退一步强,如果现在建立了官员财产申报制度,做了就比不做强,虽然它只是一小步,但也很好。现在各种媒体渠道包括互联网所反映的民意,应该说在推动改革上,仍然是一股不可忽视的力量。

中国改革开放的成功经验是"市场+法治"*

> 法律有善法也有恶法。法治虽然是好东西,但有法律不一定有法治。所以,我认为我们所追寻的目标就是"市场+法治"。

回首中国改革开放近30年,如何评价我国法治建设的进展?什么是中国特色的法治经验?立法与现实、立法与改革之间如何实现和谐统一?中国未来的法治蓝图又该如何设计?近日,《中国经济周刊》就上述问题专访了前中国政法大学校长、法学家江平教授。

中国的市场法律制度:市场自由已近完善,市场秩序依然混乱

《中国经济周刊》:以法律的视角,您如何看待我国现阶段的市场秩序?

江平:我认为市场的法律制度应该主要包含两大部分,一个叫做市场权利的法律制度,一个叫做市场秩序的法律制度。这两大部分从国家权利的角度来看,应该是不同性质的两种。

从市场权利的法律制度来说,国家应该是更少地干预,让市场的主体享有更多的自由。那么,反过来说,从市场秩序的法律制度角度出发,恰恰应该有更多的国家干预。因为秩序没有国家公权力作为后盾,这样一种秩序是不可能得到完善的。

自由和秩序是建立市场经济最根本的要素,而这两方面的法律制度我

---

* 本文由《中国经济周刊》发表于2007年10月9日,采编记者:黄乐桢、许浩。

们国家过去都是欠缺的,既缺乏必要的市场自由,也缺乏市场的秩序。

从市场自由的法律制度来说,我们逐渐地在接近完善。市场自由主要涉及四大财产自由或者说是四大财产权利,也就是物权、债权、股权和知识产权。现在这四大权利我们都有了相应法律,物权已经制定了《物权法》,债权有了《合同法》,股权有了《公司法》《知识产权法》也已经出台,可以说法律制度已经接近完善。

谈完了市场自由问题,还要谈一下市场秩序问题。大家都承认中国是市场秩序最混乱的国家之一。在我参加关于中小企业的一次研讨会上,中国中小企业协会会长李子斌在会上念了一份材料,中国目前经济发展速度位居全球前列,但是中国的市场秩序却只排在全世界120多位。这就反映我国市场秩序存在问题。

市场秩序存在三大问题:商业欺诈、商业贿赂、商业垄断。第一个是商业欺诈,包括信用问题,产品质量问题等。目前市场上的商业欺诈十分严重,虚假的商业信息,药品食品的质量问题等,目前政府已出重拳解决这些问题。

第二个就是商业贿赂,商业贿赂在中国已经成为潜规则,几乎没有哪个行业不存在这个问题。所以,商业贿赂已经成为了中国市场秩序中一个很大的"毒瘤"。现在政府也在下大力气解决这个问题。

第三个是商业垄断,市场经济是自由竞争,不能垄断。目前,中国的行业垄断十分严重,为什么石油行业、电力行业的工资那么高,因为它们形成了行业垄断。垄断必然形成高额利润。

立法与现实、立法与改革的关系:三大平等中亟待解决城乡平等

《中国经济周刊》:今年10月1日起,《物权法》将正式施行,这部法律从起草到实施,经历的时间很长,这反映了在市场经济中还存在什么问题?

江平:从《物权法》起草到通过来看,主要反映出我们社会目前立法、现实和改革之间的矛盾。立法和现实之间的关系,立法和改革之间的关系,是值得我们深入思考的问题。

这其中一个复杂的问题就是立法和现实之间的关系。

首先我们可以看到《物权法》核心的问题是土地和房屋,城市里的问题是以房屋为核心的,房屋问题连带着土地问题;但是农村的问题则是以土地为核心的。

对于农村的土地问题,从《物权法》中的三大土地问题可以反映出来:第一,耕地、荒地或者叫做承包经营权的土地;第二,农村集体土地上的建设用地使用权问题,集体土地能不能开发利用,集体土地能不能建商品房;第三,宅基地和上面的房屋问题。

农村土地的这三个问题,可以说是我们当今立法最突出的矛盾。我所说的矛盾是指现有的立法和现实之间的矛盾。《土地管理法》中规定了农村土地上不能盖商品房,但是很多地方的农村土地上都建起了商品房,有人管这种房子叫做"小产权房"。同时,相关法律规定农村的宅基地是不能够转让买卖的,但是现在很多城市居民到农村去买房子或者买地建房子。所以,这就是立法和现实的巨大矛盾和脱节。

立法与现实之间还面临的一个问题是,立法如果太理想化就可能导致无法在现实中实施,那么这样的立法也就失去了真正的意义;立法如果更多地向现实妥协,也就没有立法的必要了。因为立法要体现一种更高的法治理念和法治要求。所以,我们可以看到这是市场法治进程中一个症结所在。

第二个复杂问题是立法和改革之间的关系。我们可以看到立法和改革之间是有冲突的。法律一旦规定了的问题,就不能再随便更改了,这样改革就可能是违法了。

但是,目前农村土地问题矛盾又十分尖锐,迫切需要进一步改革。例如,承包地能不能流通,农村的集体土地能否同国有土地一样的出让转让,农村的宅基地能否随同土地上的房屋一起买卖等问题都需要解决。这些问题又都属于(土地)流通问题,改革的核心是需要扩大流通。但现在中国的土地流通不是所有权的流通,而是用益物权的流通,如果要扩大流通就会跟现行的法律不一致。

《中国经济周刊》:在中国更深层次的问题是什么呢?是平等吗?

江平:关于市场自由的问题,法律现在完善了,但是立法和现实,立法和改革之间的矛盾冲突还没有从深层次解决,尤其是城乡之间的矛盾问题。市场经济就是平等的,而市场经济从本质上说就是要解决三大平等。

第一大平等是中国和外国之间的平等问题,中国和外国的投资者、经营者法律地位平等。这个问题在我国加入WTO组织后已经基本解决了。

第二大平等是公私平等。国家和私人,国营企业和民营企业平等的问题。那么这个问题通过《物权法》也得到解决了。

第三大平等是城乡平等问题。现在城乡平等通过土地、房屋等一系列问题都暴露出来了。

概括来说,城乡平等目前实质上有两大问题,第一个问题是为什么(农村)集体土地不能够出让?而且政府以极低的价格从农民手中征收土地,再以高出十几倍的价格出让,这个问题说不通啊!这个问题怎么办呀?农民总是不同意啊,为什么你用这么低的价格征收土地再高价卖出?为什么我自己不能出让呢?现在广东部分地区已经开始在这方面作出尝试。

第二个问题是为什么不能在农村集体土地上盖房子去卖?一方面不让农民在农村土地上盖房子来卖;另一方面城市里的房价高昂,很多城市居民买不起房子,所以跑到农村去买便宜的房子,而且拿不到完全的产权。这就产生了小产权房的问题。

《中国经济周刊》:您刚才提到城乡平等的问题,那么您认为如果要解决这个问题,突破口在哪里呢?

江平:在现有的条件下,既然突破不能是全范围立即性的突破,这就需要试点,即使试点出了乱子也只是局部的。农村现在最大的问题是改革和稳定的关系,所以现在只能先在小范围内进行改革。问题又来了,在小范围内进行改革有没有法律依据呢?改革能突破哪些呢?

现在国务院在搞试点,能突破国务院法规。但是,它能突破现行法律吗?突破《农村土地承包法》《物权法》可不可以呀?这里有个法治观念的问题,不能都突破了啊。如果各地都去搞试点都去突破,怎么行啊?

现在有的地方在搞试点,这就会出现一个改革和稳定的关系问题。立法、现实、改革和稳定,在土地问题、城乡问题、农村土地进一步扩大流通问题上交织在一起。

中国改革开放30年的经验:"市场+法治"

《中国经济周刊》:《反垄断法》即将实施,有媒体报道将会组成一个反垄断委员会主管这方面的工作,您是怎么看待这个事情的?

江平:这就是利益相争的问题了,谁是反垄断的执法机构,各部委之间争执不下。由于争执不下,最终只能在国务院下面成立这样一个机构。这也反映出体制内的矛盾问题。

可以预想,十七大将进一步提倡现代的法治精神、法治理念,政治上的民主制度要更加完善。那么,我认为市场的法律制度也要完善,一个是让市场的主体权利更自由化,另一个让市场的秩序更严格化。

要建立市场经济,有的方面是要靠市场无形的手,有的方面则要靠政府的公权力。中国的情况是,不能只依靠市场这只手,还离不开政府这只手,但也不能只有政府这只手。市场这只手和国家这只手应该怎么样来分配呢?涉及市场自由方面的应该主要由市场来管,而涉及秩序方面则应该由政府来管。值得注意的是,政府的权力不要过多地介入市场自由,公权和私权更不能结合起来谋取利益。

《中国经济周刊》:市场经济发展中存在着速度和秩序两个方面,在过去这两个方面发展不够协调,您认为如何才能使这两个方面和谐发展?

江平:我刚才讲到市场经济的秩序问题时,提到目前市场秩序存在商业欺诈、商业贿赂、商业垄断问题。如果从更广意义上说还存在经济发展与资源配置、环境保护和公平的问题。这又涉及秩序能否确保基本公平,保护环境，合理配置资源的问题。如果我们一味追求 GDP 发展，就会造成几者之间的失衡。

《中国经济周刊》：您亲历了改革开放立法二十多年的进程，能否总结一下这二十多年来中国法治建设最大的贡献？

江平：我想谁都可以看到改革开放就是两个东西，一个是搞市场经济，一个是搞法治。我认为中国改革开放近 30 年成功的经验就是"市场＋法治"，两者缺一不可。

如果说有问题的话，可以用我和吴敬琏教授在一个大型研讨会上的发言比较合适。在会议开始时吴敬琏教授讲过这么一句话，他说，过去我们搞经济的人认为只要有市场经济一切问题都解决了。但是，市场经济不是万能的，有好的市场经济也有坏的市场经济。两者区分的标准是什么呢？就是有没有严格的法治精神。

所以，搞经济学的认为搞市场经济没有法治是不行的。而我在那次研讨会闭幕时发言说，我们搞法律的人，由于过去很长时期内我们的社会没有法律，在改革开放初期也有一种天真的想法，以为有了法律一切问题都解决了。但是，后来的事实证明，法律有善法也有恶法。法治虽然是好东西，但有法律不一定有法治。所以，我认为我们所追寻的目标就是"市场＋法治"。

因此，中国的法治问题最根本的还是公权力和私权力的边界划分。这其中包括：公权力如何合法行使并受到制约的问题，公权力如何保障私权力的问题。

《中国经济周刊》：最近，胡锦涛总书记在中央党校的重要讲话中强调，要"全面落实依法治国基本方略，弘扬法治精神，维护社会公平正义"。您认为现代法治精神的核心内容是什么？

江平：现代法治理念或者说现代法治精神的核心问题就是：人权和民主制度以及如何确保公权力与私权力和谐的问题。公权力不得侵害私权力，私权力也不得危害公共利益。

但是,法治不是仅仅有法律制度就可以实现的。目前,中国法制完善了,但还存在很多问题,执法就是其中很重大的问题。在执法过程中,还会出现公权力对公民权利的侵犯。这里的权利不但是指物权等财产权,还包括公民人身安全的权利。

《中国经济周刊》:您认为下一步法治建设将会有哪些突破?

江平:我想从现在来看,刚才我所讲到的问题,应已成为了共识。但是,任何东西都是提出方向容易,但是真正做到解决多年来积留下来的问题,这是一个很艰巨的任务。

中国近30年来的法治进程,如果从法律的数量上来说是进步的。但是,法治进程并非一帆风顺,法治进程在中国来说可以归纳为进两步退一步。虽然既有进也有退,但是总的来说还是在进步。法治建设不是直线前进的,是曲折前进的,这是中国的特点。

法治建设是件很艰巨的事情,这涉及权力问题。人都有权力欲望,更何况中国几千年的封建历史,使人们头脑中的旧观念根深蒂固。

追求善法,避免权贵市场经济*

> 从经济学家那里,我汲取了很多营养,获得了更多的视角,我觉得一个人的视角太单一不好,法学家只有法学一个视角太简单,多种视角来看问题会更好。

2007年即将过去。这一年,对中国法学界来说,无疑是值得关注的一年。十七大的召开给中国法治的进一步发展开辟了政治道路,市场经济的发展将会对现有的法律体系提出更多更高的要求,《物权法》《反垄断法》和《劳动合同法》的出台意味着中国民法的基本体系正在逐步成形。

虽然对于理想主义者来说,这些法律的出台更多的是提供了一种批评的素材。但从另一个角度来说,中国人财产和权利意识的觉醒,以及平衡多元利益冲突的要求,也许不仅是这些法律出台的原动力,更将是中国社会进入新阶段的标志。所以,无论它有多少缺陷,都不会妨碍我们进一步地关注它。为此,《21世纪经济报道》在年终之际,就《物权法》和建立法治的市场经济等问题,专访了中国政法大学终身教授江平。

无法回避的土地问题

《21世纪》:《物权法》2007年开始施行后,有关这部法律的争议暂时告一段落。但在未来,随着《物权法》的实施,经济生活中关于产权问题的各

---

* 本文由《21世纪经济报道》发表于2007年12月29日。

种纠纷日益增多,您怎么看《物权法》实施过程中或将遇到的问题?

江平:我觉得今后《物权法》在实施过程中,可能遇到的最大困难还是土地问题。《物权法》的核心问题是土地,而土地的核心问题又是农村的土地问题。城乡一体化过程中,农村的土地和房屋跟城市的在法律地位上是不一样的,这方面有两种情况值得注意:

第一,立法把最敏感和最棘手的问题都回避了。道理很简单,法律有时是必须妥协的,为了获得通过,只好妥协。但在现实生活中,法律又无法妥协。我们最近看到,国务院三令五申城市人不得到农村去买房子。城市人到农村买房子有三种情况,一是买宅基地上的私人房子,二是买集体土地上的商品房,也就是小产权房,三是自己到农村以土地使用权租赁或其他方式建房。这三种情况目前都存在,而且会越来越多。如何制止?一个通知就能制止得了?没有具体措施,仅仅发个通知是禁止不了的。大多数在农村买房子的城市人是因为在城里买不起越来越贵的商品房,所以才去农村的。问题的难点就在这里,核心是立法和执法越来越脱节,这也是当前越来越突出的问题。立法总是趋向理想化,总是趋向于回避矛盾,而在实践中这些问题又无法回避。

第二,《物权法》通过以后,城乡问题不仅牵涉到土地和房屋问题,更涉及一系列社会保障、教育和医疗的问题,而这些问题必须依靠统筹改革来解决。从这个意义上说,立法不能太超前,也有道理。

广东曾经做过一些尝试,率先在集体土地和农村房屋买卖上做了某些突破,重庆和成都现在也来做试点,这表明有些问题不能一上来就做全局性的推广,首先需要试点。但这里有一个问题,就是在试点过程中,什么是合法,什么是违法,现在也有争论。重庆和成都作为国务院城乡一体化的试点,如果其决定突破了现有的《土地管理法》《农村土地承包法》和《物权法》,怎么办?改革能突破到什么范围?一些改革措施本身违法怎么办?现在的立法和现实差距本身就很大,而且还在扩大。重庆和成都作为试点曾经一度备受关注,现在稍微低调一些了,因为有些东西不是这些地方所能够主导的。要求这些地区改革,又不能突破太多,这是矛盾的。我想这就是《物权法》通过之后的两大难题。

《21世纪》:颁布《物权法》本来是希望它来解决实践中出现的种种问题,但看来执法的难度很大。

江平:《物权法》最核心的问题就是利益。《物权法》涉及社会各个层面的利益,国家与集体,集体与个人,城市与农村等。在利益冲突的情况下,不从根本上去解决利益分配问题,只是禁止这个,禁止那个,最后能达到什么效果非常难说。比如买小产权房的问题,政府现在三令五申不准买,有的地方就把它消灭在萌芽状态。可是对已经买了的怎么办?老百姓已经买了的房子,政府能去拆吗?

城市居民已经在农村买了集体土地上盖的商品房,对此法院会怎么判?法院可能有四种判法:

第一种,宣布这是违章建筑,拆除。这行不通,因为会引起老百姓的强烈不满。

第二种,宣布合同无效,把钱退还,这也不可能。

第三种,法院承认合同有效,但不进行不动产登记。这就会出现购房者享有居住权,但其房屋产权不被承认的结果,等于睁一只眼闭一只眼。

第四种,正式承认一级市场的权利,但是不承认二级市场的买卖权利。但现在这些房子也不能在二级市场交易,所以这等于承认了既成事实。

《物权法》通过以后,明确规定进行不动产登记才拥有产权,那么购买小产权房的人仍会担心,将来有没有产权,孩子能不能继承?在三方博弈中,农村集体是最具优势的一方,土地是集体的,盖了房子,卖了房子拿到了钱,你能说这是违法的?国家能给拆掉?能把卖房的钱作为非法所得没收?这么多人买了小产权房,政府廉租房还没解决这个问题,如果让他们没房子住,政府又要有很大压力。但假如任其发展下去,不但房地产开发商的利益会受损,政府在土地出让金和房地产相关税收上也会减少,而且还有保护耕地的需求。

所以政府必然觉得非常为难。最后的结果可能是这些房子继续存在下去，或者承认既成交易，但以后禁止此类行为。

《21世纪》：这是不是意味着法律在种种约束下，没有充分发挥应有的功能呢？

江平：《物权法》确实回避了一些不好解决的问题，但不是所有的法律都是这样。比如《劳动合同法》也面临不可回避的矛盾，立法天平到底是往职工多倾斜一些，还是往企业多倾斜一些，这反复讨论了很久，《反垄断法》也是如此，但最后发现一些关键问题是回避不了的。虽然《劳动合同法》有些地方写得比较原则一点，但是有一些问题，法律也只能写得原则一点，具体的判断将来由执法部门做出更详细的解释，或者由最高人民法院做出司法解释，都可以来补充现行条款。所以不要因为《物权法》就得出结论，认为中国所有的立法都是一碰到矛盾就回避。

应该说，法律是朝着解决社会矛盾的方向在发展，但是利益冲突肯定很大，看法也会很不一样，所以现在的立法通过要比过去难得多。

过去立法有时候就是上面一句话就定了，现在开始广泛征求意见，连网上也在征求，因此什么意见都来了，不考虑也不行。另外，市场经济发展了，利益也越来越多元化，每个人都要求充分表达和维护自己的意见。所以现在的立法比过去进步多了。

任何法律都要考虑执行

《21世纪》：《物权法》通过以后，除了土地之外，大家还有另外一个问题，就是产权的正当性问题。假如一个人的财产过去是依靠不合法或者灰色的手段获得的，那么现在《物权法》保护这样的财产岂不是很不公平的一件事情？多年来，针对很多民营企业家就有这样的指责。

江平：这里面有一个很重要的问题，就是原罪问题。涉及原罪问题，我举个例子，《洛克菲勒回忆录》中谈到，美国至今仍有许多人骂老洛克菲勒采取了血腥手段来积累财富，但此书作者小洛克菲勒说，他祖父的那个年代是没有严格的市场秩序的。西方国家在进行原始积累时,有一些手段今天来看是完全违法的,但当时并没有相关规定。所以在当时法律没有规定的情况下,现在要追究老洛克菲勒这些行为的原罪,是很难的。

从这个意义上说,我始终认为原罪的问题不能笼统而言。其实,改革初期也好,国企改革的时候也好,我们很多方面是没有完善规则的,而规则往往是随着市场经济的发育而逐渐完善的,如过去贿赂只是讲对官员的,没有商业贿赂的概念。所以,在民营企业财富积累的过程中,一些今天看来违法的行为,当时没有相关法律或者法律规定不明确的,现在不能追究其原罪。但如果当时就规定有罪的,例如走私和偷税漏税,那么除非已经过了追诉期,否则也不能说那是不能追究的,这一点应当非常明确。

《21世纪》:最近读了您的《保卫私产》一文,文中结尾处写到,"中国很大,发展程度很不一样,用'一刀切'的方法来执法存在危害;同时,借口地方差异而采取实用主义态度来对待法治统一也很危险。《物权法》执法必须艰难地寻求中道"。直觉上觉得这个建议很好,但这又把问题甩给了执法者,您的看法是什么?

江平:这个问题恐怕不要这么说,任何法律都要考虑执行。

法治好不好的关键在法官,不能说法律条文写好了,执法就自然好了,还要依靠法官来执行。法官腐败、无能、不懂法律,要靠这样的法官来执法,能好吗?所以我从不反对在执法过程中,执法者的作用非常重要这一观点。

重视执法人员的素质和作用并不是提倡人治。从这个意义上来说,我们现在恰恰是法律通过了以后,没有很好地得到执行。"中道"怎么来理解?基本思想就是一条,执法过程中要解决利益平衡问题。因为法律最根本的问题是利益,利益很多就要求平衡,不能走极端,社会的稳定很多时候靠的就是利益平衡。

我对法治的未来充满信心

《21世纪》:您过去提出,中国的市场经济有很多问题,例如商业贿赂,而"中国的法制必须要很好地来解决这个问题,能够在出现违法现象的时候及时加强执法力量加以纠正,不能等问题已经成风了,我们再来惩办诸如此类的问题"。现在一方面是立法等方面的工作在不断推进,另一方面却是市场秩序仍有很多混乱的地方,比如2007年发生的红心鸭蛋、郑筱萸案和一连串的假药案,山西还发生了骇人听闻的黑窑工事件。似乎问题还是很严重。

江平:这个问题我这么看,首先,中国的经济发展速度位居世界前列,但是市场秩序还远远没这么好。这可能是发展中国家一般都要经过的一个痛苦过程,追求经济速度,希望尽快富裕起来,但市场秩序相对来说比较混乱。

其次,管理经济秩序或者市场秩序是政府最主要的职能,政府不应该在市场里去争资源,政府应该做的是管理市场秩序。可是现在一些地方政府都在想着争资源,包括资源配置,维护市场秩序对政府来说是件费力不讨好的事。这就是我们常常讲的,要建立什么样的政府的问题。改革开放以来,政府对维护市场秩序所花的力量相对来说少一些,所投入的人力物力也少一些,所以现阶段政府职能需要改变。

作为服务型政府最主要的是要把市场秩序管理好,而这只能靠公权力。这些问题的解决之所以困难,又在于公权力本身就掌握着资源分配的权力,有时候恰恰是它加剧了秩序的混乱,例如黑砖窑和黑煤矿的问题,一般都和地方政府以及官员有牵扯。

最后,这里面也有地方政府的苦衷。例如,一些排放污水的企业,同时也是地方政府的交税大户,要是完全关了,那地方财政怎么办?从这个意义上说,包括环保在内的一些问题,也不完全是政府的问题,是经济发展和环境等方面如何统一的问题。就像我们常说的,要想现在煤矿完全不死人,环境都搞那么好,不可能。人家饭都没有吃饱,怎么可能先把脸洗多干净?所以,我说这是发展中必然要经历的一种痛。

但假如真的要解决这些问题,那除了发展经济之外,根治的方法还是在于转变政府职能和惩治腐败。假如不能明确公权力的职能和遏制腐败这两个最根本的问题，那么矿工的死伤也好，假药也要，都将是难以解决的问题。所以，这也需要进行政治体制的相关改革。

《21世纪》：中国的改革者们越来越认识到，市场经济必须有一个良好的制度框架才能保证其良性发展，而法治正好是其中重要的一环。但在现实中，似乎还有很多不尽如人意之处，例如《反垄断法》的本意是反对垄断，保护市场竞争以促进公共利益，但其中许多条款明显是在保护国有大企业的利益，这两者之间明显存在不一致，您对此怎么看？

江平：吴敬琏教授最近出版了《呼唤法治的市场经济》一书，《读书》杂志约我写篇文章以回应吴教授的这本书。我想在吴敬琏的眼中，市场经济有好坏之分，好的是法治市场经济，坏的是权贵市场经济。

那么，法治这个理念是什么呢？这个理念显然不是指具体法律。既然市场经济有好坏，那么法律也有好坏。今天我们应该承认法律有善法和恶法之分，善法和恶法可以有两个评价标准，一是对于人民权利的保障，二是对经济是否有促进作用。从这点来看，我们现在的法律还不能说都是善法。

现在有人认为社会主义国家不必提善法和恶法。但我认为善和恶要看怎么理解。法律从本意上应该是代表公平正义的，人们也总是希望制定的法律符合经济发展的规律，符合社会发展的潮流，也就是善法。然而，不要忘了，即使高层要求法律必须做到真正的公平正义，最后结果也非常难说，因为法律总是立法者制定的，总是合乎制定人意愿的。所以现实中有些实在解决不了的问题，立法者和法律也只好这么处理。

而且，现在没有一个东西像立法的计划性这么强。

《21世纪》：计划性是指什么？

江平：就是说现在很多方面都取消计划了，但立法仍然是严格计划的。立法必须写入当年的立法规划中，立法规划需要人大通过。立法还有很多规定的程序，哪些重要的要报中央，所以立法是在严格计划和相关部门的掌控下进行的。在这样的局面下,要求立法去突破现有的体制也不太现实,它只能在现有的一些运作范围内解决问题,或者说它只解决可以解决的问题。

所以从这个意义来说,我们强调的还是完善法治。这个法治不仅是法律制度要完善,执法也要跟上,权利也要得到很好的保障,公权力行使和制约要明确。这样的问题都考虑进去,才是完善法治的市场经济的核心问题,而不是看一两部法律究竟怎么样。

实际上,我觉得在中国民主法制的所有环节中,立法相对说来还是比较好的。也是因为立法相对好一些,其他的就显得差了。

《21世纪》:有点像您说的"鸟笼法治"("鸟笼法治"由"鸟笼经济"类比而来,"鸟笼经济"也被称为"笼鸟之说",陈云1982年12月提出将搞活经济比喻为鸟,将国家计划比喻为笼子,意思是搞活经济、市场调节,只能在计划许可的范围以内发挥作用,不能脱离开计划的指导。"鸟笼法治"大意指法治建设要在现行的政治体制框架内进行——编者注)。您觉得这样一种渐进妥协的做法,是否是在仿效当年股权分置那样的方针?比如说股权分置会造成扭曲,但为了启动资本市场,不得不先做出妥协,而市场经济的发展自然会推动各方进行深入改革,解决这样的问题。

江平:这个问题比较复杂,我认为"鸟笼法治"在中国是必然的,因为中国的政治体制规定了法治的范围。中国法治的"鸟笼"是越来越大了,中国的政治体制改革也是在逐渐进步,但是速度比较慢。

对市场经济我是比较乐观的,我始终认为市场经济本身必然要推动法治的发展,市场经济和法治绝对是一个东西。这次我写文章回应吴敬琏的书时,文中有这样一句话:市场主义者必然是民主主义者。市场经济本身就是平等、自由、讲权利和讲利益保障的。所以对于将来的政治体制改革和完善法治而言,十七大所确定的解放思想、继续改革开放和搞市场经济的方针,可以说是奠定了一个好的基础。这也是我们今后不断扩大"鸟笼"的基础。

十七大不但提出要解放思想,而且提出要不断进行政治体制改革来完善民主政治,所以从这点上说我对未来还是有信心的。

《21世纪》:无论是市场经济体制,还是民主法治,中国现在都是在不断完善的,但还有一个问题在于速度。因为经济本身发展很快,对社会基本制度提出了越来越多的要求。假如社会体制跟不上经济发展的制度需求,那么势必在社会内部积聚越来越大的张力,甚至有导致断裂的危险。

江平:中国现在很担心断裂。第一个断裂是经济发展速度突然间下滑,这意味着更多的失业,而失业可能会造成社会危机。第二个断裂是贫富分化,或者发达地区和贫困地区之间的断裂,任何国家贫富相差悬殊就会比较容易走极端的道路。第三个断裂是政治和经济的断裂,经济发展得比较快,政治跟不上。有人认为,中国老百姓吃饱饭就行,对政治体制改革不一定关心,对此我不赞成。

无法可依的情况已基本消除

《21世纪》:2006年,中国政法大学的李曙光教授在接受采访的时候提出,前些年,中国主要的焦点是发展经济,因此经济学受到重视,现在中国已经迈入了规范经济运行的阶段,因此法学将会发挥更大的作用,由此也被人称为"法学家治国论",您自己作为一个法学家怎么看这个说法?

江平:我在任何地方都不回避这个问题,我认为应当用社会科学的知识来治国。社会学中和治国直接有关的是四个学科——政治学、经济学、法学和社会学。政治学解决的是纵横捭阖的问题,经济学讲究机会效率,法学讲的是公平正义,社会学立足于民情民意,这四个在治国中缺一不可。

由于种种原因,中国的政治学归属在法学里,社会学在经济学里,因此实际上经济学和法学的背后是这四门学科。

我认为,在任何国家,对改变国家命运起决定作用的还是政治家。好的政治家可以把国家搞好,坏的政治家可以把国家搞坏。

《21世纪》:那您觉得明后年中国法治领域最大的变化或最值得注意的

将是什么呢?

江平:你看这次人大常委会,好多法律都是修正案了,这说明中国法律的空白时期已经逐渐结束了,基本的体系有了,无法可依的情况现在基本消除了。

但是原有的法律滞后于现实的问题越来越严重,任何一个国家没有像中国这样频繁修改法律的。中国一部法律也许过十年就不改不行了,这是因为中国经济发展处于转型期,所以我们现在将越来越多的精力放在现行法律的修改上。

另外,执法需要更好地同步来进行,这应该是中国未来法治建设中重要的一环。

《21世纪》:您青年时代是在燕京大学学习新闻,后来去苏联学法学,中间历经挫折。现在中国社会发展很快,您过去的知识结构可能和现在的社会发展之间存在一定的差距,您自己怎么看?

江平:知识结构里有欠缺,这是有感觉的,主要是缺乏经济方面的知识,尤其我自己搞的是民法和商法。民商法跟市场有密切关系,这也是我多年跟经济学家交流、学习的原因。

从经济学家那里,我汲取了很多营养,获得了更多的视角,我觉得一个人的视角太单一不好,法学家只有法学一个视角太简单,多种视角来看问题会更好。

我自始至终基本上算是一个温和的民主主义者,因为这种价值观,从我学新闻开始,到后来学法律,实际上差不多是一个追求,新闻是追求自由、追求真理,法律是追求公平,虽然角度不一样,但对于那些过分集权,过分地压制人们权利的东西,自己总是觉得这不是我们应该追求的目标。

《21世纪》:所以您给人的感觉更多的是一个公共知识分子,而非法学家。

江平:我一再说我不是在法学某个领域搞得很深的法学家,没有很多很深的专业著作。我们这些人由于历史原因,改革开放的时候成了这方面最早的教育家。我们有两个优点,一是有历史的对比感,有比较长的不同年代的生活体验。二是有不同国别的体验,我自己上过的燕京大学是美国的教会学校,苏联也待过,其他国家也都跑,可以用世界的眼光来看中国的问题。我想一个人有这么两个维度来分析比较问题,可能更全面一点,而且我也觉得真正治国不是纯靠法律。

其实,我也没有那么大的奢望,要自己去影响国家,但是我们这代知识分子心中总有一个挥之不去的使命感,总觉得我还是应该说一说。也许这说好听点是良心,说不好听点就是毛病。

用法律手段调控经济[*]

中国的市场体系和全球的市场体系还没有完全融合。也就是说,有些地方还是隔绝的。

他是我国著名法学家,中国政法大学终身教授,国务院批准的有突出贡献、享受政府津贴的专家。曾当选第七届全国人大常委会委员、法律委员会副主任;现仍然担任着最高人民法院特邀咨询员等职务。他就是江平。

《新京报》:你如何看待2008年以来的全球经济危机以及欧美债务危机对中国的影响?

江平:2008年美国的经济危机带来的是一个全球性影响。但是,中国相对来说受损害比较轻。为什么呢?主要原因就是中国的市场体系和全球的市场体系还没有完全融合。也就是说,有些地方还是隔绝的。所以,它的影响就没有那么直接。比如说,金融很大的问题是货币,外汇我们是管制的,我们的人民币汇价是由政府调控。在这种情况下,我们受到的损害相对来说就比较小。

还有一个原因,就是中国的市场终究还没有进入到像美国的那种高度发达的市场经济,也就是说,流通不像美国,有很多高风险的投资基金。所以有人说,比起美国来,中国还是一个自行车时代的市场经济,而人家是小

---

[*] 本文由《新京报》发表于2011年11月11日。

汽车时代的市场经济。也就是说,中国的市场经济还不发达。由于这些原因,如果有人得出结论认为市场还是在计划控制下更为理想,我觉得,这可能是一个错误的判断。

《新京报》:中国经济的发展方式,你怎么看?

江平:我始终认为,中国的发展不能够成为一个模式,也就是说,别的国家学不太来,这是中国特有的。中国的经济环境也好,中国的历史也好,中国发展的历史,改革的情况,是独一无二的。所以我不认为,中国经济的发展方式能够作为一个可以直接选择的模式;更不认为,完全由国家主导市场是一个比较好的经济发展方向。

《新京报》:从法治的角度,应该怎样看待?

江平:国家行政调控与法律调控之间存在一个界限。过多采取行政调控,它可以在一时起作用,但不能长久起作用。政府一时为了压低房价的迅猛上涨,采取某些必要的措施可以理解,因为老百姓确实认为房价太高,低薪阶层的人受不了。但是,从长远来说,政府如果迷信于这种行政调控手段,我认为就错了。

那么,怎么用法律手段呢?用法律手段能够调整利益,政府土地征收的时候,能不能对价格进行调整,这应该由法律来解决。开发商如果有过高的利益,政府就对他收更高的税——这是完全可行的法律手段。我想,通过价格、税收,我们完全可以来调节房地产中过高的利润、过高的利益。对于这样一些问题,行政手段,都不是长远解决问题的手段。

《新京报》:有些买过房的人,因为房价大降,找开发商要求补偿。之前房价猛涨,我们没有见到一个买房者把获利与开发商分享。这是否可以说明,契约精神还是比较缺乏?

江平:是。中国历来缺乏这种契约精神。西方的契约精神应该说也推广到公民和国家之间,所以公民和国家之间,《宪法》就是公民和国家之间订立的契约,要推广这种契约精神,还要下很大的力气。

《新京报》：如果你有 500 万元的闲置资金，在 2012 年用于投资中国市场的话，你是优先考虑投资楼市，还是优先投资股市？

江平：现在是人们哪个都不看好，这就有一个很大的问题——中国的资金向何处去。老百姓手中是有一些钱，要放在储蓄上，储蓄实际上是贬值的；我要投在股市，股市是没有什么期望的——至少这一年来没有看到它有多好的效益。而且，股市还有一个问题，稍微好了一点，证监会又批准发行了新的股票上市，供求关系就是这样，本来虚的方面就比较弱，你现在又大量地供应新的上市股票，结果股票价格下降。

你要投资楼市，起码目前也没有看到 2012 年的楼市能够有多大的好转。而且这种政策要是不变的话，你也不太可能去投资。所以，中国现在确实存在着大量的多余资金投向哪里的问题。我要投资楼市，有一段是可以的，现在也越来越困难了。所以现在就投资在钱市了，很多人都参加了民间借贷，这又是一个问题了。那么多的高利贷，一旦崩盘怎么办？

我觉得，现在看起来比较好，能够做的就是基金，很多人开始把资金投向了基金。我听说，信托公司估计它的盈利相当不错，我想这也说明了一个问题——信托这个行业应该说还是好的。

新京报：社科院一项研究显示，我们现在的国民幸福指数不高，民众实际收入水平增速滞后于 GDP 的增长。那么，法治在中国经济发展中可以起到什么作用？

江平：在中国，我们提倡法治理念，提倡自由和民主，保障人权是很大的一个方面。我们现在讲提高人的幸福指数，我看这个幸福的指数至少由两个方面组成：一个是物质方面，另一个是精神方面。物质方面是生活情况的改善；而精神方面就是他所应该享受的权利是不是得到了满足。

所以，自由和民主直接涉及公民本身享有的权利的范围。我们随便拿一个例子来说，如最近《刑事诉讼法》修改，中国的问题，能在多大范围之内保障人权。当一个犯人是"黑社会"的时候可能很霸道，但是一旦他成为了被告，他的权利是不是也得到了充分保障，对于一个来自"黑社会"的犯人，我们也要保障他的人权。在这个问题上,我觉得,法治一方面要保障社会的治安,另一方面就是人民的幸福。这两个东西哪个应该放在更高的位置上?我觉得并不能够因为要维护稳定而不讲法治,不讲人权。

《新京报》:在你所处的法治领域,2012年,中国的法治情况会有怎样的进展?

江平:从立法的角度来看,我们的法治还是在不断前进,也就是说,不管是修改一部法律,或者新设一部法律,它总要比过去前进一步。就像《刑事诉讼法》《民事诉讼法》这些法律的修改,有些人认为不满意,但是不管怎么说法治终究还比原来前进了一步。

但是,从现实中的执法情况来看,就不能这么说了。我们的行政执法有所完善,特别在行政权力的限制方面,权力公开透明,在这方面是做得不错的。应该说,政府的执法方面前进了一步。但是,对于司法的执法亟须完善。我觉得,中国的情况应该区别对待。你所讲的宪法界现在确实有一个很可喜的现象,就是宪法界有一些人实际上是按照蔡定剑教授过去的做法,把宪法的问题落实在行动中,如就业趋势的问题等。

成为第二大经济实体更要居安思危

《新京报》:你如何看待中国成为全球第二大经济体,以及中国经济的发展方式?

江平:我觉得,中国成为全球第二大经济体,表面意义并不重要,因为任何一个生活在中国社会的人,都能够感受到中国的经济实力。中国老百姓的生活水平和他的幸福水平怎么样,自己心中都是有数的。我是很同意胡锦涛同志在党的90周年庆祝会上说的话,就是要居安思危,应该有忧患意识,危机意识。如果一个国家整天陶醉于现有的成绩,那潜藏的危机就很大了。

《新京报》:在现在还在世的人中,你最钦佩的是谁?

江平:不谈了。我心目中并没有特别佩服的人吧,只能这么说吧,因为这么大岁数了也很难像过去一样,迷信一个领袖,迷信某一个人,现在不是这样了。

《新京报》:你一生非常坎坷,经历也很曲折。你觉得自己以前的80多年,哪一段时间是最美好的?

江平:那还是留学苏联的这一段,我认为是最美好的,因为那时候无忧无虑,也没有什么政治运动的威胁。虽然这5年没有回到祖国,但是觉得这种生活很自由自在,我在努力学习。

《新京报》:你到现在也比较喜爱足球,早年曾经想过做新闻记者,最后选择了以法律为职业,而且做过大学校长,你最喜欢的职业是什么?

江平:还是大学教育吧,现在看起来,倒不一定是法学。大学教育还是个很好的职业。在大学教书,我可以只听从自己的指挥,对于各种压力,别的什么也好,只要符合我的愿望,我可以服从,我也可以不服从不认可,我可以不发言。从这一点来说,它的精神终究是自由的,所以我还是很欣赏陈寅恪的思想,愿意在大学里面做老师,而且他提出来,一个是学术上的自由,一个是独立的人格,这是我崇尚的。

政府与市场的关系应由法律来规定*

> 在市场平等竞争方面,强调国有企业和民营企业的平等竞争;强调城乡一体化,国有土地和集体土地同地同权、同权同价;也提到内资和外资也要平等。

2007年,法学家江平在接受《中国经济周刊》专访时曾说,中国改革开放30年成功的经验就是"市场+法治",两者缺一不可。

2013年11月,十八届三中全会提出,要让市场在资源配置中起决定性作用。如何处理好市场与政府的关系,"有限政府"怎样建设,自由而有序的市场需要怎样的法制环境?12月3日,《中国经济周刊》记者带着这些问题再度采访江平。

国企和民企应在同一起跑线竞争

十八届三中全会提出,要建设统一开放、竞争有序的市场体系,建立公平开放透明的市场规则。在江平看来,目前市场上的不平等现象依然存在,并且不同起跑线之间的差距还非常大。以国有企业与民营企业之间的不平等竞争为例,要消除这种不平等,必须破除垄断,形成自由竞争。

《中国经济周刊》:经过几年的发展,您对"市场+法治"这个理念有什么新想法?

---

* 本文由《中国经济周刊》2013年12月9日,采编记者:姚冬琴。

江平：我觉得十八届三中全会决定体现了市场、法制结合的趋势，比如说强调了重大改革不能没有法律作为依据，这是一个很重要的指导思想；再比如，在政府和市场的关系方面，强调必须依法来处理。对于政府的职能，也很明确地提出，只管宏观调控，不管微观。

在市场平等竞争方面，强调国有企业和民营企业的平等竞争；强调城乡一体化，国有土地和集体土地同地同权、同权同价；也提到内资和外资也要平等。这三个平等，表明我们在经济领域，强调了要真正在同一起跑线来竞争。如果没有这种平等竞争，那市场规则就是空的。

《中国经济周刊》：您谈到市场规律主要体现在平等竞争，要在同一起跑线上。现在看来，不同起跑线的现象还是存在，您觉得它们的差距有多大？这种差距怎样才能消失？

江平：这个差距当然是很大的了，比如说国有企业跟民营企业总是强调同等对待、同等进入，但是实际上相差很大。以土地为例，民营企业得按土地出让的办法，国有企业土地是划拨，这就差太多了，是很不平等的竞争。

这种差距要消失，不可能是一下子，只能是逐渐消失。国有企业土地无偿划拨也是历史形成的，好几十年了。而且，过去一些国有企业所占有的土地量是相当大的，有时候半个城。这种情况如果一下子改变，按照国有土地出让的办法来执行，国有企业绝对垮台了。

这种不平等情况逐渐改变是可能的，国有企业要上缴红利，既可以是以利润的形式，也可以是作为资源使用费的补偿，矿产资源、石油资源、土地资源，这些都应该交费。

《中国经济周刊》：有人说，过去十年，国企日子比较好过，国企改革几乎是停滞的，现在因为经济有下行风险，国企改革重又被提上议事日程。十八届三中全会也提出国有企业分类改革的思路。您觉得国企改革的突破口在哪儿？

江平：国有企业的突破口，应当把垄断性经营，或者现在叫特许权经营逐渐放开，国家垄断性经营的应该只限于某些和国计民生有密切关系的领域。而涉及资源配置方面,应当是平等的,为什么石油开发就只能是国有企业去开发,民营企业就不能取得石油这个重要的资源呢?这本身是不合理的。

在中国目前的情况下,似乎我们还是更相信国有企业,认为国有企业信用度比较高,产品质量比较好,这是观念意识上的差距。若干年以后,民营企业也有了自己的基础,品牌价值、信用度越来越高,就会形成真正的竞争局面。竞争局面是一个国家进步不可缺少的要素,如果什么东西都被垄断了,就没有进步可言,只有充分发挥市场竞争的作用,才能有更好的东西代替落后的东西。

政府管经济,应由立法规范

江平认为,中国的法治问题最根本还是公权力和私权力的边界划分。这其中就包括公权力如何合法行使并受到制约。十八届三中全会提出,要建设法治政府和服务型政府。在江平看来,应有一部系统性的法律来明确规定政府管理经济的各种行为,减少政府过多干预,建设"有限政府"。

《中国经济周刊》:您谈到政府职能应该有明确规定,不能像过去那样大包大揽,要做"有限政府",那么,"有限政府"应该从哪些方面打造?怎样让政府把手里既有的权力放掉呢?

江平:其实"有限政府"就是一句话:该你管的你就管,不该你管的就不管。这句话实际上是一个很重要的法制原则,各尽其职,在你管的权限范围内管好,不该管的你管了就是违法。政府应该管的部分,从三中全会决定来看,主要是两部分:一是宏观可调控,微观交给市场;二是管好市场秩序,包括维护公平竞争环境、监管产品质量,等等。

《中国经济周刊》:政府少管了之后,需要什么样的法制环境,才能保证市场不仅自由、平等,同时还规范、有序?

江平:这就是我常说的,市场法制包含两个方面,一个方面是市场自由的法制,另一个方面是市场秩序的法制。市场自由的法制当然要由市场主体自己来决定,过去我们在市场自由方面是欠缺的,原因是我们从计划经济转过来,市场还不发达,自由度还比较小。

但是,我觉得市场秩序也是很重要的方面,这一点是政府义不容辞的责任。如果政府不管好市场的秩序,就是失职。从现在来看,中国市场秩序的状况是很不好的。我曾经看到一份材料,中国的市场秩序在全世界排名100多位。

中国经济发展很快,但是市场秩序还是很混乱的。这只能靠政府来解决,不能靠市场自己解决,因为市场竞争的主体更多是考虑在自由的情况下如何进行竞争,往往在秩序方面要靠强制性的规范、国家的法制手段来制约。

《中国经济周刊》:十八届三中全会还提出要依法行政,把权力关进笼子里。您认为用哪些材料打造这个"笼子"呢?

江平:这个笼子应该就是法制的笼子,法律所规定的笼子。在这个意义上,政府怎么样来管经济,应当说还是有一个法律比较好。

我是觉得,政府调控包括哪些方面、哪些手段,政府决策的程序都应该有一个法律明确的规定,这样人们一眼就可以看出来,哪些是政府应该管的,怎么去管。但是,有人担心这样一来是不是让政府太缩手缩脚了。我觉得中国走市场经济之路有30多年了,我们也积累了一些经验。对于政府哪些该管,怎么管,都有经验,是可以有这样一个法律的。

《中国经济周刊》:现在,在政府管理经济方面,有哪些法律规定,您觉得还应该如何改进?

江平:现在都分散在不同的法律里,比如说《土地管理法》,就是对土地管理有了行政控制范围。但是总的来说,过去,政府管得太宽。比如说土地,你只要管好土地用途就好了,征用耕地是一定要政府批准的,很多国家耕地都不能随便改变其用途。集体土地,当然是由所有权人自己来决定,政府还管那么多干吗?减少政府过多干预的范围,就是具体实现"有限政府"的有效措施。

《中国经济周刊》：所以您觉得应该有一个比较系统、比较集中的法律，来限制政府管理经济的行为，是这样吗？

江平：我觉得还是应该有一个。土地有《土地管理法》管，矿产资源有《矿产资源法》管，工商有《行政许可法》管，等等，各个领域都有，但是总的统帅性的，表明政府和市场的关系怎么解决好，应该有一个法律的规定。

土地制度改革力度很大

十八届三中全会提出，要建立城乡统一的建设用地市场，在符合规划和用途管制前提下，允许农村集体经营性建设用地出让、租赁、入股，实行与国有土地同等入市、同权同价。土地制度改革再次迎来历史性节点。江平认为，这次土地制度改革的力度确实很大，但是还待具体的细则出台。

《中国经济周刊》：您认为在这新一轮土地改革中，哪些工作是比较重要的？

江平：十八届三中全会的改革主要还是针对农村集体土地，放宽了集体土地在市场中的流通。过去对于集体土地上的建设用地规定得很严格，只能用于集体企业、道路修建等。

这次强调农村建设用地应该和国有土地上的建设用地完全一样，是平等的。这是一个很大的开放，如果这样做，今后很可能集体土地上的建设用地只要交足了土地补偿的费用，也可以盖商品房。当然，政策放开以前就在集体土地上盖商品房的，还是违法的，还是要取缔。

宅基地能否转让，是很复杂的问题。寄希望于城镇化来解决宅基地问题，也就是农民以自己的房子和地来换城镇中的房子。如果是完全基于农民自愿，还是可以的，但是有些农民不见得是自愿，这部分出让并没有一个非常明确的办法来解决它。

至于耕地，总的来说是不能改变其用途，但是能不能转让呢？现在需要有一个很明确的办法来加速它流通。如果一户只有几亩地、十几亩地，中国农村不能富裕。

经济体制改革不能孤军前行*

如果我们把国家行政权力的改革统称为政治体制改革,那么,我们这些年来在公权力的行使方面,是做了很多努力。

在全球经济似暖还寒、中国发展"两难"增多的今天,"改革"依然是被提及最多的字眼,也成为这个时代最鲜明的特点。

作为一位长期关注中国改革,并参与了中国法治建设的知识分子,中国政法大学终身教授、八十岁高龄的江平,仍关注着中国改革进程的每一步,并为此不断呐喊和呼吁。尤其在中国政治体制改革是快是慢、应进应退、宜曲宜直争论未休的当下,江平初志未改。

"敢于直言"是江平为知识界所公认的脾性。对改革现状的急切和忧心、对常识和真理的殷殷追求,从他紧皱的双眉和如炬的眼神中透射出来。

然而,正如家中那幅米南阳所书写的"宽仁厚德",江平仍然对饱受争议的法治进程,有着谨慎乐观的情绪。

围绕中国法治建设的进程、社会问题发端的症结,以及法治与各领域改革的关系等问题,江平在家中接受了《第一财经日报》的记者专访。

经济改革不能孤军前行

《第一财经日报》:十七届五中全会的公报和中央对"十二五"规划的建

---

* 本文由《第一财经日报(上海)》发表于 2010 年 11 月 15 日,采编记者:张丽华、谢雪琳。

议，有两点给人印象深刻：一是经济转型和结构调整；二是关于政治体制改革方面的表述。这反映了中国未来很长一段时间的重要发展方向。不少人认为，目前两者之间存在不协调发展。你怎么看这两者之间的关系？

江平：客观来看，如果我们把国家行政权力的改革统称为政治体制改革，那么，我们这些年来在公权力的行使方面，是做了很多努力。如公权力的透明化、公权力的人民监督、公权力的责任方面，有行政诉讼法、有国家赔偿法。在企业领域，主管部门都改掉了，商业部、机械部都没有了。应该说，公权力改革方面是有所进展的。

但比起经济体制改革，它就有些逊色。或者说经济体制改革比较明显，但是在行政机构的公权力改革方面还显得不足。

另外，政治体制改革主要并不仅仅在于行政机制的改革，也不仅仅在于司法体制的改革，更重要的应该是三个方面：第一，是党政的权力。政治体制改革很重要的一个问题是，像小平同志20世纪80年代初就提出过的，党政体制是不顺的，我们应当是党领导国家，而不是党的权力代替国家的权力。但实际中，仍然存在党的权力代替政府的权力的现象。第二，政治体制改革很重要的就是真正实现民主。第三，政治体制改革很重要的就是对人的尊重。人权我们已经写进《宪法》里了，表示对于人权的重视。这些东西，其实都是我们追求的目标。

在十七届五中全会公报中，关于"必须以更大决心和勇气全面推进各领域改革"的表述，其实就是要坚持继续改革开放，而且要坚持全面的改革开放。我理解的这个"全面的改革"很重要的一条就是，不仅仅是经济体制改革。

我们可以看出来，经济体制改革最忌讳的就是孤军前进，缺乏相应的配套。且不说政治体制改革，就是与经济体制改革直接相关的社会改革方面，如教育、医疗卫生、社会保障、环境、慈善福利等，也存在很多要补的课。经济体制改革让企业走了股份制的道路，很多企业不再需要主管部门，也有了相应的配套改革，可是我们的教育呢？教育的行政化、官僚化情况还很严重,所以群众对于缺乏平等基础的教育体制改革意见很大。

当然教育领域也不能说一点改革都没有,但它缺乏比较深层次的、体制方面的改革。比如教育部门的官僚化、行政化,大家都看得很清楚。即便是企业,我们现在还强调不要有什么部、级别,可是,学校哪个是副部级、哪个是正局级,任命方式都很不一样,副部级的校长和正局级的学校官员,由不同的主管部门任命。像这些,其实应该说是很容易改的,但至今也改不了,因为涉及体制,官员需要有一个对口。

《第一财经日报》:教育和医疗这两个领域一直抓不住改革的实质,你认为是什么原因呢?

江平:很重要一个原因,就是我们始终以GDP作为整个发展的龙头来考虑,每一届政府,从中央到地方,都过于看重GDP的增长率。至于教育、医疗卫生等领域显示不出来,在政绩方面没有明显效果。

所以,政绩这种驱动因素带来的危害太大了,包括环保、社会保障、慈善事业等,都是次要的,至于政治体制改革更不重要了。

《第一财经日报》:谈到改革,有种观点很流行。这种观点认为,中国的政治体制改革,客观的"不得不"的条件更加现实和有意义。也就是说,政治体制变迁,应该由经济社会发展和技术进步推动。你怎么看待这种观点?你认为中国目前社会发展,已经到"不得不"改革的时候了吗?

江平:政治体制的变迁应该由经济社会发展和技术进步来推动,这个说法有一定的道理,但不是绝对的,为什么?

政治制度的变迁当然要有经济社会发展和技术的推动,因为社会的发展是有关联关系的,经济发展不到一定的程度,政治体制也不可能太变动,这句话可以用马克思主义观点阐述,即经济基础和上层建筑的关系,政治是上层建筑,经济和社会是基础。当然,只有经济基础变了,上层建筑才能变,经济基础没有变,上层建筑变什么呀?如果我们没有市场的改革,怎么可能搞政治体制改革?

但这件事情也不能绝对来看,不能以这个理由来抑制政治体制改革。

现在不能够再说经济体制改革没有到这一步了,我们现在经济体制改革应该已经发展得比较快了,或者经济体制之所以不能前进一步,就在于相关体制阻碍了它。

怎么理解这个"不得不"呢?我认为是有些"不得不"了。深圳就是个例子,经济已经发展得很快了,但是政治体制的改革相对滞后,就会阻碍它的发展。比如,人事制度怎么办?权力能不能放开?老百姓选举制度是不是能够改善?

有一个记者问我,中国腐败怎么解决。我说,腐败问题要得到真正解决就要有舆论监督。这些都涉及政治、经济健康发展的问题。某种程度上应该说也算是到了"不得不"改的时候了。

《第一财经日报》:刚才你讲到人民群众的感受。最近有不少人提出,现在的社会基本矛盾已经改变了,不再是日益增长的物质文化需求和落后生产力之间的矛盾,而是人民群众日益增长的政治民主需要和政治体制的矛盾。在你看来,中国的法治建设与这些需求之间有什么内在关系?

江平:这只是一个矛盾,不能把它看作现代的唯一的或者最主要的矛盾。

现在社会主要的矛盾究竟是什么,我没有很好的调查。应该说,由于现在贫富差距扩大,造成很尖锐的矛盾。比如现在社会中公权力和私权力的冲突,征地、拆迁、市场秩序等,也仍然有很多矛盾。

对民主政治的要求也是一个矛盾,这个需求尤其在知识分子里面显得明显。我们知道,政治民主跟体制之间的一些问题,这个矛盾更多体现在知识分子中。一般的农民、工人在这个问题上感觉不像知识分子那么明显。

我不太同意制度建设或者法治建设谁更需要先行(这样的争论)。因为,法治建设就包含了制度建设。法律还是制度先行,关键的问题还在于制定的动机、目的怎么样。民主政治用法律来规定和保障,这是一个很大的课题。

《第一财经日报》：最近有一些调研发现，农业税取消后还有农业补贴，农村的矛盾并不明显；城市里面，中产阶层这一块也逐渐扩大，所以社会相对比较稳定。但也有一种观点认为，由于拆迁、贫富差距、土地征用、腐败等问题导致的矛盾日益尖锐。在你看来，稳定因素和不稳定因素，是什么样的关系？

江平：严格说来当然是此消彼长了，稳定因素少了，可能不稳定因素就增长了。

但现在农村土地矛盾很突出，一方面是因为土地数量有限，国家要保障18亿亩耕地的底线不能突破。另一方面，实际上农村中的集体所有土地跟国有土地的矛盾还很尖锐，也就是说集体土地并没有实现农村集体组织自主权，这个矛盾还仍然存在。据我所知，现在城市里已经全是国有土地拆迁。所以，城市只要扩大，几乎都面临着征地问题，而征地的问题是很尖锐的矛盾。城市就是拆迁矛盾。

应该看到，中国现在社会不稳定因素还在不断增长。不稳定因素主要表现在什么方面呢？有三个判断标准：第一，看群体性事件是不是增多了。所谓群体性事件就像"瓮安事件"，这个矛盾就大了。这些年来，群体性事件是在增长的。第二，看恶性事件怎么样。这也是一个很重要的标志，恶性事件就是爆炸、放火、放毒等事件。第三，要看对象，即是社会报复还是个人报复。如果是因为恋爱问题把对方杀了，那是个人的问题。如果因为恋爱问题把社会上其他人杀掉了，那就是社会报复。现在看起来，这三类都在增长，这说明不稳定的因素在扩大。

"中国模式"是否存在

《第一财经日报》：这次全球金融危机，大家都在反思华尔街，推崇"中国模式"，其依据来自中国增长的高速度。在你看来，真的有一种"中国模式"存在吗？

江平："中国模式"这个问题，我始终有自己的看法。

"中国模式"要看怎么来看。如果单纯从经济增长速度来看,中国确实有一种自己的增长模式,或者说有一些跟其他国家不一样的增长模式,包括克服金融危机方面,也有中国的模式。

"中国模式"特点是什么呢？我认为,"中国模式"特点在于,有一个强大的国家力量在支撑经济发展。虽然也搞市场经济,但从计划经济转过来,所以仍然保留了国家很大的控制力。

为什么中国在金融危机中伤害这么小？这跟国家控制外汇也有关系,人民币不能自由兑换。如果能够自由兑换,伤害程度当然更大了。社会主义国家过去都是举全国力量来办一件事,当然是没有办不成的。如果从经济增长模式这个角度来看,中国还有自己的特点。

但如果将这个理解为在全球很有吸引力的一种模式,我的看法就不一样了。这种模式是否能够为全世界其他国家学习、运用,或者成为值得人家羡慕的一种模式,值得讨论。中国的经济发展令世界各国受益匪浅,或者说,得益于中国发展,世界经济可以早点走出阴影。但是,中国的经济发展也给其他国家带来了一些恐慌,如资源消耗量。传统的经济增长模式造成对石油、能源的过多消耗,还有中国的二氧化碳排量等。国家控制力量这么强,人家对于你的外汇储备也会感到恐慌。坦率地讲,我对于中国增长的模式还是有点不安。

而且大多数国家也没有这么大能量去学习。至于国力增强以后,国防是增强了,那么周边国家也会感到恐慌,周边国家也会担忧,引发"战略重组"。这些都会出现问题。我觉得,中国应当和平增长,科学增长,真正能够形成中国增长模式,人家没有太大的恐惧,或者人家都希望效仿,这样就是王道了,而不是霸道。过去讲王道和霸道,王道,人家才会心服口服。

我觉得,要完善中国模式的话,还要加强对私人财产和私人自由的重视和保护。这仍然是任何经济增长里的最基本点。社会财富的增加,首先是私人财富和自由的增加。只有老百姓自己的私人财产和自由得到了切切实实的保障,或者得到了发展,他才有积极性。我们现在如果空谈国防力量,或者国家财富有多少,还是一个比较遥远的目标。老百姓最切身的利益还是自己现有的那些财产和自由能不能得到保障。你想想看,如果一个人10年、20年挣的财产,一旦一场大水把它全冲光了,他会是什么感觉。

《第一财经日报》:谈到私有财产权利,《物权法》实施已经3年了。作为《物权法》的总撰稿人,现在回头来看《物权法》当初制定时有哪些问题?

江平:《物权法》是很矛盾的产物,所谓矛盾的产物,主要是指私人财产的保护和国家利益之间有很大的一个冲突点。本来,《物权法》里有一些详细的规定,如农村的宅基地和上面房屋怎么办,后来因为矛盾太大都取消了。

《物权法》成为一个折中的产物,有些问题就留待以后的法律进一步来完善,这是它很大的缺点。《物权法》通过以后,《土地管理法》要修改。另外,最迫切的是要制定国有土地上面房屋拆迁补偿的办法。我参加过一次讨论会,讨论会的草案总体不错,把现在政府的拆迁办法改成了征收的办法。以前是政府发一张拆迁许可证,拿了拆迁许可证就可以去拆老百姓房子,那就是开发商跟老百姓之间的关系。现在改了,改成国家拆迁,国家征收,国家补偿。第二个非常好的地方,就是补偿的标准是按照同时期这块土地、房屋在市场评估的结果。那不是很好吗?但现在还有一个问题,即老百姓还是觉得有些地方没有落实,就是这个政府补偿的标准如果不合适,他怎么能够保护自己的利益呢?因为政府的补偿标准,法律上把它叫做"一种规范性的文件",是政府做出来的,也就是不适用于某一个人。我们现在法律上规定它叫"抽象性的行政行为",你不服到法院去告,法院一般情况下不受理。还有一些具体问题等,都需要看私权怎么保障。

救市迫需彰显法治精神*

国际金融危机的蔓延,使西方国家纷纷使用宏观调控的办法来治理经济,所以现在有人说,美国的做法好像"比社会主义还社会主义"。

记者与法学家江平(右)交流

2008年下半年,全球被美国的金融风暴拖入经济危机的泥潭,谁也难以孤身自拔,作为国务院发展研究中心主管的中央媒体,《新经济导刊》适

---

* 本文由《新经济导刊》发表于2009年4月20日,采编记者:朱敏。朱敏,国务院发展研究中心《新经济导刊》执行总编。文章整理:张新华。

时推出了"对话顶尖经济思想家"系列访谈,拜访了多位海内外知名学者,会诊中国经济时弊,寻求经济体制改革和经济复苏出路,引起了社会广泛关注和好评。

2009年3月18日,值2009年全国"两会"闭幕后不久,在德高望重的法学家江平教授家中,《新经济导刊》执行总编朱敏与江老促膝长谈,从法治与市场的角度,为处在拐点之中的中国经济建言献策。今年79岁高龄的江平教授被誉为"中国民法教父",是1986年民法通则最重要的起草者和推动者。他几十年来矢志不渝地支持中国改革,深知个人尊严和自治是民法的核心所在,亲身参与了重建市场经济游戏规则的立法进程,不愧是中国社会变革时代的一个智者。

经济"过山车",权力与市场究竟如何分工

朱敏:江老,您一直研究和推动法律对市场的监管,在当前经济受到巨大冲击的情势下,法律到底如何合理发挥其应有的作用?

江平:这个问题就"仁者见仁,智者见智"了。比如现在热议的《劳动合同法》,在这个时期出台是不是合适?据我所知,现在是两种截然不同的看法。有些经济学家是否定的,认为在中国当前的这种形势下是不合时宜的,对经济发展造成了阻碍。可是我的看法是,法律还是应该有一个基本准绳,中国随着经济发展对于劳动力的保护,水平肯定要提高,不能够停留在原来的水平上。

朱敏:有人说对劳动者保护的条件过高了。

江平:确实可能有一些地方没有体现出如何规定,但如果认为在时代背景下太过超前,不适合中国的国情,我不同意。因为,总要有个基本判断的东西:要不要加强对劳动者的保护,保护到什么样的程度更合适。

总的来说,这部《劳动合同法》是法律和经济相互促进的典型案例。有人认为现在《劳动合同法》造成大量的企业倒闭,失业增加,但是从国际国内经济因素分析来看,恐怕还很难说《劳动合同法》是主要的原因。

朱敏：《劳动合同法》充当了中国法治进步的一个重要信号，用"种瓜得豆"来形容可能有失公允，但对一些企业而言，无疑成了"压倒骆驼的最后一根稻草"。

江平：是的。像《反垄断法》到底超前不超前？这也是个问题。国际竞争的秩序要求有一部《反垄断法》作为"经济宪法"来保护本国经济利益，这个事情无可厚非。但是，里面有些地方规定得比较模糊，不很具体，这个是可能有的。立法本身就存在多方利益的冲突，要使各种不同利益相互平衡。

朱敏：记得早在2004年，您在和吴敬琏教授关于法治与市场的对话当中强调，目前国内宏观调控最需要填补的就是立法，认为改善宏观调控的重要举措是法制化，而宏观调控的权限界定不明影响到调控效果。我们看到，去年的经济形势被形容为"过山车""冰火两重天"，宏观调控面临的法律约束缺失隐患已经越发显现。用法律手段来对宏观调控的权限进行界定，现在是不是比任何时候都显得重要？

江平：国际金融危机的蔓延，使西方国家纷纷使用宏观调控的办法来治理经济，所以现在有人说，美国的做法好像"比社会主义还社会主义"。

这个问题对我们搞法律的人也是一个考验。2008年上半年和下半年对经济的看法和做法有着明显的转变，或者是根本的转变。在这种情况下，有人认为现在国家宏观调控的力度是相当大了，国务院接连的常务会议，对十大行业都做出了具体的部署。国家对于行业有了很大限制，过去很柔性的政策现在很刚性了，比如造船业，多少吨以下的不能造、不能批准，这对法律人士来说确实产生了一个问题："公权"和"私权"到底该怎样去理解？我们所讲的那些市场经济的法则到现在是不是过时了？

这实际上反映了两个规律，即拯救经济只有宏观调控和市场机制两种选择，或者用国家和市场两种手段而已。现在需要加强宏观调控的成分更多，合理使用公权就显得重要；过段时间不需要那么多调控了，需要发挥市场机制作用的成分就更多，强调保护私权就显得重要了。

朱敏：您所提的是顺势而为的做法。尽管说，市场和计划不是二元对立的，但会不会在积累一些计划经济的手段之后，容易产生路径依赖，从而对过去改革的成果造成冲击呢？

江平：应该看到第二个方面，就是市场经济还是应该作为主流，如果连市场机制都没有，一切都由国家来分配资源，就会造成适得其反的效果。这两者加在一起，能够正确反映整个市场经济法律的根本问题：还是应该以市场机制为基础，首先要保障市场经济主体在发展中的自主性。在自主性实现的过程中，必定每个时期侧重点不一样，但这两者都是国家治理经济的重要手段。比如去年，有人认为上半年对于经济的预见性可能差一点，所以下半年国家对于调控的力度明显加大。

遵循"三段论"，社会权力仍需不断扩大

朱敏：还是在您和吴敬琏教授对话时，他认为应该对宏观调控的权限作出法律认定，规定出哪些是宏观调控应该管的，哪些权力应该还给市场；您当时也指出，宏观调控代表的是公权，市场经济主体代表的是私权，而私权是市场经济的权利和目的，所以必须承认市场经济主体的优先权利。私权和公权到底是怎样的顺序？

江平：这个问题首先要确定一个原则，就是在经营这个领域里面，国家要掌握什么样的批准原则。在法律上，主要表现为《行政许可法》。国务院法制办主任在做报告时专门讲了一个观点，就是：当市场经济自己能够解决这个问题的时候，不需要国家来规定，只需要当事人的合同来约定。当事人双方合同约定有困难的时候，可以由中介组织第三方来解决。只有两者都解决不了的时候，才可以要求国家来干预。这就确定了一个很重要的"三段论"原则：私权不能解决的，社会权力解决；社会权力不能解决的，公权力解决。公权力是放在最后的。

朱敏：但现在对于社会权力，人们还没有一个统一的认识。

江平：社会权力的范畴，现在来说是我们法律中是最薄弱的环节。社会

权力来自于社会团体组织,可是我们现在的社会团体很多是变相的公权力,实际上成了公权力的一种延伸。

西方国家的社会权力就很大,特别是在环保、卫生等涉及公共利益的团体。我们现在做得还不够,需要我们不断地扩大。这也是我们奋斗的目标,应该朝着目标去做。

朱敏:公权力应该放在最后来行使,我们看到,在这次国际金融危机的关头,各国终于按捺不住,纷纷加大了政府干预。这里就有一个问题,除了以法律形式明确宏观调控的权限和操作程序外,是否应该对因宏观原因造成的企业损失进行相应的赔偿?

江平:在经济危机情况下,宏观调控给民营企业造成困难和损失,有的需要赔偿,有的不需要,要划定一个界限。

国务院有权制定法规,只要是以法规的形式出现,比如有的投资额度有明确的标准,就必须按照这个法规执行。法律和法规都没有,那没办法,赶上宏观调控啦。以前是笼统性的规定,你要造多少吨级的船舶可以向地方申请,现在一律否决,这个问题怎么办?国家要不要承担赔偿责任?这很难说,因为这是国家调控手段的一种。

还有一类是地方执政权力的滥用,今天项目让上马,明天又否决了,这样的例子层出不穷。我碰到过一个案子,某城市原来的体育场拆了,要建设奥运体育场,批准建设完工后,一位领导来视察,认为大门太窄、停车场太小,总之缺乏气派,于是下令拆除。这就麻烦了,那是条购物街,有许多商铺,造成商户损失上亿。先前只有口头通知限期拆除,后来迫于抗议又不拆了,前前后后经过了一年多的折腾。商户损失应该怎么算呢?向政府提出来,政府认为这是奥运会需要。像这样拆和建全由着个别领导的话,如果没有合法的依据,就应该给予私营企业主补偿。

否定"搁浅论",逐步规制市场经济秩序

朱敏:我们不妨延续这个话题。在全球背景下的国家主义全面返潮、宏观

调控力度明显加大的今天,中国的市场化改革空间还有多大(有一种论调说是"搁浅"了)?从历史的角度来看,这对中国法治建设的进程而言又意味着什么?

江平:我觉得,不要把历史某个阶段所发生的事情作为法律的普遍规律。还是要区分不同阶段不同时期,比如现在发生国际金融危机,国家需要紧急控制局面,拿出4万亿元来救助市场,这是一种紧急措施,是应该的。但是,不能以此为依据来制定长远的法律规范。

所以,我不认为在特殊情况下做的政策能够作为普遍性的规律。市场自身规则会在这个时候有所变通,有所改变。

朱敏:经过恢复之后,市场还会回到原有的状态吗?

江平:这其实就是两个问题:市场经济的自由和秩序。从立法的角度讲是最基本的两点,市场既要有自由也要有秩序。市场经济没有自由,就没有基础,更谈不上活力,没有秩序就产生混乱。

我们和西方国家在自由和秩序上,要找到其中的不同之处。西方国家从一开始,就是以自由经济著称,比如美国的西进运动,鼓励私人开发,给予极大的自由度,那时候缺乏的是秩序——前段时间,我看了《洛克菲勒回忆录》(大通银行董事长戴维·洛克菲勒),这本书很多人推荐。那时候的美国只有自由,没有市场秩序啊。1929年经济危机后才逐步规范市场秩序,各种法律出台(一年间出台了150多部法律,其中金融法就30多部),所以现在美国的市场秩序非常完善。

那么,中国现在规制市场秩序的法律怎么样呢?据中国中小企业协会会长李子彬说,按最近公布的材料,世界排名120多位。这说明中国经济发展数一数二,市场秩序却很靠后,产品质量的问题层出不穷。

朱敏:去年不是暴露了很多吗,包括三鹿事件。

江平:所以这个问题开始引起中央重视了,包括修改《产品质量法》、出台《反垄断法》,这些竞争的规则,我们很多地方都是空白。所以,我们需要在立法上填补,在执法上完善。中国是从计划经济转过来的,市场经济一开始就是既无法律又无秩序,开放市场之后是自由比较少,所以立法开始比较偏重的是在市场自由方面。比如出台《知识产权法》《行政许可法》《物权法》《债权法》等,给市场的参与者更多的自由度,能够真正体现和享有市场主体权利。但是现在做得还不够开放,像垄断行业还没放开。

所以,要问改革的空间还有多大?我觉得还是两个问题,市场自由和秩序的更好完善。你给市场竞争的主体更多的自由是比较好实现的,但是怎么加强秩序的监督和管理,相对难多了。从这个角度来讲,我们还有许多的空间需要去做。

朱敏:一方面给予自由,另一方面要把市场规范起来,形成一个更安全有序的环境。

江平:是的,在全球经济危机下,如何加强秩序也很重要。这其实就是一枚银币的两个方面,说的是"市场规制法",当然还得坚持在改革方向不变的前提下实现。

监督"4万亿",信息透明是最好的防腐剂

朱敏:在美国,政府救市政策通过后,随即出台了一系列实实在在的监督措施,包括成立经济恢复计划透明和问责委员会,监督资金使用,并建立一个专门网站及时公布资金去向;在中国,国务院总理温家宝"两会"期间在会见中外记者时表示,新增的"4万亿"投资项目都是经过论证的,而且将会全部公开,全过程接受监管。政府救市政策应该如何保证立项及实施的透明化?

江平:我们知道,西方国家的议会一个最大的权力是监督预算,钱到底是怎么花的,纳税人当然有权知晓去向,向老百姓借钱(国债、地方债)都是要通过议会解决的。美国两次救市方案都是经过众议院和参议院的重重审核才通过。这是它能掌控政府的最大权力。

反观我们国家来看,《预算法》就差多了,"4万亿"根本不需要人大审核,在这点上人大的预算监督是差强人意。我也当过第七届的人大代表,讨论预算的时候,还坚持保密原则,笼统列出几项,看完就收回。今年的预

算那么巨大,财政部随时有权增加,《预算法》形同虚设。

但是,尽管如此,这次"4万亿"投资应该是透明的,政府信息的公开化,是能够有效监督的最重要的渠道。

朱敏: 拿奥巴马政府来说,所通过救助的企业高管工资要受国家监督,美国AIG公司却给自己管理人员发分红奖金,这明显是违法了。

江平: 对,虽然金融界有自己的规矩,有人说接受了国家的补贴,并不代表改变人家原有的制度,但你毕竟违背了美国的法律。所以,有了法律之后必须按照法律规定来做,如果规避了这条法律,政府有权拿回纳税人的钱。这就需要,一方面群众监督,另一方面政府要及时制止违规行为。

朱敏: 也有人说,咱们实施救市方案跟西方有个差别,就是社会主义制度决策效率高、执行速度快。怎样看这种观点?

江平: 美国"阳光法案"在上世纪30年代初有一句话:"路灯是最好的警察。"只有在透明的情况下,才能减少犯罪的发生。一直在黑暗中不透明地做,那是最容易产生腐败的行为。所以,现在公权力最大的是解决透明度的问题。只有解决透明度,才能保证公权力不被私权所用。

朱敏: 说到这点,我想起今年"两会"前夕,很多学者和网民纷纷要求全国人大在监督政府工作方面扮演更大的角色,尤其是在"4万亿"刺激经济投资方案的分配和实际用途上。"两会"期间,吴邦国委员长作全国人大常委会工作报告时特别讲到,人大监督不是与"一府两院"唱"对台戏"。

江平: 吴邦国同志讲的人大和政府不唱"对台戏",我理解更多的是,在危机的情况下,我想在决策思想上还是要统一的,不像两党制、多党制,在野党就是故意挑执政党的过错。

但话反过来说,监督就是唱"对台戏",也是正确的。我们不搞三权分立,但是并不否认监督的权力。最高的立法和监督是人大的两大职能。权力必须要有分工和制约,没有的话是会产生腐败的,这是很明显的道理。监督就是看你在执法过程中还存在哪些问题,比如说对《产品质量法》的监督、对工矿企业的安全监督,需要你从里面找毛病、找问题,从这里理解就是需要唱"对台戏"。

朱敏：作为一种普世的法则,监督的范围和度都应有所考量。

江平：对,从权力的分工和制约来看,监督权作为基本原则是绝对不能变的。

筑好"安全网",用法治改革促进公平正义

朱敏：诚如温家宝总理在政府工作报告中所指出,当前一些涉及民众切身利益的问题没有根本缓解,社会保障、教育、医疗、收入分配、社会治安等方面存在不少亟待解决的问题,市场秩序不规范,市场监管和执法不到位,社会诚信体系不健全,食品安全事件和安全生产重特大事故接连发生。您认为法治如何保障市场经济秩序?

江平：关于这个问题,涉及现在讨论最热的《社会保障法》,目前正在广泛征求意见。对于社会保障制度(作为一个社会重要的"安全网"),社会各界总的来说都是拥护的。一个国家没有建立完善的社会保障制度怎么行啊?

《社会保障法》以前也曾多次讨论如何完善,最后都搁浅了,最重要的原因是社会保障必须要有金钱做保障,没有足够的财政资金无法保障全体民众的利益。在这里面,如何把8亿农民也纳入全民保险是非常困难的。坦率地说,社会保障制度是随着国家财力的不断增大而发展的。有些城市现在发消费券,可以看出,只要是经济实力强的地区保障就更完善。

医疗和社会保险,是现阶段中国最突出的问题。我没有太多的专门研究,但涉及收入的分配、公共事务的投入,大多不是立法的问题,更多是执法的问题。比如现在对高收入的人提高税收,基本的法律规定有了,但是否能缩小两极之差,这是执法的问题。这很难做到有效监控,关键是执法太松,缺乏执法处罚的力度。

朱敏：说到执法,现在似乎有一种倾向:更多的不是关注富人群体而是小商小贩等弱势群体,执法不当是很普遍的现象。

江平：我们曾经多次讨论遗产税的征收，现在也是没有下文。在发达国家遗产税是非常重要的财政收入，有媒体报道日本的一些贵族过世后，土地遗产是天文数字，而遗产税必须用现金交付，当然就必须拿土地变卖了。这样看来，遗产税确实是"杀富济贫"的重要手段。

虽然中国不存在太多私有土地的问题，但是现在不动产越来越多，遗产税有很大的征收空间。

"中国金融监管问题依然堪忧"

朱敏：在政府大规模出台救市措施的特殊背景下，放开价格管制会不会提上日程？

江平：我觉得逐步放开是符合市场规律的。当然现在情况不同了，前几年是物价难以控制，石油价格飞涨，煤电价格也上涨。现在的局势是产品价格下降了，由于价格难以控制所造成的危机已经小多了，所以现在是更好理顺价格关系的时候。

比如说，过去发电厂多生产一度电就要赔很多钱，现在电煤的价格大幅下降，这种情况基本不存在了。价格应该和成本平衡，不能说多生产一度电就赔很多钱，这必须要改变，要不然生产者没有积极性，只剩下国有企业在搞，国家还得补助你。所以，我觉得现在是理顺价格的时候，价格应该能够更好地解决。煤电油运，这些最基本的一些民生产品，应该尽可能地符合市场规律。

朱敏：关于政府现行的结构性减税和推进税费改革问题，温家宝总理表示，今年将采取减税、退税或抵免税等多种方式减轻企业和居民税负，促进企业投资和居民消费，增强微观经济活力。您认为税费政策存在哪些不合理的地方，法治环境如何保障纳税人的权益？

江平：究竟税制怎么改革，我觉得两个问题可以考虑：一是中国现在的税费问题主要是对经营者的征收负担比较重，过高的税收肯定不利于企业的经营，尤其在金融危机大量企业倒闭的情况下，你不减税免税，就不可能有太多的积极性。因此,在这种背景下,国家应该扶持投资的积极性,还税于民。二是缩小收入之间的差距,比如个人所得税,2000元的起征点也太低了吧?

朱敏:政府工作报告中指出,"国际金融危机还在蔓延、仍未见底。国际市场需求继续萎缩,全球通货紧缩趋势明显,贸易保护主义抬头,外部经济环境更加严峻,不确定因素显著增多"。这种形势下,出口企业如何应对国际和国内法制环境?

江平:出口企业现在最大的问题是,不可预见的风险加大了,由于汇率、价格或者政府管制的原因,有些本来合同承诺的最后很难兑现。

如果需要法律环境来解决这一问题,就是你在订立国际合同交易时,要把可能发生的风险因素归纳进来,这是非常必要的。比如,加上在国际原材料价格波动的时候允许双方再次谈判,尤其是汇率大幅波动时要备注条款,这样可以避免损失。

所以,我们现在要更注意合同里面的预见性、科学性和准确性。在法律规定中,双方发生了问题,合同就是唯一的依据啊。现在有《交易法》《国际贸易法》,应该是有法可循的,关键是我们能不能定得更准确。我觉得这是大有可为的,可操作性非常强。

朱敏:全球金融危机爆发以来,中央开始实施适度宽松的货币政策,要求货币政策在促进经济增长方面发挥更加积极的作用。一时间,地方债、民间金融迅速放开,在中国金融、股市还没完善的情形下,应当如何依法建立相应的监督体系?

江平:中国政府过去是长期不允许地方政府发行债务的,这次总算是放开了一些。但是这个没有法律依据,到底地方是怎么发行、发行多少、担保的制度如何……

朱敏:这应该是在《预算法》的框架下执行的,对吗?

江平:对。不过,在没有法律保护的情况下,购买的人对于风险的预见性就不得而知,这种问题应该是从完善法制来推进。我们国家往往是因为改革,促进一些措施,先做后立法。实际上就是行政权力太大了,有些做法我不赞同。所以,虽然中国的金融问题不像美国的次贷危机那样巨大,但是中国金融监管的问题依然堪忧,风险还是不能忽视的。

小平最终将中国引向市场经济和依法治国*

> 经济都在摸着石头过河，法律永远是要为经济服务的，法律作为上层建筑确实只能为当时的经济基础来服务，只能在这个范围内。

2007年2月19日，是改革开放总设计师、中国共产党第二代领袖邓小平逝世十周年纪念日。小平生前，以绝大智慧与魄力，两次推动改革开放进入高潮，至今我们仍充分享用着其带来的丰美成果。2月14日13时30分，中国著名法学专家江平教授做客《中国经济网》，就小平在"文革"后期复出后，如何带领中国一步步建立秩序与法制过程进行访谈，以下为直播实录。

小平复出后如何带领中国走向秩序

主持人：江老，邓小平复出之后中国开始告别"文革"的无序，法制建设开始有了很大的变化，您觉得促使这种变化的主要原因是什么？主要是因为领导人的个人意志还是因为当时民间的呼声民心所向？

江平：改革开放到现在快30年了，小平同志的功勋是非常大的，我想一个就是经济方面的改革开放，最后走向市场经济。另一个是政治制度的变迁，最后走向了依法治国。我想这是最大的两个方面，一个是市场经济，另一个是依法治国。

---

* 本文由《中国经济网》发表于2007年2月14日。

依法治国这方面应该说从小平同志推进这两项改进来看,一个是时代的背景,另一个是民心所向。时代背景就是经过了"文革"这个大灾难,包括小平身受其中"文革"以后我们的反思,从小平同志来说,在制度层面恐怕总结了两个我认为在当时最具有意义的,一个是领导人不搞终身制,这是非常重要的,这一点小平同志看得非常高。另一个是建立了我们国家的领导人退休制度,一种正常的接班制度,使得国家的领导人能够按正常的程序进行权力的交接。

主持人:您在1978年获得平反恢复教职,那时候心里是什么感受呢?

江平:从我们来说,应该说从1956年、1957年开始到1977年这20年,恐怕搞法律的人没有想到还会有这么一天,恢复到法律的重要性、法制的时代。我原有的一些书都被当废纸卖掉了,在小平同志主政的时候,我们出现这么一个根本性的改变。

这个根本性的改变对于我们来说是非常亲切的,但是现在人们还容易仅看到经济的一方面,没有注意到政治的一方面,"文革"带来的危害大家只看到经济方面更多一点,也就是所谓国民经济到了崩溃的边缘,但是仍然有些人对于"文革"所带来的政治、法律、社会方面的危害,这个问题注意不够。

主持人:从1978年之后中国的立法速度开始加速,在1957年之前从1949年至1956年这个阶段,也算是一次立法的高潮。1978年这次,包括1958年的宪法立得相当不错,1978年这次立法的高潮可不可看作是向1956年前的一种回归呢?

江平:50年代初期的这些,严格说来只是在恢复经济建设的时候我们所带来的法律完善,还不够成为一个真正的高潮。原因在于全国人民代表大会我记忆中是1954年才有的,以前是中国人民政治协商会议,1949年成立的。那时候没有中国人民代表大会看这个制度,只有1954年《宪法》确认了人民代表大会制度,才开始建立了人民代表大会通过法律的制度,可以说那一段在前5年还是政府来颁布,当时由中央人民政府来颁布各种法令。现代意义上比较完善的议会通过的法律,我们用"议会"这个意思来说的,是1954年才有的,才有人民代表大会、常委会通过的法律,以前还是政府来通过的。

主持人:50年代包括1954年那时候的立法主流还是有阶级斗争包括革命等。

江平:那时候通过的法律只有有数的几个。一开始是土地改革,土地改革并不是法,而是通过类似党的政策调整的土地改革。很长的时间都是运动,镇压反革命、肃反,这些显然没有非常严格的法律。《宪法》之后据我所知道的,在民事观念里面比较重要的就是《婚姻法》,其他法典比如《刑法》《诉讼法》《公司法》都没有。那个时候通过了很多行政方面政府颁布的东西,真正的立法、司法或者我们说和行政权力这样一种分工或者制约也没有真正完成,从1954年之后逐渐开始完善这一点。

主持人:50年代初包括颁布法令、立法主要是为了建设新政权来发挥作用,有人说1978年以后的立法主要是为改革开放服务了。包括很多法律,有的时候比改革开放要慢一步,改革很多的举措和法律是相违背的,这个时候法律一般要向改革让步,修改法律。您怎么看待这个问题?

江平:50年代的时候我们的法律本质上还是学苏联的,但是也有两部分。一部分是恢复经济,发展经济,那时候也有《私营企业条例》,那些东西更多是促进经济发展。那时候的法律应该说更多还是强调阶级斗争,有像你说的,贯穿了阶级斗争的思想,工具论。改革开放以后我认为在法律观念上发生的最大的变化是我们把过去的法律是阶级斗争的工具论变成法律为了公平正义,这一点从法学界来说也是一个很自然的转换。学校讲一些法的理论,谁也没有正式上面下了通知或者说法学理论应该怎么来讲,法律究竟是什么东西,但是从教师来说,自然而然都摒弃了那些以阶级斗争为纲、作为专政的工具的理念,尤其人们在发展经济这部分,改革开放这部分,越来越多向海外向境外包括我国台湾地区的、香港地区的法律来吸取过去我们过"左"的东西,从法律的观念上逐渐吸取了西方国家法律的理念,这个变化比较大。

如果完全照法律的观点,我们就甭改革开放了

主持人:当时法律理念的变化中没有存在比较大的争论吗?像经济体制改革似的,有没有这样比较大的争论?

江平:如果要说我们改革开放关于"实践是检验真理的唯一标准"的争论,法律界并没有什么参与,或者那时候的法律还是一个比较幼稚的法学。

法律在治理国家里面的作用也不大,因为没有提出来依法治国这个思想。但是有一条,法律的理念发生了重大的变化,这个思想解放构成以后依法治国很重要的思想和理论基础。那就是法律,并不能仅仅被看做是一种工具,法律应该巡行公平正义的理论,这一点起了很大的变化。

主持人:但是有人说法律以前是阶级斗争的工具,改革开放之后成了改革开放的工具,有很多权益的立法有暂时性的立法质量,可能1978年之后立法过快,修改频率过大,随意性比较大,有人觉得是有暂时性和过渡性的性质,在很多法律制定的时候。

江平:经济都在摸着石头过河,法律永远是要为经济服务的,法律作为上层建筑确实只能为当时的经济基础来服务,只能在这个范围内。由于中国的改革变化非常快,所以任何一个法律通过之后在中国是不可能不能说一劳永逸,想在相当长的时间内保障它的稳定性都很难。法律过分的稳定性在当时来说是阻碍改革开放的一种工具,这是非常重要的一点。我记得有一次和温铁军教授对话的时候,他说了一句话,如果照法律的观点我们就甭改革开放了,任何想突破现在法律所规定的秩序,如果都认为是违法的话,那就不可能有改革开放。这一点我们一定要有清醒的认识,当改革变动的时候,你要求法律过度的稳定性甚至要求法律有最至高无上的权威,任何违反了一点都会构成违法甚至犯罪的话,那就谈不上改革了。

网友:邓小平在实施干部退休制度和废除领导职务终身制中起到什么具体作用?

江平：这个作用当然很大，要不然任何一个人都可以永久做下去的话，哪儿有干部轮流，哪儿有新生一代同志出来，老人一统天下了。

网友：如何看待"乱世当用重典"这句话？是否认同盛世更当用重典？

江平：乱世用重典是对的，但是目前的争论在于现在是乱世还是盛世？有人说现在也是乱世，所以乱世要用重典。这个乱当然是指现在的秩序乱，市场秩序、社会秩序。有人说乱世用重典，怎么说是乱世，现在应该算是盛世。乱世和盛世看你怎么来看，这是一个最难的问题。乱世用重典，总体来说我还是同意，关键在于你现在怎么来看。拿经济发展来看，我们不是乱世而是盛世，在国际上已经形成这样的地位。但是从市场秩序来看，我们现在绝对是乱世，社会秩序有很多问题，经济秩序也很乱。这个意义上来说，这种社会秩序和经济秩序比较乱的情况下应该有更严格的法律才能够走入正轨。

邓小平的法治思想最重要还是依法治国

主持人：邓小平的法治思想，自他复出以来他所提出来比较有影响的法治思想、观点都有哪些？

江平：我想最重要的还是依法治国这个思路，这个概括了一切。但是现在依法治国或者叫法治究竟包含什么？这仍然是一个没有得到很好解决的问题。有人提现代法治，现在又提社会主义法治，究竟应该怎么来看？有人问我，法治社会什么时候能够实现？我说那要先看标准，什么叫法治社会？你能说好什么是法治社会，我才能说法治社会什么时候能够实现。过去我看到有一些文章专门谈到小康社会的标准，那么小康社会的标准我看了，很具体，我印象很深的有十条。

但是法治社会的标准是什么？现代法治也好，社会主义法治也好，不能说党的领导就是它的标志，这个很难说。我想法治社会如果真正能够达到我们社会是法治的话，至少有一些标准，比如《宪法》的权威如何，比如法律体系完善的怎么样，立法已经完成得不错，执法的情况怎么样，司法的情况如何,独立司法公正如何,腐败的情况如何,社会的清廉度到什么情况,社会的安定秩序到什么情况,人权的保障到什么情况,言论的自由到什么情况,甚至包括民主制度的发展如何,法治也影响包含民主选举,不仅基层,市一级的选举到将来的最高选举,这些东西都是包含在一个法治理念的内容。

如果没有这样的具体内容,笼统讲法治,那可以说法治你有你的说法,我有我的说法。重要的是要把它明细化。司法也是这样,有人说审判权独立不能提就提司法公正,司法没有独立公正又何来呢?如果司法都是来自各个方面的条子,都是各个方面能干预,法律没有权威没有独立怎么能做到公正呢?大家都说法治,但是什么是法治社会还缺乏一个比较一致的答案。不像经济那么好说。

法治的理念大家并没有取得一致看法

主持人:根据您的了解。邓小平的法治思想有没有一个转变或者发展的过程?

江平:法治的理念,包括领导、群众、学者并没有取得很一致的看法,理解还有很大的分歧,这是最大的问题。如果大家看法都一致了,那倒好办了。法治社会的言论自由到底到什么情况,分歧就很多了。有人认为言论就是要控制,舆论不能胡来,明天就可以关掉,后天就可以怎么样,那就秩序好了。有人认为这个叫什么秩序,这种秩序不就是压制言论自由吗?肯定看法不一样。

主持人:有人说前些年是经济学家的时代,现在到了法学家的时代,法学家比经济学家更吃香一些,更是显学了。是不是意味着在经济高速发展之后,社会越来越稳定之后,这个时代越来越需要法治了?

江平:这个说法我倒不完全赞同,现在是从经济学家吃香的时代到了法学家吃香的时代。前一阵子好多经济学家挨批了,全国数不出几个一流的经济学家。我想不是这样的,中国的经济学家所做的贡献,是对我国的改革开放、经济方面的发展。但是经济学家被人指责为利益代言人,法律大概还好,不至于太多被人家看做是某一个利益集团的代言人,也许从这一点上说来,法学家在前两三年内被指责或者被点名指责的不像经济学家那么多。但是不能否定经济学家的作用,不能说经济发展了,法学家的作用就大于经济学家的作用,我不同意这个观念。

但是有人说经济学家的作用在于如何把蛋糕做大一点,法学家的任务是如何把蛋糕切得公平一点,这个说法有一定的道理。可能在现在社会还欠缺公平,社会还有明显的不公平情况下,人们期望于法学家更能够秉承公平正义的良心把这个蛋糕切得更公平一点,这个期望是可以理解的。法律还戴了一个"公平、正义"的光环,人们希望法律体现公平,或者说我们的责任更重一点。

主持人:经济学家这两年实际受到的批评是比较多的,来自民间的批评也是非常多的,他们被看成是利益集团的代言人,但是我也注意到现在对法学家的批评也开始有了,关于法学家论证网上也有一些批评。有一些法学家赶时间会很快看材料做一个论证,包括媒体追捧的公益律师,网上有人揭发他们是吃当事人的钱或是怎么怎么样。

江平:这些确实应该引起我们法学家自己注意,只要法学家秉承正义,哪怕对刘涌案件讲了这个,我都认为陈学良的意见是对的,到现在我都认为陈学良这些专家的意见是对的,认为刘涌不应该判死刑应该判死缓,这是他的良心说话,并不是拿了几个钱说话。这种事情绝对不能仅仅以专家的论证提出一个意见没被接纳就认为这些专家是拿了当事人的钱为他说话,有这样的情况,但是不尽然。刘涌案件严格说来背后有多少干预?如果真正按照法院独立来审判,那就是死缓的。难道死缓就准错吗?

1978 年时我不能想象 30 年后法制建设会取得如此大成就

主持人:现在很多人提到立法技术的问题,包括去年有关《物权法》的争议,抛开意识形态的问题,有人说《物权法》里面有一百多个"等"字,制定得不是很明确。

江平:法律里面有两个东西要注意,第一,你说的等,有的等当然是为今后执法创造更多的自由空间或者模糊空间,但是你也不要忘了法律有的时候没有等字太绝对化了也麻烦,很多具体情况要由法院司法解释来明确。

具体的情况千变万化,所以法律往往有一些兜底条款。从这一点来说,不能全盘否定,社会变化太快,全国的情况这么复杂,哪一种特殊的情况出现,你法律只有这几种情况适用,其他都不能适用了,那也不能防患于未然。

第二,《物权法》里面有很多在基本法里面规定适用法律、国务院的法规,还有国家其他的规定,那这个面就更广了,这次关于宅基地的规定就是依照《土地管理法》。现在这个受到很多人的指责,一个基本法怎么能够规定那么多由国务院或者其他部门去规定呢? 这个我赞成,应该尽量少用,但是有时候有个别情况。

广东省自己规定集体土地可以流转的办法,全国的土地情况不能太"一刀切",也许改革开放的这个地方土地某些宅基地管理可能就放松,也许有一些地方就更严格。中国这么大,土地使用权的制度全是"一刀切"并不是一个好的现象。所以我认为当法律解决不了矛盾的时候,完全推给由单行法或者国务院的部门去规定不合适,但是某些地方应当适当放一些权也是必要的。

主持人:从1954年开始中国的立法从地方分权收回到中央集权,1978年之后一定程度上向地方分权了,促成这种转变的原因是什么? 仅仅是需要各地因地制宜吗?

江平:中国除了市场经济里面可以有各方面的法律,但是最核心的一个问题还是中央和地方的利益。国有资产法这么长时间里面拿不出来,很多时候是中央和地方的权限,到底中央和地方是分级管理,这个东西很不一样,中央管理,地方的利益怎么办? 只好把大块的土地分小。批准权只有这么多,划大为小。地方政府收入要靠土地的收入,也有它的利益动机,这个怎么办？所以中央和地方的利益权限是我们所有各个法律立法里面不得不考虑的背后的很重要的一条红线。你弄不好的话，地方不执行你也没办法，你损害了它的利益，甚至有的地方利益是不正当的，但这就是地方的利益主义。谁也不能否认，市场经济就是各方面利益的协调整合，这是没有办法回避的。

主持人：您觉得自邓小平时代到现在，法律的建设都是一条直线吗？这中间有没有波折？当前法治的现状和邓小平最后一次复出时有哪些变化？

江平：中国的整个法治建设，我常常归纳为三个。第一，中国的法治和中国过去讲的经济一样，中国的经济是"鸟笼经济"，鸟又不能在经济里面飞出去，但是还要给鸟更大的空间。我也曾经做过一个比喻，中国的法治，改革开放以后的法治就是鸟笼法治，法治还是在鸟笼的范围内，因为法治会影响到国家将来的发展、政治体制的发展。法学家的任务就是把鸟笼尽量做得大一些，把现在的法治范围做得尽量大一些，超出现在的可能性来预期20年以后做到以后那个可能的法治，那是那时候的事情。就像现在我们所有的法治状况也不是我1978年所能想象的，1978年我也不能想象到今天法治建设有这样的成就，今天再回过头来看1978年"文化大革命"时，觉得那时候的生活简直是不能生活的。法治不能脱离现在的背景，但是我们尽量把它做得大一点。

第二，中国的法治建设如果从横向和纵向来看，如果拿自己的时代来比较，我们是进步比较大的，确实比起30年前不可同日而语。但是我们比起其他的国家来看，尤其是发达国家、法制完善的国家，我们还有很多欠缺。我们在民主制度的发展上面有很多欠缺，这是不能自满的。

第三，中国的法治建设绝对不是直线前进，是曲折前进。我爱说一句话，中国的法治建设是进两步退一步，但是还在进。总体来说还是在前进，而且比起我们历史过去的情况来说，我们的进展比过去好得多，我们现在所拥有的言论比起过去强太多了，现在言论自由，但是现在的言论自由是不是够了？现在言论自由还很差。我这个人要说哪个地方挑我毛病都可以,有些言论自由确实不够,但是比起过去来又好多了。我们法治建设有进步也有退步,退步的话大家也看得到哪个是退步,但是总的来说我们还在进步,这就是我们的愿望。所以我们也希望中国的法治尽量进得多一些,以后进三步退一步,进四步退一步,以后干脆别退了,都是进。但是很难,这是我们的一个愿望。

证券民事赔偿案应尽快受理*

> 对股东、投资者利益的保护是世界各国都非常重视的问题。这恰恰是我国立法中的薄弱环节,一是立法中缺乏具体规定,二是到了法院也没有先例。

9月24日,最高人民法院向全国各级法院下发了第406号通知,指示暂不受理因内幕交易、欺诈、操纵市场等行为引发的民事赔偿案件。最高院有关负责人在接受采访时称,此举主要是因为考虑到"证券民事责任制度十分薄弱的状况及司法人员素质的限制",法院尚不具备审理条件。

最高院通知出台正值涉及证券诉讼民事案有勃兴势头之时。2001年9月11日,无锡市崇安区人民法院受理了投资者诉银广夏民事赔偿案,并随即将冻结部分财产的法院通知书送抵银广夏公司。9月20日,亿安科技股票操纵索赔案的律师亦将诉状递到北京、广州两地法院。最高院通知于10月后逐步为世人所知,各方舆论一时哗然。《财经》杂志就此专访了著名法学家江平。江平是中国政法大学校长、最高人民法院的高级顾问,曾参与《公司法》的起草和修订,是中国法学界泰斗级人物。

记者:目前的法律体系能否在保护投资者利益方面起到更大的作用?

江平:《证券法》《公司法》有不少好的规定,但有很大一个缺陷,就是对投资者诉讼权保护得不够。搞法律的人有这样一句话,如果一种权利没有

---

* 本文由《财经》杂志发表于2001年11月20日。

诉讼权的保护，就失去了权利本身的含义。《公司法》保护股东的权利，《证券法》保护交易者的权利，这些权利都应当通过诉讼权获得保障。

另外，中国加入 WTO 后，权利的保护最后只能通过法院解决，政府本身不是解决纠纷的渠道。政府虽有保护投资者、股东利益的义务，但解决纠纷不能靠政府，不能靠证监会，而要靠法院。

对股东、投资者利益的保护是世界各国都非常重视的问题。这恰恰是我国立法中的薄弱环节，一是立法中缺乏具体规定，二是到了法院也没有先例。西方通过诉讼权来保护投资者的做法已经非常普遍，而我国却还处于争论、起步的阶段。最高人民法院认为暂不受理，意思是应该受理但时机还不成熟。对此，我的态度是，对此类案件应当受理并且要尽快受理。

记者：最高人民法院表示要"暂缓受理"后，有投资者感到悲观，但"暂缓"二字还是给了人们一线希望。你能否为我们分析一下，法院到什么时候可能会受理？法院受理后，需要解决哪些问题？比如说，一度有人提出疑问，亿安科技操纵案庄家 8 亿元罚款是应该上缴国库还是应赔给投资者？

江平：我个人认为不受理是错误的，应当受理，而且应当尽快受理，这对健全证券市场、保护中小投资者利益，保护正常的交易行为不受违法者的侵害都极为重要。暂不受理可以理解，但时间不能拖得太长。如果拖个三年五年，就是非常错误的。只有尽快受理才能保护投资者的利益。

我想法院在受理时应该遵循两个原则：一是民事赔偿优先行政处罚；二是启动集团诉讼制度。《公司法》第 228 条规定："公司违反本法规定，应当承担民事赔偿责任，交纳罚款、罚金，其财产不足以支付时，先承担民事赔偿责任。"《证券法》里也有相应的规定。法律已经规定得很明确，财产不够应先承担民事责任。这一条的立法精神在于国家的行政处罚是对违反法律行为的惩罚措施，而民事赔偿责任是对受损害的一方以补偿，当然应该是先补偿受害方。

关于法院如何受理。这类案件中受损失的投资者范围很广，庞大的人群可能遍及全国各地。如银广夏,有投资者到无锡上诉,无锡法院当然有权受理;但如果其他投资者去别的法院告呢? 如果全国各地成百上千个法院都碰到同一案件,怎么办呢? 这必然会在最后审理时出现混乱。这类案件,按照民事诉讼法,应强调代表人诉讼,集中在一个地方诉讼,谁主张谁起诉就保障谁的利益。

此外还要确定由哪个法院受理、如何计算赔偿损失额等一系列难题。如果一个案子真的有成千上万的人来告,怎样划分利益,怎样确定每个人之间的因果关系和每个人的具体损失,这些我们一点经验都没有。我想这是为什么最高法院决定"暂缓受理"的原因。

我看最高院的意思说得很清楚:一是说应当受理、可以受理,二是暂时不受理。这说明我们缺乏进一步的立法规定,有原则,但没有详细的规定。司法解释也没有,又有很多具体的难题,如每个具体人的损失如何计算等,问题相当复杂,又事关整个证券市场的发展。如果受理后没有很好地解决办法,可能会引起混乱,所以需要考虑清楚,制定规则。

记者:在具体的审理过程中,举证责任应该在哪一方? 是否一定要以证监会的处罚作为前提?

江平:举证责任分两方面讲。一是操纵等违法行为,一般不存在举证的问题,因为对操纵行为,证监会已经作了处罚,或证监会有关部门已认定发现招股说明书作假,这样已经构成对事实的认定。一般情况下,事实的确认要以证监会的处罚为前提,否则情况将更复杂。二是损失的举证责任,应当在受损失的一方,去证明操纵行为或虚假信息造成了多少损失,然后要看法院如何认定。一般认为,侵权行为有四个要件:一是违反法律,如操纵;二是证明有损失;三是在违法行为和损失之间有因果关系;四是有过错,或故意,或过失。操纵市场、招股说明书虚假,本身已经说明是故意有过错。问题还是因果关系和有损失难以认定,因为市场都在跌的时候,如何认定这只股票的下跌是因为操纵或发布虚假信息造成的?

记者:鉴于证券类案件的特殊性,并结合发达国家做法,有观点认为应把这类案件定性为特殊侵权案,实行举证责任倒置原则,让被告去举证,你认为呢?

江平:我不能赞成这样的观点。民事案件中的原告和被告,是受害人和加害人的关系。一般情况下,要求受害人举证,包括因果关系和确定损失额,这和无罪推定原则是一样的。否则就是有罪推定,那还了得!原则上我们应当保护中小投资者利益,但不能够推翻一些基本原则。民事案件有一个最重要的原则就是,损失多少赔偿多少,没有损失就不能要求赔偿,不是他造成的损失就不能要他赔偿。不能扩大化,任何人都不能通过这个得到不应该得到的东西。因为损失有时是自己的投资责任,有时是市场正常风险,或其他原因。

插播广告·高管高薪·食品安全*

> 行业与行业之间应该综合平均来思考高管的高薪。

2009年9月25日,中国法学会商法学研究会2009年年会在成都举行,79岁的民法学界泰斗江平应邀参加此次大会。本届年会确定的主题是"商法视野中的社会责任","金融危机背景下的社会责任"等。江平在接受《华西都市报》记者采访时对热点话题做了回答。

"我对KTV不熟,没有去过,不知道有没有专门的规定说KTV里不能插播广告。但是我想,随着消费者投诉的增加,相关部门应该对消费者的付费时间是否允许插播广告有一个明确的规定。"中国政法大学终身教授、民商法界泰斗江平先生昨天来成都开会,幽默语言让在场所有人都笑了起来。

关于电影院播广告:"这是相关部门该管的事"

记者:消费者到电影院看电影,到KTV唱歌,前几分钟往往播的广告。这算是强制性消费吗?法律是否对此有规定?

江平:播广告可能是电影行业的潜规则,法律并没有明确禁止这种行为,既然法律没有禁止,那就应视为合法。我没有去过KTV,对它不熟悉,不知道KTV是否会插播广告,也不知道有没有专门的规定说KTV里不能

---

* 本文由《华西都市报》2009年9月27日,采编、摄影记者:李寰、邓宇。

插播广告。但是我想,随着消费者投诉增加,相关部门应该对消费者付费时间是否可以播广告出台明确的规定。《消费者权益保护法》里有如何保护消费者的条款,但是不可能明确到电影院能不能播广告,所以这是相关部门应该管的事情。

关于垄断企业高管的高薪:"高管拿高薪不能因为行业'肥'"

记者:从金融危机以来,国际国内纷纷曝出企业高管薪酬不减却又大量裁员的事件,暴露了什么样的社会现象,应该如何通过法律的手段加以调整?

江平:从国际上来看,国际金融界高管的薪水大都很高,他们的收入跟管理层做出的决策挂钩,比如说投资的股票涨到什么程度,就可以拿到多少提成。由于金融危机,高管们做出决策所得到的收益减少,但是高管们的薪水却没有减少,20国首脑集团和奥巴马总统对这一问题提出了谴责,但是不能在没有出台相应法律的情况下要求高管人员自动降薪,这不是一个国家的总统发一个命令就能解决的。应该有相应的法律规定规范高管们的薪水。

对于我国国有企业的高管来说,领高薪的不只是在金融机构,还有石油、通信等国家垄断企业。由于国企的老板是国家,国资委出台了规定,凡是国家控股、垄断的机构,国有企业的高管收入都有一定的限度,这个规定符合整个国家工资政策的要求。国有企业由于行业的差异收入有所区别,你所在的行业"肥",就拿比其他企业高管高得多的工资,这样不符合分配原则,因为"肥"企业所掌握的是国家垄断的资源,是企业产生的巨大利润。因此行业与行业之间应该综合平均来思考高管的高薪。

关于食品安全:"关键是从制度完善防止问题"

记者:最近几年,"毒大米""毒奶粉"事件频频被曝光。应该如何通过法律的方式来规范企业的行为?

江平：这个问题应该从两个方面分析，一方面要看食品企业是不是按照现行的法律规定来做的，另一方面要看现行的法律有哪些不完善的地方。"毒奶粉"事件出现之后，国家立即出台政策完善鲜奶收购过程中制度的欠缺。这说明之前最大的问题出现在收购环节，现在法律的规定不足以保障在采购鲜奶的过程中防止添加添加剂，或者名义上是为了保证新鲜度而加入添加剂。因此目前加强了对流通环节的监管。对企业来说，有的没有按照法律执行，有的是因为法律缺陷造成的。因此关键在于通过制度完善防止在流通领域中出现的问题。

原本以为跟"泰斗"的对话会很拘谨，但江平风趣幽默的语言让这次采访变得很轻松。组委会原本将采访时间定在半个小时之内，但江平教授说："没有关系，可以延长时间！"

小河有水大河满——谈"民富"*

> 从法治的角度来说,我觉得保障私人财富的关键,还是在于不得滥用公权力。

陈夏红:2010年10月27日,中共中央关于制定"十二五"规划的建议全文公布。其中提及,要通过"努力实现居民收入增长和经济发展同步、劳动报酬增长和劳动生产率提高同步,低收入者收入明显增加,中等收入群体持续扩大,贫困人口显著减少,人民生活质量和水平不断提高",进而使"城乡居民收入普遍较快增加"。这普遍被解读成是从"国富"到"民富"的转变。那么,您怎么理解"国富"与"民富"之间的关系?

江平:我觉得"国富"和"民富"的关系,应当建立在"民富"是基础的前提下。只有民富了,国才能够富。我们过去常常讲,"大河有水小河满"。现在应该倒过来说,即"小河有水大河满"。也就是说,只有当老百姓物质积蓄更多,老百姓有了一定的财富,国家的财力也才会跟着强大。这种关系不应该是反过来的。所以我觉得,"十二五"规划提出从"国富"到"民富"的转变,我觉得是完全符合"小河有水大河满"这个精神的。

现在,我们每年的经济增长几乎都是在百分之十以上,可是严格说来,如果我们仅仅从名义上的工资来看的话,老百姓的收入和经济增长的比例相差是很大的。这种现状使人们感觉到:一方面,国家的财富增长很快,而

---

* 本文发表于《同舟共进》2011年第2期。

个人的财富却没有相应增长,这个是不好的;另一方面,对于不同阶层来说,我们现在名义上的收入和实际收入又不符合,名义上的收入看起来并没有增长,但是实际上的财富增长又很快。比如这个社会里有知识的阶层或者财富多的阶层,他们的财富增长就比较快;而仅仅只靠工资收入的这个群体,这么多年来收入几乎没有太大的增长。不同阶层之间收入增长不均衡,这是我们面临的最大的问题。

陈夏红:在您看来,我们面临的这方面的问题该怎么解决?

江平:我想,如果我们能够实现如下这两条,这两方面的问题应该能够在很大程度上得到缓解:第一条,如果能够使我们的经济增长率和普通老百姓个人所感受到的财富增长率相等,甚至使个人的财富增长率提高更明显,那无疑是最好的情况;第二条,就是贫富之间的差距需要大幅度缩小。怎么来缩小贫富差距呢?那就要从个人所得税或者其他比如物业税等措施入手,朝着缩小贫富差距的目标去努力。我们现在的个人所得税,由于起征点太低,实际上是给普通老百姓征收的。

陈夏红:实际上,我们现在衡量"民富"与否时,常常使用"人均国内生产总值"(即"人均 GDP")这么一个概念。而这个概念最大的问题在于,掩盖了贫富分化的事实。那么您所认为的"民富",应该有什么样的内涵?是不是人均 GDP 提高了,就说"民富"了?

江平:我觉得"民富"的标准,很重要的一条,就是要看工资的增长。这是个非常重要的标准。总的来说,现在我们的工资增长的幅度,比起通货膨胀率是有所增长,但是和我们的经济增长本身,是很不成比例的。这一点是肯定的。比较理想的状态是,如果我们的经济能够增长 10%,那么我们的个人收入每年也能够增长 10%,这还不算通货膨胀,如果再算上通货膨胀的话,我们的收入增长应该到 15% 左右,这才是正常的增长。可是实际上,我们距离此理想状态,还有很大的距离。

陈夏红:按照您刚才的分析,我们事实上面临着两组问题:其一,从国家与人民之间的财力对比来说,国家富而人民穷;其二,从人民内部来说,富人很富而穷人很穷。在贫穷与富有之间,我的问题在于,"民富"是不是必须以财产为主要范畴?您以前讲过的比如民众权利的贫困、思想的贫困等非物质贫困,是否能够归入"民富"与否的范畴?

江平:我觉得我们现在所讲的"民富",主要还是指物质财富,当然不包括精神财富。而在物质财富增长方面,我们还必须考虑另外一个因素,就是物质财富的减损。我说这话的意思是指,我们现在经常有一些自然灾害,给老百姓的物质财富造成的损失是很惨重的。随便举个例子,我们不要拿地震这种罕见的灾害,我们就拿每年的洪水灾害来说,南方发一次大水,几千万人甚至上亿人的财产就损失殆尽了,几乎所有的物质财富都会被洪灾冲走。但在这种情况下,国家能够补贴的却很少。这种情形下,人们的财产面临着非常重大的损失。他可能辛辛苦苦积累了一辈子,攒的这些家产,房子也好,电视机也好,电器也好,一下子就被冲掉了。这样的灾害并不是每天都发生,但是十年二十年甚至更长时间,只要我们碰上一次,大半辈子辛辛苦苦积累的财富就都毁掉了,这个是很令人痛心的。所以中国相当多数的民众,还是处于贫困状态,抗风险能力也要弱很多。城市里面相对好一些,市民所积累的财富也相对比较稳定,就好办一些。

陈夏红:我们在2004年修改宪法时,将保护私有财产的条款写入了宪法。而与此相应,我们也有比如《民法通则》《物权法》等很多法律、法规来保护私产。但是在现实生活中,我们的私产又处于比较危险的状态,比如强制拆迁、通货膨胀等方式,都可能使得我们的物质财富贬值。那么在您看来,从法治的角度来说,我们该怎么去保障私产呢?

江平:从法治的角度来说,我觉得保障私人财富的关键,还是在于不得滥用公权力。因为现在私权如果受到另外一个私主体的侵犯,这在法律上比较好解决,有普通的、比较公正的法院就能够提供法律救济,但是如果私权受到公权力侵犯的话,在现实生活中不仅很难得到法律救济,而且这种情况现在还很普遍。

2010年12月6日，我们讨论过一个发生在昆明的案例。曾担任江苏省副省长的仇和去昆明做市委书记后，提出要在昆明建成"大通道、大流通、大商贸、大市场"的商贸格局，昆明市主城范围内原有的所有批发市场都以整顿的名义，强令人家搬走。这个案例涉及一个在昆明的港资企业。这个企业原来在昆明搞批发，搞得相当不错，里面的建筑很好，规模也很壮观，应该说也没有任何违法违纪的情况，但昆明市委市政府提出要建设"大通道、大流通、大商贸、大市场"的商贸格局后，就要求规划区域内的所有商铺都搬到三环外很远的地方去。这家港资企业拒绝后，政府就采用各种方法，比如堵路、断水、断电等勒令人家停业。

这是很明显的以公权力侵犯私权。这种情况在中国实在太多。我觉得现在防止公权力滥用、防止公权力对私权的侵犯，仍然是我们面临的最大的问题。这也是导致社会动荡的重要因素。

陈夏红：在现有体制下，我们该怎么防止公权力的滥用？

江平：这个问题的根本解决，首先需要我们完善法律。公权力之所以能够肆无忌惮，法律不健全是很重要的原因。拿《物权法》来说，虽然通过了，但是《物权法》的空白点还是很多，尤其是涉及国家征收土地、征收人民的房子等，补偿办法应该及早出台。

其次，我们要有限制公权力滥用的实际措施。这其中，最重要的一点就是要有《行政程序法》。也就是说，我们不能让行政机关为所欲为，不能够来个领导人，领导人为了追求政绩，随随便便就定下一个改造城市的计划等事关民生的决策。行政机关的为所欲为，造成的恶果实在是很严重。如果有了《行政程序法》，有了对行政权力行使的程序性限制措施，我想在一定程度上就能够很好地防止公权力的滥用。

陈夏红：从遏制公权力的角度来说，我们除了缺乏一部行之有效的《行政程序法》外，现有的《行政诉讼法》也有很多漏洞，尤其是抽象行政行为不可诉的条款。这种困境该怎么解决？

江平：这就是现在普遍存在的法律的漏洞。因为《行政诉讼法》规定只能告具体行政行为,抽象行政行为是不能告的。那么,现在如果您的权利受到公权力侵犯了,比如地方政府强令拆迁,你要告到法院,法院完全可以说,这是抽象行政行为,因为它不是对你一家,它对所有的商业网点都采取了这样的措施,并因此而拒绝受理。所以,现在《行政诉讼法》中抽象行政行为跟具体行政行为的区分,实际上是一个限制向法院提起行政诉讼的借口。如果我们有《行政程序法》,并且在这部法律中能够有一些很好的规定,那么这就是进了一步,也可以解决这样一些难点问题。

总之说来,中国的公权力还是无限庞大,尤其是现在有人提出"稳定压倒一切"。官方的这种提法,又带来了更多的危险:到底稳定跟发展是什么关系?稳定跟改革是什么关系?稳定跟法治是什么关系?是法治高于一切还是"发展才是硬道理"?是说"改革是前进的动力"还是"稳定压倒一切"?

而且,如果"稳定压倒一切"是最根本的,那么究竟由谁来决定什么是稳定、什么是不稳定呢?因为在现在的政制框架下,有权确定稳定与否的是当地党和政府的领导人。如果地方领导人认为立法或司法判决妨碍了稳定,那他完全可以让已经通过的法律不实行,让已经通过的判决不生效。2010年就发生过这样的情况:陕西省国土资源厅就以"协调"的方式,以影响陕西省稳定和发展大局为由,拒绝执行地方法院生效的判决。这样的话,如果连法院的判决都可以以违反"稳定压倒一切"为由来不予执行的话,那太可怕了——那等于说,又是为人治创造了基础。

陈夏红: 从"民富"的角度来说,我们现在几乎所有城市的房价都居高不下。对于普通的工薪阶层来说,一辈子辛辛苦苦,可能连个房子都买不到。我们是否可以将地方政府和房地产商主导下的房价虚高,看作是对民众财富的变相剥夺?从法律的角度来讲,对高房价有何对策?

江平: 对于高房价问题,如果我们从国家干预市场经济的角度来看的话,应该说国家是可以来干预经济的。国家这只有形的手,可以干预。但是,这个干预能够起多大的作用呢?如果国家的干预违背市场本身的规律,那它注定只能够起到一时的作用,而不能够起到长远的作用。在这一点上来说,价格本质上还是属于市场自发调整的范畴。我们知道,市场规律包括的价格规律、竞争规律。市场自身的机制正应了"物以稀为贵"的老话,任何商品,只要需求的人多而市场供应很少,它就要涨价。

所以高房价问题的解决,国家的干预是必要的,但是要看到国家干预的局限性。无论如何,我们必须承认,市场规律是根本,市场机制自发的作用是决定性的。2010年7月4日,国土资源部徐绍史部长在全国国土资源厅局长座谈会上指出:"目前房地产市场呈现出量跌价滞的态势,再过一个季度左右房地产市场可能会面临全面调整,房价会有所下降,但下降到什么程度不好说。"这等于承认,从长远来说抑制房价是很困难的。那么,连国土资源部部长自己都承认,长远来说抑制房价是不可能的。

为什么房价会居高不下呢?一方面在于中国住房建设用地自身供应的情况,另一方面在于人民财产投资可供选择的去向实在太有限。现在在城市里,有一些人手头有些余钱,这些余钱该往哪里去呢?存在银行的话,要交利息税,加上通货膨胀的因素,谁都知道那肯定是贬值。而投在证券市场里炒股,现在人们已经觉得这个风险更大,今天被操纵、明天被坐庄,小户一般来说都只有赔钱。所以在这种情况下,人们能够预期的涨价的,似乎还只有房产。所以在这种情况下,投资房产的热情一时是可以制止的,但长远来说很难解决。而且,如果政府仅仅从限制购买第二套房、第三套房去抑制房价的话,也很难解决最根本的问题。

其实我觉得,房价上涨的最根本的原因在于,土地拍卖时政府所占的利益太大。前不久媒体报道,现在中国的各级地方政府中,一年财政收入中,仅土地出让收入超过1000亿元以上的就有好几个城市。你想,一个城市1000亿元以上的财政收入都是靠卖地,那全国来说大大小小的城市,靠卖地而获得的收入得有多少钱啊?所以从根本上说,只有政府放弃出让土地所获得的巨大利益,才可能带动地价,让房价落下来。

但是这也很难,即便房地产价格真的落下来,对于大部分老百姓来说,还是有钱人能够买到,没钱人还是买不起。这就造成了又一轮恶性循环,如果没有相应的限制措施,极有可能出现没钱人一房难求,有钱人有十几套甚至几十套房子的现象。

陈夏红:所以表面上看高房价是市场自发形成的,但实际上,它的背后还是政府的利益。我也看一些资料,很多地方政府如果没有"土地财政"的话就会破产。政府在房地产市场不再是仲裁者,而成为利益相关者、利益的一方了。

在您的口述自传《沉浮与枯荣:八十自述》中,您提到胡耀邦所讲的老百姓判断政党好坏的标准。我想知道,在胡耀邦时代对"民富"的问题是怎么看的?

江平:我在口述自传里提到,胡耀邦曾说过,老百姓不是根据一个党的纲领、它的代表大会的决定来判断一个党好还是不好,而是根据这个党为老百姓做了多少实事、带来多少利益来衡量。这个说法我是听说的,但我相信他可能说过这个话。

我常常讲,这是一个最通俗的、最简单的道理。拿台湾地区来说,前不久进行"五都市长"选举,选民不在乎你的政党、你的政见,只在乎哪个候选人能够给大家带来更多的好处。你在竞选的施政纲领中,提出要修道路、修地铁、修桥梁,选民会掂量这些承诺有哪些能够实现。你实现了,选民才认为你给他切切实实带来了利益。如果你只是作为竞选的口号,那他认为你是空的。所以台湾地区现在的选举是很明确的,都以老百姓自己所感受到的、给自己带来好处多少为出发点,赢得民心才能赢得选举。所以有人说了,现在在民进党在竞选的时候,也不提什么统和独的问题,单论治理、管理市政的能力。

我想我们对于国民党也好,共产党也好,也应该是这样一个标准。虽然你可能说国民党腐败,国民党不得民心,但归根结底,老百姓还是要看谁给他带来了利益。在民主革命时期,共产党最得人心的政策就是土地改革。虽然土地改革的方式有些暴力,有的地方甚至有很出格的行为,但是总体上来说,农民是得到了土地。而农民得到了土地,他就有了很大的积极性。从这一点来说,后来国民党在台湾地区也搞了土地改革,也是看到了这一点。

陈夏红:有恒产者有恒心嘛。江老师您在苏联也生活过五年之久,就您那时候看到的苏联,它的"国富"与"民富"处于什么样的状况? 或者说,单单就"国富"与"民富"的问题,当时的苏联与今天的中国有没有可比性?

江平:对于"国富"和"民富"的问题,我们可以这么说,从西方资本主义国家来看,欧洲国家、日本,一般来说没有太大的贫富差别。可是如果我们要观察美国社会,我们可以看到,美国社会与此不同,它由于有种族的差别,确实有些人生活得还是很差的。尽管国家可以提供一些救济,但是他也不愿意要。

而苏联的情况,应该说当时它并不是一个表面上看起来贫富差距很大的社会。当时的苏联,就像我们"文革"以前那样,是一个普遍处于低水平工资的状态,可以说是"穷"的"大锅饭"。在那种情况下,对于党和国家的高级领导人来说,国家有着特殊的供应,他们因此享有特殊的待遇。

这就显得很特别了,因为这和西方国家靠平等获取财产的方式不一样。西方国家人人都平等,你有本事你多赚一点,没本事少赚一点,实在不行,政府还给穷苦的人有一些补给,能够保障他们最低水平的生活。而在苏联,和我们前30年的情况很类似,一般的人都过着很普通的生活,但是有特殊地位的人,能够过得比较好。

就像我们所经历的那段供给制的情况一样。应该说,供给制下大家都一样。但是对于职位高的人来说,他们不仅有小灶,而且有保姆,还可以有其他的特别照顾。在这种情况下,很明显他是由于等级地位的不同而取得了不同的待遇。

陈夏红:2011苏联解体20周年。您认为觉得苏联解体对中国有什么教训吗？

江平：我觉得对于中国来说，吸取苏联解体的教训时，应该从正确方面去理解，而不应该从错误方面去理解。现在有一种错误的观念，认为苏联的教训就是自由化泛滥，认为苏联之所以解体是因为过早地进行政治体制改革，而不是像我们一样，是先搞经济体制改革，政治体制改革靠后。前不久，我们发表了一个呼吁新闻自由的声明。在这之前，《求是》发表文章指出，中国的新闻就是不能放开自由，因为苏联解体的教训之一就是新闻自由开放导致了苏联的垮台。这种观点是以维护政党的统治作为最高的目标。

我觉得苏联的解体教训，也就是我们常常所讲的三垄断，应该从这方面来考虑。我们应该防止思想的垄断、防止权力的垄断、防止经济特权的垄断。

那么，思想垄断方面，我想我们这些年稍微好了一些，但是现在稍微又有点加紧的趋势，像文科里面搞一些马克思主义教材等，有点控制或收紧的苗头。政权垄断在中国绝对是铁的规律，绝对是不能放松一点，只有共产党能够掌权，别的政党或组织不能掌权。当然，经济垄断解决得比较好。但市场经济体制下，市场机制把权力的控制变成了金钱的控制，市场经济就是金钱面前人人平等，这又从一个极端走向了另一个极端。应该说，我们还有很多值得认真吸取教训的地方。

陈夏红：那整体来说，您觉得法治与"民富"之间有没有特定的关系？

江平：法治和"民富"之间，应该是两个方面的关系：一方面，还是必须要坚持市场经济这条道路，如果我们恢复走计划经济的路子，肯定不可能达到"民富"。我讲这个什么意思呢？就是市场经济就是要改变过去国家过分强制的做法，要把国家控制一切变成现代的社会自治、市场自治、企业自治。我想只有这样，我们才能造成物质的极大丰富，才能够调动千百万人的积极性。如果我们再恢复过去以国家调控为主，那是不可能实现真正实现"民富"的。这个应该是坚定不动摇的。

另一方面，要真正起到国家宏观调控的作用，通过税收、福利政策、社会保险等，甚至包括相关的法律法规，对那些在市场竞争中由于自己能力的局限，而失败、失业甚至残疾并最终导致的贫困市场参与者予以救济。我们现在刚刚通过《社会保障法》，应该说在这方面国家调控的力度加大。这方面的力度必须要加大，因为社会竞争面前，肯定有一些人是社会竞争的失败者，不对他们进行一些特殊的福利帮助是不行的。

陈夏红：我们从"国富"向"民富"转变的思路已经很清晰，但是，民众在政策和法律制定方面并没有发言权。那么，我们究竟该怎样培养弱势群体的代言人？您怎么看所谓的"还权于民"？

江平：这里面当然涉及政治体制的问题。我觉得，在我们的政治体制里面，应该有更多的能够反映底层群众意见的机制。能够反映底层群众的意见，并不在于有更多的底层群众来当人大代表，而在于有更多的真正能够代表底层群众发言的人大代表。

那么，这种情况下，我们至少可以考虑两个改进措施：

第一，就是我们代表民意的机构应当及时改变。应该为每个机构都赋予相应的权力。现在的政协，只有发言权，没有决策权。作为权宜之计，我们也可以赋予政协一定的权力。更重要的是，我们要一定要改变现在全国人大无限大的格局。这样的话，便于议政。

第二，应该赋予代表报酬并配备相应的助手，这个很重要。也就是说，民意代表应该专职化，并且能够通过报酬制度保障专职化。专职的民意代表既可以聘请相应的顾问，亦可以组建自己的团队，甚至也可以经常对议案和法案进行讨论。这样的话，能够造成一个很有效率的民意机构，进而更好地反映民意。

陈夏红：那么对于十二五规划建议中提出的从"国富"到"民富"的转变，您是持乐观的态度还是悲观的态度？

江平：我觉得中国经济的前途，总的来说还是在向好的方面转化。只要世界上不发生诸如金融危机、能源危机等太大的外部的冲击，国内的政策、法律保持稳定且科学地发展,我还是认为中国的前景比较光明,太大的问题不会出现。但是如果现在国际情况发生变化,包括战争也好,包括其他一些突发事件也好,如果出现一些问题,我们国内自己的政策又没有及时调整,风险仍然有,危险依然存在,不能够太大意。

制定动物保护法是人类文明的表现[*]

> 我觉得现在制定动物保护法应该是人类文明的一个表现。从世界各国的趋势来看,人和动物已经不仅仅是一个相依相存的问题了。

腾讯绿色:动物保护法是否需要立法?

江平:我觉得现在制定动物保护法应该是人类文明的一个表现。从世界各国的趋势来看,人和动物已经不仅仅是一个相依相存的问题了,而是进一步体出了人对动物的慈善和友爱。所谓慈善和友爱就是不能够虐待动物,这是人类文明更高的境界。我们现在仍然有很多用商业的办法从动物身上榨取药材或者用作其他的商业用途。有些手段是很残忍的,尤其是从活熊的身上来榨取胆汁,这对熊来说是一个非常痛苦的过程。我们用这种办法来谋取商业利益,我觉得是很不人道的。这样的方法过去没有法律来调整,现在人对动物的态度应该有更高的要求。因为这个世界上所有的动物都是相依相存的,如果我们不注意保护动物,慈善、友爱地对待动物,某种意义上说是体现了人的残忍性。当然不能任人类的残忍性发展下去,所以制定动物保护法是很有必要的。现在世界上许多国家对动物保护有明确的法律规定,禁止用残忍的手段对待动物。

腾讯绿色:如果立《动物保护法》那么其宗旨应该是什么?

江平:我觉得总的原则应该是不许用虐待的办法来获取商业利益,我觉

---

[*] 本文由腾讯新闻发表于2012年3月5日。

得这是最基本的原则。

腾讯绿色：目前，活熊取胆业应不应该被取缔掉？

江平：这是一个过程。我觉得将来应该是禁止的，但是由于人们仍然有需求，那么在人类的需求和动物保护之间应该谋取某种平衡。这个平衡就有一个逐渐的过程，在中国可能是很明显的。熊胆在中药里是非常重要的，这在西方国家是没有的，所以要考虑到中国医药的传统，我觉得逐渐限制它的数量是比较好的。因为如果法律和现实违背，这个法律也很难行得通，人仍然能通过各种手段来实现自己的利益。

腾讯绿色：现在有一个现象，归真堂事件引起了公众的愤怒，公众都在谴责这个企业和这个行业，但是归真堂仍然说其是合法企业，并且还说出"反对我们就是反对国家"这样的话，那么您怎么看待这种现象，就是公众和法律，社会和公司之间的差异和撕裂？

江平：在立法的过程中，要出现可能立法是允许的，但是社会是反对的，这种情况下，社会舆论或者说社会力量所扮演的角色就很重要。比如说禁烟，在世界上我们是最差的，各个国家的禁烟已经很严格了，甚至到了要判刑的地步，但是我们比较随便了，这就说明缺乏了一种社会力量来推动。如果有社会力量参与进来，那么禁烟的实际效果肯定比现在要好得多。

第五编　公权的限制与私权的保护

百年来中国私权意识在觉醒*

只要不涉及公共利益、没有侵犯别人的权利,私权就是神圣的。中国私权发展的障碍是公权力过于庞大,政府管得太多,公权力的行使要靠法制来限制。

访谈实录

辛亥革命,最大意义在于变革。站在百年转折点上,凤凰网与人民网——文史频道联合推出"百年转型"系列访谈,围绕程序正义、私权兴起等话题,对话范徐丽泰、江平、雷颐、徐友渔,审视中国、中国人这一百年来的变与不变,以及将变。穷则变,变则通,以期今日中国之变通。

2011年8月31日,凤凰网与人民网—文史频道联合对话著名法学家、中国政法大学终身教授江平,解读百年来私权的兴起。

江平认为中国缺乏私权传统,但近年人们越来越自觉地为权利抗争。1986年的《民法通则》首次将民事权利纳入法律保护,《物权法》更是将私权的根基——财产权纳入保护。然而他亦指出,公权力过于庞大仍是当下中国私权发展的重要障碍,"只要不涉公共利益、未侵犯别人的权利,私权就应该是神圣的"。真正做到法律规定的私权,国家退居幕后,便是江平心中理想的尊重私权的国度。

---

* 本文由凤凰网发表于2011年9月27日,对话主持:陈芳、周东旭、郭刚。

私权意识的觉醒

主持人：什么是私权？

江平：私权可以从广义和狭义两个角度来理解，狭义上的私权就是指民事权利，包含两大部分，一是传统上的财产权（财产所有权、知识产权、债权、投资者的权利等）；另一部分是人身权（隐私权、肖像权、名誉权等）。

广义的私权指人权，即法律赋予每个人的权利，包含政治权利、社会权利和民事权利。政治权利包括选举权、被选举权、言论自由、结社自由、新闻出版自由等权利；社会权利包括接受教育的权利、社会保障权利等，现在越来越重要；民事权利如上所述。

主持人：私权有这么多，之间是否存在优先次序？孰重孰轻？

江平：过去，民事权利还是以财产权为主，如果一个人没有自己的财产权利，在社会上就没有生存空间，也就谈不上什么人格权、身份权。但是，现在有所变化，人们越来越觉得人身权重要，甚至把人身权看得比财产权更重要。

我个人认为财产权是最根本的，尽管人格权很重要。一个人在社会上之所以能够立足，就是因为有财产权利的保障；如果一个人的财产权没有了，就等于其行使民事权利的能力被剥夺，这是很可怕的现象。

主持人：1986年制定的《民法通则》，在私权发展史上具有什么意义？

江平：1986年的《民法通则》以财产权为主，但也是第一次将人身权写进去，包括姓名权、肖像权、名誉权、荣誉权等这样一些权利。

西方有评论家称，中国的《民法通则》是民事权利的宣言，156条条文将中国公民所享有的民事权利罗列出来，并规定了权利的内容。这是一个很好的开端，因为之前没有对民事权利做详细规定，正是从《民法通则》开始，我们对民事权利有了比较明确的认识。

主持人：从《民法通则》到2007年的《物权法》，您怎么评价这段时期私权的发展？

江平：如果说1986年的《民法通则》是中国社会重视民事权利的开始，《物权法》的通过则标志着中国公民社会权利意识的增长。

1986年的《民法通则》只是在法律中明确了有哪些财产权，实际是四大财产权：第一是物权，诸如房屋，对自己财产享有的权利；第二是债权，即交换的权利；第三是股权，投资者的权利；第四是知识产权，即智力成果的权利。其中传统财产权有物权和债权；现代产权有股权和知识产权。

为什么说《物权法》是民事权利意识增长的标志？因为在《物权法》讨论过程中，人们开始意识到自己享有权利的重要性。尤其在拆迁过程中，人们保护产权的意识高涨，从来没有这么一个权利复兴的年代，权利意识越来越自觉。

如果说1986年还是自在的意识，到了《物权法》则是自觉，很多人开始为了自己的权利而抗争。

公权不能任意侵犯私权

主持人：您的学术研究，从民法逐渐转向公法、国家体制，这是为什么？

江平：因为私权研究到最后必然涉及与公权力的冲突。

对私权的侵犯主要有两个来源：第一，一个私权受到另外一个私权的侵犯，这个比较好解决，违反合同、侵犯财产权利，去法院就可以解决。第二，受到公权力的侵犯就很麻烦，政府如果拆我的房子怎么办？遇到这种情况就必然要研究国家体制、国家权力在其中的作用。私权的研究最后必然会涉及公权力的问题。

我最早主持的行政法立法研究小组所起草的《行政诉讼法》就是为了规范公权力，保障私权。实际上是解决两个问题：第一，行政权力行使的规范，怎么能够让行政权力行使不走极端，如何限制公权力过分强大，需要有制约和监督；第二，如何保证私权不受公权力侵犯，《行政许可法》《行政强制法》，以及行政复议制度都是为了保障私权。

主持人：您觉得私权与公权二者之间的界限是什么？

江平：公权与私权是非常明确的，公权就是国家的权利，强制的权利；私权就是私人所有的权利，自治的权利，国家不能强制你做什么东西。

涉及公共利益，私权就必须服从；同时，私权不能够侵犯别人的私权利。不涉及公共利益也没有侵犯别人权利的情况下，私权就是神圣的。

西方国家对私人住宅的维护是很严格的。英国人的房子国王不能进；在美国，假如有人私自闯入你的花园，你可以开枪。这个理念的存在，就是让你不能够随便侵犯我，因为我没有侵犯公共利益，也没有侵犯别人的利益。

公权力的界限就复杂一些，各国都有公权力行使的原则，比如相互制约，立法权、司法权、行政权要分开，不能一切都归专制的国王享有；比如公权力的行使要有透明度；比如做出什么决定要有程序。总之，公权力的行使要有限制，不是任意行使公权力，现在越来越趋向有限政府，公权力从无限变成有限，要通过法制来制约。我们也在走这个过程，就是怎么使公权力受到制约。

主持人：政府可以公共利益为基础，限制私权，但政府可能会借公共利益之名滥用公权力，比如征地、强拆现象，您怎么看待这种现象呢？公共利益究竟谁来界定？

江平：这个问题很复杂，《物权法》对此争论了很久。第一，公共利益很难用列举的方式来规定，比如小区里的商场到底是商业行为还是公共利益？但如果在北京六环之外，一个小区没有商场就很不方便，在这样一个地方盖商场当然是公共利益，如果在闹市区盖商场那可能就是商业行为。这东西是很难界定的。

第二，如果是商业行为怎么办？在西方国家，只要是商业行为就完全是民事关系，由需要土地的人和土地所有权人商量，国家不干预，商量妥当就进行交易，不成就没法交易。西方国家征地是很难的，因为如果不是基于公共利益就不能够征用。

第三，补偿按什么标准？补偿标准不合适，老百姓可能不接受。现在老百姓更多是基于利益，并不在乎这个房子，补偿高一点就搬了，所以这个问题也是很复杂。要由评估机构按市场价格评估，被拆迁者对市场评估不服，可以通过救济程序来救济。

拆迁的问题实际上涉及以什么理由、怎么补偿、先补偿后搬迁还是先搬后补偿等许多复杂的问题，只有法律公平合理，才能使老百姓感到满意。

主持人：谁来决定到底属不属于公共利益？

江平：这就涉及程序问题，可以通过法律规定的程序来完成，比如人民代表大会。我们当初要修建三峡水电站，要搬迁这么多人，最后全国人民代表大会讨论通过。比如一个城市要拆迁某一个地区，如果通过人民代表大会讨论并做出一个决定，也算是程序。

公共利益不能够由个人私自决定，也不能够完全由政府决定，这就涉及民意机构，我们国家现在最好的民意机构就是人民代表大会常务委员会。界定公共利益很复杂，比如建焚烧垃圾场肯定是公共利益，但到底建在哪儿就麻烦了，放在某一地方当地居民可能反对，放在很远的地方政府财政又可能不支持。你可以说它是公共利益，但不见得人人都愿意接受，这就要有协调。

主持人：普通民众如何参与公共利益的界定？

江平：主要就是听证会。凡是涉及公共利益的问题，比如涨价、建焚烧垃圾厂等，都会召开听证会。但听证会也存在问题，政府可以找几个拥护政府决策的人，每次都举手赞成，就可以保证通过。

任何一个办法都不可能十全十美，但有程序规定终究比没有程序规定好得多。公权力往往是程序法的问题，我们曾经要立行政程序法，用来解决行政权力如何行使的问题，但到现在还没立法。

法院是保障公民权利的最后一道关口

主持人：我们谈到公权力与私权利关系的时候，一方面公权力不要侵害私权利,我可能就是安全的;但同时私权也可能需要公权力来保护。一方面不希望你来侵犯我,另一方面又希望你来保护我,怎么解释这种情况?怎么定位二者之间的关系?

江平:私权利需要公权力保护,实际上主要是指法院,因为法院是保护私权利的主要机构。严格说来,公权力只要不去侵犯私权利就可以了,私权利如果需要保护,通过司法机构提起诉讼来保护就好。

在这个问题上,公权力不作为是最重要的,公权力只要不去侵犯私权利,就已经做到了它最应该做的。在这个问题上,我们和西方理念不一样。比如食品药品安全问题,在我国如果造成民众死亡或者会遭受损失,我们的政府机构往往使民众花很大力量来介入,会下令查出源头并解决问题。美国在药品和食品这两个涉及人身健康的问题上有一个产品责任法,一般只是通过民事责任来解决问题,个人自己去调查,之后向法院提起诉讼,如果告赢了,会得到一大笔赔偿。我们叫产品质量管理法,行政权力会介入进来。这就说明我们的政府太大了,管的事情也太多了,通过任何一个法律都要有一套执法机构。美国政府很小,只有一个食品和药品管理局,因为这涉及人民健康。至于其他东西,老百姓的利益如果受到侵犯,你自己去法院告他。

我们国家一个很大的问题就是政府机构太庞大,从中央到地方这种所谓的保护公民权利的机构比比皆是,那就要养活非常大的一个政府,这是很可怕的现象。

主持人:法院在保护私权方面起着怎样的作用?

江平:法院的职责就是保护公民的权利,公民权利受到侵犯理应由它保护。设置法院是国家很重要的一个职能,就是保护公民的权利。

只有法院才是保障公民权利的最后一道关口,如果法院都放弃了,就等于不给公民以权利保障了。

主持人:在公民权利保护过程中,律师应该是扮演一种什么样的角色?

江平:律师某种意义上来说,就是一个维权的角色,所有的律师都不是给自己来办事,都是受了委托人的委托来办事,不论刑事案件还是民事案件。法律是专门的学问,一般的老百姓光从法律条文很难读懂法律的含义,因此就需要律师来维权。刑事案件中即使是黑社会的人也要维护其权利,因为一旦作为被告,他就是弱势,就处于不利地位。

主持人:现在的律师地位有时也比较尴尬,一方面不被普通人理解,另一方面还面临着风险,诸如北海律师事件。这是什么原因?

江平:根本就在于我们的公权力和私权利之间的冲突还很严重,这种情况下,只要为这一方辩护,就必然会对抗公权力,无论是刑事案件还是民事案件都是这样。

更何况中国现在刑讯逼供现象仍然严重,这种情况下要是能够为辩护人辩护,保护其利益,就必须要推翻刑讯逼供下的口供,必然要跟公安局发生正面冲突,必然要和公权力发生冲突。

凡是涉及和公权力发生冲突的时候,律师就处于一个很尴尬的地位。如果不去努力辩护,就没有尽到应尽的责任;如果尽到了责任,努力为被代理人的利益来说话,就必然要得罪公权力。

市场经济与法制密不可分

主持人:近年来您和吴敬琏老先生,一个从法学,一个从经济学不约而同走到了一起,开始关注市场经济和法制经济,您觉得市场经济和法制,市场经济和私权之间是怎样的关系?

江平:市场经济和法制当然是一个很密切的关系。五年前,有一个会议,涉及法律和市场的关系。吴敬琏教授在开幕式上曾说,作为经济学家,在改革开放初期,他有一个天真的幻想:只要搞市场经济,一切问题就都可顺利解决;后来发现市场经济也有好有坏,并不是有了市场经济就一切都解决了。他的言下之意就是必须要有法制,没有法制的市场经济就是混乱的经济,仍然是原始积累下没有规则的市场经济。

在闭幕会上我也回应了一段话,我说:"我们搞法律的人,以前也有个天真的幻想,认为中国只要有法律,就一切都好办;可是到今天,我们的法律比较完善了,我们还是不好,为什么呢?因为法律也有好也有坏,西方有善法和恶法之分。"

我们的一个共同点就是法制。制度有好有坏,但法律理念非常重要。市场要有规则,还要一些精神理念维持法律制度,维持规则,这些基本的理念就是人权、民主、自由。

主持人:市场经济制度对私权的保护起着怎样的作用?

江平:市场经济应该有不同利益的存在,多元化的利益是市场经济的一个前提条件。如果只有国家利益、单位利益,就不可能有真正的市场,市场必须有私营企业,必须有私营的资产、资本,必须有私人的财产,必须有私人的权利,这时才有市场配置。

现在我们的市场面临着很大的危险就是国家干预还是过多,国际金融危机之后,我们认为中国模式就是国家干预模式,我们还在过分强调国家干预。前两天法制日报报道称,浙江国有资本全面进军农贸市场,我吓了一大跳,浙江原来是市场经济、私营经济最发达的地方,现在国有资本全面进军农贸市场,这不等于扩大了国有资本占有的领域吗?过去只限于国防、国计民生重要命脉,后来逐渐扩大到十大领域,现在又要进军农贸市场,这不是倒退嘛。

主持人:比较合理的市场状态应该是什么样的?

江平:市场秩序方面,国家应该有更多的干预;但涉及市场自由,国家应该避免干预,允许市场自治。现在我们是倒过来了,在市场自由、市场准入、资源分配方面,国家干预越来越多;而在市场秩序方面,却管得很少。

公民也不能滥用私权

主持人:刚才我们讲的更多是从公权力可能对私权造成的侵犯来谈,另一种情况也不能忽视,一些普通人对别人的私权意识相对来说也是比较低的,不懂得去尊重别人的私权,是什么原因导致这种现象?怎么能够让每一个普通民众有私权意识,又能够尊重别人的私权?

江平:私权意识的培养是一个很复杂的过程,中国历史上缺乏私权传统,现在我们要培养、要呐喊、要呼吁建立私权意识,怎么办?一方面要通过不断的诉讼,如果每次诉讼私权获得胜利,公权力得到削弱,人们逐渐就培养起了这种意识。

过去有普法,但普法更多强调义务和守法意识,现在逐渐加强了对权利意识的培养,这些都是潜移默化的影响。

很难设想,中国在几年之内,或者突然之间培养起像西方那样的私权意识。私权的发展肯定也有曲折的过程。可能今天私权斗争胜利了,明天又会倒退,这都是免不了的。

主持人:私权有时也可能被滥用。您曾说"'重庆钉子户'案件里,既有吴萍夫妇滥用私权利,也有政府滥用公权力",普通人滥用私权怎么解释?

江平:"重庆钉子户"比较复杂,首先政府滥用公权力,断水断电断交通,这显然是错误的,严重侵犯了公民权利;另一方面补偿不合理。

这里私权滥用也有。起码有一条,谁来确定公共利益?不能以吴萍个人的说法作为标准,吴萍认为房子拆后盖的是商业大楼,不是公共利益,我认为这不能够作为依据;另外,她也不执行法院判决,是滥用权利。

主持人:对普通人来说,合理利用私权和滥用私权的界限在哪里?

江平:以法律作为界限。法律不完善,情况就比较麻烦。过去的法律很笼统,越笼统就越容易出现问题。

主持人:最近一些案件,比如云南李昌奎案件,受民意的影响很大,您认为这是不是民意对私权的干涉?

江平:我向来反对民意决定判决,这是民粹主义思想。我们现在在审判工作中,应该听取民意,但绝对不能够采取民粹主义。云南李昌奎案多少说明了这个问题,死刑和死缓是由法院决定的,如果认为他确实具有从轻情节,完全可以判死缓。但现在民意反应很大,所以最高法院要求重审。

这个问题我没有把它看得很大,但我觉得这个先例要是开了,是不是很危险?那只要民意说该杀就杀,太可怕了。

主持人:现在有些法院判案过程中,提出"一切让人民满意为主"。

江平:这种提法绝对错误,这里的人民指哪些?全国13亿人口都统一意见?这是完全不科学的提法,人民利益也有不一样的啊。深圳市中院原来有一个法官说,我不可能让老百姓都满意,结果被免职。他说的才是实话,肯定不能让原告和被告都满意。

与发展一样,人权也是硬道理

主持人:往往追求结果而忽略了程序正义。2007年,您出了一本书《我所能做的是呐喊》,强调秩序与和谐、自由与权利、公平与正义,您的呐喊似乎有些无奈?

江平:我本身研究私权,之所以用"呐喊",是因为现在私权仍然没有得到社会充分的尊重,所以还需要极力为私权呐喊。

呐喊的目的无非是使社会对私权更加尊重,中国向来是一个不重视私权的国家,私权从来没有像西方那样得到应有的尊重。不经过呐喊,不经过很大努力,很难达到私权神圣的社会。

主持人:您理想中的尊重私权的国度是怎样的?对中国接下来私权的发展有什么样的预期?

江平:真正做到法律上所规定的私人权利,国家退居幕后,我看就可以了。现在我们国家管得太多,在市场自由方面因为涉及自身利益,资源配备也好,市场准入也好,利益太大了,国家摆不脱这些利益,就变成与民争利,本来可以由老百姓解决的问题,现在国家介入了。而真正涉及市场秩序的问题,国家却很少关心,这是很突出的问题。

主持人:刚才咱们讲私权,更多可能是倾向于财产方面。对一些经济条件比较好的人,可能会不局限于财产权,还会争取话语权等,并发现这与财产权也是密不可分的。未来在财产权之外的私权发展方面,您有怎样的预期?

江平:人权与发展一样,也是硬道理。邓小平同志为什么讲发展是硬道理?就是不受阶级影响,没有说是社会主义发展还是资本主义发展,发展是不受资本主义和社会主义理念的影响。不能够宁可要社会主义的草,不要资本主义的苗,那不是硬道理,只要发展了就是硬道理。

发展是硬道理,但人权也是硬道理。过去我们讲人权也要资本主义人权和社会主义人权,这都是胡说。为什么说人权是硬道理?人权就是人的权利,只要给了人的权利就是好,给人的权利越多就越好,越少就越差。不能说我是社会主义人权,就比资本主义人权高。没有所谓社会主义和资本主义的区别,只有多和少的区别,就像发展一样,只有快和慢的区别。

为私权呐喊*

现在所存在的贫富差距,应该由社会法来解决,通过社会保障制度、税收制度、福利制度来倾斜。这是两个问题,不能说有贫富差距了就不保护富人,富人仍然要保护。

江平与本报记者合影(图)

2011年1月,国务院公布了《国有土地上房屋征收与补偿条例》,对公权进行进一步规范,对私权进行进一步保护,围绕"征收""补偿"这些敏感

---

* 本文由天津网—《城市快报》发表于2011年2月13日,采编记者:苏莉鹏。

字眼,再度成为了社会的焦点。

在议论纷纷之时,法学专家江平默默地观察、思考着。这位民法泰斗级的人物,多年来一直为私权奔走呼号。在《国有土地上房屋征收和补偿条例》的酝酿过程中,他就曾参与其中。

作为国内顶尖的法学专家,江平参与过多部至关重要的法律的起草、修订,包括备受瞩目的《民法通则》《行政诉讼法》《物权法》等。

作为民法学界泰斗,江平对公众领域法律事件的关注,体现了一名法学家应有的学识和品格。此次接受本报专访,正值《国有土地上房屋征收与补偿条例》颁布不久,江平对这个新条例进行了细致地解读。通过这些解读,以及江平传达的对法律的理解,我们可以更加真切地走进江平法治天下的"中国梦"。

"透明度是新条例的一个亮点,过去的拆迁是不透明的"

《城市快报》(以下简称《快报》):我注意到,在新颁布的《国有土地上房屋征收与补偿条例》中,"征收"二字代替了我们一直在说的"拆迁"。

江平:不错,其实"征收"和"拆迁"两个词对于居住者来说有很大的区别。"征收"是由于公共利益需要,由国家来征收私人的房子;"拆迁"主要是针对开发商讲的过去的拆迁条例,讲的是开发商拆迁需要拿到许可证。这两个主题不一样,更符合《物权法》精神的,当然是"征收"。

《快报》:这次的《国有土地上房屋征收与补偿条例》,明确了政府是征收补偿的主体,是不是意味着,如果今后老百姓对征收补偿不满,或者遇到以往很过分的拆迁手段,比如断水、断电、断路、断气甚至暴力拆迁,就可以通过法院来解决?

江平:关于这方面,人们可以通过两个途径来解决。一个是如果被征收的人对征收的补偿或对于政府的决定不满意的话,可以按照行政复议或行政诉讼的办法向法院提出诉讼;另一个途径就是这次新条例里规定的,老百姓如果对于已经生效的判决不服的话,政府不能去强拆,强制行为只能由法院来执行,这是一个很新的内容。行政强制执行由原来的行政执行程序改成司法执行程序,这是一个很大的进步。

《快报》:新闻报道说,这次的条例界定了公共利益的范围,从而明确了征收的前提条件,但也有人认为这个"公共利益"的界定还是比较宽泛,对此您怎么看?

江平:新条例里公布了六个公共利益的标准,原来《物权法》没有规定,现在的新条例做了明确的规定。因为要执行这个新条例必须有个标准。

其实关于征收,最重要的是征收理由应当合法、征收程序应当明确规定、征收补偿应当合理、征收救济应当充分。其中征收理由合法就是得符合公共利益的六条标准。在这六条中第六个是"兜底"的,就是要符合法律和行政法规规定的公共利益。意思就是,如果在前五条里没有规定的,也可以纳入公共利益范围中。原来我们在征求意见时,有一条是"国家机关的需要",这次没写,但你也可以说这符合法律法规里规定的公共利益。

《快报》:关于房屋所有权,近来人们最关注的是70年使用权的问题,很多人都担心70年后这个房子不知道会属于谁。

江平:这个问题,按照《物权法》规定,是应该区别商业用房和非商业用房,如果是百姓买的住房,没有规定到期后国家一定收回。但是法律也规定如果是公共利益需要的话,国家可以收回。

在商业用房方面就不一样了,因为你已经在50年或更短时间内取得利益了,比如你用在娱乐途径,就说明你的电影院、卡拉OK在这期间已经赚了很多钱了,所以在期满的时候国家应该收回。有人误认为居住的用房到了期限也是收回,这是不准确的,不是绝对收回,只是当公共利益需要的时候才去征收。

《快报》:新条例提到了一点,就是从制定征收补偿方案到征收程序启动,以及有关补偿标准的确定,都要求尊重被征收人的意愿,您认为,如何通过法律保护被征收人的意愿表达权?

江平：新条例有一个很大的亮点就是透明度，过去的拆迁都是不透明的。所谓透明就是听取公众意见。听取公众意见要用什么样的方式？就是我们常说的开听证会、网上听取群众的意见等。征收有了透明度，就能在客观上解决很多问题。

《快报》：公众认为，利益决定权经常是掌握在政府一边的，新条例的出台，如何解决公共利益与私权的界限问题？

江平：决定权当然是在公权这方面，因为是出于公共利益需要，所以要来征收和补偿。关键就在补偿合理不合理，现在的规定是可以货币补偿，也可以产权置换。涉及产权置换时，现在有个新的内容，就是被征收人可以选择他认可的地段，比如我现在住在闹市区，把我搬到很远的地方我不愿意，那我可以要求在当地安置，政府还必须给他尽可能在就近的地段安置，这可以减少很多矛盾。

货币补偿应该由房屋评估机构来做出评估，这也很重要，而且补偿的是在征收的时候给出的那个价格。对于评估机构不服的话，可以复议，如果对复议还不服，还可以要求审计。这就表明了货币补偿和实物补偿都越来越接近老百姓所能接受的最大利益。新条例里面还有一条是先补偿再征收，而且要求补偿的专户专款应该预先设置好，防止老百姓认为拆了我的房子之后钱就没有了，这是尽最大可能保障老百姓的利益。

"我尽量站在法律一边，不会为了讨好谁说话"

《快报》：您在关注很多社会民生问题的时候，都避免自己过分站在私权利立场，比如对重庆"最牛钉子户"问题，您就认为"将私有财产权绝对化是对《物权法》的曲解"，没有偏向当事人。但这样人们会认为您"不为人民说话"，对这种情形您如何应对？

江平：我还是尽量站在法律一边。私权利是应该考虑，但公权力也不见得都不对。我自认我的一些观点既不是站在公权力一边，也不是完全站在私权利一边，看哪一边对，我就站在哪一边。重庆那件事，最后表明，既有公权力的滥用也有私权的滥用。用断水断电的方法是错误的,是公权力的滥用,对于住户只给房屋补偿,而没有给对方作为经营户在经营中的损失补偿。但这个"钉子户"本身也有私权的滥用。他认为这个拆迁不是公共利益需要,但老城的改建事实上属于公共利益需要。其实在拆迁的问题上,更多的是公、私权滥用都有。

《快报》:您所亲历的,除了重庆"最牛钉子户"事件外,还有没有类似不讨好舆论的情况?

江平:2008年,杨佳案发生不久,我参加一个报告会,我讲完后回答现场听众的提问,一位坐在后面的听众问我对杨佳案的看法,我认为司法结果本身需要尊重,所以我说:"我完全同意法院的判决结果。"我刚说完这话,就引起下面的议论,一位听众站起来说:"假如我手里有个鸡蛋,我一定会向你扔过去。"我理解大家对于不公平的司法判决的气愤,但我"只向真理低头"。我不会为了讨好谁去说话。

《快报》:私人财产受法律保护如今已写进了《宪法》,但对于贫富差距拉大、社会财富分布不均等问题,又将通过怎样的法律手段来解决呢?

江平:这个问题应该从两个方面来看。民法是平等保护、私权保护,只要是合法的财产就要保护。不管是富人还是穷人,这个原则是不能动摇的。也只有这样才能更好地创造财富,所以从民法角度始终提倡的是私权保护。至于现在所存在的贫富差距,应该由社会法来解决,通过社会保障制度、税收制度、福利制度来倾斜。这是两个问题,不能说有贫富差距了就不保护富人,富人仍然要保护。

《快报》:从事法律事业这么多年,您对法律在社会中的作用是怎么认识的?

江平:我只能说我得出一条结论:法律不是万能的,完善法律也不是唯一途径,还有道德的问题,以及社会许多制度方面的完善。从这些来看,法律只是解决社会问题的一个方面,不能认为法律是万能的。

《快报》：如今很多人都通过网络传达自己的意见,网络似乎已经成为传达民意的新渠道,对此您怎么看?

江平：网络上的言论也不代表是真理,因为网络是群众的语言,群众的语言也是什么意见都有。我的意见就是人一定要有自己心中是非的尺度,拿这个尺度来衡量事物更好。

自由高于一切*

> 我这个人，在多年的经历上，造就了追求自由的性格，自由高于一切。我的一生有两个东西，一个是只向真理低头，一个是自由高于一切。

《人物周刊》：目前您最主要的工作，或者任务，是什么？

江平：现在主要的工作还是推动社会进步。我和吴敬琏先生在上海创办法律经济研究所，目的也是推动社会进步，如何真正在中国实行法治，希望能起到一些作用。包括教育方面，演讲，都是围绕这个问题。

《人物周刊》：我们再往前一些，1979年，你开设罗马法和西方民商法课程，在当时谈"西"色变的背景下，有怎样的困难和风险？

江平：1979年，刚刚复校，思想领域的氛围还是比较解放。过去，这种课程一般叫做资产阶级民商法，要加上意识形态。当时作为选修课程，还是比较自由。当时开这种课程的很少，一方面可能是意识形态，另一方面了解西方罗马法的也不多，老一辈懂罗马法的很多已经不存在了，新一代的又没有学过。我当时在苏联学过一些，还带回来一些材料，加上我们有一些文献古籍，所以大胆建议开了这门课。

当时的风险主要是，一旦有点风吹草动，有点批判自由化思想的话，这种观点显然要受批判。当时我们讲商法，股份制，公司制度，票据制度，这些完全是市场经济，这种东西带有西方民商法中启蒙的东西，学生很欢迎。

---

* 本文由《南方人物周刊》发表于2005年1月8日。

《人物周刊》：就您个人来讲，刚刚从22年的磨难中走出来，为何要冒险去开设这样的课程？

江平：呵呵（大声笑，沉思），我想，人总是要有一个理念吧。我们吃了这么多年"左"的苦头，改革开放给我们一个机遇，这本身要求一种新的思维。我当时差不多是成为了学院的副院长，负责教学，这是我当时的一种理念，一种办学思想，也就是：法学应该兼容，要培养学生独立思考的精神。我们当时的选修课和老师都可以选择，很民主的，这引进了一种新鲜的空气。

《人物周刊》：这种新鲜空气很快就产生了影响吗？

江平：我们知道，在"文革"中，文科教育磨难最大，法学又是最甚。法学，被认为是最不需要，最没有用的东西。在"左"的情况，恰恰是不需要法律的，法律就是虚无。那个阶段，所有法学院校都解散了，只留下了北大。

经过那个法律虚无主义的时代，大家都有一个很重要的共识：法律必须从"左"的制度下解放出来，必须摆脱教条主义。复校，然后恢复法律，大家希望法律必须有一个新的理念和精神。过去苏联的一套，没有人再去宣扬，逐渐淡忘了。

《人物周刊》：在遭受了22年的磨难后，您对自由依然很执着，为什么？和您早年的生活有关系吗？

江平：反"右"的时候，我被划为"右派"，是因为我受到了自由思想的影响。我的高中是一个教会学校，后来上燕京大学，也是洋人办的，还有更早参加的民主运动，反对国民党的统治，无非也是要民主，要自由。从这个意义上，青年时代，所受到的熏陶就是这个东西。

我这个人，在多年的经历上，造就了追求自由的性格，自由高于一切。我的一生有两个东西，一个是只向真理低头，一个是自由高于一切。

我常常说，人一生追求什么，最朴素的真理，嘴无非两个作用：吃饭和说话（大笑）。你仅让我吃得很好，不让我说话，这更可悲了。

"我能做的是力所能及地呐喊"

《人物周刊》：当时,学生给您外号"民主校长",您是否喜欢?

江平：我当时离职,学校有一个处长说,我们学校有的人,不愿意当红色校长,愿意当民主校长。哈哈,今天如果这两个让我来选择,我看怎么理解,如果红色校长理解为共产党的大学校长,那我说,一个真正共产党的校长,应该有民主理念,这两者不应该冲突。

《人物周刊》：您曾说,您对民法典的很多想法被否定,您对立法的很多理念,往往也很难实现,是否经常感觉遗憾或疲惫?

江平：不同意见有两种:一种是学者之间的争论,另一种是学者的建议,不被执政者采纳。从全世界的范围来看,学者最多是智囊团,学者的一些东西不被采纳,我不会感觉到强烈的失落。我们提出过建议,也有对有错,这都有可能。终究,法律不像自然科学那样有一个明确的标准来判断谁对谁错。

学者往往从理想主义出发,更多考虑应当做到什么,立法和执法者往往是考虑从现在能做到哪一步。所以从这个意义上说,司法和立法者与学者有所不同,是可以理解的。有时理想的东西不总是能够做到。

《人物周刊》：74岁了,也许应该安享晚年,但您还是到处奔走,内心的动力是什么?

江平：(沉思)从个人来讲,活动就是生命。因为是终身教授,我现在还没退休,即使退休了,要我在家过退休生活,恐怕是生命的减少,而不是增加。我能感觉到,不断讲课和活动,不仅体现了生命价值,而且是真正意义上延长了生命价值。不断跑,是一种锻炼,也说明我的思维还可以。我常考虑:我的思维有没有老化,思维有没有保守,有没有新的想法?

如果从大一点来说,从社会的使命来说,不必说太大的大话,无非也就是觉得,我现在所能够为社会做的还是呐喊,我现在的社会使命是呐喊。在我力所能及的时间内,范围内,影响的力度上,我尽量为中国现代应该有的法律观念和法律做一些呐喊。呐喊总是能起到一些作用。这是我个人的想法吧。

《人物周刊》：我想，呐喊总是要遇到苦难，您曾经是否有过犹豫，甚至要放弃？

江平：（长长叹息，沉思）以前还有，近十年几乎已经没有了，人生的路已经差不多定了，60岁之后，差不多定了。

我是个民族主义者

《人物周刊》：在您生命的前19年，是民族危难和动荡时期，之后是22年的磨难，再之后26年是您生命和事业的春天，这样的命运安排，您有怎样的感慨？

江平：我出生的年代，是中华民族命运的重要关头，虽然我没有参与很多救亡和抗日的运动，但从小时候起，民族的患难意识就很强，所以我常说，"生于忧患，死于安乐"。忧患意识对我们这一代人是最重要的，我的诗集中有很多的忧患意识。

忧患意识，不是说，在困难中就一点希望没有，而是坚韧不拔，相信有更好的将来。中华民族经历了那么多风风雨雨，还是一个很强大很有力的民族。我不是一个国家主义者，但我是一个很强的民族主义者。

《人物周刊》：在极端困难之中，您怎么安慰自己？相信有更好的未来吗？

江平：一度也很失落，但我相信我们国家会走出来。我当时想，人总不会老是这样吧，哈哈，很纯朴的想法。"总不会老是这样"，人要是这样想，就是还有希望。

《人物周刊》：除了慷慨陈词和四处奔走，您的日常生活是什么样子？

江平：我没有什么特别需求，房子不错。不抽烟不喝酒，忙起来茶也不喝了，很简单，走到哪儿也很随便，在物质享受上，很简单，知识分子，还是精神追求者。

《人物周刊》：按您的计划,还将继续奔走多久?

江平：走到哪头算哪头吧,没有倒下的话。哈哈,只要自己的身体还有这样的力量,思维还可以,应该还可以继续一些。

附记:2000年以前,江平居住在政法大学教师宿舍,常常被上访者堵在门口,每月收到的求助信件达四五十封之多,感到无能为力,"也算是心灵上的一个痛苦"。

后来,找的人越来越多,他只好在校外买了房子,"想逃跑"。没有想到,新校长一来,不让他退休,有课的时候他就必须走大约25公里的路程回学校。

260平米的房子,三个客厅,正中大厅悬挂木雕门联,大幅字画,宽宽的红木桌椅,有清幽的士大夫之气。

另一个大厅直接通向书房,学生送的巨幅牌匾"为人师表"高高在上,奖杯、奖牌,整齐地摆放在角落。书房约30多平米,中央一张大床,床头夹着一个红色小台灯,方便看书。数百张唱片码在床边的书架上。他喜欢西方古典音乐,最喜欢贝多芬的《命运》,"经常听,我能听到命运的声音",说着,嘴里发出蹦、蹦、蹦的节拍声,手也挥动起来,很快就进入音乐的世界,脸上露出满足的笑容,听得出来,他在演奏《命运》。

清晨的阳光透过橘黄色窗帘斜斜地射进来,照在他身上,形成一个光晕,静谧、柔和,这位历尽历史坎坷的老人笑得纯真而安详。我们聊天的时候,一条叫"小熊"的黄色小狗不停地在他身边转悠,拿身子去蹭他的腿,撒娇一般。

告别,家人开门,刚从书房走出来的江平,似乎看到"小熊"从门缝溜了出去,高声喊,"小熊,小熊,快回来",满脸着急,扭头对家人说,"快去看看,叫它回来"。蓦然回首,"小熊"从客厅里蹿了出来,江平这才松了口气,"哦,它在,没有出去"。

他想起了站在一旁的记者,握握手,道别。一转身,招呼在客厅等候多时的学生、妻子,两条狗紧跟其后。

不要剥夺人权的现代化*

> 如果每个官员都以这种思维(没有强拆就没有中国的城市化)去考虑中国的现代化,那是剥夺人权的现代化,我们不希望靠剥夺人的权利实现现代化,这种思维太危险了。

他,被称作中国"法学界的良心",从不迷信权威,"只向真理低头";

他,推出新书《沉浮与枯荣:八十自述》,直面历史进程中的伤痛与是非;

他,觉得法治在中国的发展,是退一步进两步,还是在不断地前进,"信是明年春自来";

他,是江平。

公权比私权滥用更严重

《新京报》:现在,因为不当拆迁引发的群众自焚、对抗性事件在全国多处出现,你觉得问题的根源在哪里?

江平:拆迁最大的问题是,既有私权的滥用又有公权力的滥用。公权力的滥用更严重。

《新京报》:为什么说还有私权的滥用?

江平:比如说拆迁补偿,现在政府有了规定,但是你就是不同意,这算不

---

* 本文由《新京报》发表于 2010 年 11 月 12 日,采编记者:张弘。

算私权滥用,还是属于正当的权利行使,如果说政府补偿给你的标准提到很高了,你仍然不同意,坚持非要以你的要求为准。那么,到底以什么为准?如果你要不服再告到法院,法院也判你败诉了,你的救济手段是不是就穷尽了呢?是不是你就该服从公权力了呢?这个问题始终没有一个非常好的解答。

《新京报》: 拆迁补偿一直是核心问题,一方总嫌少,而另一方又嫌给得多,应该怎么解决?

江平: 我看了现在最新的一个办法,将来的补偿标准就是按照市场的评估机构给你的评估标准。如果我拆的是王府井的房子,就按照王府井现在值多少钱来评估你。这是个较公平的补偿办法。

《新京报》: 但也出现房子被拆,还拿不到补偿的现象,怎么办?

江平: 据我所知,现在在立法起草中争论最大的已经不是补偿标准的问题,而是如何确保老百姓利益的问题了。比如说,是先拿到补偿后搬,还是先搬后拿补偿,因为他如果先搬,随后拿不到补偿怎么办。

《新京报》: 不当拆迁也常涉及违章建筑,违章建筑该不该拆?

江平: 违章建筑能不能拆?他可以说你怎么当时没有提醒我是违章建筑,等我盖起来了,已经盖了很大的别墅了,你说我是违章建筑,他也很有理由。现在我们很大的问题是,什么情况下叫滥用私权,什么情况下叫滥用公权力还缺乏一个很明确的定位,这是一个很大的问题。

《新京报》: 如果出现私权滥用,我们要强拆,应该经过怎样的程序才算合理?

江平: 我们在物权法中做了这个规定。第一是必须符合社会公共利益的需求。第二要有合法的程序。第三要有合理的补偿。三个都能做到,应该说它是属于公权力的合法使用。

土地管理法 vs 非法拆迁

《新京报》: 野蛮拆迁屡禁不止是否和它的违法成本太低也有一定关系?

江平：这里面原因很多。拆迁的人只是执行的人。违法拆迁，是决策人有错误，所以不能够过多地追究执行人的错，还是要从决策层面来看。

《新京报》：对决策者，基本上最重的处罚就是免职，这是否也在某种程度上"鼓励"地方政府违法？

江平：现在我们的土地管理法所做的规定，就是"鼓励"那种非法地拆迁老百姓的房子，所以要从根源说起来是要修改土地管理法，使它符合现在我们改革开放的需求。

《新京报》：为什么说根源是在土地管理法？

江平：土地管理法现在正在修改，还有一些争论，很难说得太具体。但是有一条可以肯定，土地管理法是利用公权力的法律，而物权法我们是规定了私权的法律，在同样的土地上，只要公权力扩大一分，私权就会减少一分。

所以现在的土地管理法对原来公权力的规定，不仅没有变化，有的地方甚至还加强了，在这一点上应该说有一个管理法和物权法之间的矛盾怎么解决的问题。

不要剥夺人权的现代化

《新京报》：江西宜黄的官员前不久在网上发文，他说从某种程度上说，"没有强拆就没有中国的城市化，没有城市化就没有一个崭新的中国，是不是可以说没有强拆就没有新中国。"你怎么看他的说法？

江平：这可能是一个大实话，事实可以说是这样。但是如果每个官员都以这种思维去考虑中国的现代化，那是剥夺人权的现代化，我们不希望靠剥夺人的权利实现现代化，这种思维太危险了。

《新京报》：会有什么危险？

江平：那会和当初苏联实行工业化一样。苏联本是一个落后的沙皇俄国，要在短期内变成工业化国家，它的资金来源很困难，外国封锁你，所以它想了一个办法就是靠农民剪刀差来发展工业化,但这种办法太危险,最后达到了工业化,但是失去了农民的联盟——靠剥夺农民的办法来搞工业化的危险就在这。如果我们靠剥夺城市居民的财产权来实现城市化,也是一条危险的道路。

《新京报》:现在,关于小产权房的处置大家也很关注。一些地方的农民把自己老房子拆了,在原地盖楼,有一些富余的房子,他们就对外面出售,你说他这个东西合不合法?

江平:小产权房的问题又复杂一些,因为在农民集体的土地上盖房子来卖,终究有一个问题,土地没有缴应该缴纳的费用,哪怕是宅基地上盖的房子,情况也是很复杂的,所以要区别不同情况来做出规定。但是有一条必须明确,小产权房也要逐步使它走向正轨,走向合理。

商业用地从未被界定

《新京报》:在美国,长期以来,关于公共利益的含义很狭窄,仅仅限于修公路或者建造军事基地等,而且政府授予房地产开发商征地只限于两种情况,第一种是危房改建,第二种是打破业主对土地的垄断,咱们国家对公共利益的征收有没有非常明确的界限?

江平:这应该看到两点:

第一,就是在美国,在任何其他国家,确实把公共利益和商业利益分得很清楚。商业利益被征用得靠谈判。

我们国家改革开放以来,所有的征用无不以关于公共利益的名义,商业开发的用地渠道没有了,而且现在我们的土地管理法也没有这一条。如果是商业目的开发,怎么来谈判,怎么来规定价格,这些都没有,这是一个很大的缺陷。

第二,我们看到美国这些年来对于公共利益的问题也有松动,比如说最近美国哪个州的一个镇,要在那儿修建一个很大的药厂,居民坚决反对,说你这是商业利益,我们不同意你就没法子征收,这个案子一直打到美国最高法院。最高法院的一名法官说,这个镇子失业人比较多,在你那修了药厂可以大大增加就业的机会,所以从这点来看,也可以理解为是公共利益,这就已经把传统制药厂也叫做公共利益了,那这个情况就变化了,所以通过这种案例来改变法律的规定也有。

《新京报》:公共利益的拆迁和商业利益的拆迁,从法律角度怎么区别?

江平:区别有两个,第一个只有公共利益才能征收,商业目的不能征收,不能够强迫人家把土地转让给国家。第二个很重要,既然是征收,价格是国家规定的,你必须服从;但是如果是商业目的,那就要谈判、协商,如果你给我再高的价格我也不愿意把我祖先的房子拆掉,我要留作纪念,你也没法子强迫他,所以作为商业目的的拆迁,这两个原则非常重要,一个是自愿性,另一个是协商性。

让政府收入与土地脱钩

《新京报》:在一些商业拆迁中,某些政府部门往往充当了开发商的保护伞,对于这种公权的滥用,怎样的约束手段才是有效的?

江平:这涉及一个最根本的问题,地方财政很大一部分是来源于土地征收,要解决这个问题必须从财政体制来入手,政府不应当再这么大程度上靠卖地作为财政收入来源,如果收入来源跟土地脱钩,可能地方的这种利益冲动就能大大减少。

《新京报》:政府就只拿土地增值的好处,不承担补偿责任,这个说法在法理上有没有根据?

江平:当然没根据,征收主体应该就是补偿主体。

《新京报》:有学者提出,凡是涉及本地发展的公共项目,规划的全部过程都应该有公众参与具体的程序安排,特别是受规划影响的利害关系人必须参与,这样才可以从根本上避免政府对公民财产权的侵害,从可操作性来说是否可行?

江平：很难完全做到，比如说我这里要修地铁，我还要论证什么，还要你同意不同意，修地铁当然是市政的问题，市政得专门来设计，专门来讨论，你怎么来决策呢？再如你这要修一个发电厂，必须要得到你的同意，就像现在我们说的要修建一个核电厂，周围没有一个同意的怎么办，焚烧尸体的炉在什么地方出现呢，没有一个同意的，怎么办？

所以这些东西涉及利害关系的问题比较复杂，我是觉得可以有一定的参考意义，但并不是所有的公共项目都要有公众的参与。

"经济增长不实现社会问题会出现"

《新京报》：你觉得明年中国经济会不会出现明显的通货膨胀？如果明年通货膨胀很明显，你觉得应该如何应对这种情况？

江平：我觉得中国的通货膨胀是必然的，因为随着居民的收入提高，物价看一定的上涨也是必然的，但是中国现在的物价上涨还没有到一个危险的临界点，总的来说还在老百姓的承受能力以内。现在电价水价稍微涨一些，也是梯形的，主要针对那些高耗电的人，他们会增加一些负担。这些都是比较合理的措施。

但是如果我们现在的通货膨胀率超过了银行的利率，那我觉得确实需要考虑增加利息或者减少利息税，否则，对老百姓会是一个很大的损害。因为已经是负增长了，利息还不能够补偿它的通货膨胀率，这不行。

《新京报》：这一次金融危机，中国启动了大规模经济刺激的计划，你觉得这个经济刺激在明年是不是还有必要？

江平：我觉得刺激经济计划是针对危机存在而言，由于危机存在所以才刺激，现在危机已经基本消除了，刺激的措施已经相对没那么迫切了，这可以另外考虑。四万亿现在还有很多没有花出去呢。

《新京报》：如果你手上有300万元闲置的资金，你是计划投资在楼市，还是优先考虑股市？

江平：现在哪都不敢，风险都很难预测，中国的股市风险也难预测，楼市也非常难预测,但是相对来说人们好像还是更看好楼市。

《新京报》:你所在的领域明年会有什么样的发展?哪些法律出台比较好,或者哪些法律往哪个趋势变化?

江平:有些可以预见,比如立法方面,民法典要完成,要通过涉外民事法律关系适用法,还要通过人格权法,以后再通过准则,这个是肯定的,有些市场秩序的法律还要再完善,这也是很清楚了。

美国在金融危机以后也出现了加强市场经济秩序的法律。期望在未来两三年内,法律进程的加快主要是三个方面,第一个是司法改革,第二个是民营企业,第三个是律师的地位和作用能得到相应改善,这应该说是近期可以预见到的。

《新京报》:假如你现在有一个5亿元的创业基金,在明年你会优先考虑哪个行业?

江平:我没有对市场做太认真的调查。

《新京报》:如果明年有一次长假旅行的机会,你会去哪儿?

江平:这要根据体力情况来定。如果体力好,我很想去埃及,想去希腊,想去非洲,这都是人生的游览方面的空白,想补足它。学术方面没有太大祈求了。

《新京报》:明年你最担心害怕发生什么事情?

江平:这个问题非常难说,当然最大的担心还是中国的经济,经济是法律的基础,经济是中国增长的依据,如果中国经济增长实现不了,很多社会问题就要出现,这是很严重的问题,所以我还是很担心这个。

《新京报》:现在活着的人里面,你最钦佩的是谁?

江平:这个现在非常难说,最钦佩哪个人还是很难说。

《新京报》:你最渴望拥有的是什么才华?

江平:我当然现在还是希望在法律方面了,因为新闻只是作为我大学一年级选择的专业,足球就根本不能够作为一种专业来选择,是一个爱好。现在来说当然还是法律。

《新京报》:如果让你选择,你希望让什么情景重现?

江平:如果重新选择职业的话,我仍然选择大学教授。情景重现是不现实的,那就没意思了。

私有财产应受到宪法的基本保障*

> 私有财产的确立和保障,不应该局限于私法的保障层次,应该更广泛,还要有一种公民相对于国家的基本权利的高度。

龙卫球:江老师,对我国法学界和经济学界目前正在广泛谈论的私有财产保护问题,您有何看法?

江平:这个话题的热烈度恐怕适时反映了我们社会目前普遍存在的一种愿望。我想这种愿望是针对我们的整个法律制度提出来的,甚至可以说是对宪法基础保障的渴求。私有财产的意义经过这20多年的改革开放,应该说已经很好地体现出来,我们今天的社会和经济的相对自由局面是受益于它的。但是,我们应该注意到,目前关于私有财产的制度保障是比较薄弱的,还存在根本性的局限。

龙卫球:我想,您是想说我们目前对于私有财产的法律定位还存在一些观念障碍吧,或者说对于私有财产的法律架构恐怕还有很大缺陷吧?

江平:对于私有财产问题,目前很多人期望通过一部民法典或者一部物权法加以解决,这种愿望应该说是很好的,我个人对物权法也寄予相当的期望。一个人要有完整的自我负责的个人生活,那么他就必须要在财产法领域也可以自我负责地生活,物权法或民法可以在一定程度上,至少是在

---

* 本文系北京航空航天大学龙卫球教授就私有财产问题对江平教授所作的专访,原载于2002年12月29日《21世纪经济报道》。

个人与个人关系的层面解决这个问题。

但是，民法还不能彻底解决私有财产全面保障的问题。依我的看法，私有财产的确立和保障，不应该局限于私法的保障层次，应该更广泛，还要有一种公民相对于国家的基本权利的高度。换言之，私有财产权利尤其是个人所有权应该被认识为是一种受宪法保障的基本权利，只有这样才能比较好地解决私有财产保护问题。

龙卫球：您的意思应该是说要把私有财产的保障问题提到法治国家的基本层面，以此树立一种宪法性信赖和存续保护，而且您是针对相对于国家来看这个问题的，对吧？

江平：是这样的。将私有财产仅与民法保护相联系确实有所局限。对于私有财产保障，我觉得应该吸取这样一种观念，即把它与公民的其他基本权利作同等重视，因为它是个人自由发展的物质基础，与人格基础同样不可忽视。我之所以提出这是个宪法问题，是因为我相信人们对私有财产或个人的财产自由的信任危机，最主要的不是出自对其他个人的顾虑，而是出自对国家的顾虑。对于私有财产的保障，只有解决了相对于国家的制度保障才能最终解决这个问题。

龙卫球：您是认为只有宪法把私有财产尤其是个人所有权作为一种相对于国家的基本权利切实加以保护，那么才会形成一种比物权法上的私有财产或个人所有权保障更广泛的制度保障。这就是说，对国家要有所节制，这种节制才是关键所在。

江平：对于私有财产的威胁，很多时候是来自国家或者政府行为，将私有财产纳入宪法基本权利才可以使之免受国家干涉。国家不能通过任意的税负政策实质上削弱个人财产；立法机关必须保证能够实现私有财产自由活动的法律规范的存在；国家不能任意干涉或剥夺个人在私有财产上的行动自由；国家必须慎重使用征收政策。

龙卫球：您这里涉及国家的征收问题，这也是人们很感兴趣的，按照您刚才的思路，是不是可以很好地处理这个问题呢？

江平：将私有财产确立为宪法保障，意味着对其限制和剥夺就受到宪法"监护"。在这样的情况下，任何征收要想做到不违宪，至少必须符合四个条件：一是具有法律或行政法规依据，这些法律法规还不能违宪；二是必须遵循严格的程序；三是必须符合特定的公共利益目的；四是必须提供充分、及时补偿，我们过去往往只提适当补偿，这是有问题的，不符合私有财产保护原则。

龙卫球：我理解，征收在这时候作为一种针对《宪法》性基本权利的活动，就有了一种行为限制，无论是立法征收，还是行政征收，都必须遵循合法性原则，否则将与宪法保障相违，就会有麻烦。这样恐怕现实生活中很多的征收、征用行为就不那么好为之了吧！江老师，请教您最后一个问题，你是如何看待目前有人提出的在我国宪法中加上"私有财产神圣"这一修宪建议的？

江平：我想这个建议是针对《宪法》第12条"社会主义的公共财产神圣不可侵犯"提出的，旨在主张私有财产与公有财产平等保护。我觉得其思路是好的，不过，我个人觉得没有必要太迷信"神圣"这样的修饰词，最好是都拿掉神圣这样的抽象表述，直接表述为平等就可以了。我的看法是，更关键的在于我们应通过宪法明确肯定私有财产是作为基本权利而加以保障的，个人在财产领域具有宪法意义的自由，不经合法性原则，任何时候其私有财产都不得被剥夺或削弱。

滥用私权与滥用公权都应受到制止*

> 我们参加革命的一个基本的动机,还是希望政权能够有民主有自由,代表一个国家的民族主义,国家能民主富强自由。

江平的家位于北京南四环,从市中心打的过去,要近百元。10年前,已入古稀之年的他,在此偏僻一角置业,就是想尽可能不受打扰,"地远心自偏",不料效果不彰,登门拜访者仍络绎不绝,这位"法律界的良心""我们时代的法学导师",无论身处何地,总会有人惦记。

今年正赶上他八十寿辰,造访者较往年更多,其中的主体,是他或长或少、分布在各行各业的学生。在中国政法大学一届又一届学生心目中,江平是"永远的校长",虽然时至今日,他不做校长已有20年。江平不仅仅属于政法大学,也不仅仅属于法学界,许多场合,只要江平到场,众人都会起立鼓掌。"江老师拥有超出法律之外的影响力",原《中国律师》杂志主编刘桂明说。

"20世纪是民族主义的时代,现在我们更应该讲民主主义。"

"共和国的60年,前30年就是从法律实用主义到法律虚无主义,后30年是从法律经验主义到法律理念主义。就是说,我们国家经历了四个法律时期:法律实用主义、法律虚无主义、法律经验主义,现在走向法律理念主义。"

---

* 本文由《南方人物周刊》发表于2010年8月6日,采编记者:黄广明。

"有法律不等于有法治,有宪法不等于有宪治,这是我们需要思考的最根本的问题。"

江平的演说感染过无数人,其中不乏广泛传播的警句。

今年年初,在法律界为他祝寿时,他说:"严格说来,改革30年我实际上做了一个我分内的事情,就是为私权而呼吁。因为我选择了民法、选择了私权,就是因为之前在中国私权的保护太薄弱了,或者说中国的私权在强大的公权面前,始终处于弱势。这个私权可能包括私人企业的权利,可能包括私人财产的权利,也可能包括更广义的'私权'。"

私权在公权前的卑微,江平自己就是活生生的例子。1956年,26岁的江平从莫斯科大学法律系毕业回国,正赶上"反右"前的"引蛇出洞",他与北京政法学院的一些青年教师写了关于整风的五点建议,结果被打成"右派"。命运弄人,因为学业优秀,他实际上是提前了一年回国,可谓"抢来一顶'右派'帽子"。

噩梦接踵而至。新婚妻子不堪政治压力与他离婚。"原来的妻子刚刚入党,还是预备党员,组织上有这个压力,要转正,就要看你组织上是否划清界限,这是很残忍的选择。我从人民变成了敌人,今天可能无法想象,但如果处在一个非常重视意识形态、非常重视政治纯洁性的时代,那是一种泰山压顶的压力。"江平说,"所以现在我对那些处在那种情况下家庭还没有破裂,对坚持的那一方,是很钦佩的,因为她终究感情战胜了政治因素。"

1958年,江平下放北京市郊劳动,一条腿又被火车轧断。在病床上考虑问题,"无非是婚姻可能麻烦一点"。28岁,又是"右派",又是瘸腿,这怎么办?江平往好处看,"捡回了一条命"。

"靠什么支撑?比我更厉害的也有,有些人经不住了,确实有很多人没有看到改革开放的那一天,没等到平反的那一天。人总还要有一个奋斗的精神,自强不息吧。"

"文革"当中,江平重组了家庭,夫妻两地分居,寒夜里,身高体壮的大老爷们一针一针地给孩子织毛衣。在那个公检法被砸烂、法学教育停滞的岁月,江平在市郊一所中学教书谋生,从苏联带回来的几箱书,被当废纸卖掉。那天,他写了一首五绝:"西天朝圣祖,读经寒窗苦。谁知归来后,卷卷皆粪土。"

他从那些书中挑了一本《资产阶级国家民商法》,悄悄地保存下来。1978年,在江平被打成"右派"22年后,他回到了北京政法学院的讲坛上,率先在国内开设了介绍西方国家民法的两门课程——罗马法和西方国家民商法,他借鉴的参考书,就是在"文革"中留下的那本《资产阶级国家民商法》。

20世纪80年代是江平人生的春天,尽管此时他已步入生命的秋季。他不仅在大学校园里广受欢迎,还参与了我国多部法律的制定,包括1984年出台的《民法通则》和1989年通过的《行政诉讼法》。1988年,江平当选第七届全国人大常委会委员。进入90年代,他参与制定的《公司法》出台,此后,又陆续参与《信托法》《合同法》《物权法》的立法工作。

1988年,江平成为中国政法大学校长,此前,他担任过几年副校长职务。在他的主持下,法大荡漾着自由的学风与民主的空气,而江校长的人格魅力与对师生的爱护,让他赢得了广泛的尊敬和爱戴。

法大86级学生、博客中国和互联网实验室联合创始人王俊秀回忆,当年陈小平等青年教师因住房条件较差,组织了以江平为代表的校方的对话,要求改变青年教师的住房待遇。两位老少英雄在谈判桌上相见,引来无数人旁听。"江平先生说学校要先照顾老人和妇女时,陈小平说,这可违反宪法精神啊,宪法中的第一原则是人人平等。众人哄堂大笑,江平先生也笑了。"

离开校长岗位后,江平成为法大终身教授。在20世纪90年代初法制改革相对沉寂的局面下,江平领导推出了西方大型法律文库,推荐翻译西方法律经典,为90年代自由主义的登场奠定了基础。与此同时,在一系列社会热点问题中,江平挺身而出,为社会公平、为中国深层次的改革大声疾呼。

"我所做的只有呐喊。"耄耋之年的江平说。2008年的一场中风让他语速放缓，思维也受到影响，但激越之心一如当年。

崇德中学和燕京大学奠定我一生思想的基调

《南方人物周刊》：对您1949年后的经历，大家已经了解得比较多了，请您介绍一下您的高中时代和在燕京大学一年的情况。

江平：对我人生影响比较大的一段是1945年到1949年，就是抗战胜利以后到解放战争胜利，因为这5年从国共合作到国共内战。我的高中时间是1945年到1948年，燕京大学是一年，1948年到1949年，这几年我的生活发生了很重要的变化。

我读的中学是崇德中学，一所教会办的学校，北京的教会学校相对比公立学校更民主一些，思想更自由一些，所以在这3年中我们能看到一些进步的书籍，能参加一些学生运动，能从实践中看到国民党的黑暗，那时学生的主要目的是争民主争自由，反饥饿反内战，我想这是当时多数青年共同的意志。

燕大也是教会办的学校。我本身不信教，但在两所学校里，我受到西方自由民主的熏陶还是很深的，这奠定了我一生思想的基调。

《南方人物周刊》：那您后来加入共产党的外围组织青年同盟，是您自愿的选择还是有人动员您？

江平：这是自愿选择。

《南方人物周刊》：还是觉得共产党更有希望一些。

江平：是。这是当时多数青年的看法。当时的国内环境已经容不下中间派了，要么选择国民党，要么选择共产党，像民主同盟已经失去吸引力了。这是一个在政治上极端发展的结果。在我们青年看来，国民党很腐败，共产党还是朝气蓬勃的。所以当时并没有从意识形态来看，不像后来发展为"反右""文革"，这是我们参加革命的一个基本的动机，还是希望政权能够有民主有自由，代表一个国家的民族主义，国家能民主富强自由。

苏联为什么失败

《南方人物周刊》：您是从哪个阶段发现社会主义制度并不天然就会健康发展，也可能产生很大问题的呢？

江平：是在留学苏联阶段。被派到苏联学习还是很高兴的。但是从1955年到1956年，苏联揭发斯大林问题的秘密报告出来，当时是公开听的秘密报告，我思想上第一次产生了怀疑。我们所追求的目标难道就是这样一个社会主义吗？难道斯大林可以把反对派里一半的人都杀掉吗？这时我思想发生动摇。后来苏联有讨论，斯大林的问题不是个人的问题，是制度的问题。这个讲话让我反思。1957年"反右""引蛇出洞"时我也说了这些话，这些也是我成为"右派"的罪状之一。当时我还年轻，朦胧地感觉到这些问题。

《南方人物周刊》：苏联对斯大林的批判和反思为什么没有走向对整体制度的反思，比如建立起像西方的民主制度和制衡机制？

江平：苏联社会内部斗争也很厉害。严格来说赫鲁晓夫思想是比较开明的，他纠正斯大林的错误是比较厉害的，但由于赫鲁晓夫政府在其他方面还有问题，就下台了。勃列日涅夫上台了，他对斯大林的看法不同于赫鲁晓夫，对斯大林没有完全恢复其名誉，但也没像原来报告中那么严厉，所以苏联对斯大林的态度和评价，功过如何区分，各时期都有很大的争论。

《南方人物周刊》：有报道说您在苏期间与戈尔巴乔夫共事过？

江平：在莫斯科大学，他也是学法律的，他1955年毕业，我1956年毕业，认识。

《南方人物周刊》：戈氏当选苏共总书记后，倡导新思维和改革举措，有人认为他搞垮了苏联，您对他如何评价？

江平：我认为对历史人物的评价，无论是斯大林也好，还是戈尔巴乔夫也好，如果脱离他的制度背景来看的话，会很片面的。斯大林是制度的产物,戈氏也是制度的产物。我的意思是说虽然苏联是在戈氏当总统时瓦解的,但这也不是他个人的原因,根本上是制度的原因。

《南方人物周刊》:那么,您对自己十八九岁时的革命激情,有没有过一些反思?思想界前些年有告别革命一说。

江平:任何议论不能超越当时的时代背景。当时我们参加革命是大势所趋,是历史洪流。但后来共和国走了一些弯路,是我们万万没想到也不能再重演的。

公权与私权的冲突

《南方人物周刊》:您如何评价中国法治与法制建设近年来的整体状况?

江平:从立法角度看,我们的立法进展比较大。在人大代表的选举方面、农村基层民主方面,都有很大进步。这些年来我们在政治体制改革,尤其是司法体制改革方面,是不理想的,比如我们在保障律师的权益方面,在保障法官的审判方面,在法院的体制改革方面,还有很多不尽如人意的地方,虽然在满足老百姓的需求方面我们做了一些尝试,但是离司法公正仍然相距甚远。

《南方人物周刊》:对因拆迁不断侵犯公民权益,造成许多极端事件,您有何看法?

江平:《物权法》颁布后,有一个很可喜的现象,就是中国老百姓保护自己私权的意识大大提高。过去我们宣传更多的是义务本位——哪些事情是百姓应该做的,自从市场经济改革以来,权利意识大大增强。诸多强制拆迁所反映的问题,就是征收公民的私人财产补偿的制度,这是《物权法》明确规定的。这里更深层的是公权与私权的冲突,现在这方面的报道越来越多,公权侵犯私权现象不断发生。从立法机构来说,比如国务院法制办,已充分意识到这个问题的尖锐性,所以自从《物权法》通过以后,就打算修改原来城市国有土地上的房屋拆迁补偿办法,但已经3年了还没有修改。一个是说明工作拖拉,再一个说明矛盾比较大,争议也大。私人财产必须得到保护,原来的办法太任意了。

不久前北大几个教授提出,原有拆迁办法是违背《物权法》规定的。现在看来改得差不多了。改的基本的观点:第一,对什么是公共利益作了规定;第二,明确了涉及公共利益应是政府作为拆迁一方,而不是开发商作为拆迁一方,这是政府行为;第三,既然是政府行为,老百姓就可以按行政诉讼来保护私权;第四,更重要的是,拆迁补偿必须按照社会评估机构的评估来补偿,这样的话老百姓的补偿标准就会大大提高。

成都唐福珍的事有些特别。政府说是违章建筑,违章建筑当然应该拆了,但这里又有一个问题,违章建筑过去你一直纵容它、许可它,你本该禁止、劝阻,现在越盖越大,那么,政府过去有没有不作为的情况,或者有没有诱使人家违法?

另外现在野蛮拆迁的现象特别严重。原因当然是开发商希望早日开工。野蛮拆迁的一个重要原因是现有的拆迁办法不合理。现在拆迁主体是开发商与被拆迁户,开发商拿到拆迁许可证,进行拆迁。合理的拆迁关系应该是政府与公民之间的关系,国家为了公共利益征收房子,政府作为征收的主体,另一方是被拆迁户。不应该是由开发商直接来拆迁。

《南方人物周刊》:说到这点,在当年对待重庆"最牛钉子户"的问题上,您好像是支持拆迁的,您的看法引起了一些争议。

江平:这里需要说明一下,我当时接受的是《东方早报》的电话采访,记者问我的不是拆迁本身合不合法,政府的行为对不对,而是问我对法院作出的判决怎么看。这个问题我的看法是:对法院的判决你不服可以上诉,可以告,但不能以不服从的理由加以拒绝。如果人人对法院的判决都采取我同意的就执行,不同意的就抗拒,那不行。这话本身不涉及政府的行为有无过错,政府后来已承认断水断电是错误的,现在拆迁办法修改案已明确不能采取断水断电的方式强迫拆迁。

涉及具体案件必须具体分析,在重庆"钉子户"案件里,既有吴苹夫妇滥用私权利,也有政府滥用公权力,所以后来双方都作了妥协。说明双方都有问题。私权应该受到保护,但不应该滥用私权,滥用私权与滥用公权都应是受到制止的。

《南方人物周刊》:另一起案件,发生在上海的杨佳袭警案,您的观点是认可法院的判决。但当时也有人认为杨佳袭警是有深刻背景的,他受到了警方的羞辱。您是从什么角度来看这个问题的?

江平:杨佳的问题也是两方面的问题。我虽然没有参与杨案的审理,但也有一些疑虑,就是杨佳为什么对公安局有这么大的仇恨,按常理如果没有受到公安局不公平的对待的话,他恐怕也不会这么去做。

但另外一个问题是杨佳你受了再大的委屈,你对社会发泄私愤,对公安机关发泄私愤,杀了6个无辜的警察,道理何在?这些人有什么罪?所以我认为法院判决杨佳死刑是公正的,不过这个案子程序可能有欠缺,但不能因为说程序有欠缺就是判刑错了。

必须把征税权收回全国人大*

> 市场能解决的尽量市场解决,市场不能解决的由社会来解决,市场、社会都不能解决的由国家来干预。

2013年3月,网易财经《意见中国——经济学家访谈录》栏目专访了法学泰斗、中国政法大学前校长江平。他是中国法学界的泰斗,他是著名的法学思想家、教育家和社会活动家。他怎么看法律与经济的关系?他为何竭力为私权呐喊?

政府尽量不要干预经济

网易财经:您曾经将您和吴敬琏先生的友情比作法学和经济学的一个联姻,那您认为法学和经济学之间有什么关系呢?

江平:我觉得经济学和法学是当前我们国家在治理国家和社会方面,两个最紧密的学科,从西方国家来说,应该是四门学科,也就是政治学、法律学、经济学和社会学,但是我们国家由于特殊的历史原因,政治学不发达,可以说政治学湮没在法学中了,社会学其实它是很重要的治理国家和治理社会的方法,但是也是一个很敏感的课题,也是一个很敏感的学科,所以实际上也被经济学湮没,所以我觉得在当前中国最关键的是经济学和法学,这两个什么关系呢?也可以从马克思说的这个经济基础和上层关系来说

---

* 本文由网易财经发表于2013年3月29日,责任编辑:王科力。

吧，经济学是解决了经济基础，而法学是上层建筑，上层建筑当然应该服务于经济基础，当然它也推动经济基础的发展，所以以这个意义上来说，长期以来的我们国家经济学就违反了一个根本规律，就是违反了经济规律，从这点来看，法学也存在这个问题。

当时经济是计划经济，计划经济是完全按照人的主观的意志来设想，所以在这种情况下，我们长期以来的计划经济就导致了我们的经济违背了客观规律，而朝一个依靠人的主观意志来发展的这么一个学科，我觉得涉及经济方面的法律，非常重要的一个原则就是不能违背客观规律。我们在20世纪的50年代末60年代初搞的"大跃进"，"人民公社"、"三面红旗"，实际上就是违背了客观规律，超越了自然规律，而盲目地夸大了主观的意志，所以导致了3年的自然灾害，或者说不是自然灾害，而是以人祸为主的社会灾难。

网易财经：30年前我们说是7部法律治天下，30年后的今天，我们已经实现了法律的架构的基本完成，30年来有多少部法律是跟经济法有关的呢？

江平：30年来，应该说我们的法律真的没有几部，涉及经济方面的，据我想，回想一下大概也就是关于土地改革在新中国成立初期的时候有一部法律，但是这部法律时间适用期很短，它基本上只适用于土地改革，当土地分配给农民，完成了它的使命，这部法律的作用也就没有了，但是不久之后我们就开始了土地的合作化、公社化，包括土地的集体化，所以原来农民通过土地改革所取得的土地使用权，没几年就丧失了，我觉得这是一个很大的失误，也就是我们常常说的本来这个新民主主义时期是应该持续更长时间，但是我们这个新民主主义实际上没几年，就在20世纪的50年代中叶的时候就已经不存在了。所以我们关于法律方面的，实际上就是一个真正解决社会生活的，也就是像《婚姻法》这样的法律，其他如《宪法》《政府组织法》，人大的《组织法》，这些都不是为了解决人民生活中存在的法律问题，跟这个没有太大关系，所以应该说，新中国成立这30年来，我们的法律真是屈指可数吧。

但是话说回来了,如果我们把法律这个概念稍微扩大一点,包括到了国务院的法规,甚至包括到部门的一些规章,那应该说涉及法律方面还是相当多的,真正严格意义上的法律,称之为法的还是比较少。

网易财经:市场经济是经过30年的发展,改革开放,市场经济法律体系可以说是三十而立吗?

江平:可以这么说,三十而立就是改革开放30年来,我们在法律体系上,已经可以说有了一个初步的完整的社会主义法律的体系,当然其中还有一些欠缺的,特别像政治方面的法律,言论、出版、结社、新闻这样一些法律还是很欠缺的,但是在市场方面,应该说我们已经建立了一个可以遵循的比较完整的法律体系,这是可以这么说的。

网易财经:您参与了很多法律的立法过程,包括对市场经济影响重大的《民法通则》和《物权法》,在市场经济的立法过程中,应该坚守的底线是什么?

江平:我觉得市场经济的法律,应该说有两条基本的底线吧。一条基本的底线就是要坚持地位平等,市场经济的主体地位应当是平等的,如果我们没有这一个,应该说把市场经济基本的灵魂给破坏掉了。比如说我们现在在国有企业的地位上,实际上我们国有企业和民营企业不是站在同一起跑线上的。我们的《宪法》规定,中国的国民经济是以公有制为基础,这就已经具有了不平等的因素了,从我们的《反垄断法》里面也可以看到,国有企业本身它的垄断也应该反对,但是我们的《反垄断法》实际上是保护了国有企业在市场竞争中的垄断地位,这个本身就是一个很大的问题了。你像石化、石油这样一些完全在国家控制之下,根本不能够向民间来开放,那么这种情况下,国有企业当然是处于非常有利的地位,又没有一个《反垄断法》来限制它,那这是很危险的。

我觉得市场经济第二个很重要的思想,就是国家尽量不干预吧。我说的国家尽量不干预,也不是一点都不干预,而是说国家在干预的时候要有一个主次的区别,所谓主次区别就是能够由市场主体自己去解决的,那么国家当然不干预了;如果市场主体自己不能够解决的,但是由社会或者社会组织,包括中介组织等能够解决的,国家也应该尽量不干预;只有当市场、社会都不能够解决这个矛盾的时候,国家才来干预,我想这个思想我们在《行政许可法》里面已经表达了这个意思。

三种手段:政府、社会和市场,市场能解决的尽量市场解决,市场不能解决的由社会来解决,市场、社会都不能解决的由国家来干预。最近李克强总理在这方面也有了表述,他也特别讲到,他说政府应该改变职能,过去干预太多了,限制政府干预职能就等于在自己的权力上动刀子了,他形容为壮士断腕,我想这个壮士断腕的这个决心应该是现在政府改变职能里面最关键的。

因为我们国家长期以来政府干预的实在太多了,你们可能年轻点还不知道,要像我们这样八十多岁的,可以感受到政府无处不干预,不仅经济生活要干预,私人生活也要干预,结婚也要干预,生孩子也要干预,吃食堂在过去一段时间也要干预,所以这样一个情况下,本来完全是属于私人生活的领域,或者是属于市场经济自己来解决的领域,国家都来干预,那么这个要改变职能,实在是一个把政府所发挥的无所不包的职能把它限制了,这个限制是有一点类似把自己的胳膊给砍掉这样的感觉,所以要有壮士断腕的这个精神来改变,国家在市场经济中的作用,这是《民法》里面很重要的原则。所以我觉得这两个应该是最根本的,一个是平等精神,另一个是政府减少干预的这个精神,这是它的主轴线。

网易财经:我们看到新一届政府在最近的公开表态中,是多次提到要忠于《宪法》,忠于法律,您对此乐观吗?

江平:我觉得看一个政党的表现,看一个领导人的表现,重在行动,当然首先看他说什么,说什么也是很重要的,但是这只是一个基础,只是一个表态,至少比起过去领导人讲话里面,不过分强调法律,不过分强调《宪法》那要进步多了。我们看到有的领导人在过去讲话里面把法律的地位排在很靠后，提到法院应该三个至上，首先是党的利益至上，其次是人民利益至上，然后才是法律和《宪法》至上，这很显然是一种轻视法律和《宪法》的表现。所以现在两位新的领导人上台的讲话开头就是忠于《宪法》，应该敬重法律，我想这是一个他们表态里面的，对人民的一种承诺。因为至少我们党和它的领导人应该是在《宪法》和法律的范围内来活动吧，如果他自己本身行为就超越了《宪法》和法律，那他是极大地违宪，极大地违反了法治的理念，我想这是没有问题，但是这样一定要见诸行动。见诸行动的意思就是说，在以后他们的行动中，不能够有任何违反《宪法》或者违反法律的行为。

我们国家长期以来没有宪法和法律的观念，可以说宪法名义上是最高的，实际上是最低的，一部《宪法》的作用，可能还不如一个县政府的文件更管用，县政府的文件在当地来说，人们都得服从，但是你说《宪法》是什么规定？可能对他来说是次要的，所以中国有时候形成了一个反过来的、和西方很不同的现象，就是我们是越高的法律往往越被践踏，越低的法律越容易得到执行，实际上应该是倒过来，应该有一个全民的，对于《宪法》和法律的敬畏的精神，这样的话，我们才能够建立真正的法治观念。

应将政府的征税权收回全国人大

网易财经：您曾经说过您一直在为私权呐喊，您发出这个呐喊的声音是一种无奈的表现？

江平：因为我自己从事的就是民法，《民法》就是私法，私人的私这个私法，所以我所从事的专业本身就是为私权在呐喊，这个私权包含什么呢？我想私权包括私人的财产权、私人的经营权、私人企业的这种财产的完整权，乃至于包括一切私人所应当拥有的，法律所规定的权力，包括他的人身权、名誉权、隐私权，甚至包括政治上的言论、出版、新闻、结社的这种自由，我想中国向来缺乏这种私权的基础，可以说，中国几千年来从来没有一个私权的传统，所以我所从事的这个民法，实际上就是在为私权在呐喊。

中国这些年来私权的意识有所膨胀，也就是说私权的意识比过去加强了，特别是《物权法》通过了以后，人们的私权的保障意识更高了，比如说过去对于自己的房屋这种私权的保护，没有像现在在通过《物权法》前后的时期对于自己的财产权的这种勇于保护的这种情况，反对政府的强拆，甚至到了有自焚的情况，这都表现了一种私权保护的强烈的意识，我觉得这点比较好。但是中国呢，应该说要看到两个方面，另外的一个方面呢，我们的私权的保障意识，还存在一个很大的问题，就是私权受到另外一个私权侵犯的时候，它的保护可以说比较简单，我的财产权受到邻居的侵犯，我的财产受到公司的侵犯，那么我告到法院，法院有法律以此为依据，就可以保护我的权利，但是如果我的私权受到公权力的侵犯，这就比较麻烦了。因为公权力是比较庞大的，对于公权力，我们现在有了类似《行政诉讼法》这样的法律，民告官的制度也有了，但是一方面这个民告官的制度还不是很完善，另一方面民告官的制度，老百姓心中终究还有所畏惧：我告了官以后，我打赢了官司会不会给我小鞋穿呢？会不会我还是处于一个不利的地位呀？所以这个公权力太庞大了，在这个情况下，公权对私权的侵犯很难解决。

当然还有一个问题，就是我们现在私权利受到公权力的侵害，从法律来说还缺少一个重要的制度，就是西方国家比较普遍的有一种宪法保护的手段，就是如果我这个权利受到了国务院规定的法规的侵犯，甚至是法律的侵犯，那我能不能告？这个在西方国家就叫做宪法诉讼。在我们国家没有宪法诉讼，拿前些年的案件作为一个例子吧，像孙志刚这个案件，他因为违反了收容遣送的办法，结果在收容机关被打死了，他收容遣送是有根据的，那是根据20世纪90年代的收容遣送的这个办法，这是国务院规定的，那么在这种情况下就面临着一个宪法诉讼的问题了，所以当时三个博士提出来，要求解决这个问题，要求全国人大来审议国务院颁布的这种收容遣送办法是否违宪，这个问题就涉及比较大的问题了，也只有全国人大来解决。但是后来呢，国务院自己把这个决定给撤销了，我想这个问题也说明我们现在在保护私权方面还是仍然有很大的困难,就是这个道理。

网易财经:其实在《物权法》出台之后,对于私权,就是私有财产和公有财产,做了一个很大的、平等的肯定。

江平:嗯。

网易财经:那您认为当时的这个举动之后具有什么样的意义呢?

江平:我想《物权法》很大的一个意义就在于,它肯定了国家财产跟私人财产是平等保护的,但是这个问题我们不得不再回过头来看一看,这个问题最后是有一个折中的办法了。我们知道《物权法》开始制定的时候,北大的一位教授,巩献田教授提出来,说这个新的《物权法》是违法的,所以这就引起了立法机关很大的重视,这么一部法律怎么会违法呢? 他就提到这个问题,说我们《宪法》规定的是公有制为基础啊,你怎么可能提出来是平等保护呢,"为基础的"跟你这个"平等保护"的概念是不一致的,所以后来我们的《物权法》通过的时候,就折中了,怎么折中呢? 就是从《宪法》来讲那是以公有制为基础,但是以市场经济来考量的话,应该说国家财产跟私人财产是处于平等地位,这就有一个矛盾了。

从《宪法》来说,国家财产要高于私人财产,但是从市场来说,两个是平等的,但是从《物权法》的条文来看,应该说还是体现了国家财产和私人财产平等的原则。我想这个原则的确立,对于保护私人财产应该说是具有非常重要的意义,不能够因为是国家财产跟私人财产发生争议,我就推定为应当保护国家财产,就应该自然而然的适用于国家财产优先保护的原则,这是错误的。因为要知道过去在计划经济年代我们就有这个原则,就是国家财产、私人财产和个人财产发生冲突的时候,我们应当以保护国家财产为优先,像这样一些原则,现在肯定已经不适用了。

网易财经:还有一个问题,关于私权的问题,私权利它应该是在什么样的位置呢,在公共利益前面在公共利益后面。

江平:在公共利益的前面,我是这么认为。首先应该说,公共利益会限制你的私权,任何国家都是这样,但是关键在于什么是公共利益,界定公共利益是个比较难的问题,我们《物权法》规定了,如果是公共利益可以征收,那我们到现在为止城市里面所有的几乎都是以公共利益为名,是不是?所以在这点上,应该说,在世界各国也没有找出来一个真正统一的答案,什么叫公共利益?一般可能认为美国人的公共利益可能会严格一点?但是看起来也并不尽然,在《物权法》讨论的时候我们碰到一个问题,什么叫公共利益呀?一看美国一个州的一个小县镇,小镇里面出现了一个问题,在那要修建一个药厂,修建药厂应该是私人利益吧,但是美国一个大法官解释说,这个镇是一个经济很贫困的镇,它那儿修了一个药厂,能够大大提升它的财政的收入,财政收入也可以说是公共利益,你要照这么来解释的话,私人利益跟公共利益之间的矛盾,有的时候就在这个什么是公共利益面前变得很难办了。所以总的来说,当然还是这一条原则,就是公共利益应当高于私人利益,在公共利益面前私人利益是应该让步的,但是究竟是什么样的公共利益?那应该……

网易财经:就很难说?

江平:由法院来解释了,法院如果认为这是公共利益,这就是公共利益了。

网易财经:您刚才提到了保护公民的财产权,那保护公民的财产权,是否包括保护他投资的权利呢?

江平:那当然了,投资权利应该说是,当然应该保护,当然投资的权利也要看,有没有国家的限制,这话怎么说呢?就是投资当然是个人的自由,我现在多了1000万块钱,我愿意投在哪里可以投在哪里,但是国家也有一个关于投资方面的某些限制,有些领域不允许私人投资,比如说有的矿藏应该说是允许私人来投资,但是你要想投资在石油业,实际上不可能,因为这是国家垄断的,所以现在在国家垄断的领域里面个人投资是没有自由的。西方在这些方面放得就比我们宽多了,应该说私人投资只有在国家明确规定是属于国家垄断的领域里面,才不能够投资,而国家垄断的领域在西方国家是很窄的,那应该说他个人的投资自由的领域,相对来说比我们国家的投资自由要宽,这个是事实。

网易财经:但我们知道,现在除了一些国家垄断的领域,比如说像房地产现在也是限制私人投资的,就是说是限制你去购房,这样的行为您认为是否是违法的呢?

江平:限购,我是认为呀,这个在一定的时间,在一定的范围内,为了保障社会公正,做某些限购的措施应该是合理的。比如说现在有的人一下子有一百多套房子,这个已经完全脱出他个人需要了。你个人需要,你两套、三套总可以吧,你怎么会有一百多套呢?那么这种情况下,限购显然就有合理性了。再比如说在北京交通比较拥挤的情况下,我们限制再购买新的车辆,这个呢,在一定的情况下还是应该允许的,当然会给老百姓带来一些不方便,我需要来抽签,而抽签率又很低,但是为了限制,能够使大家都可以在一个自由的、比较顺利的、不太堵塞的交通情况下来行车,那当然有好处,如果大家伙儿都没有任何限制的来购车,那怎么可能?这种情况下属于一种特殊情况,不是我们一般所说的那个限制了。

所以我觉得,对于购房的这个限制,实际上不是限制投资,实际上是限制投机了。这个限制投资跟限制投机是不一样的,如果我看到现在我钱多,我这投到什么地方好啊?现在只有房价可能有很大的利润空间,所以我就拿很多的钱去买房子,我可以买一百套、两百套的房子,那这变成扰乱社会秩序了,扰乱社会秩序是不行的。

网易财经:最近我们看到有一个红头文件,说的是对个人出售二手房征收20%的所得税,从法的角度上来说,把税收作为调控房价的一个工具,您认为合理吗?

江平:总的来说我觉得,以税收作为调整价格的一种工具是欠合理的,是不太合理的。其实呢,现在我们在私人转让二手房的时候,在20%的这个范围内增加税收,这个本身能不能够起到限制房价的作用,也很难说。我听我认识的一个律师讲,现在都忙着在办这个,过户20%这个税收的范围之内，那么既然我的二手房转让涨价了，那么实际上就意味着，今后二手房的出让的价格也会上涨了，因为你税收提高了嘛，是不是？那么二手房如果转让价格提高了，那必然会影响到他的一手房的这个转价的价格、出卖的价格了，是不是？本来我一手房是出让的是一百万块钱一套，现在由于二手房的转让的价格里面要征收20%的这个税收，所以这就引起了我们现在所说的这个市场里面正常的房价的上涨。

所以现在全国已经有66个城市它的房价已经上涨了，而且北京还是上涨得比较高的，7%左右了，所以明显看出来，我们所用的这样的一个办法，要想来抑制房价上涨，其实是背道而驰的，可能你这样做的结果恰恰是促进了房价的上涨，所以说，我们税收的政策显然就有一个问题，要考虑到相互的衔接，而不能够顾此失彼，在这一点上我是提高了，但是从另外一面看，它又促进了另外的一种产品的价格上涨，这个东西不合理，所以我认为，以我们这样的一个在二手房转让的价格里面，20%提取了税收，我想这个仅仅从抑制房价来说看起来有所欠缺。

网易财经：其实现在大家会有一点糊涂，就是为什么一个红头文件就可以增加税收，税收权、收税权不应该是人大的吗？

江平：这个关键就在于我们现在在改革开放的时期，我们曾经有一个授权的规定，就是在改革开放期间，授权给国务院，可以在税收方面由它来做出决定，本来税收应该是全国人大的权力，也就是全国人大应该享有制定税法和在税方面来制定法律的权力，到现在给了国务院，那么这个问题现在很多人已经提出异议了，那就是国务院在税收问题上权力太大了，我们现在没有统一的税法，就意味着到底我们征税征哪些税，我们没有一个法律的规定，所以这样的话，国务院可以自己就任意地来增加一种税种，所以这个权限的放开是太宽了。

另外不仅增加了税种，而且也授予了国务院在税收方面的税率上的权力也大了，比如说它现在流通税增加了，这个流通税到底征多少呢，这个也没有一个法律的规定，它认为低了还可以提高，所以总的来说我们现在在税种和税率方面，我们出现了一些问题，我认为，这个就是太任意了，国务院这个征收的权限也太大了，要控制它的权限，必须把征税的这个权力收到全国人大，这在世界各国大家可以看到，议会里面最重要一个问题就是纳税的问题，是不是，因为纳税会涉及全体老百姓的利益，这个问题当然议会的议员要把这个权力掌握在自己手中，不能让它被滥用，尤其是不能够让政府去擅自地掌握了在税方面的权限。

法律能够推动市场多元化

网易财经：嗯，那您认为当前中国法律最不利于经济发展的地方是在哪儿呢？

江平：我觉得现在最不利于经济发展的呢，应该说还是在国家干预过多吧，比如随便来说，这个价格倒置的现象这是我们现在看到很明显的，比如说电价限制了，不能够上涨，电价现在照顾老百姓的利益，它不能够太高；但是另一方面煤炭的价格又放开，而煤价按照市场可以飙升，这就出现了很大的问题。所以就变成了实际上呢，煤炭经营的人都赚了大笔钱，这当然是指前一阵了，在煤价不像现在下落的情况下，而电价确实相反，每生产一度电可能还要亏本，我想这样一个价格扭曲的现象，实际上是造成了市场经济很不合理的现象，我想这个能源跟市场是有密切关系的，我们现在石油价格放开了，放开了很好啊，现在我们又要改成更灵活的反应机制，国际市场石油上涨，我们可能在很短时间内也表现了我们的石油价格的上涨；国际市场如果下跌，我们也能够很快反应出来，这是很好的。

可是你拿煤炭来生产电，就不行了，因为你涉及老百姓的利益，所以这样的话，生产用电和家庭用电还不是同样一个价格，这个姑且不论，那么市场经济里面，我要防止由于电价上升而引起其他连锁的反应，会造成我们的价格控制不住，通货膨胀率就要大大提升了，那在这种情况下怎么办呢？所以这是我们很困难的一个问题，一方面我们要控制通货膨胀率不能提高，另一方面我们又要适应市场的规律，这个问题怎么解决是个很难的问题。

比如说现在成立了铁路运输总公司,人们有人担心了,这票价要上涨了,其实我们现在国家这么多年来票价不上涨,也有它的苦衷,因为老百姓工资本来就比较低,如果你这个铁路票价一上涨,影响了很大一部分最低生活标准人的一些开支了,所以我们尽量保持了这个票价不上涨,但是你现在铁路从完全国家控制变成了铁路要进入市场了,那你必然就要经过这一关,这一关怎么来化解呢,怎么逐渐能够使得铁路它的运营的成本跟它的效率能够挂钩呢?这个问题很难。妨碍我们国家经济发展的一个最重要的因素之一吧。就是一方面要适应这个市场,一方面要让老百姓的生活能够保持一定的稳定性吧。

网易财经:还有个问题是,您怎么看待恶法,您觉得恶法应该去遵守吗?

江平:这个恶法的问题在法律方面也是一个很有争论性的问题,从法学家来说,如果是自然法学派他会认为恶法不是法;但是在某些法律人认为,恶法也是法呀,它也是通过的呀,我们国家应该说,在现代一般人们的认识中恶法还应该算法,一是因为什么叫恶法?谁来界定?是不是?立法的人绝对不说我这个法是恶法,是不是?但是不同的人有不同的看法,所以这个问题很难说。

如果你这个法律是阻碍了社会经济发展,或者一部法律里面只有几个条文是阻碍了社会经济的发展,那你说它是恶法还是良法呢?也非常难说,百分之几构成了它是恶法?一半以上还是怎么样?这都非常难说。所以在中国现在来说,只要法通过了,那你就只有执行,你不能说我起来反抗它,法院判决我也不执行,法院是由国家的权力以及国家的强制力作为后盾,你违反了就只好来接受这个处罚,接受法律所规定的法律责任。

网易财经:您认为有没有就是一些社会演化出来的好的结果,没有被法律的形式追加和确认下来?

江平:这个问题首先要确认什么是法律,法律有广义和狭义的,狭义的法律就是指全国人大通过的法律,从这一点来看,我们现在确实还有一些领域没有以法律形式来通过,比如说能源,能源的问题我们现在还没有能源法,现在需要制定,所以全国人大的代表现在呼吁来加强立法,很多都是提出来要在某个方面来立个法,80%的提案甚至90%的提案都是关于立法的建议,但是如果我们把这个问题扩大一点来说,如果我们所理解的法律只要具有法律规范性质的就是法律,那就包括国务院啦、各个部啦、地方的啦,县里面甚至也可以来制定某些具有法律性质的规范,所以从这个角度来说,我们现在几乎没有什么领域甚至可以说重要的领域我们现在没有类似的法律的规定,这就是我前面说的,有些地方一个县政府所颁布的一个文件,它的作用比《宪法》还要大,也就是它实际上起的作用,会比法律甚至《宪法》更直接,更能够直接为百姓所接纳。所以这是个很反常的现象,但是在中国是一个现实的问题。

网易财经:您觉得这个红头文件的效力大于法律,这个情况,这个现状需要改变吗?

江平:当然要改变,我们现在中央的一个文件,县里面的一个文件,往往起的作用比法律《宪法》还要大,因为人们眼中所有的就是一个现实的问题,现在政府的文件、党的文件、县里面的文件,它的作用会大于这个法律和《宪法》的作用,这个应当改变,这是中国老百姓法制观念薄弱的一个很重要的表现。

网易财经:在当前的制度框架下,您如何看地方自主权的意义,经济学界有一种解释说,地方竞争推动了市场的演进,从法学的角度来看您同意吗?

江平:经济学界的观点跟法学在方法上不太一样,经济学讲的是市场,讲的是竞争,法学我不能够讲多元化,法制是统一的,不能说在法制方面我上海有一个法制、江苏有一个法制、北京有一个法制,这是不可能的,所以法制是不能够讲多元化,法制是应该统一而市场是应该多元化,所以从这点来看,法制的精神和市场的精神是很难统一起来的。但是,法制是能够推动市场多元化的,也就是说我法制里面,我健全我的法律,我的法律应该是承认这个多元化,多元化有什么不好啊?给了地方更多的自主性为什么不好啊?我们在法律中应该鼓励赋予地方更多的自主的权力,这样的话能够使得我们经济欣欣向荣,这是应该肯定的,所以法制肯定的原则,和法制自己本身的原则是不能同一而论的。

政治改革需要顶层设计

网易财经:您之前提出来说未来五年是一个政治改革的契机,您提出这个观点的原因是什么?

江平:因为我们现在的经济体制改革已经到了不能够前进的地步了,再前进也很难了,我想这个就意味着我们经济体制改革和政治体制改革没有同步在进行,要解决这个问题,关键就在于政治体制改革,但是政治体制改革跟经济体制改革比较起来而言,应该说经济体制改革相对容易得多,因为经济体制改革虽然有点利益的关系,但是这个利益关系涉及的是国有企业的利益的关系,而我们的政治体制改革则是涉及国家权力机关自身的利益了,就像刚才讲的,本来是不该你管的事儿你管了,现在要你放弃了,让市场自己去做主,那政府本身要动大手术。

如果这个手术本身要把自己的利益改变,那这个困难确实比较大了,所以政治体制改革本身是涉及一个我们的权力利益关系的所在。拿最简单的例子来说,我们政治体制改革很核心的一个问题是要解决党政关系,从这个问题来看,我们无论从哪个角度来观察这个政治体制改革,都会涉及一个深层次的一个权力、利益的这种政治分配的新格局,而这个新的格局要想取得完全一致的意见很困难。

所以我觉得这是一个很新的课题,政治体制改革从何入手,怎么样来进行,如何能够取得社会更多的人的共识,怎么样能够最大限度地减少阻力,这都是我们需要研究的深层次的课题。

网易财经:现在流行一个说法,就是改革的顶层设计,您怎么看顶层设计?

江平:我认为改革应当有顶层设计。吴敬琏教授提出来要搞一个改革委员会,那么最近开了全国经济工作会议提出来这个路线图、时间表,这个路线图、时间表就是一个顶层设计呀,我们总要来考虑改革从哪个地方开始啊,什么时候来完成啊,我想这个路线图和时间表就是中央决心进行改革的具体的体现,所以我是赞成应当有这么一个顶层设计,不仅在经济体制改革要有顶层设计,政治体制改革也应当有顶层设计。

网易财经:在司法改革方面需要怎么样的顶层设计呢?

江平:司法方面的顶层设计,关键在于司法改革的目标是什么,过去我们也提司法改革,原来的最高人民法院院长王胜俊也提司法改革,但是这个司法改革更多是强调了我们国家的司法体制,跟西方国家的不同,我们的《宪法》原来提的是司法独立,我们现在不太提了,我们就只提司法公正,司法怎么公正呢?又提出来"三个至上",而我们《宪法》规定是法院只服从法律,但现在提出来"三个至上"了,像这些问题实际上就造成了我们在司法体制改革的方向出现了很大的扭差,这个问题不解决是不行的,到底我们的司法改革是按照世界主要国家,发达国家共同的这个趋势去发展,还是我们要背其道而行之?这是一个需要根本解决的问题。

我在《炎黄春秋》上发表了一个文章,也谈到这个问题,我是主张我们的司法改革的总目标,应该跟世界各主要发达国家他们所提到的,或者说世界上主要国家所公认的那种司法原则保持一致,这才好。

网易财经:您怎么评价当前法学界的现状?

江平:法学界的,应该说中国的法学经过30多年来的改革开放吧,应该说有很大的进展,我们原来可以说是基本上没有法学,现在我们法学教育的机构有600多所了,这个是很大的发展,而且现在法学界里面培养出来的一些人物,也逐渐居于国家领导人的地位,这个是我们国家法制兴旺的一个标志吧。但是法学界仍然有一些问题,我觉得法学界一个很重要的问题就是法学界的思想还不太解放,也就是法学界本来应该是一个更具有一个社会批判的价值,社会上其他一些人提出了一些自己的见解,但是我们法学界敢于直言的人还是比较少。

举个例子，比如说在发生重庆这个事件的时候，贺卫方教授曾经发表了一封信，公开致西南政法大学的一封信，这封信轰动很大，因为最后证明他是对的，王立军这一套的东西实际上是破坏法制的行为，可是当时在法学界里面响应他的号召，公开出来为他说话的人很少，这是一个悲哀。我觉得法学界应当有这么一个敢于直言的这样一个风气。

四中全会为什么会偏重公权力改革*

> 一个路线图,一个时间表,如果在一个正确的方向的指引下,它就能发挥很大的作用;如果你用一个错误的办法去实施,可能得到的效果就不一样。

2014年11月18~19日,由凤凰网与凤凰卫视联合举办的"2014凤凰财经峰会"在京举行。峰会就中国的经济改革、法治建设、国际竞争及全球治理等议题进行讨论,以认识新经济的本质,推动新秩序的建立。

其间,对于中国市场经济法治改革状况,凤凰财经对话中国政法大学终身教授江平。

四中全会的本质:推进依法治国体系和方法的现代化

凤凰财经:从去年的三中全会到今年的四中全会,中国法治改革的措施和落实状况如何?具体落实了哪些措施?两次会议在法治改革方面有何区别?

江平:我觉得三中全会和四中全会有两方面需要注意:第一,三中全会是讲改革,讲改革的路线图、时间表,而且讲了具体在市场改革方面的重大方针。从这点来看,应该说三中全会偏重的是市场改革,而四中全会偏重的是公权力的改革,包括立法权、行政权、执法权,甚至包括公民的守法意

---

* 本文由凤凰财经发表于2014年11月22日,采编记者:刘静。

识等,更多的是在公权力方面。

在四中全会的决议里,我们也谈到市场经济基本上是法治经济,对于这个问题说的不多。所以,有人觉得四中全会主要并不是在谈市场的改革,主要在谈公权力,实际上是这样的。因此,四中全会并没有花更多的笔墨,着重来说明市场的改革,因为市场改革在三中全会已经说过。

第二,我觉得也应该看到三中全会和四中全会之间还有更深的区别:三中全会讲到的是改革开放的路线图和时间表,而四中全会讲到的是依法治国的体系和方法怎么能够现代化,这是它(四中全会)最本质的特点。

因为一个路线图,一个时间表,如果在一个正确的方向的指引下,它就能发挥很大的作用;如果你用一个错误的办法去实施,可能得到的效果就不一样了。所以从这个角度看,如果拿四中全会讲的"法治"和过去来比较,三中全会的决议用"人治"的办法来实施,最后可能是事倍功半。你可能做很多事情,但最后,并没有显出好的效果。但如果用"法治"的理念治国,治理经济,就能做到事半功倍。

从这点来看,应该说四中全会相对于三中全会来讲,是一项治国理念现代化的重大推动。

周永康绝对不能够仅仅开除党籍就完事了

凤凰财经:对于周永康这一案件,您认为,以目前的法律状况来看,这一案子接下来会如何处理?进入何种环节?会不会公开审理?

江平:首先,周永康案子,我不是消息灵通的人士,也不太知道现在进行得怎么样,但是按照常理,绝对不能够仅仅开除党籍就完事了。因为它(案件)已经涉及刑事责任,所以必须交由司法部门来处理。

其次,既然交由司法部门来处理,那就不可能采取不公开判决的办法。审判当然是另外一个问题了,完全可以以涉及许多国家机密为由,不公开审判;但是不公开审判不等于不审判,不公开审判不等于说没有判决,所以他肯定要有判决,肯定要给他以刑事处罚,这个跑不掉。

我认为不管他是公开审理或者是不公开审理，都有这个问题。

四中全会对民法典的制定打了一剂强心针

凤凰财经：您是如何看待这次四中全会提出的关于民法典的改革，请您介绍下详细的过程？

江平：民法典的制定我一直在参加，我们国家在2002年李鹏任委员长的时候，曾经让法工委尽快拿出一个民法典的草案，所以2002年我们已经提交了一个民法典草案，但是当时这个民法典的草案是在很紧急的情况下拿出来的，应该说内容还很不完善，也很不科学。

2002年以后，我们的民法典的完善也在进行，可以说是在分编地通过。原来提交的是九编，有几个是已经有的，比如《婚姻法》《继承法》《收养法》。后来，我们又通过《合同法》《物权法》，再后来又通过《侵权责任法》，然后又通过《涉外民事关系法律适用法》，也就是说，九编里面我们已经完成七编，还缺两编。

这两编，一个是《人格权法》，再一个就是《民法总则》。我们现在有《民法通则》，但是没有《民法总则》。缺的这两部分，从现在立法的情况来看，对于民法典的制定，有点不紧不慢，或者说也在进行，但是没有把它看作是一个很急迫的事情来制定。对于《人格权法》学术界也有不同的争论。有的主张搞，也有人不主张搞。

我认为关键是《民法总则》。一部民法典它总得有一个总则，各国民法典都是这样的。总则中对于法人制度，尤其作了比较详尽的规定，所以现在没有一个《民法总则》，我们的民法典很难说已经完成。

现在民法典也在进行，这次四中全会提出要抓紧制定民法典，对于民法典的制定，等于打了一剂强心针：一方面法工委也重视起来，法工委表态要抓紧制定民法典；另一方面学者也都纷纷表态，要把民法典制定好。所以我觉得现在看起来，民法典是大有希望的。

民法典制定应分三步走

凤凰财经：这样看来，您觉得下一步民法典的制定，在哪些方面将会有具体的突破？

江平：第一个问题是《人格权法》搞不搞，现在看来，大家认为还是应该搞；第二个问题就是要把《民法总则》制定好。《民法总则》制定好，《民法通则》也就可以废除。

当然，第三步最难，第三步最关键的就是要把九编（九大部分）整合好，要变成一个科学化的体系。这一点来说，《物权法》的难度很大。

我们《物权法》制定的时候，主体并不是按《民法通则》所讲的自然人和法人来写。我们的《物权法》，按照《宪法》的写法，是国家所有、集体所有和私人所有，而这三个与我们《民法通则》所讲的自然人和法人是完全相离的。

我们的法律也没有讲国家是作为民事关系的主体人，所以你说国家所有，怎么办？集体所有，更和自然人、法人沾不上边。我们现在只讲到土地的集体所有，但是集体所有应该归纳为一种什么样的主体呢？也很难。私人和自然人的概念也不完全一致。

所以，以后最大的麻烦就在于，要把《物权法》和整个民法典的主体协调一致。如果能把这个问题解决了，应该说其他的问题都是枝节问题。唯有《物权法》的制定，它是按照《宪法》的思维，不是按照《民法》传统的思维来解释的，所以这就有一个差距。怎么把这个差距解决，是一个很难的问题。

民法典制定的关键：界定公与私

凤凰财经：您刚刚提到，以西方社会为例，制定《物权法》包括其他私有权的法律，背后的主体是以个人为原则，但是在中国现实中，更多提到的是国家和集体这一概念。您认为，对于这种差别，下一步中国在制定保护私有产权法方面,应该如何解决?

江平:这个问题主要是出在当时在制定《物权法》的时候,是按照我们《宪法》所规定的土地国家所有、集体所有,但是国家所有、集体所有,在《民法》这个概念里面没有。我们《民法》里面没有讲集体所有。集体始终并不是一个主体。所以这种问题怎么协调,现在就要看制定民法典的学者的智慧。

国家的问题比较好办,因为世界上都承认国家是特殊的主体,即使我们一般的民事主体讲了自然人和法人,国家仍然可以作为一个主体出现,这是没有问题的。关键在于集体,世界各国都没有把集体作为一个主体来体现,这个集体到底应该体现成什么?是谁来享有这个权利?"公"的成分来说是集体,"私"的成分又包括集体里面的成员,所以这个集体的成员和集体之间,他们的相互关系又是怎样的?

过去相当长的时间,我们对于集体所有,更多地理解为"公"的方面,但改革开放后,越来越向"私"的方面转化:我们强调承包责任制,承认土地私权利的流转,应该说越来越加强"私"的方面,但是总的来说,它仍然有"公"和"私"两个方面。这两个方面如何协调好,如何把它的性质同法人和自然人能够有机地联系起来,还是需要一番努力的。

凤凰财经:如果以您个人的意见看,两者应该如何协调?

江平:这个问题,我是没有想到很好的办法。

凤凰财经:目前学界是如何看待这一问题的,是否有更好的解决方法或方向?

江平:因为现在作为集体所有的组织基本已经没有了,除个别的像华西和其他的一些集体组织。所以说土地集体所有,已经没有像过去的合作社,甚至人民公社这样一个组织;如果有一个组织,我还可以说是法人所有,至少可以解释为法人所有,但是大部分的地方已经没有这种集体组织。所以,怎么体现出这个组织和土地所有的关系?这个也是个费脑筋的事。

市场经济的核心是保护私权利

凤凰财经：现在中国提出要建立法治的市场经济,以西方社会的发展进程为例,法治的市场经济是建立在对个人私有产权的保护基础上的。以中国的现状来看,缺乏对个人私有产权的保护,您认为下一步市场经济的法治改革该如何走?

江平：当然,市场经济的核心还是保护私权利,如果私权利得不到尊重,得不到保护,市场经济就不可能得到发展。

对于这个问题,1986年我们制定《民法通则》的时候,就已经解决,也就是民法典里面讲的自然人,就是指的个人。保护自然人的权利,就是保护私人的权利,所以私人和自然人,在法律上是很好解释的。虽然它的理解不一样,一个是从所有制概念讲是国家、集体和私人,这边讲的自然人是从法人和自然人来区分的,但终究说来,它的内涵是可以贯通的,自然人和私人有内在的密切关系。

集体不仅有"公"的一面,也有"私"的一面

凤凰财经：但在中国的现实生活中,不少人的生活观念中,也包括地方政府或官员,集体的概念占上风,以土地为例,不少地方政府的概念中,土地应该是归集体所有,而不是个人财产。您怎么看待?

江平：这个问题就看怎么说了,如果要说集体土地,现在可以说的是,我们的《物权法》制定的时候已经特别强调"成员权","成员权"也就是集体的成员也享有很大的权利。

从这个角度来看,集体所有和"成员权"有密切的关系,也就是说刚才我讲的,集体不仅有"公"的一面,也有"私"的一面。

我们现在所体现的"成员权",比如说农村集体土地,第一是宅基地所有权。宅基地就是分配给私人的,但并不是说宅基地就是大家共同享有,不是这样的。它(宅基地)就是分配给私人的,所以它这个"成员权"非常

明确。第二是耕地,我们是明确使用土地承包经营权,并且土地承包经营权要长期不变。从这个角度来讲,它也和私人密切相关。

另外,我们的《物权法》还特别规定,如果征用的土地是承包经营的土地,那么土地的补偿费要首先给承包经营的人。这也说明,私人的权利在集体承包的土地上,也表现得很明确。这些问题都大大刺激了"成员权"在我们的土地关系里面的地位。

只有加强了私有的观念,才能调动农民的积极性,如果我们仍是在大块土地上,大家一起工作,按份来分红,哪里会有积极性?所以,改革的积极性对于农民来说,就在于体现了对个人私权的保护。私人的权利得到尊重,才会有积极性;私人的权利没有得到保护,就没有积极性了。这是很明显的一个例子。

土地私有最有可能从宅基地突破

凤凰财经:对于土地的使用权和所有权,我们也知道,目前土地改革多是在使用权的流转方面,您觉得未来有没有可能实现土地的私有?

江平:土地能不能实现私有,这是学术界始终争论的一个问题。我个人认为,土地中的宅基地,是最容易实现土地私有的:因为宅基地的土地量并不大,一家就那么一块宅基地,有些宅基地以前就是自己家里的地,房子的地也是属于自家的,所以,宅基地的放开将来势在必行。也就是说,农村的房子是可以卖的。现在我们有些地方已经放开,但是这里面有一个理论问题没解决,土地是属于集体的,你把房子卖了,卖给城市人了,这个土地是属于谁的呢?这个问题始终是一个难点。

过去,我们《物权法》草案有这条规定,农村的宅基地不能买卖,但是农村的房子可以买卖,原来是有这样写的。房子卖了之后,宅基地也就随之转让,其实这是很顺理成章的。我把房子卖了,等于说把宅基地转让了。但是就是因为土地是集体所有的,这个关卡突破不了。所以,我认为将来这条要突破,首先从宅基地突破开始。

我不太主张城镇一体化之后,让农民自愿迁入镇里,搬进政府盖的房子,然后把他们的宅基地无偿收回。这种情况在有些地方是可行的,并且是在农民都自愿的情况下是可行的,但是有些农民不太愿意,还想保留自己这一片的土地和房屋。

所以,我始终认为不能够采取强迫命令的办法,所谓让农民自愿放弃自己的宅基地,然后都归公,我不太赞成这种办法。我是始终都主张,要尊重农民自己的选择,不能因此而侵犯了农民对自己房屋和土地使用权和自主权。

社会组织被官方垄断存在弊端*

> 现在政府管得过多,政府分配资源,政府来决定市场准入不准入。本来是应该放权的地方,却拧紧了螺丝钉。

"市场经济法制环境下,由于利益所致,政府在资源分配、准入等本应'松'的地方管得太紧,在维护市场秩序等本应'紧'的地方,却因为怕得罪人而'松'了。"民商法学家、中国市场经济法制的缔造者之一、著名法学家江平接受《法制晚报》记者专访时说。

他指出,民间社会组织本应参与到环境保护等执法工作中来,但中国的社会组织都像红十字会一样被官方垄断,弊病很大。

法治环境·政府

该松的管紧了该紧的放松了

《法制晚报》:我国市场经济已经发展了几十年,您觉得目前中国调整市场经济的法律,是否已经完善?

江平:立法上,可以说已经基本完善了。但是,实践中的实施还存在很大问题。也就是说,老百姓总感觉调整市场的法律和市场的实践差别比较大,或者说立法没有得到很好的贯彻实施。

---

* 本文由《法制晚报》发表于 2011 年 12 月 11 日,采编记者:付中、王晓飞(实习生)。

《法制晚报》：市场经济的动力在于市场的自由。您认为目前的法律,是管得太多了,还是管得太少了?

江平:市场经济的法制可以分为市场自由的法制和市场秩序的法制。

市场自由即强调市场主体的自由,也就是说政府应该尽量少干预、不干预。法律上叫意思自治,就是按照当事人自己的志愿来决定市场行为。市场自由无非是市场的资源分配、准入这样的问题。现在政府管得过多,政府分配资源,政府来决定市场准入不准入。本来是应该放权的地方,却拧紧了螺丝钉。

而在市场秩序方面,本来政府应该管得更多,因为秩序是需要维护的,但有时政府管得反而松了。

《法制晚报》:出现这种现象的原因是什么?

江平:我认为是利益导致的。因为各级政府,特别是地方政府在涉及市场资源分配和市场准入的领域里有太大的利益。比如土地、矿产资源等都是政府在操作。政府给了哪个企业,哪个企业就得利。政府本来应该是监督管理者,现在却成为市场主体的利益一方进入了市场。

而对市场进行监督管理,必然是要得罪人的。管理就要罚款,罚款就涉及很多人的利益,管理者脱不了干系,又不愿意得罪人,就会在这方面放松。

选择性执法降低了法律震慑作用

《法制晚报》:同样的法律,对某些主体严格,对另外一些主体宽松,这种选择性执法,被称为长期以来的一大执法弊端。您怎么看待这个问题?

江平:是的,它在中国执法环境中存在了很久。违法的人太多了,罚也罚不过来,抓也抓不过来,只能找几个典型处理就完了。这样能不能起到遏制违法作用呢? 不见得。

打个比方,如果现在有100个人违法,抓了其中几个人,可能有震慑作用。因为对没被抓的人来说,风险概率有几十分之一,还是比较高的。但如果违法的有10000人,那么抓三五个人,对其他人来说威慑作用就没有了,概率太小,反而会刺激人们违法。

在偷税漏税问题上,在设立公司时虚假出资的问题上,甚至是贪污腐败的问题上,都存这样的弊端。而且有的时候,抓的并不是最典型的和最恶劣的,而是刚刚达到最低标准的,那些大的却放掉了,有背景有后台的放掉了。老百姓意见就大了。

官方垄断社会组织弊病大

《法制晚报》:按您的说法,政府在执法时容易被利益左右,那么执行这些法律,只能靠政府吗?

江平:在我们国家,法律的执行就靠政府。但我认为,不能光靠政府,有许多法律的实施还要靠市场主体自身和一些社会组织来推动。

比如说环境保护,西方国家有很多保护环境的社会组织,比如保护鲸鱼组织,可以到南太平洋的边缘去拦截日本的捕鲸船。这些组织完全是靠民间力量自发组织的。世界各国的环境保护都调动了大量的社会组织力量,而政府作用在其次。

我们国家不太重视社会力量,各级政府的力量放在了过于重要的地位。有的环保组织把所有的民间组织都吸收在内了,完全依靠官方经费维持,由政府人员担任领导,就像红十字会这样,完全是官方垄断的,这个弊病非常大。

所以造成了仅靠政府权力来实施贯彻法律的局面,成效不大。

法制环境·企业

对民企执法偏严　对国企太宽

《法制晚报》:社会上有很多议论,政府对待国企和民企,在很多地方执法时力度不一样。您怎么看待这个问题?

江平：确实是不一样的。立法来说总的是公平的，但执法的时候就显得有些不公了。对于民营企业执法偏严，而对国有企业是放宽的。

美国金融危机开始后，国务院出台了一些重要经济命脉的整顿意见，这个整顿意见实际上就等于排除、限制了民营企业，而有利于国有企业发展。比如，规定钢铁企业产量在多少吨以下就要关闭，而国有企业多数都是大型的（不受影响）。资源矿产也是如此，按照这样的逻辑显然是在限制民营企业。

地方政府也出现了类似的情况。比如山西、陕西这些资源大省，很多情况是政府直接插手来干预经济，表面上说是参与整顿市场秩序，实际上是地方政府借此对市场经济进行微观干预。

微观干预表面上的理由是国家利益、政府利益、国有资产利益、社会稳定等，地方政府在这种口号下实现市场经济的微观调控，是很可怕的。

市场经济中应有不同利益存在

《法制晚报》：那么应该如何定位民营企业呢？

江平：市场经济应该有不同利益的存在，多元化的利益是市场经济的一个前提条件。如果只有国家利益、单位利益，就不可能有真正的市场。市场必须有私营企业，必须有私营资本，必须有私人的财产，必须有私人的权利，这时才有市场配置。

前一段时间有报道称，浙江国有资本全面进军农贸市场，我吓了一大跳。

法制环境·个人

保护私权比保护公权更重要

《法制晚报》：西方国家基本都有民法典，现在中国的民法典进度如何？

江平：快要进入尾声了。民法典出台难的原因，就在于我们向来不重视私权的保护，而民法典恰恰涉及私权的保护，包括了民营企业、私人财产等各种私人的权利。

《法制晚报》：保护私权的法律和保护公权的法律，您认为哪个更重要？

江平：当然是保护私权的法律更重要。国家的富强是建立在私人财产得到保障的前提之下的，这是一个国家强盛的重要基石。

近30年来，尤其是在《物权法》通过后，私权出现了回归、觉醒。总的来说，私权正处于一个上升的时期。

捍卫房产说明百姓私权意识觉醒

《法制晚报》：私权上升表现在哪些方面？

江平：看老百姓怎么对待自己的权利。《物权法》通过以来，老百姓对于自己的房屋产权觉醒意识是很快的，因为房产某种意义上说比生命还重要，所以就产生了一种誓死捍卫自己财产的观念。

当然这种观念的发展过程中也有一些不理智的行为。在《物权法》执法过程中，既有私权的滥用又有公权的滥用。公权的滥用更多的是补偿不合理、暴力拆除等，私权的滥用包括不理智对抗、不执行法院判决等。

但这已经表明了一个很好的现象，就是我国公民私权的意识已经觉醒。

法制环境·未来

法治进程道路曲折前途光明

《法制晚报》：你对中国的法治进程有怎样的展望？

江平：可以用"前途是光明的、道路是曲折"的来总结。但无论是哪个方面，只要我们做了就比不做好，进一步就比退一步强。现在建立了官员财产申报制度，做了就比不做强，虽然它只是一小步，但也很好。

总的来说，是乐观的。

撤诉李庄,谁的胜利*

> 撤诉至少说明检察院还是很尊重法律的,认为法律在缺少足够证据的证明,而且出现了矛盾的情况下撤诉,这是正当的。

一个国家的法治健全不健全,首先是在于公权力是不是得到限制。而公权力对于律师的限制本身,就反映了律师对公权力的监督能不能自由地进行。2011年5月6日,《京华周刊》记者拜访了中国政法大学老校长江平。

与三年前精神矍铄相比,法学界泰斗身体大不如前,起身落座稍显吃力。他数次微笑地提醒记者"声音大一些",听力大为衰弱,语速也放缓许多。2009年年底一场中风,八旬老人倒下了。执拗的江平挨得过反右、离婚、断腿、免职,却无法撑得住岁月打击。"保命第一,真是老了",病愈后一声叹息,让人听得心里酸酸的。话虽这么说,江平却更投入了。

急于与时间赛跑,因此他以更高频率奔走说法,扮演"法治布道者"角色。

4月28日,由于认为李庄犯辩护人妨害作证罪事实存疑,重庆市当地检察院决定对李庄不起诉。沸沸扬扬的律师李庄"漏罪案"告一段落,忧虑反思仍在法界民间发酵弥漫。作为法律顾问团的重要成员,江平以逐渐衰弱的声音,为包括李庄在内的律师群体做维权呼吁。

---

* 本文由《京华周刊》发表于2012年1月30日,采编记者:陈城、葛晓夏(实习生)。

"某种意义上,我们成功了",江平凝重的目光饱含着焦急、忧虑,甚至几多无奈。他曾说过,"律师兴则国家兴"。只有律师制度发达了,国家的民主、法制制度才能够更加完善。

"李庄案撤诉,是法律和名义胜利"

《京华周刊》:李庄"漏罪案"中,您为何参加法律顾问团,去重庆了吗?

江平:有媒体说我去重庆了,其实我没去。

李庄"漏罪案"中,有朋友提出想成立一个顾问团,征求我的意见,我欣然答应了。虽然不是搞刑法研究的,但我在法学界还算是一位有点影响的老教授,参加法律顾问团就表示支持辩护律师的意见。

没想到案件开庭没多久就撤诉了,很出乎我们的意料,某种意义上也可以说我们法律顾问团成功了。

为什么组建法律顾问团?从我的角度来说,这表示对刑事辩护律师工作的支持。

《京华周刊》:法律顾问团做了哪些工作?

江平:法律顾问团没有开会,电话里有过简单商议。"李庄案"的两位辩护律师斯伟江和杨学林,也没有跟我们打电话联系。顾问团是纯粹名义、道义上的支持。这也是很重要的。

《京华周刊》:李庄"漏罪案"经历了起诉到撤诉的波折,您如何看待这个过程?

江平:这里面我最关心的,是刑事辩护律师伪证罪问题。如果律师做了一个假的文书,或者做了一个假的欠条,用很不正当的手段做了完全伪证的书面证据,这比较好确认。

去年李庄所谓的伪证罪,并不是对某一个书面证据做了伪证。一审时认定李庄以眼色来唆使被告龚刚模翻供。在重庆,李庄会见"黑社会"头目龚刚模都有公安人员在场。既然公安人员在场,辩护律师想讲让你翻供的话是不可能的,所以他使用眼色来唆使,这就是一个很不靠谱的东西。什么叫用眼色来唆使人推翻原来的招供呢？

这次又出现了相似问题。李庄被起诉的漏罪，又是一个口头证。而且控告李庄作伪证的人（徐丽军）还有吸毒嫌疑，有吸毒嫌疑者说的话当然会有水分，况且开庭时根本没有要求证人到庭举证，仅仅有在公安机关的书面举报。就凭证人证言确定李庄伪证罪，这太过分了。

从这点看，应该说此次撤诉是正确的，检察机关认为第一天的开庭结果表明，目前检察院所掌握的证据发生了矛盾，出现了问题。

撤诉至少说明检察院还是很尊重法律的，认为法律在缺少足够证据的证明，而且出现了矛盾的情况下撤诉，这是正当的。

《京华周刊》："李庄案"中，您觉得哪些问题值得关注？

江平：从"李庄案"本身来看，程序问题很值得关注。

我始终认为，法律所规定的律师伪证罪太宽。律师伪证罪，从程序上必须加一个很重要条件——证言要作为证据使用，证人必须到庭发表言辞，接受控方和辩方交叉讯问。这样才能让审判庭判定证人证言可不可信，并得出一个正确结论。

在西方国家，凡是碰到有证人证言，而且证人证言起关键作用时，证人必须要到庭，这也说明了证人证言的重要性。靠证人证言这一个独份的证据来确定一个人有罪，这是很可怕、很危险的。

《京华周刊》：有人说"李庄案"撤诉是法治的成功，也有人说是民意的胜利，您如何看？

江平：有人也曾经问过我，这是法律的胜利，还是政治性胜利或者民意胜利。我觉得这几方面因素都有。我们刚才所说的，当然是包含了法律的胜利。撤诉的基础，是现有证据跟法律所要求的证据相矛盾。

这个案子背后也有民意的胜利。据我所知，在对李庄提起再一次诉讼，是很不得人心的。我听到的法律界、法学界，甚至包括普通的老百姓声音，都认为太过分了。

本来律师的伪证罪就是模棱两可的，有些还取决于法院的认定。如果我们对律师穷追不舍,有点赶尽杀绝式去追究,把他以前办过的案子一个一个翻起来查,这就太过分了。如果说第一次审判,人们还可以默认的话,第二次审判时就失去了很多群众基础。

《京华周刊》:"李庄案"超越个案引发了法律界集体忧虑,它对法律界的冲击体现在哪里?

江平:对法律界最大的冲击,就是使律师的地位和作用受到很大限制。

在一个法治社会里,律师地位很重要,律师不是代表他个人,而是代表了法治的形象。任何国家如果个人的权力过多,法治衰弱了,律师也就跟着衰弱了,这是有必然联系的。我们国家在法治削弱的时期就没有律师。比如"文革"时期没有什么律师,因为不需要律师,公检法联合作战了。这是个非常重要的启示。

律师伪证罪,让刑事辩护律师人人自危,害怕在辩护过程中被以伪证罪确定罪罚。现在,律师界已经没有多少人敢做刑事辩护工作,这对中国的法治建设也是很大的妨碍。

"律师自身权利不保,法治将走向歪曲"

《京华周刊》:司法公正建立在控辩平衡和法院中立的基础上,律师是担任何种角色?

江平:律师当然要站在维护被告的立场,也就是说要站在被告这一边。

控方检察院是国家背景,力量是很强大的。而被告这一方恰恰是需要法律上援助的。在控方和辩方交锋过程中,由法院作为客观第三者来独立判断,这个独立判断不受任何影响,不能说控方代表国家就站在国家这边。

法院应该站在完全公正的角度,来衡量控和辩的证据效力如何,他们所拥有的真理度到什么程度。法院是在控辩双方之间发现真理,这是最重要的。

《京华周刊》:刑事辩护危险似有愈演愈烈之势,律师承担高风险是否与我国法治不完善有关?

江平：我认为《刑法》第306条规定律师的伪证罪，确实给律师带来了极大风险。前面我也讲到律师的伪证不能笼统，尤其是在口头证据上更应该谨慎。至少，律师的伪证罪应该严格限制在书面证据才行，如果是口头的必须加上很多限制条件，比如口头证据无证人出庭是不具证据效力的。

现在很多证人是根本不出庭的，等于说在侦查部门里说的话都变成证据了。原来对公安部门所说的证据现在要推翻，证人自己就涉嫌翻供罪了。这对律师是很危险的。

《京华周刊》：公安、检察人员、证人都可能作伪证，为什么要将辩护人的伪证罪凸显出来？

江平：我觉得这是立法的瑕疵。拿李庄的案子来说，任何一个人为了立功赎罪，都可以把原来的辩护人加上一个伪证罪，这样可以减少自己的罪过。尤其是这种追究以往的律师伪证罪，弊端就更大了。

《京华周刊》：这样看来，"律师伪证罪"有被公权力滥用的风险。

江平：当然，尤其是在律师和侦查人员对立情绪严重的情况下，必然会出现这种情况。

《京华周刊》：有人说，律师合法权益的维护，已到迫在眉睫的程度。

江平：完全是这样。律师合法权益的维护真是到了迫在眉睫的程度。对于律师的权利保障，实际上是对中国法治的维护。

如果连自身权利都得不到保障，律师怎么行使法律上赋予的法治完善职能呢？就更做不到了。律师自身的权利得不到保障，就会使中国法治走向更大的歪曲。

《京华周刊》：您曾说过，律师制度是一个国家法治和民主的"橱窗"。

江平：律师制度就是维护国家法治。不仅是实职，而且也是形象。如果一个国家的律师都是在政府的管理下，没有任何自己独立的思考，那就说明中国法治有缺陷了，不能够限制政府的权力。一个国家的法治健全不健全，首先在于公权力是不是得到限制。而公权力对于律师的限制，影响到律师对公权力监督能不能自由进行。

"律师管理越来越严,是一条危险道路"

《京华周刊》:您以80岁高龄为律师权益呼吁,为什么重视律师群体?

江平:我认为,律师是一个国家法治文明的标志。前几年,孙国栋主编《中国大律师》,约我写序,我就以《律师兴则国家兴》为题,指出了律师对于国家的重要性。律师兴则国家兴——只有律师制度发达了,国家的民主、法制制度才能够更加完善,律师制度的成败关乎国家的兴亡。

西方国家法律制度中,律师的地位和作用在审判中表现得尤为明显。律师和检察方是平等的,控辩双方是站在同样的位置上,而法官则代表法院,高高在上并且绝对中立。

可是就中国司法状况来说,还远没有达到那么文明的高度。从这一点来说,中国应该大力发展律师制度,更应该把律师制度的重要性提到政治的高度上来认识。

《京华周刊》:有观点认为,对律师的限制过多。

江平:我们对律师管理做了很多规定,走向了越来越严的方向,这是一条危险的道路。

规定什么情况下不许辩护,还规定该怎么样去辩护,这都是政府权力对律师行使法治职能的干涉。真正的法治国家,没有政府对于律师做这么多的限制。

《京华周刊》:为什么出现这种情况?

江平:律师是一个民主制度的产物,权力分工制约才能真正有律师的地位。权力没有太多的分工制约,还仍然是公、检、法做主,商量好了就办,那律师是形式的,也没有起到什么作用。

《京华周刊》:如何正确看待律师的法律身份?

江平:律师是自由职业者,法官、警察、检察人员是国家公务人员,不能同样看待。

为什么律师是自由职业者？因为他手上没有权力，不拿国家和纳税人的一分钱。律师不是吃纳税人的人，是纳税人请我来的，这是本质的不同。

《京华周刊》：现实中，律师法执行状况并不乐观。

江平：《律师法》已经有了，但是行政权力太大，行政机关可以另外自己做出一种律师的管理办法，这往往违背了《律师法》的真正精神。

应该把国家对于律师的监督管理体制放松，而不是加紧。现在我们对于律师是拧紧螺丝钉，应该放松到正常情况下。

王岐山"打虎"敢动高层权势人物*

> 在我们中国的这个反腐问题上,特别需要有魄力的人。有魄力并不等于说,他就是一个专制的行为。有魄力就是意味着,他敢于触动这些权势人物。我想,这个决心显然也并不在于王岐山本人。

这个"老虎"恐怕不仅仅限于中央政治局委员了,每个常委也应该都列入在反腐倡廉的这个范畴之内。"强人"王岐山为何反腐魄力大,敢动权势人物。查处薄熙来等高官为何关乎中国命运?著名法学家江平独家解读中国法治将走向何处。

罗昌平:十八大以后,王岐山进入了中纪委,并主导了这一系列的反腐工作,他个人的这种铁腕的手法,在您看来,在中国现在的反腐状态下,有什么样的作用?

江平:王岐山做过北京市市长,更早在农村工作,包括后来在金融界,都是以强人的面目出现的,很有魄力。我觉得,在我们中国的这个反腐问题上,特别需要有魄力的人。有魄力并不等于说,他就是一个专制的人。有魄力就是意味着,他敢于触动这些权势人物。我想,这个决心显然也并不在于王岐山本人。如果在习近平作为总书记的这么一个领导班子下面,他能够充分发挥自己的力量,而且习近平也给予了他充分的权力,我想这一点是很值得欣慰的。

---

* 原视频由凤凰视频发表于2014年3月10日。

查处薄熙来等高官关乎中国走向何处

罗昌平：从薄熙来、王立军的案件，到最新的李东生的案件，我们都能感觉到，他们通过对政法系统的权力的再造，或者是一种巨大的冲击。您对接下来五年十年，甚至于更长的时间中国的法治建设有什么具体的期待？

江平：薄熙来的问题我始终认为，更多的是政治问题，因为唱红本身是有明显的一种政治倾向。那么打黑本身也包含了很大的一个政治的目的。所以我觉得，薄熙来的危险，就在于他要引导中国，走向极"左"的道路，这个是很危险的。如果他走上了领导的岗位，那是非常危险的，可以说是要扭转中国将来发展的方向。我觉得这个是解决薄熙来问题一个很重要的背景，这是关乎中国走向何处去的一个关键的问题。

李东生案上面有保护伞，不完全是窝案

罗昌平：最新的一起就是公安部的副部长，也是十八届中央委员的李东生被查处的这个案件。您怎么看待这个案件的背景，它体现了中央反腐的一个什么样的动向？

江平：我想李东生案件不能够仅仅从他的官衔来看，有的人注意到他的官衔中，有处理邪教问题的领导小组的组长，我不太把这个官衔看得特别重要，但是我觉得他的官衔重要就在于他在公安部。因为公安部是我们执法机构里面，很重要的一环。那么执法机构自身的清廉，自身的反腐，具有重要的意义。所以在中央召开的工作会议上，习近平主席特别强调，绝不能够容忍害群之马。

罗昌平：李东生是正部级官员，都这么高级别的官员，长期以来没有被发现，或是这中间存在什么样的制度上的漏洞，或者跟人有什么样的关系，等等。您怎么看待这个问题？

江平：关于高级官员，尤其涉及中央委员这一层的，我觉得情况有不同

的理解。一种情况是，他是逐级逐级升上来的，那么他在升迁的时候，只要没有更多的问题，那么很可能自然而然就升上去了。另一种情况是，当他提升的时候是上面有一个保护伞，这个保护伞有意的来隐瞒他的一些问题，有意识对他的提升加以保护，使他的升迁之路能够很顺畅。我觉得李的这个案子，并不完全是一个窝案，上面有保护伞的这么一个情况，那就是只有当我们揭发出来上面的保护伞时，下面的这些案子，才能够逐渐逐渐弄清楚。

政法系石油系四川系腐败都由一人操纵

罗昌平：我发现这个案件波及的范围远远超出我们的想象，首先它最开始是从四川开始，然后到了中石油系统，再到了政法系统，您怎么看待这种腐败行为的蔓延？

江平：我们查他的背后，实际上他的石油的系统也好，四川的地方系统也好，后来的政法系统也好，都操纵在一个人的手里。那么在这种情况下，他的这个领导人本身作风有问题，他的腐败的手插入到这个行业，那么必然也会插入到另外一个方面。也就是说，他所掌握的这个系统，除了中石油，除了四川，还包括了中央政法机关里面的力量。那么我觉得，查出这种腐败现象，一种中国很特有的一种情况，就是你要查处这个人的问题，你必须和他所在的部门联系起来追查。

罗昌平：蒋洁敏的案件出来以后，在此又查处了一系列的关于中石油系统的一些高管。您怎么看待这么一个利益集团被查处的情况？对于中国针对这种条线上的反腐，有怎么样的一个特征？

江平：我觉得这次中央对国企开刀，是一个亮点，这表明了中央下了决心。因为这事情，中央国企里面的问题，大家都知道问题很大，但是都知道非常难动，因为一动的话会动到他的父母身上，或者动到了一些有重大影响力的人上面。我们都知道，中石化是谁的，哪个集团是谁在那儿控制的。

罗昌平：在2013年查处的跟移交的中央直管的官员就达到31人，这个数字差不多是以往的一倍。您认为在今年或者在未来的一段时间,它还会保持这个趋势吗?可能会有什么样的一些变化?

江平:我认为,现在这种势头是会继续下去,还可能会再继续扩大,向更深入的方面去发展,也就是我们常常说的,这个"老虎",恐怕不仅仅限于中央政治局委员了。凡是涉及常委自己本身,也应该每个人,都列入在反腐倡廉的范畴之内。

若怨"官不聊生"就干脆别当官

罗昌平:我到省、市跟地方的这些官员也做了一些交流,他们说现在有种说法叫官不聊生,是因为中央推行这个八项规定以后,对他们的影响挺大的,您怎么看待这样的制度?

江平:我觉得这个才刚刚是开始,如果现在我们官都觉得"官不聊生"了,那他干脆就别当官了。这样的一些东西都限制不了,那他为什么要去当官呢,人们就会怀疑了。中国这么大,地方这么多官员,这么多的面积那么多的人,这些要真正能触及基层,那还早着呢。所以我觉得这些东西,应该是作为我们考量一个官员他为什么想当官,他的目的何在的方式。我们现在的很多人,还仍然是以做官能够得到利益,得到实实在在的好处作为他的荣耀,这个是很危险的。

罗昌平:其实在过去的一年,也非常热闹的是微博反腐、网络反腐,也包括我当时实名举报刘铁男的事件。您怎么看待民间反腐跟网络反腐?

江平:自下而上有一个好处,就是我们能通过网上的举报,通过公开的举报反腐,有时候这种公开的举报,不一定是具体的东西,不一定能那么明确、准确,因为老百姓你说,我对于贪官的贪污的事实我能掌握多少。我们不能够要求群众的检举都很准确。但是我们大概可以看出来,群众举报最多的那个,肯定是有些问题的。我想再一个就是,群众已作为反腐检举的威力所在,或者就贪官来说,最怕的还是群众性的检举,因为群众性检举可能使他无处可藏。

官场有"捂盖子"习气，官员挪位后才好查

罗昌平：比如说蒋洁敏就是在离任审计中发生的事情，当然还有我们所规定的法内的比如说检察院这一条系统的反贪局，形成的监督。怎样看待由中纪委来主导的这样一个反腐的组织结构。

江平：我想一个人在岗位上的时候，是很难查出他的问题的，所以只有挪开岗位之后才好办。这是先调离，后审计，再发现问题，这也是一个发现腐败的重要途径。过去上级的纪检机关，指令下级机关去交办的一些案子，往往下级的机关处理不力，很重要一个原因是它必须首先取得当地党委的同意。但下级机关主要听谁的呢，是听上级纪检机关的，还是听当地党委的意见呢，这就是一个体制的问题。在这种情况下，必须坚持纪委基本上是垂直来领导。下级纪委应该服从上级纪委的意见，不能以当地党委的意见为主要依据。因为我们知道，在中国的官场有一种习气，就是任何一个地方，他都不希望暴露出来我这个地方的问题很多。地方喜欢捂盖子，总希望不要暴露太多的问题。在这个意义上来说，这一机制（中纪委主导的反腐的组织结构）的改革作用是很大的。

罗昌平：您是否担心，如果中纪委进一步扩权，达到一个权力顶峰，谁来监督它，会不会担心它成为又一个政法委？

江平：这个问题实际上是存在的。我看很重要的一个渠道是举报，现在中纪委也暴露一些，自己的工作人员存在的问题。也必须有人对中纪委的权力运行进行监督。

垄断央企福利过高，易发腐败窝案

罗昌平：关于亲属利益回避的制度，这些方面可能还要做很多工作。

江平：为什么在中央企业里面容易形成窝案（窝案一般指一群由掌了权的腐败分子组成的腐败团伙，依靠权力非法获得利益的"利益共同体"。较著名的有中石油窝案、中移动窝案、深航窝案等），原因在于央企往往福利

高,待遇优厚。有人说在这样的企业里,可能一个扫地的工人,工资也相当高。为什么?因为它这个利益,除了向国家上交很小一部分之外,这种垄断性的利益都是在内部来消化。所以这样一来,形成了比较高的一个利益集团。它这种分配福利的制度造成一种现象,每一个人在里面,只要占据位置,他就能够得到利益。一旦出现问题,往往容易相互包庇。用这样一种很高的福利待遇来收买人心,来得到一些利益的包庇。从这一点来说,它的窝案就比较容易发生。

官员财产公开不宜仓促,怕流于形式

罗昌平:比如对于官员财产公示制度,对这一类的,似乎目前也没有一个明确的动作,您怎么看待这一类的反腐举措。

江平:官员财产公布,我始终觉得是一个很复杂的问题。如果搞不好,官员财产公布实际上是一个形式。因为现在很多官员的财产实际上已经不是登记在自己的名下,而是登记在子女亲属名下。那就应该有一些办法,如何来界定他的子女财产并不是和他的父辈的行为有关系。比如说,他的子女财产可能上亿元,是靠了父辈的这个关系,拿到了项目。目前很难查到他的子女这方面的财产信息。如果把子女和父母的财产合并来计算,又没有道理。子女是子女,是独立的人格。从法律上来说,他有独立的民事行为能力,他完全可以是自己挣得财产的。所以在这一点来说,中国目前还没有一个非常好的办法。另外还有一个复杂的问题,这样的财产公开到底到哪一级仅限于政府的部长这一级,那太狭窄了。

罗昌平:您认为应该到哪一级?

江平:这就很麻烦了,你要说到了处一级,那等于说县长你都要来公布。可是中国有的地方并不是这样,比如乡长,广东有些乡政府官员财产是很庞大的,当初因为走私或其他原因他的财产数额也相当巨大。这些问题你怎样来公布?我觉得早晚应该有一个办法。但是仓促做出的一个办法,又不很周到又没有监督的措施,那还不如稍微放晚一点,放缓一点为好。

罗昌平：您有没有一个大概的时间表？另外您认为公开到哪一个层级，哪一个级别比较好？

江平：在中国，公布到哪一个级别是一个非常复杂的问题，我总的来说希望在五年之内，能够解决这个问题，应该比较合适。

周永康的问题肯定涉及违法*

> 贪官贪腐,既有它的表面现象,也有内部深刻的原因。但是治本的问题就是制度的问题,我们国家过去在解决反腐的问题上,缺乏多方面的手段。

今年85岁的法学教授江平,每年仍然带着3个博士生。虽然慢慢开始减少出席活动的频率,但这并没有减弱他发出的声音。

《廉政瞭望》记者在一次会议上所见到的江平,思维清晰,表达顺畅,有时语速还很快,岁月似乎不曾在这位老人的语言表达里留下印记。虽然他曾经历过太多人生的跌打,以及时代的坎坷。他对公共事务的敢言,和只与法律为伍的意念,使他在法律的"江湖"里,一直被认为是"教父"。

吃"知识饭",不吃"政治饭"

20世纪50年代,江平曾被公派留学苏联学习法律,本是六年的基本学制,他提前一年学完归国,回国前几天夜不能寐,没想到等待他的是一顶冷冰冰的、沉甸甸的"右派"帽子。随后,因政治压力新婚妻子离开,在五七干校劳动被轧断了一条腿,都成了他一生中最灰暗的记忆。

所幸,他最终能回到校园,在学术研究与教学中,践行知识分子的本职。在中国的法学院,他是首讲罗马法和商法的第一人。

---

* 本文由《廉政瞭望》发表于2014年9月1日。

北京政法学院(中国政法大学前身)前院长钱端升教授,在江平来学校执教的时候,判定他是吃"知识饭"的,不是吃"政治饭"的。

而一路走来的立法参与,最让江平叹息不已的是民法典的三次"流产"。"从一个国家正常的发展来说,建国60多年还没有一部法典,这是个笑话。"

对江平影响至深的一位师友,著名学者李慎之当时对江平说了一句话,对他影响甚深。"你们搞法律的人对法律研究越深,就越会感到和政治的碰撞,法律人要想躲避政治,是不可能的,也是不现实的。"

江平在近期的一个活动中,重申这样的观点:依法治国核心的就是处理好党政关系。他在用现有最大的空间,直面着政治这个不能躲避的问题。

只站在法律一边

历史的图景中,常常存在这样的现象:一个有公心的知识分子,有时并不会被所有的人民所接受。江平在《八十自述》中说道:"不昧权,也不讨好舆论。"

他对"最牛钉子户事件"的观点,曾推他至大众舆论的刀刃上。这是《物权法》颁布实施后的第一案:一对重庆夫妻不肯搬迁,认为政府没有将土地作为公共利益之用,并对补偿费用不满意,网上充满了同情和声讨。

江平认为,公共利益的界定权应该属于法院,而且,法院已经下了裁定,就要按裁定来执行,认为补偿不合理,就应到法院诉讼。

当时有人说江平为富人、为权贵说话的真面目终于露出了来。面对指责,江平道:"他们爱怎么说就怎么说吧,抗争应该在法治的轨道上进行。"面对要站在弱势强势哪一边的问题,他认为自己只坐在法律的一边。江平被认为是为私权呐喊的法学家,但也一直在强调勿滥用私权。

江平的"敢言"引来的误解,不在这一例。1997年,江平在《中国法学》发表了一篇论文《公司是资本企业》,他收到了一张来自德国的明信片,上面写着江平背叛了马克思主义,署名为"一群德国的马克思主义者"。他想寄回去和他们讲理,但并没有回信的地址。

有人问江平,呐喊的痛苦是什么,他回答:"于沉闷的空气里面,总得有人喊几句吧。"

谈反腐——不是每个案子"两规"了就要判

《廉政瞭望》:您是法学专家,怎么看待现在纪委通报案件情况时,有关"违纪"和"违法"的界限?

江平:这个问题要看两个,第一个情况是公开说的,上面总有一个很重要的原则把握,宁可说的宽松一点,不能把问题说得太严重,比如周永康,是说了违纪,没说违法。其实他的问题,肯定会涉及违法。但这样的做法留有余地,这个我觉得这是可以理解的,最后要查出来违法了就是违法。

第二个情况,就现在已经查出来的情况,本身也是违纪,报纸上登的,有个官员连降七级,只做了违纪处理,是不是对他有特别优待呢?是不是宽松处理呢?如果经过纪检机关查了,确实没有到查到违法的情况,就按违纪来处理也可以。我觉得也不是每个案子"两规"了就都要判。

《廉政瞭望》:出现腐败,是官员信仰出了问题吗?

江平:贪官贪腐,既有他的表面现象,也有内部深刻的原因。但是治本的问题就是制度的问题,过去我们国家在解决反腐的问题上,缺乏多方面的手段,自己的问题怎么能完全靠自己呢?舆论监督就很重要,我们有舆论监督,但没有发挥作用。

自己纠正自己,你想纠正的人就和被纠正的人会有瓜葛,怎么下狠心解决呢?这次中央反腐之所以能挖得深,正是因为王岐山比较铁面无私。但只有自己监督自己的话,不能解决治本的问题。

谈司法改革——将来所有的法官工资都应由中央开支

《廉政瞭望》:现在各地都在尝试法院的人财物省管,上海也先行了司法体制改革,您怎么评价?

江平:法院人财物统一管理,我完全赞成,但是现在只能做到省一级。能够集中在省一级,就不简单了。将来法院的管理,应该集中到最高人民法院。

你看现在的执行,就是集中到省一级,省法院的执行局统一管理下面的执行案子。但这个问题的解决必须伴随着财政机制的改革,现在是地方税和中央税分开,中央税属中央,省管地方,将来如果能做到所有的法官的工资能由中央来开支,就更好。台湾地区现在就是这样,所有的法官都是最高级别的法院开支,他们的法官待遇都一样,调到哪他都可以,但大陆就不一样,把一个法官调到边远地区,他可能就会犹豫了。

《廉政瞭望》:习总书记强调,宪法的生命和权威都在于实施。那么如何在中国树立对宪法和法律的信仰?

江平:宪法不仅是至高无上,而且绝对应该是全国人民行动所依据的指南,而且应该有违宪审查制度,你违反了宪法就应该允许老百姓告到法院。如果这套机制不能确立,那宪法等于是空的,要能够确立宪法实实在在为人民完全信任,那你就得保障人民按照宪法来提起诉讼的权利。从这个意义上来说,中国要真正建立法治国家、政府,要走的路还很多。最重要的是,如果要想人民完完全全信仰宪法,我们先要保障群众对违宪的行为提起诉讼的权利。诉讼保障,是公民权利保障的最后一关。而宪法诉讼又是所有的诉讼里的最后一关,这两个"最后一关"很重要。

再议户籍改革——防止中国出现贫民窟

《廉政瞭望》:最近国务院出台了《关于进一步推进户籍制度改革的意见》,您一直比较关心户籍制度的改革,请问怎么看待城镇化和户籍改革之间的关系?

江平:城镇化和城镇的户口一元化,是两回事。城镇户口的一元化,就是国家不要再分城市户口和农村户口。户口不一样,很多条件就不一样,不仅买房子,受教育,劳动保护,社会保障,都不平等。所以农村和城市的户口一体化,体现了非常大的法治进步。因为农村城乡的不平等,就意味着身份不平等,在法律上身份不平等,就等于说人格地位不平等。

而城乡一体化是指减少农村和城市居住之间差别,特别是居住方面的差别。有些地方搞的城镇化,就是把农村的土地合并到城镇,把农民的土地宅基地和他的房子城镇化,常带有强制性质。我一直主张,城镇化是方向,中国总不能很多人一直是农民,但城镇化的前提条件不能剥夺农民,不能强迫、命令,基于自愿原则。

《廉政瞭望》:怎样去平衡户籍改革中的利益?解决户籍制度的难点和措施在哪里?

江平:户籍制度基本是中国的制度,没有户籍制度,会产生一个问题,大家都会往大城市跑,大城市就会产生很多贫民窟。你到外国去看,大城市都有贫民窟。防止大城市出现贫民窟,就必须要控制,建立公平和合理的进入机制。

如果现在外面一个很有用的技术人才,是北上广很需要的,户口要进来,就是积分制,达到积分,就能进来。这个办法是市场平等的基础上竞争得到的积分,我有能力,我能在重要的技术岗位上工作的外地的居民可以迁到北京。我想这个是符合我们现在所说的大城市进入的标准。

我举个例子,美国现在出现了什么现象,美国很多人不愿意住大城市,农村公众设备都很好,富人宁可住乡村,变成了贫民住城市,富人住乡村。缩小城乡差别最根本的办法,就是城乡发展均衡,如果小城市和北京医疗水平、教育水平差不多,他为什么还要来北京上学看病呢?

人大代表的监督作用*

今年"两会"期间个别代表的"雷人"发言与议(提)案频频显示了部分代表素质的不足,代表们有必要加强自身参政议政的能力。

法学泰斗江平教授已年过八十。这位在二十年前担任七届全国人大常委会委员的老人仍然在关心着人大的往事与近事。江老认为,今年"两会"期间个别代表的"雷人"发言与议(提)案频频显示了部分代表素质的不足,代表们有必要加强自身参政议政的能力。他尖锐地指出,目前有的代表们有热衷于议(提)案,以议(提)案早与数量多为荣,却忽视了对政府工作的监督工作,"人大代表职责中最重要的,就是监督的作用"。

令人感佩的是,江老也一直关注着当前流行的网络监督。他认为,网络当然可以代表民意,但也可以被人挟持,从而滋生出所谓的"民粹主义","网上大多数时候的确可以代表民意,但有的时候,是歪曲的民意,不是真正的民意"。

---

* 本文由《东方早报(上海)》发表于 2010 年 4 月 25 日,采编记者:张明扬、郑诗亮(实习生)。

记者：今年"两会"期间出现了一批所谓的"雷人"议（提）案与发言，令公众对部分全国人大代表的参政素质产生了一些质疑。在您看来，怎样才能被看做一名合格的人大代表。

江平：我觉得，人大代表很重要的是他的素质。我当时担任全国人大代表的时候（第七届），有些人大代表五年期间连小组会上都没有发过言。我们是按照各界来推选有关的代表，农民有他的代表，渔民有他的代表，他们是各界优秀人物的代表不错，但其中有些人参政议政的能力可能就不足，这种能力的缺失我认为是我们目前人大代表最主要的问题。总的来说，我国现在人大代表的议（提）案质量不如政协委员高，也就有这个原因。所以我觉得，我们的人大代表不应仅仅有了一些优秀人物劳动模范的代表就成了，还是要加强参政议政的能力。

人大代表是人民选出来的，应该同被代表的人民群众有密切的联系。各个地方的人大代表对选民负责，实施起来问题不大，但全国人大代表怎么直接对选民负责，就出现了问题。我们看，国外的议员都有一个向选民报告工作、向选民征求意见、向选民反映意见（的环节），我们这点还有待加强。

记者：今年还有某个"两会"代表委员说过，从来不投反对票，不想给政府添乱。

江平：我觉得人大代表职责中最重要的，就是监督的作用。所谓人大代表，实际上不是去一般地审议这个报告。过去我们常常说，是学习这个报告，现在不用这个词了，人大代表不应当是学习这个报告，是应该审议这个报告。审议政府的报告，很重要的一条是拿出批评的意见、监督的意见，看看政府、法院、检察院的工作还有哪些缺点和不足需要改正。在这一点上，我们不能够把批评这种监督的作用看成是给政府添麻烦、给法院加包袱。所以，有的代表说，我就是不给政府添麻烦，我什么都说好，从来不投反对票，这样是理解错误。这样的话，人民代表的监督作用就大大削弱了，无形中就造成了一个印象，政府报告也好，法院的报告也好，检察院的报告也好,所获得的投票率越高,就代表了全民的一致。这样的理解是错误的。因为只有各种批评的不同意见出现,我们的政府才能完善它的工作,做得更好。一个国家需要两种声音,一部分人是赞同的,另一部分人可能会不赞同,但这种不赞同是友好的批评意见。

当然,我们的人大代表除了监督、批评政府的作用之外,还有建议权、质询权,可以来议(提)案。现在代表们有时候是热衷于议(提)案,而不是热衷于对政府工作的批评。人大代表一到就急于写提案,有的甚至于以头一个提出提案为光荣,有的以数字多为光荣,提了十个案多么怎么样。像这样的办法,是追求形式的办法。实际上我们国家的议(提)案的作用的确有,但也不能说就有多么大。有时候,你的议(提)案转来转去又转回来了,或者说,你的意见政府正在研究,往往就成了形式主义、文牍主义。我们要注意效果,这是最重要的。我们现在开人代会的时候,并没有代表的发言,各国都有议会代表的发言,代表的发言应该说都有记录在案,都可公开发表。而我们呢,过去只有全国政协有个别委员发言,而全国人大从来没有大会发言。所以,在这个意义上,我也觉得今后人大开会的方式也应当有所改变,能够有一些大会发言,真正听到人大代表的意见。现在小组发言也好,代表团发言也好,很多都是政府官员在那儿说话。这是一个很不好的现象。因为开人代会还是应该主要听代表的意见,而且我们不要怕听代表尖锐的意见,只有这样才能体现人大代表的代表性和监督性。这两个是最重要的。代表性就是向选民汇报工作,反映选民的意见,同时能对政府的工作提出批评,这样才算是称职的代表。

记者:有些代表的"代表性"可能是太强了吧。今年"两会"期间,一些代表的发言与议(提)案被认为是过于倾向于本行业小圈子的利益,没有代表全民的利益。比如今年一些代表在房地产问题上的表现就引起了公众这样的质疑。

江平:笼统来说人大代表是要代表全体人民的利益,我觉得这种说法是错误的。任何一个代表都不能代表全民来说话,而且全国有十多亿的人,你代表哪一部分人的利益呢？利益是肯定不同的。有的人认为房价不高，有的人认为房价高了，那你是代表哪一部分人民的利益啊？

同时，代表也不能代表自己本行业相关利益的人来说话。不能我是房地产开发商就说房地产开发商的话，我是买房子的人就说买房子的人的话，都不对。确切来说，人民代表代表的是选民中多数人的意见，他们的意见应主要反映他所在的选举单位中多数人的意见。如果他是代表一部分人来发言，那应该确切地说他是代表选民来发言。世界各国议会的议员很重要的一点，就是看你是不是代表选民中的大多数来发言。

记者：回到之前的话题，您觉得当前应当如何提高人大代表的参政能力呢？难道要给他们搞一个培训班还是怎样？

江平：这些都是可以做的事情，但不是说必须要来做的。并不是说要对人大代表普遍开培训班，并没有法律做出规定。是不是要培训，取决于人大代表自身的意愿。如果他觉得现在我们举办了一个什么样的法律的学习班很有帮助，他当然会自己报名来参加。不能够说我们对人大代表的参政资质水平提出怀疑，所以我们必须要求他们在某方面做出培训，这是完全错误的。既然是代表，就应该推定他是具有这样的素质的。如果素质不高加以培训，也是在自愿的基础上。任何一个国家的议会，都不可能强制对议员培训。

记者：人大代表每年"两会"期间的表现应该还算不错了，平时好像没那么活跃。

江平：这一点我们现在很有一些改变。作为人大代表，他们在五年期间都要行使职责，而不只是在每年开会时行使职责。这要求他平时也要展开代表的活动。这些活动可能包括他的视察工作、成立代表的小组，或者在当地人大组织下进行某些活动。这些都是明确规定的，把过去代表一年开一次会的办法变成了常任制，过去就是开会时行使职责，现在不开会也行使职责。

记者：除了人大的监督作用之外，网络监督似乎成为了中国当下最为流行的现象，网络上出现了各种各样对政府的批评意见，与之相应的是"网络问责"这个新名词悄然兴起。

江平：我认为网络具备了很大的时代性。网络技术的发明，确确实实优化了信息的传播渠道，加快了信息的传播，所以我觉得必须重视网络这个渠道。现在有些市长也好，代表也好，有自己的网络互动渠道，都是适应了时代的趋势。但是应该看到网络也有局限性，因为网络代表的是一部分网民的意志。社会上真正习惯在网络发帖表达自己意见的，恰恰是特殊的一个群体。譬如说，我是不上网的，我也不利用网络发表自己的意见。但人家把我的意见发表在网上了，当然我也知道信息传播得很快，关于我最近一些讲话，也有这样的情况。

应该看到，网上来行使监督的权限，也有局限性。在这个意义上，我常常说，网上也可以挟持一部分民意。网络当然是可以代表民意，但也可以被人挟持。所谓的"民粹主义"就在这儿产生了。

有的人认为，只要是网上的意见，就是代表民意。我认为网上大多数时候的确可以代表民意，但有的时候，是歪曲的民意，不是真正的民意。

记者：您似乎对"民粹主义"一直保持着警觉。

江平："民粹主义"是19世纪俄罗斯知识分子中的一种趋势，就是走向民间，和人民打成一片，听取人民的声音。这本来并不是一个不好的东西，但一旦变成"民粹主义"了，就是所谓人民利益"至上"了。这个"至上"到底怎么来看，就是问题来了。我们有过这样的时期。比如"文化大革命"时期，既有对领袖的盲目崇拜，同时又有所谓的"只要老百姓说好的，那就是好"。变成群众盲目的自发行动高于一切，这个是我们历史上很大的一个问题。很多时候，恰恰造就了很多混乱和无法无天的行为。

记者：是的，网络上的民意似乎有了一些反智主义的倾向。

江平：因为现在出现了另外一种东西，就是你说的反对精英了。应该说，精英是一个时代的优秀人物的代名词。但是如果我们把人民和精英对立起来,我是不赞成的。社会上的精英需要考虑人民的意见,但是他也有自己独立的意见。

人民利益是个非常难说的东西,从某种程度来说,普通老百姓最希望的就是福利越多越好,工资越高越好,什么活都不用干,给我的社会保障什么都要有。这样的人民利益肯定是错误的,如果这样国家也不可能前进了,国家力量都在社会福利上了,这是近视的眼光。即使是社会精英,也不可能采用短视的、自杀的政策,不能把二者对立起来。精英有精英的弱点,人民群众也有人民群众的弱点。一些人民群众如果弄不好,就是群氓。我们不希望代表这样的一些人民群众的观点。

我常说,人民群众是个很抽象的概念,每个人都是人民群众,每个人都是人民中的一分子,精英也是其中的一分子,笼统地用人民的意志来概括那是很糟糕的。

第六编 共话改革

30年，国企改革最终找到了正确方向[*]

> 国有企业改制总算画上了句点。我所谓的句点就是改革找到了正确的方向。但事业单位还未找到突破口。

改革开放30年中，作为市场经济最主要的主体，企业发生了哪些变化？从个体工商户到私营经济，从国有企业到国有独资公司，从合伙企业到一人公司，30年来，企业在制度上有哪些变化？带着这样的问题，《法制日报》记者采访了中国政法大学终身教授江平。

改革找到了正确的方向

记者：改革开放30年，您认为企业发生了哪些根本性的变化？

江平：改革开放30年主要围绕着两个主轴来进行：市场经济、法治国家。这在宪法里是明确了的。而市场经济和法治在30年里的结合，最重要的我认为就是国有企业改革。

中国的市场经济改革首先是从国有企业改革开始的。当时企业主体是单一的，都是国企，因此就构不成真正意义上的市场经济。真正的市场经济的建立从行为和主体两个方面开始进行：主体就是指国有企业；行为就是指国家干预从计划行为改为市场调节的行为。

"国有企业改制总算画上了句点。我所谓的句点就是改革找到了正确

---

[*] 本文由《法制日报》发表于2008年7月21日。

的方向。但事业单位还未找到突破口。"目前看来,虽然国有企业的改制找到了正确的方向,但经历了曲折的过程。

国有企业改革的过程中,核心的问题就是实行承包制还是股份制。前者不改变所有制,是内部管理机制的改变;股份制是所有制形态的变化,股权结构的变化。承包制一度是很红的,改革期间被寄予很大期望,很多人也因承包成名。但事实证明承包不行。股份制的成功就是公司制的成功。

国有企业向公司制改革,要解决什么问题呢？要解决国有企业原有的三大弊端:产权不清、单一;法人治理结构不健全;政企不分,企业都有主管部门来管你。

产权改革才是根本的改革

记者: 过去最热的名词是产权。对国企的产权不清问题,30年来又是如何解决的呢？

江平: 产权机制改革和管理机制改革哪个优先一直有争论,现在看来,产权改革才是根本的改革。而产权改革也很简单,就是把国有资产变成国有资本。国有资产的定义太广了,人们很容易有疑问,把国有资产卖掉是不是就是国有资产流失呢？但变成国有资本,就不一样了。资本是可以流通的。国有财产与国有资本有根本的区别:前者是财产所有权,后者是股权。

改革开放之初,国家对国有企业享有的是所有权,企业享有使用权、经营权,这导致再怎么给企业权利,企业发挥作用还是有限。因为企业不享有所有权,不能完全支配企业财产。国务院1992年7月发布的《全民所有制工业企业转换经营机制条例》,试图给企业充分放权,但总体看还是内部的放权。

1993年,改革开放15周年之际,12月要通过公司法。11月纪念十一届三中全会15周年时,确定要建立现代企业产权机制。公司法草案曾经是这样写的:"国家享有终极所有权,企业享有法人所有权。"这较先前"国家享有所有权,企业享有经营权"的提法是一个很大的改变。在讨论过程中,有人认为这是违反宪法的,企业享有法人所有权会不会将国家财产变为企业法人财产呢? 最终,换了个说法,改成"国家享有所有权,企业享有全部法人财产权"。

记者:全部法人财产权?

江平:对。"全部法人财产权"是一个新的名词,这个名词在1993年的公司法中也用了,但"全部法人财产权"究竟是什么权利呢? 这被后来认为是很不清晰的权利。新公司法修改时全改过来了,最终明确公司对企业财产享有所有权,国家作为股东享有的是股权。

就这样,经过30年不断的争论,这个权利总算搞清楚了。国家和企业,国家和企业的财产到底是什么关系,这个产权关系最终厘清了,大家统一了认识:企业作为独立法人,财产就是企业的。如今也没有人认为国有股权转让就是国有财产流失,顶多是不是低价流失。

公司制解决了产权关系,从概念上已经跟国际接轨。其中还曾涉及两个问题:一是股份制必然导致股权多元化,必然会导致混合所有制,这为市场经济的多元化,所有制形式的多元化创造了条件;二是这个股份制是不是就是西方国家的? 过去总认为,股份制单纯学西方,但现在看股份制谁都可以用,不存在姓社姓资的问题。公司和证券又是紧密联系在一起的,有了股份制,有了多元化的所有制,必然会有股票,这完全跟西方国家的一样。

不再寄希望于"能人"

记者:在国有企业的管理模式上,过去我们比较强调"能人"。弊端何在?

江平:过去是经理负责制、厂长负责制,"一长制"的弊端有三个方面:一个人来决定,而不是一个组织决定;所有的权力集中在"一长";决策执行统一,自己决策自己执行。股份制则是"三会制"(股东会、监事会、董事会),这跟过去的管理模式完全不一样,决策是集体,执行是经理负责制,改变了国有企业管理中很大的弊端。

但这个机制的改变也经过30年反复的争论。过去一度很欣赏国有企业或改制成国有独资公司、国有上市控股公司,都很强调"能人"。但事实证明不行。三九集团的赵新先,很能干,但最后赵新先出问题了。他没有贪污一分钱,而是因为滥用权力。没有决策的程序,没有分工的程序,什么事都是一个人说了算出的问题。

所以,国资委强调国有独资公司也要实行决策和执行的分开,加强董事会的决策,加强企业内部的监督。在企业内部管理模式上,过去长期争论怎么完善内部管理。事实证明,国有企业自身的内部管理只有公司化以后,严格按照公司法的要求管理才可以。在这一点上,改革最后也走向了正确的道路。

政企政资都分开

记者: 国有企业的第三个弊端是政企不分、政资不分。这个问题也很好地解决了?

江平: 是的。30年来国企最大的毛病是政企不分、政资不分,企业都有个"婆婆",一切决策都要请示。政资也不分,过去大部分是政府部门行使出资人的职责,企业完全被控制,没有独立性,一切听命于政府。政府机构改革中曾将所有有关企业的工业局都撤销,公司变成无主管部门,这个改革力度相当大。行政隶属没有了,从国资管理局到国资委的成立,政资分开也走了很大一步。

但政资分开仍有待于完善,比如国有资本上缴利润问题,改制进度等问题,还需要通过真正意义上的国资法才能解决。

国有企业利润最开始全部上缴给国家,后来利改税,企业开始有了活力,利润也就留在了企业。但平等竞争条件下,为何国有资本不拿利润?既然实行股份制,那就要平等,实行国有资本利润缴纳。

还有改制的进度问题。目前看来,2010年完成国有企业改制的目标恐怕难以完成,主要是两个原因:一是越是中央的企业越慢,因为最后面临改革的国有企业涉及军工、国家安全等因素,难度变大。这些企业很多是下面子公司改了,上面集团没改;二是郎咸平等人的言论,使国有企业改制承受的骂名很厉害,以至于有人认为国有企业改革的结果一是国资流失,二是下岗。

我认为,国有企业改制不等于国资流失,不等于国资必然流失,但完全可能流失,因为国有资本要流通必然要有风险。目前来看,国有企业改革总的方向是正确的,现在人们对这个问题认识也清楚了。中央也明确了继续改革的方向,应该继续完善下去。

法治与透明是政改突破口*

要解决贫富差距过大、利益分配不公、腐败现象等问题,不能再回到改革开放前搞平均主义的老路,而是要继续推进政治和经济体制改革,从党政进一步分开、加强透明度开始。

对于重庆近年来发生的事情,中国政法大学终身教授江平给予了高度关注。尤其是重庆"打黑"中的李庄案"第二季",他还以顾问团成员的身份挺身呼吁:警惕法治倒退。

过去30年,改革取得了巨大的成就,但政府在资源分配、市场秩序方面保留了很大的干预和控制能力,改革停滞不前。82岁的江平认为,要解决贫富差距过大、利益分配不公、腐败现象等问题,不能再回到搞改革开放前平均主义的老路,而要继续推进体制改革,从党政进一步分开、加强透明度开始。

违反程序正义应纠正

《财经》:在重庆近年来的重大事件中,法律界最关心的是"李庄案"。您曾是"李庄案"第二季的顾问团成员。现在李庄正在申诉,其助手马晓军也在起诉重庆市公安局。您怎么看这一申诉?

江平:我支持李庄平反。李庄来找过我,我同意做他平反的顾问。我始

---

* 本文由《财经》杂志发表于2012年3月26日。

终认为李庄案是冤案。"李庄案"有几个特点：第一，他是由委托人、涉黑犯罪嫌疑人龚刚模揭发的。在审理律师伪造证据案中，由被告检举其代理律师伪造证据，这是很不正常的现象。龚刚模作为犯罪嫌疑人在公安控制之下，他为了能够检举立功，愿意做出这种律师涉嫌伪证的举报行为，作为自己减刑的根据。

第二，律师伪证罪，所谓伪造证据应该是书证一类的，比如说伪造身份证明、学历证明；如果仅仅伪造口供，有很大的疑点。在当时的情况下，犯罪嫌疑人和律师见面都有警察在场。在监视下，说李庄用眼神来暗示龚刚模，这不是一种确凿的证据。

第三，若以口供作为证据，应当当庭质证，单方面口供未经质证，显然不能够作为证据。

第四，现在有了进一步的影像证据显示，龚刚模在委托李庄做律师之前，行为在不正常情况，这说明刑讯逼供是可能存在的。

所以从这些方面来看，李庄因伪证罪被判了一年六个月徒刑是没有道理的。更何况第二季——后来虽然重庆检方自己撤诉——但那又是另从上海找了他的当事人来检举，这是很荒谬的。

《财经》："李庄案"造成了什么影响？

江平：在当时的情况下，重庆客观上是用李庄的案子震慑司法界，震慑律师。放出信号，重庆说龚刚模有罪，谁敢为他作无罪辩护，就有可能是李庄的下场。这是个很危险的信号。在"李庄案"以后，代理重庆涉黑官司的律师都很少敢说话了。但问题在于，重庆方面没注意到，在律师界也好，在学术界也好，有很大的反弹声音。在强调法治的今天，人们对于这种现象越来越反感，公然采取这样的办法践踏法律，是不对的。

《财经》：您怎么看重庆的"打黑"？"打黑"与法治之间的关系是什么？

江平："李庄案"显然跟重庆"打黑"有直接关系。我们常常说"打黑"成了"黑打"，我觉得"黑打"倒不是一个很准确的用词，准确地说应该叫"运动式打黑"。"黑打"和"运动式打黑"还是要区分开的。

"打黑"是完全正确的,任何一个社会对于黑社会势力的存在绝对不能容忍,这是没有问题的。但把"打黑"作为一种运动形式来搞,作为一种社会管控的方式,这就是重庆应该反思的地方。

因为这样一来,"打黑"就可能成为当时社会的中心政治运动。作为政治运动来"打黑",最大的缺点就是它很容易泥沙俱下,搞得比较粗糙。为了实现目的,公安部门就可能不择手段,也不遵循程序正义,容易出现刑讯逼供或者变相刑讯逼供。

短短两年,重庆就打出了那么多个"黑社会",几千个黑社会分子。现在看起来,显然出现了"运动式打黑"的情况。在这种运作方式之下,"打黑"成了管控社会的模式。

在这个模式中,公安部门变成了政法工作的中心,导致公检法之间的制约越来越放松,从制约变成了相互合作,这就是对法治的破坏。重庆实际上恢复了"三长"(法院院长、检察长和公安局长)联合办案的形式。

政体改革应自上而下

《财经》:有人担心"文革"的历史悲剧可能重新发生,对此您怎么看?

江平:"文革"是一个很独特的时期,总的来说是无法无天,不需要法律,公检法都被砸烂了。"文革"让我产生了很大的怀疑,在我思想里面的主要变化,就是转向从民主、自由、人权的角度看问题。

"唱红打黑"某种程度上恢复了"文革"的遗风。"打黑"必须是在严格遵守法律的情况下进行,在脱离法律或者违背法治理念的情况下来"打黑",早晚要出问题,得出来的结论就不扎实,也就破坏了法治,造成法治倒退。

《财经》：法治倒退现象具体指哪些？

江平：从全国的法治状况来看，立法领域总的来说是在前进，中国的立法前进不能一下子跨很大一步。

目前律师的定位比2007年《律师法》出台时"律师是为当事人提供法律服务的职业人员"的提法有所退步。

律师权，是对公民基本权利的重要保障。1979年版《刑事诉讼法》，还没有规定律师可以在侦查阶段介入，后来随着社会进步的趋势就逐渐允许了。这个趋势就是尊重基本人权，我虽然抓你，但是你依然有辩护的权利。

《财经》：目前社会上公众对贫富差距过大、利益分配不公、腐败现象等存在各种不满，如何从制度建设方面入手解决这些问题？

江平：过去30年，政治体制改革和经济体制改革是不相配套的。在经济体制改革方面，从计划经济转型为了市场经济，市场产生出巨大的利益，但政治体制改革并没有有效启动，因此政府仍然在资源分配、市场秩序方面保留了很大的干预和控制权力，扩大了权钱交易的空间。

要根除腐败，我们就必须进行政治体制改革。在现有的体制下，必须做某种重大改变，否则不可能有突破。对于利益分配的问题，只能通过改革来解决。

首先，应该进行政治体制改革，逐步推进宪政体制，使得政府权力民主化，真正做到以民为本，落实选举权让老百姓真正当家做主。

其次，应当加强司法机关（包括检察院和法院）的独立性。要保护私权，政府不能随意干预私权。一旦公民权利受到侵犯，应有运行良好的独立的司法机关为之提供救济渠道。

此外，从国家政治体制改革和经济改革的相互关系来看，我们缺乏舆论监督——这是中国腐败问题不能解决的关键所在。因此，让媒体发挥舆论监督的作用，保障中国老百姓的知情权，是下一步应该做的。

《财经》：几位领导人多次提到《关于建国以来党的若干历史问题的决

议》，今年党的十八大即将召开，您认为下一步政治体制改革应该着重哪些内容？

江平：两个问题要重视，一个是稳定的社会环境的确给改革开放的事业奠定了基础，但是稳定与和谐需要顺应民众的合理意愿，尊重民众的正当权利，而不是堵压甚至操纵民意。另一个是中国特殊国情论。每个国家制度上的差别是理所当然的，但过分强调特殊性，就忽略了人类的共同理念。

政治体制改革路线图有两种，一个是自上而下的，另一个是自下而上的。从政治体制改革本身说来，应当是自上而下的。它跟经济体制改革有很大的不同，经济体制改革是完全可以自下而上的，可以做增量改革。比如邓小平讲了农村的土地承包，那完全是自发的从下面上来的。但政治体制改革想从自下而上来推动就相当困难，真正的政治体制改革应该自上而下。

现在最重要的政治体制改革就是党政进一步分开，党管党，政管政。宪法规定的权利是公权力，公权力只能够由政府来行使。

此外，政治和经济生活的透明非常重要，也就是说，要尊重民众的知情权，并在此基础上，让他们行使自己的权益。

在民主国家和地区，领导人之间的政见不同是透明的，党内有派，澳大利亚的外交部长跟总理的矛盾就表现为公开的形式，不同的观点在竞争的时候可以通过辩论来表达。对谁都是"好好好""对对对"，这是不符合事实情况的。人总是有不同看法的。

还有，政治要透明，不仅是财产透明，政治状况也应该是透明的，这是很重要的一条，因为只有在政治透明的情况下，我们才能够实现政府权力民主化。如果没有透明度，实际上就影响了民众的民主选举的可能性。我知道他的优点在哪里，缺点在哪里，他身体状况的好坏，我才决定选举这个人；如果没有透明度，对于选举人来说不公平，因为即使你有选举的权利也不知道对方的情况。

改革不求快,但必须改*

> 我们要推动体制内的改革,要获得体制内力量的支持。利用体制外的力量来呼吁,也能起到一定的作用。

1978年,邓小平同志提出"解放思想,实事求是,团结一致向前看",堪为三十多年改革开放的战略先导。这一号召更向我们揭示:当转型中国面临新的抉择之时,寻求社会共识,凝聚思想资源,以之研判前行路径,储备前进驱动力,是深化改革前的必要动作。

三十多年过去,改革已至深水区:发展模式需转变,文化认同需建构,公平与正义需实现,新的挑战正摆在全体中国人面前。

《南方周末》:您经常说,中国法治的进程"不是一条笔直的道路",到底该如何理解?

江平:中国法治进程曲折,这是笼统而言,因为法治涉及的面很广。我们过去无法可依,现在有很多法律了,法律体系也基本完成了,从这点来说,那是前进了。再比如说,我们现在公权力的行使,尤其是政府部门行政权力的法治化、公权力的透明度、财政状况预算的透明度等,这些都有前进。

但是,还是有一些重要方面没有向前。最重要的之一就是司法改革的滞后。一个国家的法治化,很大程度上表现为司法权力。我们在司法权的

---

* 本文由《南方周末》发表于2012年9月13日。

行使方面,强调司法公平,也更应该强调宪法中明确规定的独立行使审判权,这是我们宪法中明确规定的,这一点强调不够。

又比如说对待律师的问题上。律师在维护社会主义的法治和民主方面,是很重要的一个组成部分,而目前司法界低估了律师的作用。刑事案件辩护率低,这个问题也是很明显的。

《南方周末》:社会各界在纪念改革开放三十年时,有一个比较重要的命题:下一步的改革动力在哪里。最近法学界也在讨论"体制内力量"对于法治进程的作用,不知道您怎么看?

江平:体制内力量是绝对不能够忽视的,我所知道公、检、法内部很多人是很理性的,很了解我们国家法治应该怎么样去做。

《南方周末》:在近几年的一些大要案中,律师抱团进行辩护活动,一些法学学者包括您本人也担任过几个案子的顾问,为何要介入这些个案?

江平:我想这个做法,是能够引起社会的关注的一种方法,能更好地把法学家和律师结合在一起。因为我们知道,对于我们社会上的法律人来说,一个是公检法机关的法律人,这是体制内的;另一个是体制外的律师、教授。

我们要推动体制内的改革,要获得体制内的力量的支持。利用体制外的力量来呼吁,也能起一定的作用。律师有时候感觉到现在他们的地位还比较低,光靠律师的力量,他们的声音还不足以引起人们的注意。所以,他们很希望能把法学家里面的一些力量也组织进来。像这次贵州案件里面,和学界里面有影响的人物联合起来,可能能够发挥的作用更大一些。我觉得这是一个很好的路子。

《南方周末》:您一直强调法律人在国家中的作用,如果有越来越多的法律人参与国家和社会管理,对中国的法治建设会产生怎样的影响?

江平:应该说,律师是很重要的社会进步力量,不应当仅仅看成是法律的力量。看做是法律的力量,把律师的作用看小了。现在我所看到的律师参与，更多地体现在人大代表上了。我相信在未来，中国的政治结构里面，搞法律的人会越来越多。

《南方周末》：邓小平同志说，"不搞政治体制改革，经济体制改革难以贯彻"。2011年党的90周年大会上，胡锦涛同志也强调，要积极稳妥推进政治体制改革。法律界对此热烈响应。今年全国"两会"期间，全国政协委员、宪法学者杨海坤教授在分组讨论会上建议推进政治体制改革。就这个问题想听听您的意见。

江平：他的这个意见我完全赞成。我认为中国的政治体制改革，应该说，和我们的法治有非常密切的联系。法治的清明就在于政治的清明。

我觉得未来的趋势肯定是趋向和走向继续改革、继续开放的，甚至将从经济体制改革走得更远，这个没有问题。但是，关键是步伐有多大，内容是什么。

我觉得步伐不能够要求太快，因为中国嘛，改革开始慢一点，也是可以理解的，但是必须改革，坚持改革这就是对的。

我比较趋向于，改革应当特别注意党政分工，即从这个角度来着手。邓小平同志在改革初期的时候，就提到过"党政不分是中国政治体制改革中最关键的问题"。这也就是我们常常说的，党起的是领导作用，不能把"党"和"政"的角色混淆。

其他方面，比如行政体制改革，给政府的权力更多的限制。公权力的行使，最大的问题就是容易侵犯私权利，现在我们有行政诉讼，但只能够告具体行政行为，不能够告抽象行政行为。而抽象行政行为，要解决的话，就有一个宪法诉讼的问题。没有宪法诉讼，怎么保障老百姓的宪法权利呢？法律也好，制度也好，必须有一个规定，这个很重要。

其实，说透了，一个很重要的内容，那就是要减少公权力在社会生活中干预的作用和干预的分量。

《南方周末》：这几年中央和各级官员都在说要加强创新社会管理，尤其突出表现在协调各方利益、解决社会矛盾上，要更多依靠社会的力量。您的一个重要论点是要更多地扩大社会权力,给社会自立、自治的功能。

江平:社会权力的立足点是市民社会。马克思在他早期著作中多次谈到,社会本身是政治国家和市民社会的组合,这是社会很重要的两大组成部分。从法律的角度来讲,政治国家是公法或者公权存在的基础,而私法存在的基础恰恰是市民社会。

国家干预的那当然是公权的范围,国防、外交、立法、司法、行政,这些权力国家来管。那么,市民社会管哪一部分呢,通俗地说就是管到公民自己的生存和后代延续的生活,吃喝拉撒睡等。老百姓为了自己的生存,他要生产、他要消费、他要分配、他要公正,为了后族的延续,他要婚姻、他要生孩子、他要有继承。这些不需要国家大包大揽,国家不管,社会也是管得很好啊。马克思说,"实际上,家庭和市民社会是国家的前提,它们才是真正的活动者"。

我们中国向来是公权过大、私权过小。过去,公权无限制地来干预私生活的各个方面。最厉害的时候包括吃饭都由国家来管,吃食堂,结婚还要国家批准,是不是?类似这样,公权力无孔不入,私权利就收缩到很小。现在,我们所说的大社会、小政府,也就是要反其道而行之,属于社会的也就是你说的公民社会也好市民社会也好,这部分应该是恢复到它本来的面貌,应当给予它更多的自由,国家尽量少干预。

现在有一个可喜的现象就是对社会团体的管理在逐渐放宽。过去,社会团体中,必须要有固定的挂靠单位,现在有些地方不需要了。

选好改革既得利益的突破口*

我认为中国下一阶段改革的大方向是,经济体制改革深化升级,政治体制改革稳步推进。改革不能急于求成。

既得利益者绝大部分是合法的,基本上是在改革和社会调整时期,由于制度的不完善而形成的

《人民论坛》记者:江老师,谈及改革,必然涉及既得利益者。有观点认为,所谓"既得利益者"是在制度调整和社会整合时期形成的合法或不合法的特殊利益群体;也有观点认为,"既得利益者"包括在制度变迁中获利的"我们"所有人。您如何界定"既得利益者"?

江平:我个人认为,既得利益与既得利益者并不完全是同一个概念。从字面意义上看,"既得利益"可以理解为一种客观存在,既有事实;但"既得利益者",我认为还是有一点点贬义的,如果把全社会都称作"既得利益者",面是有些宽了。

举两个例子来说:第一个是农村的土地承包经营。农村土地实行承包经营之后,可以说几乎所有的农民都从中得到了利益,但我觉得并不能把所有的农民都叫做既得利益者。如果从制度角度看,土地实行承包经营之后,一开始并没有特别放开流通,后来土地流通放开之后,相应的法律法规有些滞后,利用这个空隙,负责农村集体土地使用权出让的一部分人发了

---

* 本文由《人民论坛》杂志发表于2013年11月4日。

财，成为既得利益者。而在一些城乡结合地区，部分农民失去了土地，得到的补偿却非常有限。虽然他们也从中获得利益，但与决定农村土地使用权出让的人相比，还是不一样的。第二个例子是城市中的国有企业。在国有企业改制过程中，一方面一些企业领导利用制度漏洞获得了不少好处；另一方面一些普通职工被买断工龄，下岗失业，受地方财政状况限制，有些地区职工得到的补偿非常有限。企业进入市场，实行现代企业制度以后，国企里高管的工资与普通职工工资差距也非常之大。因此，不能笼统地将其二者都统称为既得利益者。所以，我个人比较赞同第一种观点，既得利益者是在制度调整和社会整合时期，形成的合法或不合法的特殊利益者。总的来看，既得利益者绝大部分是合法的，基本上是在改革和社会调整时期，由于制度的不完善而形成的。

改革不能总是"摸着石头过河"，要与顶层设计相结合

《人民论坛》记者：是否可以这样理解，当前中国存在的既得利益是社会发展与转型的一种客观存在，既得利益者的形成也是不可避免的？

江平：一方面，当前的既得利益者确实是在社会变革过程中形成的。改革有两种方式：第一种是先健全法律法规，然后再进行改革，俄罗斯的国企改革就是这种情况。当初，俄罗斯组织一部分年轻的经济学家，设计出一个国企改革总体方案，方案里尽量把规定、路线、步骤设计得详细，然后议会表决通过，按照这样的总体方案进行国有企业改革，即所谓的国有企业股票全民化。这种方式的好处是，可以在制度层面尽可能完善，按照既定的法律法规按部就班地进行；但缺点也很明显，少数精英事前设计好的方案往往过于理想化，执行起来可能会脱离现实，一旦走错方向也很难纠正。第二种模式，即中国在过去 30 多年所呈现出来的改革特点："摸着石头过河。"这种模式的好处是能够在改革实践过程中及时纠正偏向，损失少一些，成本低一些，风险小一点，但从一开始就建立特别完善的法律法规不太现实。因此，部分制度建设、法律法规建设滞后于社会转型与发展，在其完善衔接的过程中产生了一些制度空隙,使一部分人有机可乘,获得利益。所以,改革不能总是"摸着石头过河",要与顶层设计相结合。

但另一方面,我们也要承认,并不是所有的问题和矛盾都是改革必须承受的,有一些是可以避免的。比如说,国有企业的改制。对国有企业的下岗职工,在财政收入好一些的地方,处理得就比较好,而一些相对贫穷落后的地方有些差强人意。有一段时间,这些地方的国企下岗职工只能依靠亲友帮助。如果在企业破产、关闭、改制之前,能够出台相应的社会保障制度,应该更有利于保护这部分群体的基本权益,更能体现社会公平公正原则。

传统计划经济体制转型得益于的三个突破口:农村土改、城市经济特区和国企改制

《人民论坛》记者:从计划经济体制转变到社会主义市场经济体制,传统的既得利益者被动摇、被突破。请您谈谈法制在其中的贡献。

江平:从法制角度看,主要有三个方面。最先突破的是农村,包括两项改革,一是土地承包经营,即从原来的集体耕作变成承包经营;二是土地使用权的有限制流通。1982年12月4日,第五届全国人民代表大会第五次会议通过的《中华人民共和国宪法》规定:"农村和城市郊区的土地,除由法律规定属于国家所有的以外,属于集体所有;宅基地和自留地、自留山,也属于集体所有。"1986年6月通过的《中华人民共和国土地管理法》使这一制度更加明确。这样在法律上使农民土地承包经营权有了保障,农民可以放心地在自己承包的土地上耕作,激发了农民积极性,释放了农村生产力。但在农村土地改革过程中,当时很多人意识和观念落后,不能完全理解土地流通的价值,导致个体对土地流通政策在理解和敏感度上存有差异。那些对土地价值敏感,掌握土地支配权力或者审批土地流通权力的人自然成为农村土改的既得利益者。

农村活力释放之后,城市里的经济特区成为突破口。最早的一批经济特区包括深圳、珠海、厦门、汕头,后来海南作为一个省也纳入经济特区行列。经济特区被赋予很多政策上的优势,这在法制角度看,有一些立法先行的味道。以广东为例,根据《广东省经济特区条例》,广东省人大常委会陆续制定、施行了关于特区入境出境人员管理暂行规定、特区企业登记管理暂行规定、深圳经济特区土地管理暂行规定等单行法规,经济特区法制日趋完备。当然,经济特区的建立在动摇传统计划经济体制的同时,也带来了地区差异、政策差异,并使一部分对开放格局和开放政策有强烈敏感性和预见性的人从中获得财富。

传统计划经济体制的第三个突破口是国有企业改制。20世纪80年代初,国有企业在国民经济中扮演的角色越发尴尬。改革开放,首先要放开企业,但如何放开企业,大家并不是很清楚。探讨国有企业改革问题,首当其冲的就是要厘清国家与企业之间的关系。当时学术界出现了"代理权说""租赁说""独立所有权说"和"经营管理权说"等意见,我和同事康德琯、田建华联合撰写了"国家与国有企业之间的财产关系应是所有者和占有者的关系",发表在1984年第4期《法学研究》上。我们大胆地提出,从法律层面来看,国家所有制就是国家所有权和企业占有权的有机统一。国家和企业之间的关系,应该表现为财产所有者和占有者之间的关系。1988年4月13日,第七届全国人民代表大会第一次会议通过《全民所有制工业企业法》时,最终在第2条规定:"企业的财产属于全民所有,国家依照所有权和经营权分离的原则授予企业经营管理。企业对国家授予其经营管理的财产享有占有、使用和依法处分的权利。"这种立法规定,等于说是确立了"国家享有所有权,企业享有经营权"的国有企业经营模式。后来,朱镕基同志当副总理的时候,搞了一个《全民所有制工业转换经营机制条例》,放权给国有企业14项权利。朱镕基同志很重视这个条例,但基于种种原因最后还是对现实作了妥协,实行起来效果并不是很理想。最后学者们发现,国企改制最好的方法是在产权制度上作出根本变革,走股份制道路。股份制方向,在当时很多人没有料到,以厉以宁、吴敬琏教授为代表的经济学家提出股份制的时候,很多人反对,说国有企业怎么可以搞股份制呢?但实践证明,股份制恰恰是国企改制最好的方法。伴随国企改制也存在一些问题,一是企业普通职工占有股票数量比较有限且无法转让;二是经济上比较有利的国企,如控制比较多资源的煤炭、石油等企业,得到的既得利益相比其他企业要多一些。

"经济体制改革深化升级,政治体制改革稳步推进"

《人民论坛》记者:您认为中国改革的"攻坚期和深水区"具体体现在哪些方面?如何在深化改革的同时不出现"颠覆性错误"?

江平:我认为"深水区"是指要解决改革过程中过去没有解决的深层次矛盾,既然是深层次矛盾可能就要牵扯到一部分人的利益调整。而"攻坚期",我认为是要培养真正的中国竞争力。什么是真正的竞争力?从GDP总量看,中国目前世界第二,但从国家竞争力看,应该在十几位到二十几位之间徘徊。在一些领域,企业仍需要依靠政府保护和推动,如出口补贴等,我觉得这离真正具有国际竞争力还有些差距。如果把我们的企业都放到世界市场经济的大海里让其自由游泳的话,可能还有些风险。中国(上海)自贸区的成立也是出于这样的考虑。在国际规则下,让企业参与国际竞争,成功总结经验并逐步扩展,以提高中国真正的竞争力。这也是李克强总理一直所强调的,我们不是用政府政策在保护或者推动,而是在理顺政府与市场关系的基础上,转变政府职能,充分释放市场活力。

"颠覆性错误",是我听到的国家领导人比较新颖的提法。我的理解是,我们应该吸取前苏联的经验教训,不能在经济体制改革未深化完善的时候,就急于进行政治体制改革。我认为中国下一阶段改革的大方向是,经济体制改革深化升级,政治体制改革稳步推进,改革能急于求成。

财政和税收是动摇既得利益阻碍改革的重点

《人民论坛》记者:请您从法治建设角度谈谈既得利益与改革的关系。

对于当下中国,从哪些方面入手可以突破既得利益对改革的阻碍?您对十八届三中全会有哪些期待?

江平:我把既得利益者理解为少数人而不是多数人,因此,依靠既得利益者推动改革还是比较困难的。这就需要法治建设,通过法律进行约束和限制。法律的重要性在于它可以作为社会公认的行为准则,保证社会秩序正常运转。深化改革需要通过法律的形式贯彻执行,一来可以体现全民意志,二来在具体执行过程中,也可以通过法律作为后盾,将改革的意志贯彻下去。

突破既得利益对改革的阻碍,我认为重点在于财政和税收两个方面。财政包括中央财政和地方财政,目前中央财政状况比较好,地方财政差异比较大,有些地方财政状况不容乐观。需要努力加强对财政预算的有效监督和合理控制,提高财政预算的透明度、信息发布的公开性及政府的公信力,缩减预算与决算差额。税收方面,调整税收政策。税收政策改革,尤其是税种的调整,是通过二次分配体现社会公平的直接举措,是缩小贫富差距、实现利益均衡的关键所在。最大难点在于如何达成社会共识。我认为,不能单纯地降低富人收入,更重要的还是要提高穷人收入,提高社会人均最低工资水平。

对十八届三中全会的期待:经济领域,很明显的是会加速土地流转,主要涉及农村集体土地。这其中包括三种土地:一是耕地,要严格保护和限制。二是农村集体建设用地,肯定会大大放宽。依据《物权法》,农村集体建设用地应享受与城市国有土地一样的权利。三是宅基地,也会相应地鼓励流动,但具体办法需要深入研究,值得拭目以待。另外,类似自贸区的具体改革政策的出台是可以寄予很大希望的。法治领域,有人建议对法院行政系统进行改革,我个人是赞同的,但现在只是草案,需要进一步讨论,需要考虑如何协调中央与地方的关系。政治领域,主要是以行政审批改革为主转变政府职能,关键是理顺政府与市场的关系。社会领域,重点在于社会保障制度的完善。

政府职能转变的法治化*

> 我觉得政府干预过多是法治问题的一个核心,也是市场问题的一个核心。因此,政府应当限制自己的权力,而且要有断腕的决心。

记者:党的十八大提出了到2020年"依法治国基本方略全面落实,法治政府基本建成"的宏伟目标。《国务院机构改革和政府职能转变方案》指出政府职能转变是行政体制改革的核心。您认为政府职能转变对法治建设有何意义?

江平:政府职能转变是依法治国和市场经济建设中很重要的环节。我们国家长期以来的问题就是政府干涉过多,减少政府干预实际上是改革开放以来一贯追求的一个目标。但是,实际执行得并不很理想。比如说《行政许可法》,当时贯彻的基本精神就是:只要市场能够解决的尽量由市场去解决,市场不能解决的由社会中介组织解决,只有当市场、中介组织、社会不能解决时国家才参与。这个想法非常好,贯彻了法治的基本精神。但是我觉得《行政许可法》实施以后没有看到显著的变化,政府的职能基本上还没有太多改变。我的感觉是,政府好像还是念念不忘自己手中的权力,因为权力里面有利益,每批准一个就有它的利益在内。经过这十多年,从《行政许可法》到现在,新一届政府仍然提出来这个问题,就表明这一问题的严重性。所以我觉得政府干预过多是法治问题的一个核心,也是市场问题的

---

* 本文由《国家行政学院学报》发表于2014年1月14日,采编记者:刘锐。

一个核心。因此,政府应当限制自己的权力,而且要有断腕的决心。当然,政府职能转变还需要依法规定政府职能,从外部限制政府权力。因此,应该将政府内部自觉改变自己的职能和通过法律外部限制政府权力结合起来。

记者:2000年以来的国务院政府工作报告几乎每年都认为政府职能转变不到位,都强调政府职能转变。学者大多也认为这些年政府职能转变的成效不是很大。您认为根本的原因是什么?

江平:我觉得政府职能转变成效不大的很重要的一个原因就是政治体制改革也好,政府职能的转变也罢,都涉及一个很根本的问题,就是利益问题。如果经济体制改革仅仅涉及市场主体的利益那好办。你比如说农村的土地承包,这个问题那是放宽了对集体土地权利的限制,利益的改变。但是涉及深层次的问题就是政府的利益了,所以在这点上说,我们常常说只要涉及政治体制改革,涉及政府的权力和利益的问题,难度必然就会加大。我想政府职能的改变就反映了这个问题,因为政府职能改变不仅仅是一个权力的改变,它涉及利益的分配问题。如果政府职能涉及的是一个资源分配的问题,那顶多还是涉及国有企业的利益。矿藏、资源原本社会享有,现在专门给了国有企业,那这个利益分配里面涉及国有企业。如果涉及批准的权限,涉及收费的问题,那就有政府利益的问题了。我们现在的产品质量,药品质量,食品质量,像这样的一些问题,实际上里面有很多政府的利益。所以我觉得只要涉及政府收费权的问题,那改革是相当困难。为什么呢?就因为有利益在里面,利益是政府职能转变最核心的问题,就是这个道理。

记者:有经济学家说政府职能转变的核心是法治,这个观点您同意吗?

江平:这当然同意。我觉得法治的问题涉及两个问题。法治的第一个问题就涉及权力。法治的根本问题是权力和权利的争执。市场呼吁权利,而政府对权力关心的更多一些,所以在权利和权力平衡的过程中就体现了法治的基本精神或者法治的走向,即减少政府手中的权力,给予市场主体更多的权利。所以,第一个问题是政府如何制约手中的权力,或者说怎么样把权力关进法治的笼子里。法治的第二个核心问题是利益的问题。法治肯定离不开利益,利益分配是现在改革发生障碍、发生困难的最核心所在。这个利益有两种利益,一个是政府的利益,另一个是政府公务员的利益,这两个利益结合在政府职能转变里面。进一步改革是不能够回避这个尖锐的问题,政府的利益和政府公务员的利益都需要解决。

记者:党的十八届二中全会提出"加快形成权界清晰、分工合理、权责一致、运转高效、法制保障的国务院机关职能体系"。您认为在政府职能转变法治保障方面我们还有哪些欠缺?

江平:法律还不够健全。比如说行政程序法还没有。执法如果连这个程序都没有很难说将政府的权力关进了笼子里。再比如我们已经有的《行政许可法》,这个并没有认真来做,我的感觉是《行政许可法》可能只实现了20%左右的预期目标。很多东西应该是由市场或者社会来解决,但是最终还是由政府来解决。

记者:过去我们机构改革经常讲减少行政审批,数据显示的确减少了好多,但行政审批事项似乎还是很多,好像这边在减少,那边在增加。您也认为《行政许可法》实施效果不好,这是《行政许可法》本身出了问题,还是没有执行好?

江平:我认为还是社会阻力太大,法律本身是好的,但是社会中的负能量太大了。本来作为政府的工作人员应该按照它来做,但是它本能的惰性使它往回退。另外,法治还有第二层意思,就是法治应该是依照法律的理念,这些理念包括分工制约、民主、自由、权利保障等。这方面我们有很大的欠缺,起码从分工制约这一条来说就有很大的欠缺。在西方国家,议会的监督是非常重要的,而我们人大的监督远远不够,所以从这一点来看,整个制度的制衡也有问题。

记者:《国务院机构改革和政府职能转变方案》已经通过并开始实施,

这个方案有许多非常具体的措施。之后国务院办公厅又下发了《关于实施国务院机构改革和职能转变方案任务分工的通知》，进一步明确了改革的时间表，您对此有何评价？

江平：我觉得《国务院机构改革和政府职能转变方案》应该说有很多新意，这个新意就是职能改变跟机构改革已经不是完全停留在一个一般的表述了，它有了一个路线图和时间表。路线图表明它有一个具体操作的方案，时间表表明它有先后顺序的安排，这就表明领导在这个问题上心中有数了，这是很可喜的现象。

记者：这次国务院机构改革最引人关注的是铁道部的政企分开改革。您怎么评价铁道部的改革？

江平：关于铁道部的改革二十多年前就开始了，我在七届人大的时候，通过了《铁路法》，《铁路法》当时就争论了一个问题，铁路要不要政企分开。当时我记得结论是铁路还不能实行政企分开，条件还不成熟，原因就在于铁路的管理是类似于军队的管理，或者是一种半军事化的管理。既然它的管理模式是半军事化的，要实行市场经济就很难了。这次铁道部的改革体现了改革的决心，就是真正实现了政企分开。实现铁路的政企分开，这是铁路运输真正走向市场化的第一步，有了这第一步才能考虑下一步如何改革，我觉得这是很关键的一步。

记者：您觉得铁路的第二步改革应当是什么方向？

江平：第二步改革应该包含市场化票价等问题。我觉得首先应该遵循的规律就是市场规律，市场价格肯定要随着需求、成本的变化不断变化。不可能设想一个票价几十年一以贯之。我们的石油价格现在也十天一变了，这是适应了市场的需求，不能几个季度才变化一次，这个不合适。我们现在的电价，还有其他的有些价格也好像并没有反映市场规律。市场和价格脱离的现象太严重，煤价自由放开了，电价却不能放开。但是这有个原因，就是终究国家还是要控制跟国民经济有关的，老百姓生活有关的价格，这个要是变动太大也不合适。所以如何解决好这两个矛盾，包括铁路价格放开以后,国家在短时期内仍然要控制这个价格,不能让它在某一个时期上涨太离谱了,否则老百姓怨声会太大。

记者:网上有报道称,国家发改委综合运输研究所管理室主任刘斌在接受记者采访时表示,如果改革不彻底,铁路企业引进竞争机制和铁路总公司分拆不合理的话,铁路的垄断就会由政企合一的垄断演变成一个大垄断企业的垄断,"垄断的合法化、合理化比过去政企合一时代的垄断更糟糕"。您赞同他的观点吗?

江平:总的来说是这个道理,也就是说铁路的改革涉及一个最根本的问题,就是铁路要不要引进竞争机制,要不要引进市场机制。我个人认为,铁路现在是绝对的国家垄断,而且是事实上的垄断。我也认为在短期内中国的铁路不可能引进太多的竞争机制,或者说在短期内不太可能有民营铁路的出现,因为铁路垄断格局是自然而然形成的。铁路民营化就存在价格、管理等怎么统一起来的问题。不过,我觉得未来是很可能迎来民营铁路系统。日本的铁路,英国的铁路,很多都是原来国有铁路变成民营了,所以现在我们的铁路不能引进竞争机制,不等于说将来的民营铁路不可能实现。虽然它可能出现的时间会比较晚一点,但是这个竞争会引进的。因为不引进的话国家客观上垄断了这个行业,这是很可怕的。

记者:这次转变政府职能改革的一个基本思路就是简化行政审批,向市场、社会及地方放权。过去在简政放权的过程中经常出现"一统就死,一放就乱"的现象。您认为这次改革如何避免这种现象?

江平:我认为从总体上来说这个规律要完全避免也很难,为什么呢?因为"一放就乱,一统就死"这个现象是我们国家在调控经济的时候出现的现象。国家一放松管理市场就乱,市场乱了国家就要加强管理,加强管理一统就死。之所以出现这种现象,根本的原因还在于我们过分强调国家管理的作用。计划经济就是这样,计划经济就是严格管理,稍微放开一点就乱,乱了又来管理,又来加强管理。实行市场经济体制之后,依然过多地依靠国家管理。举例来说,现在我们讲中国模式,中国模式是什么?实际上就是强调对于金融市场、商品市场等的管制作用。前一段世界发生的金融危机,中国为什么能够躲避啊？现在总结就是国家管制发挥了作用,我们的人民币没有自由兑换,我们的汇率是国家控制,所以我们可以躲避国际金融危机的这种风险。从这个意义上来说,我们似乎总结了一个成功之路,就是国家还要保持对经济的干预,或者是相当高度的干预,这个结论不改变你说的这个现象就很难避免。因为国家本身仍然是觉得一乱就要管,一乱就要加以控制,也就是说我们不仅在社会管理方面是稳定压倒一切,其实我们在市场管理方面也是稳定压倒一切。就是市场还要保持不能够乱,而这个不能够乱就是国家管,所以我觉得我们现在政府的思维仍然没有脱离这个模式,只要没有脱离这个模式,"一统就死、一放就乱"的现象只会有程度的差别。

记者：这次改革强调要改善和加强宏观管理。您认为改善和加强宏观管理,最核心的是什么？您认为我国目前宏观管理领域的法治建设状况怎么样？

江平：加强宏观管理这是完全正确的,因为政府对市场的干预就是宏观管理,但是我们实际上微观管理还是很多。微观的、不应该实行管理的也参与了管理。我们曾经想把经委撤销了只保留计委,严格说计委是宏观管理,经委是微观管理。但是后来发现撤销了经委问题很大,因为经济会出现一些微观的失态,哪个省煤突然间不够了怎么办,那你政府还要管。后来把经委的一些职能又让计委来管了。我想政府之所以不能放弃微观,就在于市场经济并没有完全放开。如果市场经济完全归市场来管了,其实国家不需要很多微观的管理,就是因为微观方面还有很多扭曲了市场,政府还不得不进行微观控制。所以这一点上来说,我们的改革还是不彻底,我们的计划经济改为市场还是像吴敬琏教授说的,半计划半市场,半统治半市场,一半是市场调控,另一半还由国家来干预和调控。所以我对于宏观调控完全赞成,但是对于我们现在仍然有微观管理的这一部分还需要把它改善。至于改善和加强宏观经济最核心的是什么？我觉得改善和加强宏观经济最核心的应该说仍然是要和法治的理念一致。

比如说宏观调控很大的一个问题是财政和税收的问题。财政和税收本来应该是人大的权力,那个国家的税收都是议会的权力,我们现在放权给国务院。因此,税收还没有完全由法律来调控。人民代表大会在讨论财政预算的时候也出现了这个问题,财政预算到底人大能有多大程度上的干预呢? 这也是一个很大的缺陷。

比如说当初修三峡是在全国人大通过的,我还参加了表决,但是三峡在全国人大来表决,那其他的呢? 南水北调费用也不少啊,南水北调要不要经过人大讨论啊? 全国是这样,地方怎么样啊? 地方一个重大的项目要不要人大来表决啊? 所以这个问题是一个体制的问题,我们现在并没有很严格来确定哪些税收,哪些财政的收支应该通过人大来讨论。所以在这一问题上,不协调好关系,宏观调控就始终存在一些不完善的地方。

记者:在宏观管理这方面的法治建设您觉得最欠缺的是哪一块?

江平:宏观调控的法治建设,首先我们没有一个宏观调控法,有人建议搞一个宏观调控的法律。什么叫宏观调控? 宏观调控该遵循什么程序? 至少这两个问题应该解决。

记者:政府职能的一个重要方面是市场监管,您多次强调我国现在的市场秩序不好,您认为政府加强市场监管应当从哪些方面入手?

江平:市场分两个方面,一个是市场的自由,另一个是市场的秩序。市场自由应该是更多靠市场自己的力量,这方面的法律总的来说是比较健全了。市场秩序主要不是靠市场自己来解决,应该靠政府来解决,市场秩序跟社会秩序一样,这也是个很重要的方面。如果市场没有秩序,给参与市场的人带来的很大的问题是信心不足,这个市场是很乱的。我觉得我们的市场秩序最核心的问题是诚信,现在严重的诚信不足。买奶粉不买自己国产奶粉,都买国外的奶粉,这就是个很严重的问题,我们自己的奶粉缺乏信用了。我想信用的建立一方面要靠老百姓自己内心的认知,但他内心的认知是从市场的秩序表现出来的。这次黄浦江上游有一万多头死猪出现,你再说没有污染老百姓也不相信。这都是一个管理的问题,我觉得政府必须严格地实行药品和食品这种安全的秩序,这是最根本的。你想我们现在把药品和食品统一作为一个质量监督管理总局,这就学了美国的经验了。美国就是药品和食品要突出它的重要性,它的安全是绝对第一的,其他产品是次要的。

政府现在更愿意参与市场的资源分配和管控市场的准入,本来市场的资源和市场的准入是市场的事情,政府不应该管。可是现在政府管了,为什么?利益所在。土地转让政府有好处,土地出让能拿巨额回报。可是涉及市场监督的问题政府却不太愿意管,这也是利益的所在,因为市场监管得罪人。所以政府不太愿意管太多得罪人的事情,而更愿意管有利益的事情,这就是有些政府机构有点不务正业的原因所在。

加强市场监管,第一个是要有法律,第二个是要严格执法。法律应该说现在基本有了,现在不足的还是执行法律,还是执法这一块。

记者: 十八大报告提出:要围绕构建中国特色社会管理体系,加快形成党委领导、政府责任、社会协同、公众参与、法治保障的社会管理体制。您认为政府应当如何加强社会管理?

江平: 我觉得这几个方面里面社会协同和公众参与仍然显得不足,我们现在社会组织还是很不足,我们拿世界各国的环境管理来说。环境管理很大的一部分是社会参与,西方国家真正政府发挥环境管理的职能是很少的,人员也很少,大量的是社会团体。各种绿色政党,绿色组织,你看看澳大利亚或者其他国家对抗日本的捕鲸船只的都是民间船只,所以民间的保护组织作用很大,我们忽略了这一部分。环境管理的问题上现在这么差,关键不在于政府投入的钱多少,也不在于政府管理得怎么样,光靠政府管理不行的,民间的力量是千万不能忽视的。由于民间组织不够,民众的参与当然也就大大落后了,所以我觉得民间的组织和公众的参与一定要放开。现在我们民政部对于四类社会组织放开了,可以不要审批了,不要有挂钩了,这稍微放开了一点,这是一个好的兆头,但是不应仅限于这几个方面,其他方面也应该逐渐放开。

记者:政企分开、政资分开是国有企业改革和推进政府职能转变的主要手段。您认为在政企分开、政资分开方面,我们过去的改革取得了哪些主要的成绩,还存在哪些问题,未来改革的重点是什么?

江平:政企分开做得比较好,政资分开就有些问题了。因为政资分开有一个问题,就是不是国家作为出资人,单独成立一个机构,就能够完全解决政资分开?国家作为出资人,当然要来控制,但履行出资人职责的机构不能是政府的一个部门,所以怎么能够把国家资本的代表和政府的职能分开,这可能是一个很关键的问题。

有的人建议将国资委作为全国人大下设的一个机构。这个建议是否可行,关键在于全国人大本身的自主性程度。如果人大有更多的自主性,国资委的代表实际上是全民的代表了,那政资分开就体现得更多一点。当然这个问题一直很难,真正把国资委放进了人大,而人大是一个代议机构,怎么来实行管理确实也存在问题。

记者:怎样评价过去几十年的国有企业改革?未来国有企业如何深化改革?

江平:国有企业应该说比过去好了,好在什么地方呢?就是国企盈利了,国有资产管理委员会终究是做出了一个了不起的成就,把过去的国有企业亏损变成盈利了。但是就像国有资产管理委员会自己人所说的一样,国有企业赔钱了挨骂,赚钱了也挨骂。为什么赔钱挨骂赚钱也挨骂呢?我认为赚钱挨骂有两个原因,另一个就是国企太垄断了,这是大家公认的。第二个就是国有企业现在的赚,其实并不是真正的赚,按照天则经济研究所的材料,国有企业还是亏了很多的,因为它占有的土地也好,资源也好很多方面得到了特别的优惠,如果把这些东西都算进去的话它不是赚而是赔。也就是说,国有企业跟民营企业并不是站在同一条线上进入市场的,它仍然享有了市场特殊的优惠,这点也是学者或者老百姓的意见所在,这两点要考虑进去的话,应该说国有企业的改革还有问题。未来国有企业改革应当完全市场化,应该与民营企业地位平等,各个方面应该都一样。

记者:我国事业单位分类改革已经有2年时间了,您对此有何评价?

江平:我觉得两年来中国事业单位的分类改革在一些方面取得了很明显的成绩,或者说在比较浅层次的方面取得了比较明显的成绩。比如说出版业、文化机构。但是事业单位深层次的一些问题,像学校,医疗机构,没有看到太大的进展,高等学校体制方面没有怎么改变,有些学校设立了董事会,但董事会也不是真正的决策机构。事业单位真正的自治结构还没有建立起来。

记者:法治包括立法和执法两方面。政府职能转变的法治化首先需要解决立法方面的问题。您认为目前应该出台或修改哪些法律?

江平:对政府职能转变来讲,行政程序法还是很重要的。我们现在有了《行政复议法》《行政诉讼法》《行政处罚法》《行政许可法》,现在最欠缺的还是行政程序法。行政程序法在湖南已经有了,先行了一步,在一个地方先行试点,对于建立一个全国的行政程序法很有好处。我觉得行政程序法为什么重要呢?有一种说法是程序决定公正。随便举例来说,劳动教养,它的程序就非常重要,劳动教养的决定怎么能够通过,怎么能生效,现在说是由公安部门等三方面组成,实际上是完全由公安决定,由公安部门决定劳动教养那就有很大的不合理性。我觉得行政程序法确实很难,因为每个部门的程序都有它自己具体的规定,但是总的来说得有一个基本的东西,所以我觉得这个也应该说是很重要的一点。另外,有些领域的法律已经严重滞后了,不能老是法律服从实践,实践应当服从法律。

记者:执法方面,我们经常讲要严格执法,依法办事,但是一项针对领导干部的调查问卷显示,大概有40%的领导认为应当公平执法,您觉得公平执法和严格执法的主要差别在哪里?

江平:严格执法是一个量的表示,而公平执法是一个质的尺度,严格来说公平执法应该是执法最高的标准,但是我们可以在司法方面提公平,在执法方面我们讲公平就会陷入不确定。什么是公平啊？你执法可能你觉得你是公平的，我执法我认为我是公平的，所以在这个公平的问题上有时候是没有一个准确的衡量标准的。就像京剧《玉堂春》中《起解》中讲的：你说你公道，我说我公道，公道不公道，只有天知道。所以在这种情况下，很容易造成执法中的滥用、模糊。我觉得法律已经规定了，法律规定了之后应严格按照法律去执行，这个更符合现代执法的观念，更符合中国现代的实际。

依法治国：反思与改革*

> 我们要实现法治，首先要从共产党自身做起。如果共产党尊重法律，法治就有希望；如果党本身缺乏法治观念，那就不大可能建成法治国家。

中共中央将于今年10月召开的十八届四中全会以"研究全面推进依法治国重大问题"为主要议程，这让时刻关注中国高压反腐进程的国人陡增反腐将迈向常态化、制度化、法治化的预期，这也昭示着中国政治文明建设或将驶入新的轨道。

中央为何选择这样的时机研究依法治国重大战略？依法治国战略的主要内容是什么？如何切实推动这一战略的实施？如何正确认识和处理"法治""人治"与"党治"的关系？司法改革的路径何在？《中国经济报告》记者就这些问题专访了江平教授。

从人治到法治

《中国经济报告》：中共十八届四中全会罕见地以依法治国为主题，是出于何种考虑？其意义何在？

江平：新中国成立60多年来，中央还从来没有开过一次以法律、法治、依法治国为讨论主题的全会，十八届四中全会以此为主题，对我们学法律

---

* 本文由《中国经济报告》发表于2014年10月15日，采编记者：崔克亮、马玉荣。

的人来说意义重大。十八届三中全会确定了改革目标、路线图和时间表，写得非常详细，四中全会讨论依法治国，实际上是为了实现三中全会确定的一个重大目标——政府治理体系及治理能力的现代化。如果目标提出来了，依然采取人治的形式，那就不能实现目标。所以，依法治国就成为必然。

人治与法治这个命题在中国贯穿了几千年。从封建社会、皇权时期、民国时期，一直到共产党领导时期，都没有完全解决好人治与法治的问题。到"文化大革命"时，人治达到了极点。直至改革开放后，中国才开始向法治转化。十八届三中全会提出国家治理体系和治理能力的现代化，就是要全面实现依法治国目标。当然，这个任务很艰巨，不是开一次全会就能够实现的，但能推动法治进程。

要实现法治，首先须从共产党自身做起

《中国经济报告》：如果让你给十八届四中全会确定的这个议题提建议，你会提什么样的建议？换言之，你认为，中国当前应如何开展依法治国？这个依法治国的纲领应如何设计？又如何推动其实施？

江平：我觉得，国家治理的现代化，在某种意义上也可以说是政治体制改革的内容。我个人认为，国家治理现代化的最核心问题是党的领导的现代化。所谓党的领导的现代化是指，一方面要坚持党的领导；另一方面要改善或完善党的领导。在党的领导下，既可以走法治的道路，但也完全有可能走人治的道路。

以"文化大革命"为例，那时一切法律都被践踏，完全体现了人治的特点。搞改革开放，就是要恢复法治，把"文革"年代那种无法无天、践踏法律的现象纠正过来。

鉴此，严格说来，我们要实现法治，首先要从共产党自身做起。如果共产党尊重法律，法治就有希望；如果党本身缺乏法治观念，那就不大可能建成法治国家。举例来说，周永康作为中央政法委书记，他的讲话，《法制日报》第一版全版刊登,他的批示可以直接干预很多司法审判。那到底是法大还是权大？显然,他的话有些情况下代替了法律。

要根除人治毛病,必须从共产党自身做起,党必须严格按照法律办事。共产党能否在宪法和法律的范围内活动,首先要看党内领导干部能否受到法律的监督。如果共产党及其领导干部能受到法律监督,就可以实现依法治国；如果共产党及其领导干部缺乏法律的监督,依法治国则是建立在沙滩上,没有坚实的基础。

国企利用垄断优势获取利益,规范高管薪酬理所应当

《中国经济报告》：近期来的高压反腐正在为国资国企改革创造良好的法治环境,最近,中央又启动了国企高管薪酬改革,你对国企改革、反腐及规范高管薪酬有何建言？

江平：当国有企业从国家政治体制里分割出来,变成市场主体的一部分以后,对它的监督就削弱多了。国有企业变成独立王国,这是可怕的。要遏制国企腐败,我有三点建议：

第一,现有国有企业高管人员的年薪制度应当改变。公众对私营企业家的年薪过高没太多意见,因为那是私人财产；国企是国有财产,是在利用国家垄断优势获取利益,老百姓会认为国企里面收入悬殊是很不公平的,所以,应限制其高管的高薪。

第二,国企领导人职务消费助长了腐败现象,应该坚决遏制和规范。例如,中石化原董事长陈同海每天消费几十万元,甚至几百万元,可谓触目惊心。这边是国家机关在压缩"三公消费",那边国企领导人却是高消费成风,这是很让老百姓痛恨的。

第三,国企有一长制之遗风,应予改革。中国国有企业原来一直实行一长制,是从前苏联学来的,国企负责人都有不低的行政级别,一把手权力太大,缺乏制约,几乎完全由他(她)说了算。现在加入民营的因素,搞混合所有制和员工持股,国企由完全单纯的国家财产变成社会混合财产,私营

企业参与经营,职工作为股东,也有一定的发言权,可以改变国有企业中一长制的土壤,使国有企业适应市场经济的需求。

官员财产公示应具强制性

《中国经济报告》:依法治国需要依法治官、依法治贪,启动官员财产公开立法。同时,要加强对公民合法财产的保护。你对此有何建议?

江平:从财产方面反腐败,有两点比较重要:

一是正如中央领导同志提出来的,今后,按国际惯例,对于中国公民流向国外的财产,要加强监管。包括资本转到国外后,投到哪里去,收益如何。在国外赚的各种收入,包括灰色、黑色收入等,该纳税就得纳税。以美国为例,对自己公民在国外投资的收入,都要严格纳税,它有一套渠道来保障这一点。这方面,我们现在做得很不够。中国急需建立一套周密的制度来加强对海外投资的全方位监管。

二是建立不动产登记及公开制度。实施这个制度,一定会遇到巨大的阻力。因为有的官员一登记,有几十套乃至几百套房子,他们敢公开吗?但是,不动产登记及公开应是一个带有强制性的措施,世界各国的不动产登记都是公开的。也就是说,对国家公职人员来说,你有多少金银财宝是隐私,但你有多少房子、土地,是应该公开的。如果不登记、不公开,就有相应的处罚。这样,就会大大减少腐败现象。

对于公民个人,包括私营企业家的财产,则应加强保护。在农村,尤其要保护农民的土地权益。对民营企业家来说,其私人财产和私人企业的财产不是一回事,一定要严格区别。私人企业的财产是法人财产,私人财产不等于私人企业财产,私人财产在企业里体现为股权。如果私营企业家犯罪,只可以没收其股权,而不能给私人企业贴上封条托管,不应影响私人企业的照常运行。在我们国家,往往是一个私人企业家倒台,导致一个私人企业垮台,这很不利于国家经济的发展,而且不符合国际通行的法则。

执法者说"NO",立法者不敢说"YES"

《中国经济报告》:立法是法治的源头。中国立法环节存在哪些问题?具体而言,中国现行法律体系中,哪些属恶法,应予废除?哪些应予改进和完善?哪些领域尚属空白,应加快立法,填补空白?中国立法程序存在哪些问题?应如何改进?譬如,如何治疗"公共利益部门化,部门利益法律化"等痼疾?

江平:就立法而言,现在中国基本的法律体系已经健全了,法律基本已经覆盖了公民社会生活的各方面,目前更多的是修改法律,这成为当下立法的主流趋势。但是,还有些法律亟待完善,比如新闻法、出版法、结社法等。言论自由、出版自由、结社自由是中国宪法里规定的公民的三大权利,但是,现在法院明确规定,不能直接引用宪法来判案。就是说,公民不能向法院提起有关新闻、出版、结社方面的法律诉讼,这是宪法实施中的一个重大缺陷。

我本人曾担任过第七届全国人大常委、法律委员会副主任委员,依我看,现在中国立法存在的最大问题是立法者权威性不足、专业性和科学性也不足,基本上是领导拍板。那时候,法律委员会讨论法律问题时,很多委员不懂法律。制定法律的人不懂法,工作效率就不高,法律质量也不可能高。立法程序也不够完善,法律委员会讨论时没有表决制度、没有讨论记录、没有把每人的意见记录下来供公众查阅、法律通过时没有形成立法报告。

我们说的权威性不足,就是立法者——人大常委会往往要考虑国务院意见。当时,如果国务院说"No",人大不敢说"Yes"。如果执法者反对,虽然立了法,法律也很难得到执行。我们讨论《物权法》时,对不动产(土地房屋)登记明明写得清清楚楚,这是当时做了很大努力才写上的,但2007年通过的《物权法》已经通过7年了,这一条还是没落实,直到国务院做了决定才能落实。这是个很大的悲剧,说明立法者权威性不够。

在修改法律方面也存在这个问题。严格来说,修改法律的难度不比立一个新法小。为什么这么说？现在市场变化快,经济发展变化快,有关市场经济的法律通过了十年之后,通常情况下要改变。如《公司法》通过十年后,市场经济发展变化很大,若再不修改,这个法律就要成为恶法。什么是恶法？一是侵害公民利益。比如当初的劳动教养制度,后来竟然赤裸裸地侵犯人权了。二是违背了市场规律,阻碍社会生产力发展。这种"恶法"太多了。我们制定法律时缺少一种规定,国外叫终止条款。新法出台后,旧法中哪些条款需要废除？哪些条款和新法的规定不一样？不一致者应该以新法为准。我们只能等国务院法制办清理法规时说哪些法律法规失效,所以,经常出现新法与旧法的冲突。这都是我们的立法缺乏较强的科学性的体现。

媒体上有这种说法:"中国法律是白条。"那么,如何强化法律的权威性？如何推动法律的实施呢？

在世界各国,宪法应该是最高权威,我们是反其道而行之,宪法最高也最空,反过来,地方政府,甚至县乡的一些规定和文件,比法律还管用。国家法律是社会运行的基本规则,任何人不得违反,但我们普遍缺乏这样的观念,这导致中国许多法律缺乏权威性,难以得到执行。

公民"法无禁止即可为",政府"法无授权不可为"

《中国经济报告》:行政执法是法律实施的主要环节,这个环节存在很多问题,譬如政出多门、九龙治水、选择性执法、执法部门自由裁量权太大等。你认为,还有哪些主要问题？其症结和成因何在？应如何改进？

江平:要理解这个问题,首先须认清公权(公权力)与私权(私权利)的性质。私权利指自然人或法人等市场主体(私人部门)拥有的利益,公权力指政府等国家机构(公共部门)拥有的权力。李克强总理在今年3月两会后的记者招待会上说,要让市场主体"法无禁止即可为",让政府部门"法无授权不可为"。也就是说,对"权利"的拥有者而言,只要法律没有禁止就是合理的;对"权力"的行使者而言,没有授权就是非法的。这句话是法律人熟知的经典法言。公权力的行使必须获得授权,而私权利未经禁止都是合法的。私权利是市场给的,社会给的;而公权力是法律给的,如法律没给,就不能行使。由此可见,政府权力是有限的,应有权力清单,权力清单中没有的就不能行使。但是,中国各级政府的权力向来是无限的,是没有限制的,想怎么做就怎么做。政府自己划定行使权力的范围,做了很多不应由政府做的事情,从而侵犯了个人、社会、市场的权利边界。

经济学家喜欢说,市场经济是法治经济。吴敬琏先生就常这么说。这包括两个方面:市场自由和市场秩序。总体来说,应该让市场在资源配置和市场准入中发挥决定性作用,政府主要应履行好提供公共产品和监管市场的责任。也就是说,政府不应干预市场自由,而应维护好市场秩序。

但是,现在政府的职能正好错位了。政府干预市场自由过多,政府希望在市场中取得自己的利益。最突出的就是土地财政,占比很大。这是一块肥肉,政府舍不得放开。而市场秩序本应由政府管,因其容易得罪人,吃力不讨好,政府便不愿作为。比如环保部门,常常执法不到位。

对政府而言,不论是九龙治水,还是选择性执法,都是利益驱动。如果政府扩张权力,唯利是图,那绝对会形成一个大政府。要改变政府行为,必须变大政府、小社会为大社会、小政府。各级政府都应该明确权力清单,只管自己该管的事,这样,才能达到法治政府的理想境界。

中国司法存在的最大问题是没有独立法官

《中国经济报告》:司法环节重在监督法律的实施。中国司法领域存在的主要问题是什么?如何开展司法改革?

江平:中国司法存在的最大问题是没有独立法官。以周永康担任中央政法委书记这五年为例,我当时评论说中国法治出现大倒退,提了"三个至上""三个公平",不提法治至上。

十八届三中全会提出司法体制改革,我很赞赏,确实有拨乱反正的意义。其重大进步意义主要表现在重提司法审判权的独立。司法去地方化、去行政化,这两者实际上是在保障审判权的独立。所有地方法院的人、财、物集中到省级法院管理,意味着可免除省级以下地方政府尤其地方政法委对案件的干预。这一点,第八届全国人大常委会委员长乔石曾经提过,他在专著《乔石谈民主与法制》中,披露了撤销与恢复中央政法委的部分细节。

去行政化也很重要。长期以来,中国各级法院的行政化倾向非常严重,就是一级服从一级,法官服从审判庭庭长,庭长服从院长,院长服从政法委的领导。按行政级别层层领导,严重影响审批权独立。严格说来,法官并不是公务员,公务员是下级服从上级,而审判员应该服从法律。过去,司法的行政化渗透到了各方面,上级法院指导甚至领导二级法院,使得一审和二审没有了区别;审判委员会也是行政化的表现。司法去行政化,上述都应包括在内。司法判决不应经过任何领导人的签字,怎么判,由合议庭自己解决,由法官独立负责。

我是1949年后第一批被派到苏联留学的,我在前苏联的法院实习时看到,一般民事案件审理中,合议庭取得基本意见后,就不能改变。这样,就做到了审和判完全结合在一起,审的人就是判的人,这样才能真正建立错案的负责制。我们现在在法院审理中加上一个审批制度,就麻烦了。审案的法官要承担责任,那么,批准的人要不要负责?有时,法官的审判结果是被审批的人改过的,审批者在其中承担什么责任?这些问题必须解决。

让审理者裁判,由裁判者负责

《中国经济报告》:那么,如何才能真正做到"让审理者裁判、由裁判者负责"?

江平:去行政化的主要因素是,法官、检察官不应该受行政干预,司法人员办案只服从法律。而要根本实现这一改革,就要确立合议庭独立办案制。对于一般案件,合议庭在开庭审理结束后,直接进入封闭式的合议办公室，马上合议，合议完之后立即做出裁判。虽然裁判文书不一定马上能写出来，但裁判结果已经出来了，这样就可以减少院里行政领导和社会因素的干扰，也能做到审理者自己裁判。其实这项制度建立起来也不难，只要建立起了这项合议制度，自然可以减少司法干预，真正实现审判权独立。

《中国经济报告》：您如何看待审委会、检委会制度？

江平：审委会、检委会制度在改革开放初期法律基础差、审判经验不足的情况下，发挥了一些积极的作用。而就目前的情况来看，审委会、检委会制度已经是弊大于利。审委会、检委会是完全依照行政权力而组成的机构，组成人员中有不懂法学知识的行政领导，一个案件上了审委会、检委会，裁判结果可能就变成了行政领导的决定，容易造成冤假错案。现在是时候考虑取消审委会、检委会制度了。

取消审委会、检委会后，法官如果遇到重大疑难复杂案件时，可以适时考虑成立专家委员会代替审委会。专家委员会完全由法学专业的人员组成，在合议庭无法做出准确裁判时，由其提供专业的法律参考。这种参考意见仅仅是业务参考，而不是裁判结论。

司法行政权省级统管，并不等于审判权省级统管

《中国经济报告》：中共十八届三中全会《决定》及中央深改小组有关司法改革的《意见》提出，要对省级以下司法机关的人、财、物实行统一管理，这迈出了司法去地方化的关键一步。您认为，司法去地方化改革中应注意什么问题？

江平：将省级以下司法机关的人、财、物收归省一级统一管理，在一定程度上的确可以减少地方党政机关的干预，但能不能从根本上减少省级行政部门的干预，还不好说。最理想的办法是实现全国统一管理，但全国法院、检察院系统太大、太复杂，各地的差异也非常大，因此，从目前来看，要实现全国司法系统统筹统管，还不现实。

实行省级统管，会不会增加司法机关内部的行政化色彩？的确不排除

这种可能。但是，司法行政权的省级统管，并不等于审判权的省级统管，两者属于不同的体系，改革中需要把握好这两个体系的关系，不能因此而影响下级法院的裁判和两审终审制度。尽管人财物实行了统筹管理，但上下级法院之间仍然是独立的，并非领导关系，每一级法院的裁判都是独立的裁判。

法院判决只能遵循"法律至上"

《中国经济报告》：影响审判权独立的一个关键因素恐怕是如何认知和对待党的领导与审判权独立的关系，尤其是各级政法委与公检法等司法机构之间的关系。您怎么看？

江平：党的领导变成直接干预，容易产生冤假错案。中国特色下，党的领导是政治领导，所谓政治领导就是把握政府工作方向，不是对所有的具体业务都进行领导，更不是对具体案件的领导，否则，就不是正常的现象。政法委员会的设置及功能在党的历史中有过一个变迁。最早，没有政法委员会，它是后来建立的。有段时间，政法委作用削弱。最近五年，政法委功能大大增强，干预案件的判决到了非常严重的程度。甚至，许多案件的判决由政法委主导。

现在，重提司法审判权的独立，各级政法委员会自身也应有规定，不能介入到具体案件的审理中，否则，就变成以党代政、以党代法，代替了法院的作用。目前，政法委员会里面还有一个综合治理机构，这明显是起着政府的作用。我们没有把党的领导看成政治领导，就混淆了党的政法委员会与政府机关及公检法司的职能和界限。

实行"法官员额制"是完全必要的

《中国经济报告》：中央全面深化改革领导小组会议审议通过的《关于司法体制改革试点若干问题的框架意见》提出，建立"法官员额制"，这与司法内部组织管理上的"去行政化"、外部组织构造上的"去地方化"共同构成了中国司法改革的基本取向。目前,上海、广东、吉林等六个省市先行试点司法改革,完善司法人分类管理,实行"员额制"。您对此作何评价?

江平:实行"法官员额制"是完全必要的,不能把法院里的审判人员和书记员、行政人员等同起来。现行公务员制的缺点是没把法官的地位突出出来,完全按行政级别提升,造成审判人员工资低。实行员额制之后能改善这种情况。

在法院、检察院,要真正凸显法官、检察官的地位,必须区别身份。就像医院必须要区分医生、护士和护工一样,法院也需要区分法官、法官助理和司法辅助人员。只有分工明确,才能更有利地开展工作。

至于审判人员和非审判人员的比例,应该根据各地具体情况确定,我认为在1/3到1/2之间比较科学合理。具体而言,根据各个法院每年的案件总量除以每个法官一年审案的标准定额,就能计算出所需法官人数。当然,也需要留出一定的机动名额;还应当考虑每个法官一年的正常审案数量,不能让他们成为办案的机器;同时,要留足法官、检察官的学习充电时间,这样才能保证办案质量。

司法公开是最好的防腐剂

《中国经济报告》:习近平同志曾说,要让民众在每一个司法案件中都感受到公平正义。然而,毋庸讳言,中国司法腐败和司法不公的现象还大量存在。您认为,如何才能遏制司法腐败、实现司法公正?

江平:司法腐败是最危险的腐败。司法作为社会公平正义的最后一道防线,如果不能预防和杜绝腐败,其后果将非常可怕。

司法公开是最好的防腐剂,而司法公开的关键在于裁判文书的公开。裁判文书中记载着完整的证据内容、判决理由和裁判流程,一旦公开,将受到全社会的监督。对于完全暴露在公众眼皮下的审判,任何法官都会有压力,都会自觉拒绝和抵制腐败。

如何发挥人大和政协的作用

《中国经济报告》： 立足中国国情，如何进一步健全和完善人民代表大会制度和政治协商制度？如何切实发挥这两个制度的功能和作用？

江平： 关于人大和政协，这是一个政治制度的问题，涉及宪法的修改。我认为，十八届四中全会不会涉及这方面的内容。为什么？因为修改宪法是一件大事。但是，我想，过几年之后可以考虑这些问题。

关于政治民主制度，我主要有以下考虑：第一，现有人大的机构太大，政协的机构也太大，应该压缩人数。中国虽然人口众多，但每年两会有5000人参会，还是太多了。代表太多，委员太多，导致参政议政没有效率。其实，人大有500人或600人就足够了，现在有2700~2800人，陡然增大开支，完全没有必要。第二，逐渐扩大民主选举、差额选举。现在，在基层有竞争性差额选举，应该逐级提升和扩展。

央地关系中的"收权"与"放权"

《中国经济报告》： 在依法治国战略中，如何合理地设计央地关系？

江平： 中国的中央与地方关系始终存在"收权"和"放权"的问题。中国虽然不叫联邦制国家，但包含了一些联邦制的因素，比如税收有中央和地方的税收，各省区市的立法也有一些地方因素。但是，我们和真正的联邦制国家有区别。关于央地关系问题，我认为，总的来说，中央集权过多，中央权力过大。中央还是应该逐渐下放权力，扩大地方自治的权力，以便更好地体现地方利益。现在，中央对地方的一些人员调动过多，尤其是许多地方，由中央直接空降干部，容易挫伤地方的积极性。

我今天早上看新闻，说社区以后也要有立法权。我们的立法权原限于省一级，现在扩大了这方面的权力，这趋势是对的。地方可以有立法权，应逐渐授予地方较大权力，以避免央地关系出现紧张。

"维权"与"维稳"

《中国经济报告》：如何正确看待"维权"与"维稳"的关系？

江平：过去常提稳定压倒一切，我是持否定看法的。稳定压倒一切，这个提法本身不科学，市场里面有自由和秩序这一对关系，自由实际上说的是维权，秩序说的是维稳。二者中，维权是基础，如果任何法律都放弃维权，那会是一个人人都不能免于恐惧的社会；有限度的维稳也是必要的，至少不能危害社会安全，如果任由恐怖分子猖狂，那也是很可怕的。但是，维稳终究有界限，还是应该以维权作为重要的基础，如果把这个基础抽掉，只提维稳，那是片面的，也是危险的。

法学教育重在思辨和实践

《中国经济报告》：优良而又扎实的法律教育是建设法治国家的最长远和根本的保障；培育出大批有法律意识、法律素养的公民，培育出大量有良好法律素养的专业人才，依法治国才能具备丰厚的土壤。您终身从事法学教育，你认为，中国的法律教育（学校教育、职业教育等）存在哪些局限？应如何加强和改进？

江平：中国法律教育制度存在两个问题：

一是发展得过快过猛，从而导致良莠不齐、滥竽充数。改革开放初期只有几所法律院校，发展到现在的600多所院校，造成毕业人数过多，加上600多所院校里中的大部分缺少合格的师资，教学质量难以保障，一些毕业生难以就业。一方面，我们仍然急需尖端法律人才；另一方面，我们又培养了大量不合格的人才，形成了非常大的矛盾。在高等学校里增加一个法律科目，办一个法学院，不需要多少钱，不需要试验室，相对比较容易，这造成中国法学教育的泛滥。我认为教育部对此负有责任。

二是中国的法律教育仍然是一种学院式教育，老师讲，学生听，实践性不强。法律是一门实践性很强的学科，有些国家的法学教育有课题讨论，有各种实习,能有效地锻炼学生,使思想与法律接轨,理论与实际结合。"文革"前,我们尚有严格的实习制度,现在越来越少了。学院式教学是中国法学教育脱离实际的重要原因,我们必须对此做出改变。

中国法治实践要借鉴国外优良经验

《中国经济报告》:他山之石,可以攻玉。您已经讲了很多国外法学教育和法治实践的例子,那么,中国要实施依法治国战略,应该怎样学习和借鉴国外(尤其是法治昌明国家)的成熟经验?

江平:什么是法律?我认为它包括三个层次:理念、制度和方法。三者中,理念是最根本的。从制度来说,各国有自己的制度。但讲到理念,就不一样了,理念应包含各民族共有的东西。法律的基本元素、基本法理是属于各民族共有的东西。所以,我们在立法时,要注意借鉴外面的经验。无论是大陆法系(成文法)的国家,还是英美法系(判例法)的国家,在立法中相互传承、相互借鉴,是一个普遍的现象。中国现当代法律体系,就基本上都是借鉴自外国(日本、德国、前苏联等),中国古代的法律用到现在的很少。习近平同志近期讲,中国法治要借鉴国外优良的经验,我对此很赞赏。借鉴国外先进法治经验与讲中国特色并不矛盾,而是相辅相成的两方面。因此,我们一方面要考虑中国特色,另一方面要大胆借鉴国外经验。我们要坚决反对那种一说有中国特色就拒绝向国外借鉴的意识和做法。

总之,所谓法律现代化,就是要充分借鉴国外的一些好的东西。不向全人类一切有益的经验(包括法治经验)学习,中国就不可能进入世界先进国家行列。

附 录

法治中国*

> 从法治建设的视角来看,《民法典》就是一部权利宣言书,要彰显个人的权利。这里面当然包括了私人财产保护方面的内容,但远不止此。

2002年岁末,《财经》杂志邀请吴敬琏、江平、张卓元三位于政策面及社会均极富影响力的重量级学者,谈2003年中国经济面临的重大主题,以及为什么中国经济重大关键问题之解决必得有待于以法治为基础的市民社会成长,以及这一市民社会本身成长所需的机会从何而来。

这样的谈话,以其所涉及的主题看,是富于挑战性的。有幸的是,在中共十六大之后,中国改革的前景,在政治和经济两翼,都有了具有突破意义的变化。三位学者讨论中屡次出现的关键词,如法治、政治文明、政治民主,本身首先是在十六大报告中被阐发多次的重要概念。过去20年的改革被称为中国的"千年未有之变",此"千年未有之变"而今正在进入新的轨道。三学者诤诤之言,正出自这一背景。

法治与好的市场经济

"市场经济发展到今天,大体框架已经基本建立,应该更多地强调法治,强调规范,强调制度建设,少谈一点'大胆探索',现在已经不是处处都要摸着石头过河的时代了。"

---

* 本文系江平教授与吴敬琏、张卓元教授应《财经》杂志之邀所进行的一场对话,原载于《财经》2003年第1期。《财经》记者叶伟强、林玲整理。

《财经》：十六大召开以来，中国的市场法治建设再度成为学界讨论的热门话题。今天请诸位来，主要想请教一下这方面的问题，进而看一看，在2003年一年中，这方面可能和应当有什么实际的进展？近中期内的主要挑战和任务究竟是哪些？

首先想请教一些基本概念，比如，市场经济和法治究竟是什么关系？为什么最近这段时期，有的经济学家和法学家们认为，必须互相从对方获得关于中国市场社会发展的思路及启发？

吴敬琏：从经济学家的角度看，建立法治对于经济发展确实显得越来越重要。参加我们国家市场经济改革的人，对于法治的认识都有一个过程。拿我自己的体会来说，在刚开始改革的时候，我们常常天真地想，只要冲破计划经济的那一套，把市场关系建立起来，一切就会一帆风顺，中国的经济也就会很快腾飞。

实际上，事情并不那么简单。随着市场经济的逐步成型，社会失范、腐败蔓延等问题变得越来越严重。另外在亚洲金融危机发生以后，一些实行市场经济的国家暴露出许多严重的缺陷，例如"权贵资本主义"（Crony Capitalism）的问题。这进一步表明，做出市场经济的选择并不意味着一了百了。全世界搞市场经济的国家很多，真正走上健康发展道路的却寥寥可数。这些现实迫使我们思考：市场经济是不是也有好坏之分，什么是坏的市场经济和好的市场经济的主要分野？在这种探索过程中，经济学家们提出了法治问题。许多经济学家指出，好的市场经济应当建立在法治的基础之上，是"法治的市场经济"。

江平：市场经济就是法治经济这种提法，令法学家们欢欣鼓舞。我对于市场经济的认识也有一个过程。我最早与经济学家接触是在20世纪70年代末80年代初，那时经济学家提出"所有制"和"所有权"究竟是什么概念等问题，于是我查阅了法学中这些概念的出典。虽然那时还有意识形态束缚，但从法学角度看，我认识到如果不打破所有制的框框，就很难建立真正的市场经济。这是我感受到的第一次冲击。

第二次冲击发生在我在比利时讲学时期。当时,我第一次了解到什么是遗产税。西方国家对富人要征极高的遗产税。拿美国来说,100万美元的遗产要缴50%的遗产税。按他们的说法,生前赠与的税率和遗产税率是完全一样的,因为受赠和继承都属不劳而获。征收高额遗产税,据说是要拿来救济穷人。西方国家也讲救助穷人,也讲对不劳而获要征重税。可见市场经济也有一个社会目标的问题。这对我的震动很大。

我在前苏联学习时,发现俄文里规则和法律是同一个词。同样,英语里"rule"既是经济里的规律和规则,又是指法律中的规则。那么市场经济中法律的规则和经济的规则,究竟是什么关系呢?我在后来的思考中又有了新的领悟,觉得我们曾过分夸大了法律,强调统治阶级,尤其是政治领导人的主观能动性。比如过去的计划就是一种"法",这种法并不尊重经济规律,指标数字定到多少就算多少,一定要求完成,完成不了也要凑数字。法和经济的关系没有搞对。我觉得,法律尤其是市场经济的法律一定要尊重经济规律。这是我第三次在法律和经济上的思考。

张卓元:市场经济发展到今天,大体框架已经基本建立,应该更多地强调法治,强调规范,强调制度建设,少谈一点"大胆探索",现在已经不是处处都要摸着石头过河的时代了。十六大就强调了在改革国有资产管理体制时要建立法律法规。当然法律的制定需要一定的时间,但法规的出台可以快一点,然后建立比较恰当的法律体制。现在与十五大时不一样,当时提的是整个国有企业改革要大胆探索,现在讲规范,讲完善社会主义市场经济体制,说明改革深化了。

《财经》:那么,该怎么看待法治和经济发展两者的关系呢?可不可以作此理解,两者是互相促进的,即法治促进经济发展,而经济发展反过来提供法治前进的动力?

吴敬琏:人类有经济、政治、道德等多方面的追求。即使不从其他方面的追求,只从经济发展这个人类最基本的追求来看,提出建立法治的要求也是十分自然的。提出这个问题的总的背景是:中国人经历了千辛万苦,付出了极大的代价,终于认识到,市场经济是实现民富国强的道路。市场交换是具有平等权利的所有者之间的产权交换。在传统社会里,除了少数例外(如古代罗马),这种交换在比较狭小的范围内是由人们面对面地进行的,因此可以靠非正式的规则、血缘关系或乡亲关系等来维系。现代市场交换却是一种在"陌生人"之间进行的高度非人格化的交换。如果不是以一套正式的规则,例如产权规则、合同规则、信用规则等为基础并且由第三方(往往是国家)来监督执行,就会导致普遍的失范,一切都会乱套。所以,现代的市场经济需要建立在法治的基础之上。热心于中国改革的经济学家需要关心法治问题,需要与法学家结盟,来建设法治的市场经济。

张卓元:这里说的是"法治",而不是"法制"。"法制"是以法为工具之制,是指法律制度。"法治"就是依法治国,强调的是以法的精神来治理国家,是法治而不是人治,亦不仅仅止于制定一系列的法律法规。过去在提法上两者经常混淆,曾经一度是以"法制"的提法为主。现在提法上已经取得共识,十五大已经肯定这一点。这个原则很重要。以后的具体措施就有了根本依据。

财产权保护、民法典与权利宣言书

"中国过去是以公法秩序为核心的社会。随着市场化走到今天,人们的权利意识增加了,私法就要向公法争夺地盘,要求保障,其中还包括了要防范公共权力对私人领域的威胁。所以,民法典就是权利宣言书。"

《财经》:现在谈到十六大以后市场法治建设的任务,人们很容易想到民营经济地位和私有财产保护等问题。我们理解,这方面2003年会有些实质性的进展吧?特别是最近民法典的草稿已经提交全国人大常委会讨论。

张卓元:总的来说,贯彻十六大的精神,就要毫不动摇地鼓励、支持和引导非公有制经济发展。这就包括了要完善政策法规,完善保护私人财产的法律制度。

江平:从法治建设的视角来看,民法典就是一部权利宣言书,要彰显个人的权利。这里面当然包括了私人财产保护方面的内容,但远不止此。民法是整个私法体系的核心,民法典内容非常丰富,对各种民事权利都有规定,最终可能有1500~2000个条目,将是中国最庞大的法典。

《财经》:为什么民法典在现在这个时候被提上议程呢?是不是随着市场化的进程,私法体系的发展变得越来越重要了?

江平:私法是调整私人关系的法律,公法是调整政府与私人之间关系的法律。中国过去是以公法秩序为核心的社会。随着市场化走到今天,社会财富增长,人们的权利意识增加了,所以在法律上提出对私法的要求。私法就要向公法争夺地盘,要求保障,其中还包括了要防范公共权力对私人领域的威胁。所以,民法典就是权利宣言书,制定这部法律是非常重大的事情。

当然,此次只不过是民法典草案第一次讨论,离通过还差得很远。这次提交讨论,在程序上是为了在2003年3月由本届人大提交给下届全国人民代表大会作准备。然后,在十届人大期间,少则两三年,多则五年,才能够最终完成这部法律。

吴敬琏:我觉得首先应当在宪法的层面上把保护财产权的问题确定下来。

江平:对。法律对于私人财产的保护应该有三个层次。第一个层次是宪法的保护,对此,西方发达国家都是写在宪法里面的。比如,法国大革命胜利后,在政府的人权宣言和宪法里面都规定,私有财产神圣不可侵犯。第二个层次是民法的保护,就一些共同性的、基本性的内容来进行保护。第三层次的保护见诸各个单行法。比如,公司法里面对于投资者的保护也是对公民财产权利的保护。

《财经》:吴敬琏先生刚才谈到宪法中应当有"保护财产权",不单单强调"私人财产权",我们理解是考虑到了所有制之间的平等?

吴敬琏:是的。宪法是国家根本大法,规定国家基本组织原则。它的主要内容是:第一,确认公民有哪些不容侵犯的基本权利;第二,划定政府权力的范围来防止拥有很大公共权力的政府侵犯公民的权利。由于十六大报告明确指出要"完善保护私人财产的法律制度",我想如果2003年修改宪法,写进有关内容大概不会有什么问题。至于为什么我在1999年修宪时曾经主张用"保护财产权神圣不可侵犯"的一般提法,是因为我认为最好不要像过去那样把财产分成三六九等,对公有财产和私人财产应当一视同仁,只要是合法获得的财产,都应当是神圣不侵犯的。

江平：现任中共中央总书记胡锦涛在纪念宪法二十周年大会上提到,要适应改革开放和社会主义现代化建设的发展要求,根据实践中取得的重要的新经验和新认识,及时依照法定程序对宪法的某些规定进行必要的修正和补充。可见修宪已经提到议事日程中来了,但修宪内容是哪些,大家非常关注。我想私有财产的保护会写进去,另外还期望在司法制度方面能有所变化。比如现在法院系统的任命都出自地方,可否像检察院系统那样搞成垂直性的呢？

在所有制上,如果还要分成公有和私有,这实际上意味着还存在着某种意识形态因素,这与市场经济要求主体地位平等的核心精神相对立。我记得在起草《公司法》时,曾存在国有股、法人股和个人股等提法要不要写入《公司法》的分歧。大家后来形成共识,认为既然要承认股东地位平等,就不应该写,所以《公司法》中没有分国有股、法人股、个人股和外资股。不同所有制的平等是财产权平等的基础。

张卓元：现在确实存在不同所有制不平等的地方,特别是在市场准入方面的不平等。所以在十六大报告中,关于这个方面的一个原则性表述作过反复斟酌："采取措施实现公平竞争。"现在就是要朝这方面走。采取什么措施？那就是放宽国内民间资本市场准入领域,在投融资、税收、土地使用和对外贸易等方面采取措施,实现公平竞争。应该认识到,坚持公有制为主体,促进非公有制经济发展,要统一于社会主义现代化建设的进程,不能把这两者对立起来。

吴敬琏：我看首先要把保护财产权利确定为一条基本的宪法原则,然后再根据宪法厘定各种法律和行政法规乃至政策。一切违反宪法的法律、法规和政策都是无效的,任何人违反宪法都是可以被起诉的。为了明确财产权受到保护和不可侵犯,应当在宪法里明确规定除为了合法认定的公共需要,并且有充分的预先补偿的条件下,才可以征用。对于其他的基本人权,比如宪法所确认的言论自由、出版自由、结社自由等,都应当是如此。这些都是法治的应有之义。

《财经》:现在有一种担心,认为如果强调保护私人财产,会不会保护了那些化公为私的行为?这里应当怎么区分呢?

江平:这样的担心是完全不必要的。保护私有财产当然不是保护非法所得,这是两回事。按照任何法律准则,对于非法所得,也应当是该没收就没收,该剥夺就剥夺。

吴敬琏:非法所得意味着对他人财产权的侵犯,这正是宪法"保护财产权"的规定所要禁止的行为。

张卓元:十六大报告明确提出:"一切合法的劳动收入和合法的非劳动收入,都应该得到保护。"存款利息、股票分红、投资收益,都是非劳动收入。只要是合法的都将得到保护。中央文件如此明确表述,这还是第一次。它将鼓励人们大胆地去投资创业,调动人们共同创造社会财富的积极性。

国资改革如何定规

"如果不加以规范,地方的自由裁量权太大了,就可能出现利用权力攫取的现象。不过要是过于追求完美,又可能根本就改不动。所以既要尽量做到初始分配的公正,又要十分谨慎地权衡。"

《财经》:我们想请教,法治之法是否不仅指法律,也包括一切规制?比如说监管是否属于法治之法的范畴?

吴敬琏:这里的"法"当然是相当广义的。

江平:现在说的法律、法规、规章这一系列东西,在不同的领域,其法治精神是不一样的。例如按《立法法》规定,只有法律才能限制人身自由,国务院的规章就不能作这方面的规定。再比如《合同法》中规定,交易或投资行为之有效或无效,要由全国统一的法律和行政法规来判定。个人财产权的剥夺就是很重大的事情,绝不可能由地方法规作出规范。

《财经》:即将展开的国有资产改革,尤其是国有资产在改革中要战略性退出,要从什么层次上来规范呢?现在既然已经确定了由中央和地方分级行使产权,那么规矩谁来定呢?

江平:国有资产管理体制改革,需要《国有资产法》或者《国有资产管理法》来进行规范。这个法酝酿了十年始终没有出台,原因就是根本性的体制问题,到底是中央统一行使产权?还是分级行使产权?这还牵涉到国有资产的管理机构设置问题。这些都是根本性、全局性的问题。至于说具体的操作面层次,各地会有其自主权。

张卓元:在国有资产管理的问题上,十六大文件提到,各级政府要严格执行国有资产管理的法律法规。新的国有资产管理机制的一个很重要的方面就是加强监督,强调法治。我的理解是"先定规矩后行动",自上而下逐步推进。而各级政府要严格执行这些法规,不可随随便便处置国有资产,否则大家一拥而上,各行其是,国有资产就可能又一次流失。这就是法治精神在市场经济中的具体体现。法治,就是要依法治国,法律法规不但要约束一般公民,也要约束政府。

吴敬琏:《财经》前几期的封面报道《十万亿国资走向》提出了进一步规范国有产权行使的必要性问题。十六大确定了分级行使产权,对于国企产权改革可能是一个有力的推动。可是现在下面一哄而上的劲头很大,如果不加以规范,地方的自由裁量权太大了,就可能出现利用权力攫取的现象。不过反过来说,半个世纪以来产权变动十分频繁,产权关系搞得很乱,很难理清楚。要是过于追求完美,又可能根本就改不动。所以既要尽量做到初始分配的公正,又要十分谨慎地权衡。

《财经》:国有资产管理体制的改革看来是2003年改革的主要内容。在将来分别由中央政府和地方政府代表国家履行出资人职能的情况下,人们比较关心的还是资产最终要怎么划分。如果按目前分级管理的现状进行简单划分,如何解决贫富地区之间的不公平呢?会不会作一点必要的调剂?

张卓元:我认为随便在各省间平调资产是不会的……

吴敬琏:看来解决这个问题的关键在于国有企业老职工社会保障基金的补偿责任由谁承担?由于老职工(包括已经退休的所谓"老人"和不久以后也要退休的所谓"中人")的分布结构和国有资产的分布结构不一致,如果不是由中央来统一补偿,内地和东北一些老工业基地就不胜负担,而且也很不公平。我认为最好的办法是在中央和地方划定国有财产的管辖权之前,先把这一块切出来,按照统一的标准给老职工以补偿。这样也许可以大大缓解这种"苦乐不均"的矛盾。

江平:是啊,原来体制里面形成的一些肥瘦不匀的怎么办?

张卓元:总的来说,怎么分要定一个法规,从容易的着手,例如是否先把大型企业工委管的190多家,特别是中央组织部任命干部的50家大企业明确划分给中央政府履行出资人职责。这一步我想是很有可能的。法规怎么定才能合理,这里文章就太多了。这当中还有经营性资产和非经营性资产,还有金融资产怎么办,自然资源资产如何管理等。哪些由中央?哪些由地方政府代表国家履行出资人职责?有些矿产资源,比如有些矿务局,已经下放给地方了,但矿山还有许多未开采的资源仍然是国家的战略资源,该怎么管?这方面要想得很细,所以最好先不要动,必须尽快制定法规。

《财经》:是不是先有了法规再进一步改革?

张卓元:当然这个法规要很快出台。2003年能不能出台还不好说,反正是要很快的。

江平:我还想知道,以后一些事业单位,像大学之类的,会怎么办?按什么原则划分?难道教育部所属的70多所是归中央,其他都归地方了?这是很有意思的问题。

《财经》：教育资产是非经营性国有资产。对于这种性质的资产,是否可以考虑探索新的方式?

吴敬琏：高等院校不应从属于行政干预,所以应当引进基金制和实行教授治校。国家可以出资补充基金,但应当保持学校的相对独立性,按照教育自身的规律自我发展。

自治组织的成长

"中国目前的主要问题还是国家权力过于集中。要解决这个问题,就不得不提出一个口号,要国家还权于民,即公民和法人;但仅仅提出还权于民还不行,还应该还权于社会。"

《财经》：法治的原则和理念是非常重要的,但一个社会怎样形成、推行和实践这种原则和理念?

江平：不得不承认这样一个现实:中国目前的主要问题还是国家权力过于集中。从历史发展过程上看,国家无远弗届地干预社会和公民、法人的各方面生活。要解决这个问题,就不得不提出一个口号,要国家还权于民,即公民和法人;但仅仅提出还权于民还不行,还应该还权于社会。有些法学家提出了"社会权力"(Social Power)的概念。从不同的角度,现在也有人研究民间法。

怎样认识民间法或社会权力? 比如说,行规和国法的界限和边际如何来划分? 行规不可以高于国法,但如果社会里都是国法没有行规也是不行的。我们过去不强调社会权力,现在逐渐有所意识。社会权力与国家权力作用各有不同,许多事情需要用某种社会力量来解决纠纷,所以对于社会权力干预的作用应该重视。

吴敬琏：现代社会人群之间的相互依赖越来越强,社会关系也变得越来越错综复杂,如果社会生活的每一个角落事无巨细都要由政府去调节和规制,国家将成为一个所谓"全能国家",既管不了,更管不好。所以随着市场经济的发展,各方面都在呼吁拓展民间社会的空间,让非政府组织来发挥自治作用。例如从经济方面来说,每一个行业都有一些与自己共有利益有关的事务,应该发挥像商会、同业公会等自治组织的作用。这种自治组织代表一定社会群体的共同利益,处理某些公共事务,并且实行自律,能够解决许多政府管不了、管不好的问题。所以在现代社会里,"治理"(Governance)这个词用得越来越频繁了。"治理"和"政府"(Government)有相同的词根,但是词意却存在着差别,就是前者意味着公共事务不是完全由政府来处理,而是由有着共同经济利益的群体,或者叫做非政府组织(NGO),实行自治和自我调节。当然它们的活动也要服从宪法和法律。

江平:说到非政府组织,绝大多数中国人第一次接触到这个词是在多年前北京举行的世界妇女大会上。政府的论坛设在北京,非政府组织的论坛设在怀柔。据说参加这些非政府组织的人比参加政府论坛的多。

现代社会中都是听政府的声音,很少有非政府组织的声音。现在非政府组织的力量越来越大,它们有自己的声音、自己解决问题的主张甚至政治主张。社会力量不容忽视。

吴敬琏:中国市场经济发展得最早、最好的地方——浙江的温州和台州地区,民间商会组织发育良好,而且起到了很好的自治作用。现在随着浙商遍布国内外,浙江商会组织的触角伸到各个地方,也把他们的经验带到了各地。最近全国工商联也在做民选商会领导的试验,就是改变工商联(民间商会)的负责人由上面派下去的做法,改为由企业家选举产生,已经有两个省级单位开始了这个试验,方向是正确的,效果也是很好的。

江平:民间力量对于法治社会的形成是非常重要的。如果一个法律植根于民间法,符合经济规律,这无论如何都是善法的范畴。统治阶级单方面制定出来的法律,就不然了。

《财经》:2003年在非政府组织的成长方面是不是会有一些进步?社会中介组织和政府之间如何着手探索一些新型的关系?

张卓元:按说方向是要进一步发挥社会中介组织的作用,特别是现在加入世贸组织之后,要把更多的事交给社会中介组织处理,这方面是要强化的。在政府和社会中介组织的关系上，原来属于政府的一部分职能，应逐步转到社会中介组织那里。

《财经》：这是不是和现在事业单位的改革联系到一起？现在每一个组织都要有挂靠，这样就可以推动其相对独立。事业单位的改革是一个什么样的计划和构思？

张卓元：原来没那么快提到这个层次。当前改革有许多焦点，我想最急迫的就是国有资产管理改革。这个比事业单位改革更紧迫。围绕国资体制的改革，政府机构可能要作调整，涉及中央与地方政府。

有法律不等于有法治

《财经》：从现在的起点往前走，中国应当如何在法治的方向上向前迈进呢？

江平：现在似乎有一种误解，以为有法律就是有法治。最根本的问题是法律建立在什么样的宪法基础之上，而宪法必须符合公认的真理，这是第一个要点。第二个要点是程序。法律在制定的过程中是不是有公众参与？本身是否透明？能不能给人以稳定的预期？这些都关乎法律的程序公正。

经过以上考验的法律才是善法。如果政府制定法律，把所有的事情规定得丝毫不差，任何行为都被政府所管理，这是不合理的。有许多部法律但不见得有法治，这是一个严酷的事实。

如果搞法律的人不拿此作为准绳，只追求法律多了就行了，只要有一部宪法在那里，管他执行有多少，管他能够兑现多少，那恐怕太悲哀了。

吴敬琏：这种思想也许跟法国大革命结束后拿破仑法典制定时期的法理哲学有关系，就是认为政府是全知全能的，可以而且应该对社会生活的一切方面定出规范，加以调节。

张卓元：法治和法制的重要区别是：法制是国家制定法律法规来实行治理，而法治是依法治国，还包括用法来治理国家政府。

江平：我们的思想长期以来受到一种观念的很严重的束缚，那就是法学只是一种工具,法律只是一种工具。我要强调的是,作为理念的法律和作为工具的法律是不同的。法律离不开作为工具的作用,但若离开了其理念,就是苍白的。而这种理念应在真正的宪法精神和民主政治中来得到真正的体现。

吴敬琏:我看问题的要害在于它是谁的工具,是社会的工具,还是少数统治者的工具。中国从先秦法家强调法律作为统治的工具,已经有几千年的历史了。他们主张"任法而治"可是他们的"法",只不过同"势"(权势)、"术"(权术)一样,是帝王手中的工具。这种法律工具论和我们所要建立的现代法治有完全不同的法律理念。

即使从法律作为工具的角度去看,现代法治也有一些得到普遍公认的特性,例如,法律的制定应当公开进行,法律应当让公众一体周知,法律不可追溯既往,执法机构的自由裁量权不得侵蚀法律等。法治建设要实现实质性的进展,首先要在权力系统里和官员中树立法治观念。由于中国这方面的"本土资源"太贫乏,树立法治观念就显得尤其重要。我们在经济生活中经常会碰到一些违反法治理念的事例,如政府官员随便改变规则,这是违背法治的要求的。最近信息产业部要求中国电信大幅度提高接入价格,掀起轩然大波就是一个例子。政府是规则的制定者和执行者,在市场经济中,是不允许它随便更改规则的。许多官员习惯于计划经济,觉得反正企业都是国有的,怎么拨拉都一样。在市场经济里,政府随便改变规则实际上意味着政府不遵守承诺和侵犯他人的财产权利,这会使人们对经营环境产生不稳定的预期,直接影响经济效益。

江平:法律应当适度。过度的国家干预可表现为两个方面,其一是法律的过度,其二是行政权力的过度干预。现在我们都认识到行政权力过度干预的危害性,但对于法律过多干预的危害性认识还不够。不仅仅是在法学家和经济学家之间在此认识上有差距,不同方向的法学家之间对此显然也有不同认识,比如民商法学家和经济法学家对法律在干预经济生活的度上的认识就不一样——民商法强调意思自治,经济法学强调国家干预。恐怕需要认真地思考,究竟法律的干预和行政的干预止于何处比较合适。

我认为,国家干预更多的应在社会法上。我一直赞成这样的观点:自发的市场经济可能会造成贫富分化越来越大,社会越来越不平等,如果市场没有自发形成对此的制约机制,就要靠国家的力量来进行某种干预。20世纪出现的社会法体现了国家干预的色彩:强制规定劳动时间、禁止使用童工、最低工资标准等。

《财经》:中国现在已经提出了建立市场社会和法治社会,我注意到江平老师的一篇文章,指出从市场社会到法治社会必须经过民主政治。该怎么理解呢?

江平:市场经济和民主政治之间有着密不可分的关系,这在较早的法学论文中就有过论述。实际上,应该看到,市场经济本身就蕴含着民主政治,或者说市场经济本身就推动着民主政治。市场经济要讲主体地位平等,必然包含着平等的要素;市场经济要讲意思自治,自然与契约自由不可或分;市场经济要讲人为本位、权利为本位,则直指人权。市场经济离不开这三大要素:平等、自由、人权。这恰恰是政治上的诉求。

市场经济发展到一定的阶段,我认为不要担心市场中出现新贵,占领政治舞台夺取权力,因为首先他要追求的是平等、自由、人权。十六大提出政治文明的主题是非常及时的,关键是如何理解政治民主和政治文明。什么是政治民主和政治文明?当前要达到什么样的政治民主和政治文明?

吴敬琏:我们所说的法治一定要建立在民主制度之下。是什么样的民主呢?是不是过去所说的"大民主"或者"群众专政"?现代社会所说的民主制度是所谓"宪治民主",也就是说,任何行使权利的主体都要受到一定的约束,而不能容许存在至高无上、不受约束的权力主体。因为如果不这样做,"主权在民"就会变成雅各宾式的暴民专政。

由此看来,法治、民主、自由等概念之间存在密切的联系,甚至可以说是互相界定的。

江平:民主政治与党的领导的关系在我们国家怎么才能体现得更好,确实有很多问题可以探讨。首先要承认,我们的执政党已经不是一般概念的执政党,执政党手中拥有的是国家的权力而不是党的权力。这个问题不解决的话,就会产生腐败的问题。党的权力是国家权力的总和,谁来制约?

中国共产党十六大报告明确提出,党要坚持依法执政,各级党委和领导干部必须增强法制观念,善于把坚持党的领导、人民当家做主和依法治国统一起来,不断提高依法执政的能力。这对于加强和改善党的领导,改革和完善党的领导方式和执政方式,提高党的执政能力和执政水平,具有极其重要的意义。所以,依法治国也包含依法治党,包括党的社会地位、党的财产、党的一些治国法的问题,这些问题应该有所预言,这样对于完善一个国家执政党的地位只有好处没有坏处。

吴敬琏:共产党怎样做到既在法律规定的范围内活动,又能够作为执政党发挥领导作用,似乎是过去长时间没有完全解决的问题。1957年"百花齐放、百家争鸣"和帮助党整风的时候,有些人提出党不应当直接发布行政命令,后来这种意见被定为"右派言论"而受到批判。不过当时的批判是根据所谓"和尚打伞——无法无天"的理念而不是根据法治的理念作出的。我认为在这个问题上十六大提出了一些重要的思想:一方面它指出共产党作为执政党要通过法定程序在社会主义民主政治中发挥领导作用,例如,经过法定程序,使党的主张成为国家的法律和使党组织推荐的人选成为国家机关的领导人员。另一方面,十六大重申共产党是在宪法和法律规定的范围内活动的,任何组织和个人都不允许有超越宪法和法律的特权。我觉得,这里提出了探索把实行法治和发挥执政党的作用这两个方面结合起来的重要思路。

张卓元:权力的制衡要通过监督来体现。现在主要是加强人大的监督,还要加强舆论监督,群众监督。权力不受监督和约束,必然走向腐败。这点现在大家都很清楚。

再谈法治中国*

> 十年过去,政府和国有经济虽然已经不再囊括一切,但还是牢牢掌握着国民经济的一切"制高点",主宰着非国有经济的命运。

"两会"结束,随着新一届党政领导接任,中国新的政治周期正式开启。社会各界都在期待尽快纾缓多年积累下来的经济社会矛盾,推动中国社会顺利转型。

2003年年初,《财经》杂志曾邀请经济学家吴敬琏、张卓元和法学家江平三位学者,深入剖析当时中国面临的重大问题,为建设法治国家建言,社会反响热烈。

十年过去,中国经济总量已经超过日本成为世界第二,但是改革攻坚并不顺遂,各种矛盾亦趋于激化。法治建设进展缓慢的症结是什么?如何化解矛盾?未来中国社会转型道路怎样选择?鉴往知今,为此《财经》杂志再次邀请三位学者,共同回顾十年间法治市场的进步与局限,探讨改革进路。

多年来,吴敬琏、江平和张卓元三位学者一直竭力为改革鼓与呼。他们深知,作为一个历史包袱沉重的超大型国家,中国的现代化转型之路注定艰难曲折。如果趑趄不前,甚至选择错误道路,中国的现代化进程恐有中途夭折之虞。要实现几代中国人的梦想,把中国建设成为一个富强、民

---

* 本文由《财经》杂志发表于2013年3月25日,责任编辑:闫祺。

主、文明的现代化国家,唯有坚定不移地推进改革。

诚如吴敬琏十年前所说:"在继续完成市场经济改革的同时,积极而慎重地推进政治改革,是中国未来改革的主题,也是中国的希望所在。"

法治市场路曲折

政府主导下的"半市场、半统制"混合体制现代市场经济的若干重要架构还没有建立起来,仍然是一种政府起了超强作用的市场经济。

《财经》:2003年年初,三位先生畅谈"法治中国",对中国当时面临的问题进行了深入剖析,指出法治是未来改革的关键所在。十年过去,中国告别了上一个政治周期。在你们看来,过去十年中国在法治方面有哪些进展,存在哪些不足?

江平:立法方面有所前进,行政体制改革也有些成效,在政治透明度、行政复议、行政诉讼、行政许可法方面都有一些值得称道的东西。

但是,在人权保障,选举制度,还有新闻、出版、结社自由等公民政治权利的法律方面,没有什么很明显的进步。司法体制最明显,有些方面甚至是倒退的。

张卓元:这十年里通过了一些新的法律法规,包括《反垄断法》《企业国有资产法》《物权法》等,对于市场经济的完善具有重要作用。不过,目前中国还没有建立起完整的法制体系。第一,有些法律不健全,如《企业国有资产法》仅仅涵盖国有企业的经营性资产,企业的非经营性资产、国有的自然资源资产、金融资产等方面都还没有立法。《反垄断法》没有对行政垄断作出规定。第二,司法公正没有得到切实的保证。

吴敬琏:从市场经济的角度看,中国目前的经济体制存在的一个重大缺陷,就是市场的产权制度基础是不清晰的。由于土地产权制度缺陷,市场主体不能够得到法律的保护。

例如,各级政府以极低的价格大量征用和占用农民土地,然后批租给工商企业和房地产开发商,从中牟取巨额土地出让金,而农民的利益没有得到保障,从而酿成了许多群体性事件。另外,虽然党代表大会要求平等保护物权,但是民营经济没有得到平等对待,公民的合法财产没有得到应有保护。

《财经》:法治存在问题,市场也不可能完善。其实这两者也是互相制约的,尤其是法治的不健全,对市场的完善也起了很大的阻碍作用。

吴敬琏:这是显而易见的。正如现代经济学告诉我们的,市场化改革不能孤立地进行,或者如邓小平所说:"不搞政治体制改革,经济改革也搞不通。"市场制度的运行需要其他方面的制度支持,其中最重要的就是法律制度的支持。

由于市场经济的法治基础尚未建立,各级政府握有支配土地、资金等重要经济资源的巨大权力。政府官员对于涉及企业微观经济活动的决策保持着很大的自由裁量权,而且近年来有日益扩大的趋势。他们通过直接审批投资项目、设置市场准入的行政许可、管制价格等手段对企业的微观经济活动进行频繁的直接干预。行政力量配置资源的能力和手段大为强化,而市场配置资源的基础性作用则遭到削弱。

中国在20世纪末初步建立起的市场经济,是一个很不完善的经济体制。一方面,它背负着大量旧体制的遗产;另一方面,即使已经建立起来的市场体系,也还处于粗陋的原始状态,现代市场经济的若干重要架构还没有建立起来,仍然是一种政府起了超强作用的市场经济。

也许正因为如此,2003年中共十六届三中全会通过了《中共中央关于完善社会主义市场经济若干问题的决定》,要求在一些重要领域继续推进改革,以便在进一步完善经济体制的基础上充分发挥市场在资源配置中的基础性作用。

十年过去,政府和国有经济虽然已经不再囊括一切,但还是牢牢掌握着国民经济的一切"制高点",主宰着非国有经济的命运。中国形成了一种政府管控下的"半市场、半统制"的混合体制。

张卓元:这些年一直在喊转变政府职能,可是南方某省一个民营企业家要建一个港口,跑手续竟然要盖400多个章!现在最大的问题是,政府太强势,政府控制资源太多,对市场的介入太深。政府特别是地方政府过多地介入经济活动和主导资源配置,一些服务业在市场准入中存在"玻璃门""弹簧门",政府对生产要素和资源产品价格管制太多,在诸多行业和领域阻碍、制约民营经济做大做强的垄断因素也不断凸显。

十四届三中全会所设想的市场经济体制是市场在资源配置中发挥基础性作用的体制。十六届三中全会重申这一点,并提出转变政府的经济管理职能。可是现在资源配置最重要的是政府,地方政府书记是董事长,市长当总经理。这与十四届三中全会、十六届三中全会的要求不相符,甚至完全走了样。

江平:我同意"半市场、半统制"的判断。虽然这十年中国经济增长很快,但是体制改革并没有什么进展,基本上是吃过去改革的老本。权力对市场经济的干扰、侵害是非常严重的。

有些人从世界金融危机中得出了一个结论,认为中国之所以没有受到危机太大的影响,就在于中国有很强大的国家控制。我认为这是一个错误的结论,如果以此来认定中国特色道路,以为中国特色就是国家更多地干预,我不赞成。现在世界上最自由的市场国家也有政府干预,关键在于先后顺序要摆正。

记得2003年通过《行政许可法》时,我抱有很大希望。《行政许可法》的一个重要理念是,凡是市场自己能解决的,由市场去决定;市场不能够解决的,由中介组织解决;只有市场、中介组织解决不了的,国家才能介入。但是现在看来,中国社会又逐渐恢复到国家干预过多的局面,办一件事要经过许许多多机构的批准。如果不能够确立"先市场、后社会、再政府"的正确顺序,那么中国的经济体制就不可能完善。

最大问题是权力没有受到法律制约

政府介入微观经济活动的过程中,行政权力利用干预市场活动的机会进行寻租活动是不可避免的,因此腐败蔓延开来。

《财经》:问题的症结在于,中国的治理传统中,存在着一种迷信行政力量的倾向,出现社会经济矛盾时,首先想到的解决办法往往是加强政府的干预和控制。这种思想至今仍然有很大影响。一些人会说:现在腐败这么严重,难道不应该通过加强干预来抑制腐败吗?

吴敬琏:十年的经历表明,回答只能是否定的。扩大政府官员的资源配置权力和对民间活动的干预权力,只能扩大寻租活动的制度基础和助长腐败。在苏联式的"国家辛迪加"中,所有的公民都隶属于国家。所以公民从事任何活动,都要以获得行政批准为前提。中国承袭这种传统,在各个领域设立了大量的行政许可。

早在改革开放初期,不少党政领导人已经认识到腐败的危害性,并且采取了道德号召、党纪国法惩治等措施加以遏制。但是在权力不受约束的情况下,效果并不彰显。

2000年,中共中央纪律检查委员会的领导人受到经济学家关于寻租问题讨论的启发,提出"权力不正当运用是腐败的源头","改革行政审批制度对预防和治理腐败具有重要作用"。当年11月,中纪委十五届三中全会正式作出决议,"加大从源头上预防和治理腐败工作的力度"。其中首要的重点,就是"改革行政审批,规范行政审批权力"。接着,国务院也设立了"行政审批制度改革办公室"。据2002年中国政府的报告,国务院65个部门在三年中共清理出各类行政审批项目达4159项,由此可见行政许可之多、之滥。本来,公布的数字本身就有不少"猫腻"。到2004年年初宣布这项改革"取得阶段性成果",风头一过,行政审批很快就死灰复燃。

2003年颁布《行政许可法》是约束行政权力的一项重要措施。自由选择从事经济和社会活动,本来是公民天然具有的权利。所以,在现代国家,对公民行为选择的基本原则是"非禁即行""非禁即入",只要没有法律的明文禁止,公民有权从事任何自己所属意的活动。

《行政许可法》禁止随意设立行政许可,这是一部事关保护公民基本权利和端正政府行为的重要法律。遗憾的是,它没有得到严格地执行,而且从一开始实施,就有不少"但书",保留了原有的投资等行政许可。特别是2003年年末出现经济过热问题以后,政府赋予发改委很大的审批权力,进行"有保有压"的微观干预,使行政许可大有全面实施之势。

江平:当今中国面临公权和私权的冲突问题。公权和私权冲突在计划经济时代是不突出的,那个时代只有"个人利益绝对服从国家利益",在国家利益绝对权威下,谁还敢提私权?公权和私权的冲突在西方国家自由经济状况下也不突出,因为在市场行为中,国家干预的范围和程度都比较小,且法律对国家行为行使的程序有严格的规定,私权救济的手段也相当充分。

只有在中国现今的社会状况下,一方面公民的私权越来越多,权利意识越来越强烈;另一方面又保留了政府干预的巨大空间,公权和私权必然要发生碰撞,甚至是激烈的碰撞。在这种情况下,就要通过改革,减少公权力在社会生活中干预的作用和干预的分量,而不是扩张公权力。

张卓元:中国贫富差距不合理主要是由于权力的腐败。有人说,目前中国贫富差距的关键是因为私有经济占比太大。这种说法是不对的,日本、德国、美国的私有经济比重比中国不知道大多少,可是基尼系数比我国低,这怎么解释?

建立市场经济就要清晰界定政府和市场的界限,凡市场能有效做好的就交由市场去做。政府应主要做好经济调节、市场监管、社会管理和公共服务,特别是致力于创造并维护一个良好的市场环境。政府应是一个公正的裁判员,而非集裁判员和运动员于一身。但是由于政府没有实现职能转换,还存在许多扭曲,经济调节"越位"、市场监管"缺位"、社会管理"错位"以及公共服务"不到位"的问题依然存在。

《财经》:这种政府主导下的"半市场、半统制"的混合体制却得到了一些人士的赞赏。他们将其称为"中国模式",认为中国经济之所以高速增长,就在于中国具有一个以强势政府和国有经济对社会的强力管控为基本特征的政治和经济制度。

吴敬琏：这种模式不值得夸耀。相反，它所产生的问题越来越严重，应该正视。由于政府一方面拥有支配资源的大权，另一方面又缺乏有效的制衡，政府介入微观经济活动的过程中，行政权力利用干预市场活动的机会进行寻租活动是不可避免的，因此腐败蔓延开来。

从20世纪80年代中后期起，就有不少学者对中国寻租腐败的规模进行跟踪研究。他们提供的具体数字有所差别，但是他们共同的结论是：由于寻租的制度基础庞大，腐败的规模是十分惊人的。例如，经济学家王小鲁估算，2005年全国灰色收入规模达到4.8万亿元，2008年则达到5.4万亿元，租金总额占GDP的比率高达20%~30%。由于权力能够带来财富，腐败还从经济领域蔓延到政治领域，"卖官""买官"现象触目惊心。

腐败猖獗造成的另一个严重的社会后果，是社会贫富分化加剧：一方面，少数掌握支配资源权力的贪官污吏和有寻租门道的人，能够凭借权力暴富；另一方面，普通劳动者，特别是一般农民不能充分地分享改革和发展的红利。

江平：最大的腐败还是权力腐败。本来不应该国家干预的，国家干预得太多，这是造成腐败非常重要的原因，也是这些年群体性事件爆发的主要原因。

张卓元：公权力缺乏有力制约是一个大问题。许多法律得不到真正执行，特别是涉及土地的很多法律法规，最大的违法主体是地方政府，可是哪个地方政府受到了法律的制裁？还有，环境保护的法律规定很严格，可是没有经过"环评"就上马的企业比比皆是。有些地方官员为了GDP不顾一切，哪怕它黄沙漫天、寸草不生。

中国面临两种选择

薄熙来事件的核心问题，是要不要坚持十一届三中全会以来的改革路线？

《财经》:各种矛盾的逐渐积累,还有什么原因?

吴敬琏:具体的原因多种多样,但归根结底是一条:政府不受约束的权力不但没有得到削弱,反而不断加强,就不断使社会矛盾激化。和一切社会演进一样,经济改革、政治改革如逆水行舟,不进则退。

1997年的十五大要求国有经济进行"有进有退"的战略性布局调整,明确国有经济只需加强对少数关系国民经济命脉的行业的控制。

本世纪第一个十年间,能源、电信、石油、金融等十几个重要行业的国有垄断企业的改革没有继续下去,反而不断强化其"绝对控制"和"较强控制"的垄断地位,还出现了"再国有化"等开倒车现象。政府对企业微观经济活动的行政干预没有减少,反而加强。法治国家、民主政治进展也十分缓慢。

由于改革的停顿,中国经济发展的不平衡、不协调、不可持续和社会矛盾愈演愈烈。

张卓元:目前,一些国企最严重的问题就是行业垄断。尽管国务院两度推出"非公经济36条",但没有取得实质性进展。由于某些权力部门的存在甚至强化,导致行政垄断未见削弱,反而扩张;不仅使国企改革进展缓慢,反而出现了局部领域"国进民退"的势头。这与市场化改革方向渐行渐远。

江平:一个时期以来,司法改革实际上是倒退的。

过去认为,法院严格按照法律来判决,就是体现了党的领导,因为法律本身是共产党领导制定的。现在强调党对司法的绝对领导,强调政法委员会对法院的绝对领导,这就走向了一个错误的倾向。

因为如果法院是按照政法委员会的指示来办事,法院就完全失去了独立性,大大改变了《宪法》第126条的规定"人民法院依照法律规定独立行使审判权,不受行政机关、社会团体和个人的干涉"。

《财经》:过去十年间社会上改革的呼声高涨,不同社会阶层都在呼吁改革,为什么改革却难以取得进展呢?

吴敬琏：伴随中国改革进程，社会利益结构也不断地分化、重组，新的利益群体、利益阶层和利益集团不断产生。其中有一批人趁政府官员拥有支配资源的巨大权力和这种权力没有受到严格制约的机会，通过寻租活动发财致富，使权钱交易成为一种相当普遍的现象。

可以说，正是由于政治体制改革滞后产生了这种特殊利益集团，特殊利益集团形成后又成为政治体制改革的巨大阻力。

从思想方面说，执政党内许多人认为，高度集中的苏联式的政治体制乃是社会主义的天经地义，必须无条件地坚持。

江平：确实，这与邓小平改革开放初期的要求是不相符的，那时小平同志特别强调"党政分开"，党在政治上领导。可是近年来越来越强调，人大要在党的绝对领导之下，甚至法院也要置于党的绝对领导之下。

还有很重要的一个原因是，在中国的政治生活中发生了一些事件，特别是在许多地方出现了一些群体性事件，而且数量越来越多。

在群体性事件的压力下，没有进一步改革，反而变得保守。不是"法治压倒一切"，而是"维稳压倒一切"，这是很可怕的，因为它把维护现有的秩序作为最大前提。

张卓元：改革越来越难，越往后推越难，为什么？既得利益固化。中国多年经济繁荣时期形成的既得利益群体在不断发展壮大和固化，能量很大，已成为阻挠和反对深化改革不可轻视的社会力量。2003年我就开始呼吁征收房产税，十年过去没有下文，因为许多官员反对，他们都有多套房产，个别人甚至有十几套、几十套。

转变政府职能，改革官批体制，就会触犯许多有审批权力的官员的既得利益，权钱交易会受到很大的限制。推进垄断行业改革，允许新的厂商进入竞争，就会侵犯垄断行业职工，特别是其中中高管理层的既得利益，他们的高于其他行业数倍的收入必然受影响。

《财经》：正是由于社会矛盾不断积累，改革又停滞不前，各种各样的主张开始出现，甚至一些极端主张也有不少人赞成拥护。重庆薄熙来事件就是在这样的大背景下出现的。

江平：重庆薄熙来事件说明，中国存在"极左"的思潮。把"唱红"当做政治运动来搞，不惜代价，"打黑"更是动用刑讯逼供等非法手段，运用政治运动方式打击那么多的人，实际上已经是侵犯人权、入人以罪。

可是有一批人赞赏这种做法，就像顾准所指出的，在一个神圣的目标下面可以采用一切非法的手段。历史上有沉痛的教训啊。

现在，薄熙来问题虽然在政治上解决了，但是还没有真正清算这股社会思潮，尤其是需要从体制上去反思，为什么会产生这种现象？

张卓元：薄熙来事件的核心问题，是要不要坚持十一届三中全会以来的改革路线？

吴敬琏：正像前面讲过的，本世纪初期以来，改革的停顿使中国经济发展的不平衡、不协调、不可持续的问题日益突出，而腐败蔓延、贫富差距拉大等社会矛盾也趋于激化。

人们对于如何应对挑战开出了很不相同的"处方"，概括起来有两种"方向之争"：一种意见是继续沿着十一届三中全会以来的改革开放路线向前进，推进市场化、法治化、民主化的改革；另一种意见是从市场化、法治化、民主化的改革方向倒退，强化政府对于整个社会的管控，强化政府和国有企业的资源支配权力。

后一种主张，实际上指向政府控制整个经济社会发展的国家资本主义的方向。而在中国的条件下，国家资本主义恐怕很难避免滑向"权贵资本主义"的泥潭。

在当今的中国，如果不能果断地采取经济和政治改革措施来制止权贵对国家和各阶层人民的掠夺，纾缓社会矛盾，某些枭雄式的人物就可能利用这种情势，用"打土豪、分田地"一类极端"革命"的口号，误导深受压榨因而热切希望获得公平正义的大众，把他们引向逆历史潮流而动的歧途，使建设现代中国的进程遭到中断。

共话改革共识*

> 我认为改革有一个共识，应该是趋同而不需趋异，从大方向来看，应该与国际潮流趋向一致，而不是相反。

主持人吴思：感谢大家光临，改革共识至关重要。走向民主法治是大家都同意的，如果需要走一百公里的话，我们以前走了一段路，刚刚结束的十八大人事班子做了各种各样的承诺，准备在未来五年再走那么几十公里，可能努点力，做到权在法下，不以权压法，当然有很大的不确定性，而且仅仅是执政党的一面，社会上还有其他力量，比如工人、农民还有知识分子，以及整体世界形势。综合起来，就更加不确定。

我们对未来走向哪儿特别感兴趣。所以，希望在确定了一点，还有很多不确定因素的情况下，听听大家的高见。

江平：改革要向国际共同的理念、规则靠拢

江平：我认为改革有一个共识，应该是趋同而不需趋异，在大方向来看，

---

* 本文为 2012 年 11 月 16 日，由北京大学宪法与行政法研究中心等主办的"改革共识论坛"实录。"改革共识论坛"在北京国际会议中心举办，江平、陈光中、资中筠等先后发言，历史学者、炎黄春秋主编吴思主持论坛。陈光中，1930 年 4 月出生，浙江省永嘉县人，中国政法大学终身教授，原中国政法大学校长，中国法学会刑事诉讼法学会名誉会长，新中国诉讼法学奠基人之一。参与 1996 年、2011 年《刑事诉讼法》修改，以及 1999 年《宪法》修改。资中筠，1930 年 6 月出生，湖南省耒阳市人，资深学者，中国社会科学院荣誉学部委员，原中国社科院美国研究所所长。著有《读书人的出世与入世》《资中筠集》等。

应该与国际潮流趋向一致,而不是相反。这当然不是说完全照搬,一方面要与国际趋同,另一方面又不能够完全相同,这就是我考虑的一个基本观点。

据此可以看出近年来的司法改革,并没有走向趋同路线,而是趋异路线。为什么说这些年来的司法改革是倒退?

第一,世界上各国都明确规定法院只服从法律,我们的宪法也是这样写的。实际上,人民利益很难具体掌握,原告是人民,被告也是人民,法院怎么来决定哪个人民的利益更至上,强调人民利益容易形成民粹主义思想。

第二,法官到底是司法上的审判员还是国家的公务员?现在的法官完全被纳入公务员序列,本身就是国家公务员的一个成员,法院内部也是一级服从一级决定,审判员要服从审判长意见,审判长要服从庭长意见,庭长要服从院长意见,重大事情还要交给审判委员会决定。这样一种行政制度,造就法院中行政气氛极重,官位极重。层层请示的行政领导制度,实际导致司法两审制度形同虚设,一审发现疑难问题,按照行政请示制度请示上级,上级批复后按此来办。

第三,法官到底是一个法律精英?还是一个社会工作者?自从提出社会综合治理以来,特别强调法官在其中应该发挥的作用。如此一来,法官并不是花很大力气去努力理解法律精神。现在新法律越来越多,也越来越复杂,法官不能够限于作为社会工作者去调解社会工作纠纷,解决社会矛盾。

第四,调解是手段还是目的?世界各国现在越来越重视调解的作用,但是如果强调调解率必须要达到多少,这就把调解从作为一种手段变成作为一种目的。在审判方式上也是这样,现在越来越强调马锡五审判方式(编者注:指马锡五任陕甘宁边区高等法院陇东分庭庭长时创造的群众路线审判方式。该方式实行审判与调解相结合,强调法官实地调查研究,依靠群众,尊重群众意见)。这其中涉及一个根本问题,法院到底起什么作用？法院更多是作为一个中立者听取双方意见，还是更多介入到案件的调查之中？这个问题也需要我们很好地考虑。

总体来说，我们在这四个方面都是和国际趋势相反，越来越强调中国特色。强调中国本身和世界不同的特点，并不是我们改革的初衷。我认为改革就是要向国际共同的理念、规则靠拢。

陈光中：现有领导体制的不足在于"一把手"权力太大

陈光中：今天与李锐等老前辈一起发言，也是第一次见面，我很荣幸。尽管我跟老江（编者注：指江平）同岁，他比我小几个月，但是在老前辈面前我还是中年人。

闲话就不多说，我今天的发言结合十八大，作为共产党员，对十八大不可能不关注。中国现在坚持中国特色社会主义，小平同志提出来的这个道路和旗帜，理解它的内涵，更多侧重于解放思想、改革开放，实际上重点是要摆脱原来的苏联模式，这是我的第一点看法。

第二，现在讲改革开放，我个人着重从政治体制改革推进民主法制角度来说。我们党是执政党，决定了共产党的执政地位，从原来的打天下到治天下，领导体制如果不认真加以改革，政治体制改革很难取得有效进步。领导体制的不足就在于"一把手"权力太大，很难受制约，民主集中实际上是集中有余，民主不足，最后更多是集中到"一把手"，"一把手"决定一个单位。

刚才老同志提到很支持胡锦涛同志全退，我也认同，这次党中央总书记与军委主席一起退，是一个进步，这就表示以身作则，进一步体现实质上结束终身制，结束终身制就是解决个人说了算的问题。从这个意义上来说，我觉得应该把这个制度从党章、宪法上进一步加以规定。

大家知道宪法规定了总理、国家主席的任期，但军委主席没有规定年限。

第三，重庆薄熙来等案件，给我们的教训是非常深刻的，涉及体制问题,也涉及反腐败的体制问题。但是预防问题并不是靠某个机构就能够解决的,关键要发挥党内民主、党内监督、社会民主、社会监督。财产申报制度现在一直启动不了,这实际上是全世界行之有效的反腐措施。领导干部申报有关事项,关键就缺"公开"两个字,公开同内部申报不一样,因为不公开就没法监督。有的东西不向前走,就要被动挨打,共产党和国家的声誉就会受到严重的损害。

最后,我想讲一下司法机关的改革问题。司法体制改革刚才江平教授讲了,要解决司法机关依法独立行使职权的问题。十八大报告提到要确保法院依法独立行使职权,怎么确保?十六大讲了,十七大也讲了,一直讲。确保解决各方面的问题,要先减少司法机关对党政人事权、财政权的依赖,同时切实解决办案的审批问题,不能疑难问题都找政法委来协调、拍板。这个问题要推进,要按照过去六十四号文件(编者注:指1979年9月9日颁布的《中共中央关于坚决保证刑法、刑诉法切实实施的指示》,其中明确宣布取消党委审批案件的制度)废除各级党领导对案件的审批制度。当然,我也并不是绝对化,非常重大的涉及国家的像薄熙来等案件,也不能不过问。

我的发言到此为止,谢谢。

资中筠:民主、法治是人性所需

资中筠:我们在这里讲了好多话,其中有很多非常好的意见,而且这些意见也不是第一次讲,各路英雄在发表各种各样的文章,不管是网上还是杂志报刊都讲了很多很多,我们这些讲话是讲给谁听的呢?

我去年写过一篇文章,就是顾炎武讲"天下兴亡,匹夫有责";"国家兴亡,肉食者谋之",就是匹夫无责。我们对于国家兴亡是没有责任的,这一点应该有一个共识,责任不在我们。天下兴亡,为什么匹夫有责?知识分子对道统有一个承担的责任,不能让整个道德价值系统垮台。

为什么说"肉食者鄙,未能远谋",因为他们是受利益的控制,并不是因为看不到,我想危机感比我们要严重。

另外,我觉得官场腐败今天在中国不可怕,可怕的是全社会腐败,最可怕的是从小学生开始就受腐败教育,让妈妈给老师送礼,并说要不然老师就对我不好了。我想在座的年龄在四五十岁的人,在小学期间绝对不会有这样一种观念。现在我们讲公平、正义,觉得腐败很不好,可到我们下一代,他们是不是觉得这事儿很不好呢?恐怕不是,他们会觉得只要能玩得转,谁在这里头都是一样。他们已经接受这样的观念,这才是可怕的事情。

我们要拯救的是中华民族,包括精神上,不能让它整个腐败下去。孙立平先生写的"溃烂理论"对我很有启发,可怕的就是全民溃烂。所以,我们应该眼睛向下,而不是眼睛老向上。

眼睛向下,也就是关注全民的问题。我最近研究纳粹德国的上台情况,其实有什么样的民众状态,与能不能造成一个法西斯政权有非常大的关系。如果有一个神化的领袖,没有人当他是神来拜,他就神化不了,这与民众教育、启蒙有非常大的关系。前些日子有人借着所谓爱国为民搞打砸抢,一方面是他们发泄不满,另一方面还说明民众受得是什么教育。

最后,民主、人权等应该达成一个共识,这是属于人类共同的目标,是人性所需要的东西。人权不是西方概念,它就是人生下来应该有的权利。还有平等概念,在封建社会是没有平等的,大家都接受不平等,人生来不平等,但是现在大家都认为应该平等。

现在有一种流传的说法,认为美国搞霸权,英国是靠海外殖民起家的,因此就不要现代民主法治,我觉得这是两码事,完全是概念混淆,不能因为这个人吃了饭出去打人,我们就连饭都不要吃。有了民主法治,可以治理国家,国家兴旺但不一定就非要出去侵略别人,那是两码事。我觉得一定要弄清楚,民主、法治是我们自己的事儿,不是外国人的事儿,也不是在谁的压力之下的事儿。

我就先讲到这儿,谢谢大家。

依宪治国：责无旁贷，乐见其成*

> 解决好党的领导和依法治国的关系，这是最基本的，如果党政还是继续混淆，党还是实行政府的职能，就不可能现代化，共产党必须实行的是在政治上的领导，而不能在具体问题上过多干预。

2014年4月，《中国法律评论》杂志（以下简称《中法评》）邀请到郭道晖先生、江平先生和李步云先生，李老自言：这是我们三人首次一起接受访谈，非常高兴。诚然，三位长者均已年届耄耋，共话的机缘也越发难得。对谈伊始至终，他们精神矍铄，思维敏捷，说宪法，话共识，论改革，就当前的法治热点和焦点问题展开了广泛而深入的讨论。三老的经历和角度各不同，观点也自出机杼，精彩纷呈。自新中国1954年宪法起，已然六十载，三位长者从意气风发的法学青年一路走来，成为今时从容、睿慧、有气度的智者。在参与的诸多重要法治事件中，作为亲历者，他们有担当，在其时的工作岗位上尽职守责；作为反思者，他们是真诚的，看见法治经验的同时更注重对教训的吸取；作为建言者，他们有显见的赤子家国情怀，对宪治中国之成就充满理性的期待。编者在聆听三位长者三个小时的短暂分享里，仍得一窥大时代背景下法律人的矫健身影。祝愿三老幸福康健，也祝福依宪治国早日可鉴！

《中法评》：十八届三中全会通过的《中共中央关于全面深化改革若干

---

* 本文原载于《中国法律评论》2014年6月总第2期。

重大问题的决定》提出,"全面深化改革的总目标是完善和发展中国社会主义制度,推进国家治理体系和治理能力现代化"。从"四个现代化""依法治国基本方略"到"国家治理体系和治理能力现代化",在您三位看来,这些表述上的变化与法治的关系是怎样的?

江平:我觉得在"四个现代化"之后,我们现在又提出国家治理体系的现代化,这是一个很大的进步,至少我们承认在国家治理体系方面有些现代化的问题。至于怎么解决,有哪些基本途径和基本要素,我认为有三个方面:第一,是解决好党的领导和依法治国的关系,这是最基本的,如果党政还是继续混淆,党还是实行政府的职能,就不可能现代化,共产党必须实行的是在政治上的领导,而不能在具体问题上过多干预。第二,是分工制约的体系,它实际上意味着各种权力,包括审判权、司法权、行政机关的权限应该各司其职、互相监督制约。第三,是要正确处理好国家和社会的关系,我想就是一个国家、社会和个人的关系。在这些方面应该秉承在《行政许可法》制定的时候,杨景宇代表国务院作的一个立法报告:在市场上只要是能由市场主体自己解决的,就由市场主体自己解决;解决不了的,由社会组织来解决;只有当个人和社会组织都解决不了的时候,才能由政府来解决。这是我一些简单的看法。

李步云:我同意江老的看法。关于党的现代化的问题,执政党自身应按民主原则来组建运作。中国共产党正在朝着这个目标一步一步往前走。要成为现代政党,实际上关键的就是解决好党政关系的问题。另外是法治的问题,宪法要落实,主要是权利保障。宪法的最高原则是人权保障,这么说是有根据的。列宁说过,所谓宪法就是一张写满人民权利的纸。我的导师张友渔先生,也提出宪法是人民权利的保障书。民主、法治相对人权来讲,是一种手段,但其本身也是目标。一个尊重宪法的国家起码要讲三项原则——民主、法治和人权,这是宪法的基本原则。

郭道晖:关于建立法治社会,刚开始还有人反对:国家法制应当是统一的,法治国家之外还搞什么法治社会,不成了二元化吗?现在十八届三中全会决定(十八届三中全会通过的《中共中央关于全面深化改革若干重大问题的决定》,下同——编者注)提出建立法治社会,这是很有远见的一步。但是,人们是不是真的理解何为法治社会呢?法治社会就是社会的民主化、自治化、法治化,其核心是公民权利的实现;它是既支持又监督国家权力运行的一个相对独立的实体。那种以为法治社会就是单指"用法来管理社会"的理解,是不对的。

《中法评》:三位老师的观点抓住了要害,谢谢!我们只补充一点,党章中有一段是这样表述的:"党必须保证国家的立法、司法、行政机关,经济、文化组织和人民团体积极主动地、独立负责地、协调一致地工作。"老师们就党政关系的观点与此并无矛盾,异曲同工。

经济体制改革是全面深化改革的重点,核心问题是处理好政府和市场、国家和社会治理的关系。目前,我国市场体系不完善、政府干预过多和监管不到位等问题并存,同时社会(自治组织)成长缓慢,限制了市场经济的健康有序发展。在您三位看来,这些问题应当如何克服?

江平:市场法治包括两个方面:一个是自由的法治,另一个是秩序的法治。自由和秩序是法治两个非常关键的问题。自由实际上是权利的问题,秩序实际上是权力的问题,这两个问题我觉得长期以来没处理好。为什么呢?市场自由涉及市场主体自由的问题,这个问题应该归市场来管,政府不能够来管,或者只在几个很次要的层面上来干预。而市场自由最主要的问题一个是资源配置,再一个是市场准入,是否准许进入市场,是否具备相应的条件。但现实中在两个核心问题上,地方的利益太大或者政府部门的利益太大,本来是由市场主体自己来解决的(事项),它要来掌管。譬如说土地资源怎么样来分配,这个关系很大的利益分配,都希望把这个权力掌握在自己手中。矿产资源也是这样,其他的包括金融资源等各方面都有这个问题。资源分配实际上是由政府控制或者由政府来管理或统管的。这个利益太大了。《行政许可法》规定了哪些可以自由准入,哪些需要限制,而我认为《行政许可法》通过以后,实际上政府所讲的目标根本没有实现,进入市场仍要有政府掌管的一百多个部门许可才可以，这是一个很大的缺陷。市场准入也有利益机制，市场自由没有放开，法治没有建立起来，根本原因在于利益关系。

市场秩序的法治，当然是由政府来管，但我们现在假冒伪劣产品盛行，不守信用、欺诈现象很普遍，为什么在这一点上出现市场秩序如此混乱的现象呢？显然是政府在这些方面不愿意太多介入监管，愿意更多介入市场自由领域。我认为，这个原因很简单，市场监管是要得罪人，肯定是要得罪人的。在这个意义上，政府不愿意得罪人，很多政府睁一只眼闭一只眼，做老好人。像各级环境保护部门明明知道企业是污染企业，不愿意得罪它，怕影响当地的经济发展，甚至更进一步通过接受贿赂的办法蒙混过关。基本上还是一个利益的机制，所以不解决这个利益的机制，那是不行的，这是我的基本看法。

李步云：江老讲的都是要害，治理结构是一个总目标，第一个是要处理好党政关系，第二个要正确处理好国家、社会和个人的关系。郭老提出，"法治社会"是一个过去文件从来没有提过的名词，是一个新东西。法治社会的提出还涉及公民社会的问题（事务）。党和政府对社会事务的管理可以改革，大量社会事务中不该管的，党和政府不要去管。因此，从这一点而言，其实"公民社会"这个提法不神秘，是指政府以外的广大空间，包括企事业组织，包括社会组织，包括行业组织，包括农村和城市自治组织，都属于社会范畴，应该给它一个正确的定位，把它作为政府和人民的桥梁。

法治社会是相对法治政府来说的。社会组织要依法行使社会权力，保障广大自治组织和公民的权利。关于社会自治，建立法治社会，我提了四点建议：第一点针对的是国家层面的法律，即进一步要怎么保护它；第二点针对的是所谓软法，即行业规章、乡规民约，应适当发挥作用，但不能太硬，超过法律变成了"土法"，那是不对的；第三点是真正落实政社分开；第四点是社会组织中涉法的组织要重点培育，包括法律援助组织、律师组织。我提的四点建议，《人民日报》发表了。

郭道晖：我稍微补充一点，十八届三中全会决定提出，坚持法治国家、法治政府、法治社会一体建设。我对"一体建设"这个提法有一点保留意见，认为不是很准确，可能被解读为恢复过去"国家——社会一体化"的格局。我建议改为"同步建设"。现在提出法治社会，恰恰就表明社会和国家是两个独立的实体，是二元化的，法治社会是相对法治国家而言的（这里讲的"国家"是指广义的政府，不只是行政机关，还包括政权机关、司法机关）。当然说二元化，也不是绝对分离的。而在计划经济时期，国家和社会是一体的，国家垄断了社会（的一切资源），社会只是"国家的社会"，号称二者利益高度一致（其实，按马克思的理论，国家才应当是"社会的国家"：先有社会，后来才有国家；国家的权力是社会——人民所赋予的）。而实行市场经济以后，社会可以掌握一定的资源，拥有对社会和国家的影响力和支配力（即社会权力），运用自己的资源来保护、发展自己，同时也可以监督国家。国家要实行法治，社会要发展自治，社会也要发展自己，不应该一体化。

江老有一次在中国人民大学作演讲，对"社会权力"作了很好的解释和发挥，我非常佩服，也非常赞同他是通过私法的角度来阐释和发挥"社会权力"的理论，我是从公法的角度。他说郭道晖提出的"社会权力"概念，是把权力/权利一分为三：一个是国家权力，另一个是社会权力，还有一个是私人权利。国家权力的特性是强制性，社会权力的特性是自治，而个人权利的特性是自由，概括得很精辟，为以社会权力制衡国家权力的新观念拓展了一片新空间。十八届三中全会提出要建设法治社会，我认为这是领导人一个很有远见的谋略。法治社会就是公民权利能得以充分保障的社会，有些人实际上还不太懂，以为是用国家权力管理社会，用法来管理社会——千万不能这么理解。过去胡锦涛同志提出"创新社会管理"，有些干部就把这个理解成加强对社会的管制，实际上是完全错误的。十八届三中全会决定已经改称为"国家治理""社会治理"了。

李步云：我再接着讲法治的四个特性：第一个是全局性，不仅有以德治国、科教兴国、和谐社会这些目标，还有公民的基本权利、国家机构的架构，这些都具有全局性。第二个是所有的重要事项都要纳入宪法和法律的轨道，不能自己乱来，具有根本性。第三个是规划性，要将宪法和法律具体化，才能可操作。第四个是法治有长期性，而其他的东西都有过渡性，到一定时期就不那么重要了。在这个意义上，法治相当于我们的目标、模式、行为准则，因此，它比人治和党治要高明，涉及民主治理的问题，能集中多数人的智慧。

《中法评》：十八届三中全会提出，推行地方各级政府及其工作部门权力清单制度，依法公开权力运行流程。在您三位看来，政府权力清单制度的建立和完善具有怎样的经济、社会和法律基础？其对我国市场经济和法治政府的发展具有怎样的意义？

江平：这个问题让我想到，报上登过李克强总理在一次政府工作报告记者招待会上指出，私权没有禁止的就是合法，而公权没有授权的就是违法，我觉着这是非常好的一个概括。私权也就是个人的权利，凡是没有禁止的就是合法的，而政府权力只有授权才是合法，没有授权的就是违法。我认为这是非常正确的，这是有限政府的逻辑思维和根本出发点。

为什么要讲有限政府？政府就不能是无限的，政府只有授权才是合法的。这需要两个前提：一个是法律授权，另一个是上级主管授权。授权很重要，我们现在的法律在总体上完备，但还需要政府授权，地方政府有时需要中央政府授权，或者中央有些政府部门需要国务院的授权。在这个地方提出"权力清单"，这是一个很重要的概念。所谓权力清单，就要把哪些是法律所规定的授权给政府的权力，和上级对下级的授权内容都列进清单里面。也就是说，给政府的权力划个界限，或者说政府在行使自己的权力时哪些是正当的。我认为，真正制定地方政府和政府部门的权力清单制度意义是很大的，它把"公权力是有限的"这个概念明确了。

郭道晖：我补充一句，李克强总理说的这句话即法理学上的原则："对公民（权利），法无禁止即自由；对政府（权力），法无授权皆禁止。"我过去也感到，说法"无"禁止即自由，如果法本身并不完善，没有或者还来不及，或者漏掉了去禁止时,是否也都可"自由"去做?过去讨论海南岛新设为省时,法制草创不完备,就面临这样的问题。后来我将它改为"法不禁止即自由",意思是从法理上和公平正义原则上应当"不"予禁止、法律也未明示要禁止的,公民和社会组织就可自由去做(这也只能理解为只是法律上不限制、不追究;也可能要受道德、纪律的问责)。至于"法未授权皆禁止",用来制约政府权力的滥用,则是绝对的。我是这么看的。

李步云:江老的解释我觉得是对的,说到了点子上。因为有限政府就是这个意思,李克强总理提出这个问题,他的话体现了有限政府的意思。我在讲国家权力和公民权利八项区别中,第五条就是指这个,对政府法不授权不得为,对公民法不禁止即自由。这个原则早已有之,列这个清单就清楚,哪些是不能做的,清单里没有列明的政府就不能乱来。

《中法评》:这个清单由谁来制定?

三老:这是关键问题,不能自己给自己开清单;应该是要由人民代表机关——人大来划定。

《中法评》:目前,反腐败及其体制、机制的改革与完善,是大家普遍关注的政治、法律与社会问题。在您三位看来,官员腐败现象的发生,具有怎样的历史、社会和制度根源?从政府与市场关系、国家和社会关系的角度来看,你们认为,应当通过怎样的制度和机制安排,防止利益冲突和腐败现象的发生?

郭道晖:我对现在的反腐败很拥护,但是也觉得有遗憾,为什么?想到解放以前,共产党人抛头颅洒热血,英勇地走向刑场,他们是伟大的、光荣的,体现了高尚的道德。现在不少共产党员高级干部也是排着队走向刑场,这就可悲了。不仅他自己可悲,我们的党也应当反躬自省:为什么会变成这样?我过去写过文章,认为党对这个情况也有责任。江西省原副省长胡长清临刑前曾发问:假如很早制定了制度使我不能贪污,那我何至于走到今天?所以,中央要有这样的省悟,对这么多被判罪的、被杀头的贪腐现象也要担负一定的责任。要下狠心建立有效的制度,"把权力关进笼子里",否则还会有共产党员贪污犯被关进笼子——监狱里。没有严格的好的制度,好人也会变坏。反腐败不能只靠现在抓一些人、杀一些人,开始时这么做很有必要,也很得人心;从长远看,还是要靠制度,要用制度来促使他不敢腐败、不能腐败,这才是对党、对国家,也是对干部负责。

李步云：刚才谈到治本的问题,我讲过,要民主、法治、人权。其中有个突出的问题,中央领导已经意识到了,即公开问题。什么是公开？西方有句话说"阳光可以杀细菌,路灯可以防小偷"。公开的办法是非常厉害的,涉及这样的问题,不要以为敏感,要追究人家责任。公开问题涉及领导财产公开的问题,资产阶级领袖都能公开自己的个人收入和财产,无产阶级反而不能公开？这个有些说不过去。公开可以慢慢来,但起码要有一套方案。比如说要提拔的人,财产要公开,作为一个过渡。公开问题的重要性现在已经被中央意识到了,因此倡导司法公开,纪委也公开。这个路子是对的,要继续走下去,这个过程中追究责任倒不是主要的,但起码要总结教训,总结制度出了什么问题。这不是追究共产党的责任,而是要真正吸取深刻的教训,找出制度里面有什么问题。归根结底,权力要制约,在保障公民权利、民主监督这些方面,我们没有做到位,力度不够。

江平：我觉着这个问题牵涉的面太大,有两个问题始终有点困惑。第一个问题是反腐以后对于那些公务员队伍中收入比较低的,怎么能够有真实的保证？我虽然不完全认可高薪养廉,但总的认为高薪养廉有其合理的地方：生活上无忧无顾,人才能够专心;如果公务员就是每月拿三四千元钱,确实是生活不下去,有孩子上学,有老人要养,这些问题怎么来解决？

第二个问题是现在各种潜规则、土办法太多。你说不许送钱、送礼,他就想尽办法通过各种渠道"硬塞"给你十万元钱。怎么来防止这些问题？所以,综合治理在反腐的问题上要有一些深刻考虑,不要形成现在"公务员危险、不敢当"的误解,让人以为还是当律师好,赚的钱都是合法的,做法官就麻烦,动不动就治罪。处理这些问题时不能顾此失彼。

《中法评》：十八届三中全会提出,要"赋予农民更多财产权利","探索农民增加财产性收入渠道"。这是否意味着国家经济和城市建设发展过程中所产生的土地增值及其他财产收益,应当由投资者和集体土地所有者分享。您三位认为,目前而言,农民获得更多财产权利和财产性收入的最大障碍在哪里?应当如何克服?

江平: 这个问题我先说说吧,我认为在农民土地权利问题上,前提是公有制,必须在(土地)公有制不变的前提下增加农民的收入,在这一前提下有两个最关键的问题。第一个关键问题是,尽量减少国家征收土地,征收只能够是社会公共利益需要才可以。如果是出于商业利益需要,国家就不能征收。我们《物权法》制定时就有这个问题,到现在为止,几乎都是公共利益征收,没有商业利益征收,所以商业利益怎么办并没有规定。现在国家提出要尽量减少征收,我觉着这完全正确。

国家征收实际上是变相剥夺了农民的利益,以比较低的价格征收过来,以比较高的价格转给开发商,在这种情况下,利益冲突是不可避免的。国家越多征收,就越多侵占农民利益,所以要尽量减少国家对集体土地的征收,只有当真正出于公共利益,要修路,建设国防工业,才可以征收。其他情况,应该由集体土地的所有者跟用地的开发商直接去谈,这样的话,在土地问题上得益的才是农民。

第二个关键就是三中全会提出来的,扩大农民的土地财产流转,为什么这个问题非常重要?因为农村的土地就是三个用途:第一个是建设用地,第二个是耕地,第三个是宅基地。这三种土地现在提出来,要发给农民产权证,之后农民可以用这些凭证去抵押,可以借到钱。当然,抵押以后就有可能会有借钱还不了的情况。怎么办?只要土地流转的用途不变,就可以流转。在这个意义上来说,虽然名字叫做土地承包经营权,实际上这个权利是可流转的。任何东西能够流转就能够产生收益,所以我觉着这两条现在对农民来说是至关重要的。

李步云: 江老的意见已经非常具体了,首先我非常支持政府划红线,耕地不能乱征,要严格控制,这是一个根本办法。另外一个问题要处理,在出现具体的案子、最后研究时,一般处理的结论性方案是:政府出大头,承包商出小头,补偿被征收的土地。这里面很容易产生腐败的问题,土地是国家的,从企业家那里得到的钱进了当地政府自己的腰包,所以要处理好政府和承包商的关系,要监督。

郭道晖:农民的财产权非常重要。过去土地改革成功才有革命的胜利。土地是农民的命根子,改革开放搞建设也是如此,只有解决好农民的产权问题,才能激发他们的积极性。这个问题如何公平处理,是需要重视的。

《中法评》:在您三位看来,置身于变迁的历史与社会,我们的宪法应当怎样发挥作用,以期有效地回应当前广泛存在的思想分歧和社会问题?

李步云:简单来说,我认为有两条。第一,落实宪法在治国安邦中的重要作用,依法治国是国家长治久安的根本保障。如果这么说对,那么更应该强调宪法权威的保障作用。这个提法今后要继续提,并且还要强调并坚持,党要依宪执政,党要依宪治国。习近平总书记在纪念现行宪法颁布实施30周年的大会上提出四条:一是人民民主;二是依法治国;三是人权保障;四是依宪执政,依宪治国。党要依宪治国,党要依宪执政。只要顺着这个思路,按照他的要求,真正落实了,路子就走对了。

第二,制度保障。习总书记在上述纪念现行宪法颁布实施30周年重要讲话中也谈到宪法监督问题。我曾经写过一篇文章,是关于建立宪法监督制度的。我国长期以来缺少制度设计,这可以说是1982年宪法自从制定以来的最大缺陷。有人说我国早就建立了这个制度,但实际上没有落实。宪法中对此只有一句话,就是全国人大和全国人大常务委员会有权监督宪法实施,但没有一个具体的机构和程序,更没有建立起违宪审查制度。对此,我提出了具体方案:在九个专门委员会之外建立一个宪法监督委员会,由全国人大代表和常务委员中法律知识强的一些人来参与;它的任务包括十个方面,如宪法解释、违宪审查、领导人弹劾等。任何公民和组织都可以提出违宪审查的动议,除此之外,还有三种情况必须要列入议程,就是由专门委员会、一府两院、各省人大常委会提出动议,必须启动程序,研究讨论后交由全国人大常委会决定。这么来设计,不影响现有政治体制,宪法也允许建立专门委员会。

郭道晖:对这个问题,我认为有三个方面:第一点,怎么求得对发展改革的共识,这个共识就是将现行宪法都落实到1982年宪法上。1982年宪法,我是参与工作了的,全国人大常委会法制工作委员会派我去做宪法修改委员会的会议联络员,记录整理会议讨论和情况简报。应该说1982年宪法在四个宪法中是比较好的,好在把公民的基本权利义务由第三章改为第二章,放在"国家机构"这一章的前面:先确认公民权利,然后才是国家权力。另外,它也列入了比前几部宪法更多的公民权利。后来,1982年宪法的几个修正案,进一步把人权入宪,把法治入宪,把市场经济、私有财产保障入宪,这几次修正反映了人民的意志和利益。我认为,统一共识要回到1982年宪法上来,要守住1982年宪法,公民也应该拥护宪法,即使它还有不少缺陷,需要以后逐步修改。

第二点,改变对法治的旧思维,这是"十八大"以来的精神,树立法治的新思维,用这个法治新思维去治理国家。我认为建立法治国家首先要建立法治思维,或者说宪法思维。我的个人体会是,宪法是人民的宪法,宪法是社会(人民)和国家的一个契约,核心是保障公民权利,限制国家权力,宪法是社会与国家或公民与国家的约法。宪法的基本原则应是人权至上,它是宪法的最高原则,也是最基本原则。现在只提"依法治国"是不够的(因为有的地方用只保护既得利益集团的"非法之法"来治民,也号称是"依法办事""依法治国"),还必须要提依宪治国。依宪治国要求党必须要与时俱进,由革命党转型为执政党,党的一些基本制度要适应新的发展,所以我认为要建立新的宪法思维。

第三点,要有违宪审查制度,保证宪法实施,没有这个制度,宪法就会落空。尽管宪法规定全国人大常委会可以对国务院不适当的决定或决议予以撤销,但宪法史上没有一次主动撤销过那些不合宪法、违反人权的"决定"。譬如劳动教养制度,那是严重侵犯人权的,实行了五十多年,直到

2013年才被撤销。《立法法》提出,公民对违宪的法规可以提出进行违宪审查的建议,但没有具体的程序。法学界不少人建议在全国人大常委会设立宪法监督委员会,但是我认为还不行:全国人大常委会本身是制定法律的,"自己做自己的法官"是不行的。

江平:我认为完善宪法通过解释和运行,主要是两个方面的问题,落实人民民主自由权利,这是非常关键的,至少人民在言论、出版、结社方面,目前还没有落实宪法规定的权利。没有法律,又不能仅仅依靠宪法,是空缺。第二个问题他们两位都提到了,就是宪法监督制度。从私权保护来看,有一部分是由行政机关的具体行政行为造成的,这个还好说,可以提出行政诉讼。而有些是属于行政机关的抽象行为,有一些是违反宪法的行为;这个问题不解决,宪法的规定就要落空。

《中法评》:对于刚刚启动的第三轮司法改革,您三位认为,此次司法改革的启动与前两次司法改革有何不同之处?对于第三轮司法改革,你们有怎样的建议和期待?

江平:我认为第三轮司法改革,至少跟前一次,(也就是)第二次司法改革,有根本的区别。我对第三次改革期望还是比较大的,为什么呢?因为它体现了法律至上,也提出审判权独立,包括检察权独立,去行政化、去地方化也都提出来了。在司法透明度上也不错,审判文书都可以公开了。在无罪推定上我认为是作了很大的推动,从最高人民法院副院长沈德咏的《宁可错放,不可错杀》的文章可以看出,确立了正确的思想,这一思想体现出新的审判理念。

至于我的期待,现在法院的院长确确实实是需要很好地再治理一下。现在各级法院院长有法学专业背景的人还是不多,大多数都是从同级官员提升上来,院长要从各区的区委书记来提拔,省里要从各地委书记提拔,副院长直接提拔上去一般来说还不够标准。在这一点来说,中国法院的院长人事,这是一个很大也很重要的问题。法官强调专业化,法院院长没有专业化,这是很可怕的。我期待法院在人事改革上下更大的决心,可以真正把符合条件的、有经验的法官提升为院长,不能完全从行政级别来考虑。这是非常重要的,在中国要真正做到司法权威必须要司法公正,而这与法官,尤其是院长的专业素养很有关系。

李步云: 我同意江老这个总的评价,第二次司法改革有很多问题。

第三轮改革我是很满意的,并寄予了很大希望,有几个好的迹象正在出现。在1979年,我曾给中央政治局写过一份报告,提出取消党委审查案件制度,这个提法被写进了六十四号文件。文件明确说,要废除这个制度。但后来回潮,改成政法委会同法院院长、检察长、公安局长讨论定案,即政法委干涉司法审判的现状。"十八大"以后孟建柱同志在全国政法工作第一次电视电话工作会议上明确地说,以后政法委不再干预司法机关办案,这是一个很好的迹象。

第二个迹象是信访制度,现在已经明确规定由法院、检察院提起再审,政法委也不要受理涉法涉诉信访,这一点已经明确宣布。

但是,《宪法》第126条必须要改,该条款不严谨。第126条说人民法院审理案件,不受行政机关、社会团体和个人的干涉,应该改成"不受任何机关的干涉"。党要领导,人大要监督,但不能干涉,人民法院审理案件只服从法律,不受任何机关干涉。当然,司法改革中也存在一些问题,长期以来外行领导内行,政治领导法律,还有地方的安排问题,也有一点关系在里面。归根结底,还是职业化的问题,司法必须要职业化,在这个问题上我是同意的。

郭道晖: 我完全赞同他们两位的看法,首先,我切身地感受到,第三次改革的确是有进步,至少我们可以期望它实现,但我感觉有点不够。它注重司法机关内部的一些改革,很少提到外部关系的改革,比如党和司法机关的关系,这个问题不解决,内部虽有很多改革,政法委或党委一句话就可以把它推翻,还是不行的。

其次,刚才也提到《宪法》第126条,在当时这样表述是有针对性的,有一定道理,强调社会组织不能干预主要是不许类似"文化大革命"中造反派组织干涉;不让公民个人干涉也包括领袖个人、党委第一把手干预,这有历史针对性的。

《中法评》:注意到老师们在前面的问题讨论中意犹未尽,就再请您三位谈谈对三中全会决定的理解和看法。

郭道晖:十八届三中全会有一个提法:"法治中国",什么是法治中国?法治中国与法治国家都内含"国家",它们是同一概念还是两个概念?第九条的标题是"推进法治中国建设",里面就把"坚持依法治国、依法执政、依法行政共同推进,坚持法治国家、法治政府、法治社会一体建设"提出来。由此可见:"法治中国"是个大概念,包括法治国家、法治社会和法治政府。而且,不只是就国内而言,更重要的是,提出"法治中国",还包含表明我们作为法治世界的一员,是一个国际法主体。所以,必须立足于法治世界,必须遵守和执行我们已经签订的国际条约。作为一个大国,法治中国应当承担国际责任。我们在国际法治上还应该有话语权,要参与制定国际法规则。

总之,法治中国是更大的一个思维和概念。我看了一些文章,都把法治中国和法治国家混为一谈,我认为这是不准确的。

江平:现在地方司法体制改革,将省一级财权、人事权集中起来,我是很赞成的,但事情都是有利有弊的。我觉得在省一级这么做绝对是利大于弊,因为司法的干预绝大多数都是来自基层,尤其是从基层法院开始,所以乔石当时就提出地方政法委不应当干涉地方法院的案件。那么,要摆脱地方的影响,就必须和地方的人事权、财权分开,避免各种瓜葛。当然,也有人担心跟地方一脱离,子女上学都麻烦了,但这些问题还是属于次要的。原来的设想准备从省以上改变全归中央,但现在看起来一时还做不到。无论在哪一个省,离开了省政府,事情就非常麻烦。

最后一个问题涉及司法权威,还是要通过司法公正来完成。基本上是两条:一个是司法独立,另一个是司法人员的素质。如果我们的审判员素质都很高,再加上真正司法独立,就比较容易实现司法公正。现在法官的流失很严重。中国现在有一个很大的悖论:六百多所司法院校,每年培养那么多的司法人员,其实完全应该可以够;但是,司法人员素质始终上不去,这跟人才的不断流动,不能够专心从事审判工作,跟这个体制有很大的关系。

李步云:首先,法治社会和法治国家作为对应关系,包含某些道理,国家和社会嘛,但整体上来看,法治国家包括法治政府和法治社会,包括立法机关民主立法和科学立法,司法机关独立工作。我对一个问题有保留意见,即将依法治国看作治国理政的方式。对此,我认为还是强调"方略"比较好,"方式"指的是法律手段,不是说不可以,但没有"方略"好。其次,人治显然是不可取的,而党治也不是现代的执政方式。现代国家的治国理念追求的应当是依宪治国、依法治国,依宪执政、依法执政。最后,必须强调民主。个人决定问题,少数或者少数人决定问题,总比多数人决定问题要差。一个篱笆三个桩,一个好汉三个帮嘛。另外,法律强调是从多数人的意志中来的,因此让法律说了算比个人说了算要高明,能少犯错误。现代化的能力可以是指这个,即集中多数人的智慧,形成宪法和法律规则,并按照这个规则来办事,不要个别人说了算,不要让领导人拍脑袋决定。党内民主,人民民主,也不要少数人说了算。

最后,我想谈一点展望,我觉得未来法治中国肯定可以建成,只是个时间问题。因为这是历史趋势,是中国人民的愿望,是中国梦的一个很重要的具体内容,是民族的希望,谁也阻挡不了,不是哪个人要不要干,现在主要是快慢的问题。我觉得这其中有客观因素和主观因素。客观因素取决于经济文化的发展、社会制度和文明程度的提高。主观因素也很重要,我把它概括成四句话:第一,是政治家们的远见卓识和胆略;第二,是法律实务工作者的职业操守和道德;第三,是法学家们的独立品格和勇气;第四,是广大人民群众的政治觉醒和参与。华东政法大学校长何勤华教授在浦东干部学院参加讲座讨论时提出:李老师,这四条都是要害,但关键还是第一条,即政治家们的远见卓识和胆略,因为我们现在的政治体制现状是这样。对于第四条,现在互联网起了很大的作用,在互联网时代,你想封人家的嘴巴是不行的,人家可以利用"微博"等各种媒体和手段发表言论,这是时代的潮流。

在被问到对中国法治的前景时,我乐观回应。第一,民主、法治、人权、自由、平等、博爱是13亿人民的共同愿望和根本利益所在,任何政党领导人今后不可能违背这个意志。第二,市场经济不可逆转,从身份到契约的过程不可逆转,高度集中的社会制度也不行了,权利、自由、民主、法治、人权五大意识也已经普及。第三,对外开放不可逆转,因为国际上不允许倒退。经济、政治、文化上都不允许。第四,未来的领导人越来越年轻,越来越了解世界,越来越有知识,越来越没有历史包袱。现在的阻力中,一个是既得利益,另一个是保守的传统观点,这两条是关键阻力。因此,我说我对未来是充满信心的,这是基于理性而言的。我是个理想主义者,我想的是世界往何处去,中国往何处去,回答是:要顺应历史潮流。

版 权 说 明

本书为各媒体单位或个人对江平教授的访谈实录汇编,由于部分文章因客观原因联系不上权利人,相关权利人知悉后,如对本书著作权使用有异议,可与本书编辑工作组联系。

联系地址:
北京市朝阳区东四环中路 37 号 京师律师大厦
联 系 人:谢女士
联系电话:15010740214
联系邮箱:xiejiuling@dingtalk.com

图书在版编目(CIP)数据

法治天下——江平访谈录 / 江平著;陈波等编. —北京:法律出版社,2016.8(2016.10重印)
ISBN 978 - 7 - 5118 - 9291 - 1

Ⅰ.①法… Ⅱ.①江…②陈… Ⅲ.①江平—访问记 Ⅳ.①K825.19

中国版本图书馆 CIP 数据核字(2016)第 069501 号

| 法治天下 ——江平访谈录 | 江 平 著
陈 波 谢玖玲 夏明忠 等编 | 责任编辑 高 山 汤子君
装帧设计 马 帅 |

ⓒ 法律出版社·中国

开本 720 毫米×960 毫米 1/16	印张 36 字数 460 千
版本 2016 年 8 月第 1 版	印次 2016 年 10 月第 2 次印刷
出版 法律出版社	编辑统筹 学术·对外出版分社
总发行 中国法律图书有限公司	经销 新华书店
印刷 三河市龙大印装有限公司	责任印制 陶 松

法律出版社/北京市丰台区莲花池西里 7 号(100073)
电子邮件/info@lawpress.com.cn   销售热线/010 - 63939792/9779
网址/www.lawpress.com.cn   咨询电话/010 - 63939796

中国法律图书有限公司/北京市丰台区莲花池西里 7 号(100073)
全国各地中法图分、子公司电话:
第一法律书店/010 - 63939781/9782   西安分公司/029 - 85388843
重庆公司/023 - 65382816/2908   上海公司/021 - 62071010/1636
北京分公司/010 - 62534456   深圳公司/0755 - 83072995

书号:ISBN 978 - 7 - 5118 - 9291 - 1   定价:78.00 元
(如有缺页或倒装,中国法律图书有限公司负责退换)